Martin Beglinger

„Containment" im Wandel

Beiträge zur Kolonial- und Überseegeschichte
herausgegeben von
Rudolf von Albertini und Eberhard Schmitt

Band 41

Verantwortlich für die Frühe Neuzeit: Eberhard Schmitt
Verantwortlich für die Neuere Neuzeit: Rudolf von Albertini

VORWORT

Ich möchte an dieser Stelle allen danken, die zum Gelingen der vorliegenden Arbeit beigetragen haben. Allen voran Herrn Prof. Rudolf von Albertini, der mich über die ganze Zeit hinweg wohlwollend betreut hat und mir grösste Freiheit bei der Ausgestaltung des Themas gewährt hat. Danken möchte ich auch Prof. George F. Kennan, Prof. Fred I. Greenstein und Prof. Robert C. Tucker, die mir während meines Forschungsaufenthaltes an der Universität Princeton im Herbst 1984 wertvolle Hinweise gaben. Frau Ursula Wandfluh, Regensdorf, war in ebenso speditiver wie perfekter Weise für die Abschrift des Manuskripts besorgt.
Dass diese Arbeit viel Zeitaufwand erforderte und entsprechend Entbehrungen mit sich brachte, musste niemand mehr erfahren als Gaby. Ihr Verständis war mir stets eine grosse Hilfe. Der abschliessende Dank gebührt meinen Eltern für deren stets und in jeder Hinsicht grosszügige Unterstützung. Ihnen ist diese Arbeit gewidmet.

Glarus, im Dezember 1986

INHALTSVERZEICHNIS

ABKUERZUNGSVERZEICHNIS

AdG	Archiv der Gegenwart
AEC	Atomic Energy Commission
CIA	Central Intelligence Agency
COCOM	Coordinating Committee of the Paris Consultative Group of Nations Working to Control the Export of Strategic Goods to Communist Countries
CQA	Congressional Quarterly Almanach
DD	The Declassified Documents. Manuscript Collection.
DDE	Dwight David Eisenhower
DFR	Documents on Foreign Relations of the United States
DOC	Department of Commerce
DOD	Department of Defense
DOS	Department of State
DOS-PB	Department of State Planning Board
EVG	Europäische Verteidigungsgemeinschaft
FRUS	Foreign Relations of the United States, 1952-1954
GOP	Grand Old Party
JCS	Joint Chiefs of Staff
JFD	John Foster Dulles
JFD-P.	John Foster Dulles Papers, Princeton University
MSA	Mutual Security Agency
NA	National Archives
NATO	North Atlantic Treaty Organization
NIE	National Intelligence Estimate
NSC	National Security Council
NSC-M.	National Security Council Meeting
NSC-PB	National Security Council Planning Board
NYT	The New York Times
OAS	Organization of American States
ODM	Office of Defense Mobilization
OH	The Dulles Oral History Project
PP	Public Papers of the President: Dwight D. Eisenhower
SEATO	South East Asian Treaty Organization
SFRC	Senate Foreign Relations Committee
ES-SFRC	Executive Sessions of the Senate Foreign Relations Committee

1. EINLEITUNG

1.1. Erkenntnisinteresse und Vorgehen

Das Jahr 1953 markiert in verschiedener Hinsicht eine wichtige Zäsur in der Entwicklung der internationalen Nachkriegspolitik, insbesondere bezüglich der Ost-West-Beziehungen. Einmal in den Vereinigten Staaten: Am 20. Januar zog nach zwei Jahrzehnten ununterbrochener demokratischer Präsidentschaft erstmals wieder ein Republikaner ins Weisse Haus ein. Dwight D. Eisenhower löste Harry S. Truman ab, dessen Administration die amerikanische Aussen- und Sicherheitspolitik seit 1945 entscheidend geprägt hatte. Just diese von den Demokraten initiierte und verantwortete "Containment"-Politik war es auch, die die Herausforderer im Herbst 1952 zum zentralen Wahlkampfthema gemacht und entsprechend hart kritisiert hatten. Die Republikanische Partei bot nach ihrem "Erdrutschsieg" jedoch keineswegs ein Bild der Einigkeit und Geschlossenheit, sondern es bestanden vielmehr bisweilen massive Differenzen unter den parteiinternen Fraktionen. Die "Alte Garde", die sich ihrerseits aus den McCarthyisten und den Fiskalkonservativen um Senator Taft zusammensetzte, sowie das "Ostküstenestablishment" stimmten in wenig mehr als der Ueberzeugung überein, dass eine gründliche Revision der als "negativ, unnütz und unmoralisch" verurteilten Eindämmungspolitik der Demokraten absolut unumgänglich war.

Historische Zäsur aber auch bei der anderen Grossmacht. Am 5. März - die Regierung Eisenhower war noch keine zwei Monate im Amt - starb Stalin, der den innen- und aussenpolitischen Kurs der Sowjetunion über mehr als 20 Jahre hinweg in absolut diktatorischer Manier bestimmt hatte. Dieser faktischen Alleinherrschaft folgte eine kollektive Führung mit Georgi Malenkow, dem Vorsitzenden des sowjetischen Ministerrates, als "primus inter pares". Stalins Nachfolger ergriffen rasch die aussenpolitische Initiative und schienen damit eine gewisse Trendwende weg vom harten und kompromisslosen stalinistischen Kurs hin zu einer konzilianteren Aussenpolitik im Zeichen der friedlichen Koexistenz zu signalisieren. Diese sowjetische "Friedensoffensive" (so die Bezeichnung im Westen) provozierte in den Vereinigten Staaten ebenso wie in Westeuropa eine intensive Diskussion über Möglichkeiten und Grenzen einer Entspannungsphase nach Stalins Tod. Im Westen drängte insbesondere der britische Premier Winston Churchill auf eine Intensivierung der Kontakte mit der neuen sowjetischen Führung, während in der Administration Eisenhower Skepsis und Zurückhaltung überwogen.

Zum Führungswechsel in Moskau kam, fünf Monate später, eine technologische Zäsur mit eminenten politischen Implikationen hinzu: Am 12. August wurde der erste erfolgreiche Test mit einer Wasserstoffbombe durchgeführt - ein weiteres Zeichen des Umbruchs von der nuklearen Superiorität der Vereinigten Staaten hin zur diesbezüglichen Parität der beiden Supermächte. Nicht zuletzt deshalb kam der von der Regierung Eisenhower Ende Oktober beschlossenen und im Januar 1954 von Aussenminister John Foster Dulles offiziell angekündigten neuen Nukleardoktrin der "Massive Retaliation" besondere Brisanz zu.

Schliesslich wurde am 27. Juli der seit drei Jahren mit unterschiedlicher Intensität geführte Koreakrieg durch die Unterzeichnung eines Waffenstillstandes beendet; ein Konflikt, der den Kalten Krieg in entscheidendem Mass verschärft hatte und eine wesentliche Ursache für die nach 1950 wieder einsetzende massive amerikanische Aufrüstung war. Nahezu gleichzeitig mit dem Ende des Koreakrieges spitzte sich die Lage in Indochina erheblich zu, wo die französischen Truppen zunehmend unter militärischen Druck des Vietminh gerieten. Die Administration Eisenhower erachtete auch in diesem Fall die Tangierung vitaler amerikanischer Interessen als gegeben und deshalb deutlichen Widerstand gegen die Expansion des Vietminh als Notwendigkeit, weil sie den Konflikt in Indochina primär durch die Optik des fundamentalen machtpolitischen und ideologischen Antagonismus zwischen den Vereinigten Staaten und der Sowjetunion perzipierte.

Ziel der vorliegenden Arbeit ist es, die amerikanische Aussen- und Sicherheitspolitik in dieser Uebergangsphase des Kalten Krieges aufzuzeigen und zu analysieren. Generell lässt sich US-Aussenpolitik unter verschiedensten Fragestellungen respektive methodischen Ansätzen angehen. Im Sammelband von Nye (1984), der sich spezifisch mit den amerikanisch-sowjetischen Beziehungen befasst, wird beispielsweise eine relativ klassische Differenzierung nach Akteuren einerseits und Themen andererseits vorgenommen. Als primäre aussenpolitische Akteure werden Exekutive, Legislative und die "Oeffentlichkeit" (bzw. die öffentliche resp. die veröffentlichte Meinung) eruiert, wobei das Erkenntnisinteresse jeweils dem Einfluss dieser Akteure auf die aussenpolitische Planung und Entscheidungsfindung gilt. Bei der thematischen Differenzierung richtet Nye (1984) das Augenmerk etwa auf Sicherheitspolitik, Krisenmanagment oder die Osthandelspolitik. Eine Fülle weiterer Differenzierungen sind denkbar, im Hinblick auf die Akteure ebenso wie auf die Themen.

Das Hauptinteresse in dieser Arbeit gilt dem aussenpolitischen Planungs- und Entscheidungsprozess der Administration Eisenhower. Bei der Darlegung und Erklärung des Entscheidungsverhaltens der aussenpolitischen Akteure - in unserem Fall: der Administration Eisenhower - gilt es präzise zwischen der "Definition der Situation" aussenpolitischer Entscheidungsträger und der "objektiven Umwelt" - etwa als Resultat der historischen Analyse - zu unterscheiden.[1] Das primäre Interesse liegt in dieser Arbeit bei der Situationsdefinition durch die Entscheidungsträger.

An theoretisch bestechenden Konzepten über die Determinanten kurz- und mittelfristiger aussenpolitischer Entscheidungsprozesse von Regierungen mangelt es keineswegs. Behrens/Noack (1984) führen allein schon sechs verschiedene Ansätze auf.[2] Indes, sämtlichen diesen zumeist von Politologen stammenden Ansätzen ist gemeinsam, dass deren empirische Ueberprüfung an historischen Beispielen sehr häufig infolge fehlender Dokumente und Daten gescheitert ist. Aus diesem Grund basiert die vorliegende Arbeit auch nicht auf einem spezifischen Konzept aussenpolitischer Entscheidungsprozesse; dies durchaus im Bewusstsein um ein daraus resultierendes Defizit an theoretischer Kohärenz der vorliegenden Arbeit. Andererseits läuft man durch den Verzicht auf die Anwendung eines bestimmten theoretischen Ansatzes weniger Gefahr, wesentliche Erklärungszusammenhänge einfach auszublenden.[3]

Wenn, wie hier, der bereits erwähnten Situationsdefinition der aussenpolitischen Akteure das primäre Interesse gilt, dann gebührt der Analyse der Perzeptionen der Administration Eisenhower vorrangige Aufmerksamkeit. Die Relevanz der Perzeptionsforschung resultiert aus der Einsicht, dass Wahrnehmung und Verhalten in enger Wechselbeziehung zueinander stehen. Was eine Regierung in einer bestimmten Lage beschliesst, hängt wesentlich davon ab, wie sie diese Lage einschätzt, ins-

1 Vgl. Behrens/Noack (1984), S.117

2 Vgl. ebenda, S.128 f., sowie George (1980). Die verschiedenen Ansätze stammen aus der Systemtheorie, Kybernetik, Organisationstheorie, Sozialpsychologie, Informationstheorie u.a.m.

3 Vgl. Loth (1981), S.20

besondere was die Annahme über Motive und Ziele des Gegners (oder ganz allgemein: der anderen politischen Akteure) betrifft. Als ein Beispiel von vielen möglichen zur Erläuterung dieses Zusammenhangs führt Jervis (1976) das sog. "Sicherheitsdilemma" an. Eine der wesentlichen Ursachen für die bislang durchwegs gescheiterten Abrüstungsbemühungen nach 1945 liegt aus dieser Sicht im Umstand, dass Politiker auf beiden Seiten dazu tendierten (und tendieren), die eigenen Rüstungsanstrengungen als rein defensiv, jene der anderen Seite hingegen als eindeutig offensiv-aggressiv motiviert zu definieren. Die Freund-Feind-Perzeption verhindert nach Jervis die Emphathie, d.h. die Fähigkeit, sich in die Lage der anderen Seite zu versetzen und damit die ausgesprochen ambivalente Bedeutung von Rüstung - Sicherheit für die eine, Bedrohung für die andere Seite - zu erkennen.[4] Kennan (1981) führt als weiteres Beispiel die amerikanische Reaktion auf die sowjetische Besetzung Afghanistans an.[5] Die Interpreten konservativer Provenienz - es war eine Mehrheit - glaubten darin einen neuerlichen Schritt der UdSSR auf ihrem Weg der (ideologisch und machtpolitisch bedingten) unbegrenzten Expansion zu erkennen; die liberalen Sowjetologen interpretierten hingegen den gleichen Sachverhalt als Ausfluss eines traditionell übersteigerten sowjetischen Sicherheitsbedürfnisses mit letztlich defensivem Charakter. Diese unterschiedlichen Interpretationen resultierten hauptsächlich aus einer unterschiedlichen Perzeption der Sowjetunion, der Natur ihres Systems und ihrer Machthaber, insbesondere in bezug auf deren grundsätzliche aussenpolitische Ziele. Welche der beiden Einschätzungen die "objektiv" richtige war, spielt zur Erklärung des Entscheidungsverhaltens der Administration Carter - sie verhängte eine ganze Reihe von Sanktionen über die UdSSR - notabene keine Rolle. Denn letztlich relevant für diese Entscheidungsprozesse war nicht die (wie auch immer ermittelte) "objektive" Realität, sondern das, was die politischen Akteure als Realität perzipierten. Noack (1977) meint zu Recht, es könne nicht oft genug betont werden, dass "Menschen nicht in einem 'objektiven' Umfeld (handeln); sie sind unfähig, zu sehen, wie die Welt 'ist'; sie handeln danach, wie die Welt ihnen erscheint."[6]

Die Administration Eisenhower perzipierte, wie noch zu zeigen sein wird, die gesamte internationale Politik primär durch einen bipolaren Raster, die Optik des Ost-West-Konflikts. Entsprechend steht die amerika-

---

4 Vgl. Jervis (1976), S.30 ff.

5 Kennan (1981), S.3

6 Noack (1977), S.17 f.

nische Sowjetpolitik im Vordergrund dieser Arbeit. Zu fragen ist einerseits nach dem grundlegenden Sowjetbild der Administration, im besonderen nach deren Perzeption des Führungswechsels nach Stalins Tod und der darauf folgenden sowjetischen "Friedensoffensive"; andererseits stellt sich die Frage nach den Ursachen dieser Perzeptionen. Im weiteren gilt es Ursachen, Verlauf und Ergebnis der von der Administration angekündigten Revision der Aussen- und Sicherheitspolitik zu analysieren, insbesondere natürlich die Frage, wie sich die eingangs geschilderten "Umbruchfaktoren" - Stalins Tod, "Friedensoffensive", Wasserstoffbombe, Korea, Vietnam - in dieser Revision niederschlugen. Auch innenpolitische Faktoren - etwa der McCarthyismus, oder die fiskalkonservativen und isolationistischen Tendenzen innerhalb der Republikanischen Partei - sind hier natürlich von Interesse, allerdings nicht per se, sondern nur insofern, als sie die aussenpolitischen Entscheidungsprozesse in der Administration beeinflusst haben.

Dem Anspruch, Entscheidungsprozesse und Perzeptionen darzulegen und zu analysieren, scheint, zumindest indirekt, auch das Erkenntnisinteresse zugrundezuliegen, auf diesem Weg Fehlentscheide resp. Misperzeptionen erkennen zu können. So wünschbar die historisch gesicherte Erkenntnis der Ursachen allfälliger Fehlentscheide und ihrer bisweilen fatalen Folgen im Hinblick auf die Verbesserung künftiger Entscheidungsprozesse an sich wäre, so ist dieser Anspruch doch mit einem Fragezeichen zu versehen. Er impliziert nämlich, dass der Forscher die quasi objektive Wahrheit kennt, denn nur unter dieser Voraussetzung vermag er fundiert zwischen "falschen" und "richtigen" Perzeptionen zu unterscheiden. Doch dies ist, zumal im vorliegenden Fall, allein schon deshalb nicht möglich, weil auf sowjetischer Seite lediglich offizielle Quellen zur Einsicht vorliegen und deshalb viele Erkenntnisse der Forschung letztlich Spekulationen bleiben müssen.

Gleichwohl ist natürlich ein Vergleich der amerikanischen und sowjetischen Perzeptionen von besonderem Interesse in der historischen Forschung. Wenn in dieser Arbeit am Rande und ohne substanziell darauf eintreten zu wollen doch auf Erkenntnisse aus der sowjetologischen Forschung hingewiesen wird, so aus der Absicht heraus, wenigstens mögliche Ansätze von Misperzeptionen auf amerikanischer Seite aufzuzeigen. Denn dass die gegenseitige Perzeption oft genug durch die jeweiligen Vorurteile mitunter massiv verzerrt wird, liegt in diesem von der "Logik der Gegnerschaft"[7] geprägten Wahrnehmungsklima besonders nahe, wie zahlreiche sozialpsychologische Studien eindrücklich dargelegt haben.[8]

1.2. Zur Literatur

Die wissenschaftliche Literatur über Ursachen und Verlauf des Kalten Krieges füllt mittlerweile Bibliotheken. An dieser Stelle ist es allerdings nicht notwendig, näher auf diese allgemeinen Darstellungen zur US-Aussenpolitik seit 1945 einzutreten.[9] Unser Interesse konzentriert sich hier auf die spezifische Literatur zur Administration Eisenhower, deren Anteil sich jedoch gemessen an der gesamten Historiographie der US-Aussenpolitik recht bescheiden ausnimmt.[10]

Bislang haben sich zwei Forschungsschwerpunkte herauskristallisiert. Einmal richtete und richtet sich das Augenmerk auf die Person des Präsidenten, und zwar insbesondere auf die Frage, wie stark er den innen- und aussenpolitischen Kurs seiner Regierung geprägt hat. Die zeitgenössische öffentliche Meinung sowie die Medienberichterstattung übten einen nachhaltigen Einfluss auf die ersten historischen Eisenhower-Studien aus. Dort wird der Präsident als bequemer, selbstzufriedener und entscheidungsschwacher Amtsinhaber geschildert, der lieber Golf und Bridge spielte als politisierte und der sich überdies weitgehend nach dem Willen seiner Berater und Minister richtete.[11] Aus dieser Sicht repräsentierte

---

7 Frei (1985), S.12

8 Vgl. etwa Holsti (1967), S.25 ff.; Jervis (1976), S.319 ff.; Niedhart (1983), S.7 ff.

9 Gute und detaillierte Zusammenfassungen der einschlägigen Forschung zu Ursachen und Verlauf des Kalten Krieges während der Administration Truman liefern beispielsweise Gaddis (1983), S.171-190, und Loth in Niedhart (hg., 1983), S.155-167.

10 Eisenhower-Biograph Ewald (in: Thompson, hg., 1984, S.16) erklärt das vergleichsweise geringe historische Interesse an dieser Administration durchaus plausibel mit dem Umstand, dass die USA zwischen 1953 und 1960 nie in einen Krieg verwickelt wurden und auch innenpolitisch eine relative ökonomische Prosperität zu verzeichnen war. Im Vergleich zu Vorgängern und Nachfolgern fehlte also ein gewisses "Spannungselement".

11 Vgl. Greenstein (1979), S.575
Eine Ausnahme in der zeitgenössischen Historiographie bildet Donovan (1956). Ewald (in: Thompson, hg., 1984, S.18) berichtet, dass Eisenhowers Stabschef Sherman Adams dem Journalisten Robert Donovan Einblick in verschiedene geheime Gesprächsmemoranda gewährt hat. Dies mit dem Ziel, dass Donovan den vorherrschenden Eindruck von der Passivität Eisenhowers korrigieren würde. Adams, der den Präsidenten von seinem Vorhaben nicht unterrichtet hatte, bewirkte tatsächlich, dass Donovan "Eisenhower: The Inside Story" schrieb, und zwar durchaus in dem von Adams intendierten Sinne. Dieser Versuch zur Imagekorrektur blieb in der Oeffentlichkeit allerdings weitgehend unbeachtet.

Eisenhower mehr als dass er regierte, Motivation und politisches Gespür wurde ihm bisweilen rundweg abgesprochen. Als Indiz für die angebliche Führungsschwäche Eisenhowers wurde oftmals dessen öffentliches Stillschweigen gegenüber den rüden Attacken der McCarthyisten auf Regierungs- und Verwaltungsmitglieder gewertet. Die strikte Weigerung des Präsidenten, sich klar und unmissverständlich gegen die Kommunistenhetze und insbesondere gegen Senator McCarthy selbst zu stellen, wurde nahezu einhellig als Kapitulation Eisenhowers vor der extremen Rechten in seiner Partei interpretiert. Als weiterer Beleg für das mangelnde Durchsetzungsvermögen des Präsidenten wurde der in der Oeffentlichkeit vorherrschende Eindruck angeführt, der aussenpolitische Kurs werde eindeutig von Staatssekretär John Foster Dulles bestimmt. Abgesehen davon, dass sich Dulles aus naheliegenden Gründen wesentlich mehr zur Aussenpolitik vernehmen liess als der Präsident, leistete dieser dem Bild vom Staatssekretär als bestimmender Figur zusätzlich Vorschub, indem er auf seinen Pressekonferenzen die Journalisten sehr oft auf Dulles verwies, wenn es sich um aussenpolitische Fragen handelte. (Vgl. Dok. Nr. 1 im Anhang, S.322)

Eine erste revisionistische Tendenz wurde Ende der 60er Jahre erkennbar, als Eisenhower gewissermassen machiavellistische Züge zugeschrieben wurden. Aus dieser neuen Sicht erschien der Präsident als gewiefter politischer Taktiker, der geschickt das Kommando im Hintergrund führte. Kempton (1967) meinte: "It was the purpose of his existence never to be seen in what he did...No thought was to be utterly undisguised. Even the syntax was an instrument."[12] Eisenhowers unspektakuläres, mitunter gar langweiliges öffentliches Auftreten, früher als Indiz für eine laxe Amtsführung gewertet, wurde nun als geschickte und kühl berechnete Taktik zur Durchsetzung seiner Interessen interpretiert. Kemptons Vermutungen wurden weiter gestützt durch neue Quellen, die seit Mitte der 70er Jahre schrittweise von der Präsidentenbibliothek in Abilene (Kansas) freigegeben wurden. Aus der Optik dieser auf deklassifizierten Dokumenten beruhenden Forschung agierte der Präsident zumindest in seiner ersten Amtszeit bis 1956/1957 souverän und effizient im Hintergrund, dirigierte in Grundsatzfragen und delegierte die Detailprobleme. Bernstein (1973), De Santis (1976) und Reichard (1978) markierten als erste die Korrektur in der Einschätzung Eisenhowers. Immerman (1979) wies überzeugend nach, dass Eisenhower und

---

12 Kempton (1967), S.108

Dulles alle wichtigen aussenpolitischen Entscheide gemeinsam fällten, der Staatssektretär die Aussenpolitik also keineswegs selbstherrlich und ohne Absprache mit dem Kabinett führte. 1982 erschien die für den Eisenhower-Revisionismus wegweisende Arbeit von Greenstein mit dem bezeichnenden Titel "The Hidden-Hand-Presidency". Der Autor schildert Eisenhower ähnlich wie Kempton (1967) als geschickten politischen Führer mit viel Sinn für Taktik, der wirkungsvolles Dirigieren im stillen einem effekthascherischen Politisieren in der Oeffentlichkeit vorgezogen habe. In den von Thompson (1984) geführten Interviews mit Kennern der Präsidentschaft wird Greensteins Interpretation weitgehend geteilt. Schliesslich hat die umfassende Eisenhower-Biographie von Ambrose (1984), in der der erwähnte Revisionismus ebenfalls bestätigt wird, das Bild des Präsidenten auch in der Oeffentlichkeit zu korrigieren begonnen.[13]

Die gewandelte Einschätzung des Präsidenten bezieht sich in erster Linie auf dessen Führungsstil und Stellung innerhalb des Kabinetts, sekundär auf seine Beziehungen zu Exponenten der Republikanischen Partei (Taft, McCarthy) resp. zum Kongress. Der Aussenpolitiker Eisenhower rückte hingegen erst zu Beginn der 70er Jahre stärker ins Blickfeld der Historiographie.[14] Auch in diesem Teilbereich haben sich die Interpretationen erheblich verschoben. Anfangs der 60er Jahre wurde Eisenhower von Fleming (1961) und Horowitz (1965) noch vorgeworfen, dass er nichts unternommen habe, um den Kalten Krieg zu entschärfen, nicht auf sowjetische Abrüstungsvorschläge eingetreten sei und die Spannungen mit China nicht abzubauen versucht habe. Ueberdies wurden die CIA-Interventionen in Iran (1953) und insbesondere in Guatemala (1954) scharf kritisiert. Diese Einschätzung änderte sich allerdings unter dem Eindruck des anhaltenden Vietnamkrieges. Richard Rovere, ansonsten kritisch gegenüber Eisenhower, meinte beispielsweise 1971: "We were at war when he came to office, and six months later we were out of it. And we did not enter another war during his tenure. Eight years of Eisenhower: seven and a half of peace. Ten years of Kennedy, Johnson, Nixon: almost ten solid years of war."[15] Auch Divine (1981), Ambrose (1984) und Saunders (1985) gelangen primär aufgrund von Einsehowers Vermeidung militärischer Konflikte sowie seiner Zurückhaltung in internationalen

---

13 Vgl. im weiteren zum Eisenhower-Revisionismus McCoy (1979), McAuliffe (1981), Schlesinger (1983), Morrison (1983), Donovan (1984), von Borch (1986).

14 Vgl. Reichard (1978), S.275

15 Rovere (1971), S.14

Krisensituationen (Quemoy-Matsu, 1955; Suez, 1956; Berlin, 1958) zu einer überwiegend positiven aussenpolitischen Bilanz von dessen Präsidentschaft. Cook (1974) vertrat gar die Ansicht, Eisenhower sei "the most significant antimilitarist in the White House in the twentieth century" gewesen[16], dies wohl nicht zuletzt wegen dessen berühmter "Farewell Address", in der er vor dem wachsenden Einfluss des militärisch-industriellen Komplexes auf die amerikanische Politik gewarnt hatte. Lyon (1974) wies aufgrund neuer Quellen hingegen als erster auf die bisweilen recht beträchtlichen Differenzen zwischen Eisenhowers öffentlichen und seinen regierungsinternen Aeusserungen hin, denn letztere waren keineswegs immer so konziliant und antimilitaristisch wie die "Farewell Address". Und auch Cook (1981) revidierte ihre Einschätzung Eisenhowers teilweise wieder, nachdem sie - ebenfalls aufgrund von deklassifizierten Quellen - den Präsidenten als einen der Hauptinitianten der CIA-Einsätze in Iran und Guatemala identifiziert hatte.

Dem Eisenhower-Revisionismus, der mitunter fast etwas zu einer Glorifizierung des Präsidenten neigte, erwuchs aber auch Kritik, so etwa von Herring/Immerman (1984) und insbesondere von McMahon (1986). Diese Autoren werfen den Revisionisten vor, sie stellten bei der Beurteilung Eisenhowers einseitig auf das Faktum der Nicht-Intervention in Indochina sowie die Zurückhaltung in verschiedenen Krisensituationen ab. Diese limitierte Optik verschleiere die Tatsache, dass die Administration zu einer konstruktiven Aussenpolitik insbesondere gegenüber der Dritten Welt unfähig gewesen sei und namentlich keine adäquate Antwort auf die starken nationalistischen Strömungen in diesen Staaten gefunden habe. Insofern gelte es also die positive aussenpolitische Gesamtbilanz Eisenhowers klar zu relativieren.

Ein zweiter, aber nicht mehr so umfangreicher historiographischer Bereich befasst sich mit Aussenminister John Foster Dulles. Dabei standen einmal die Frage nach seinem Verhältnis zu Eisenhower, zum andern seine grundsätzlichen Vorstellungen zur Aussenpolitik, namentlich zu den Ost-West-Beziehungen, im Mittelpunkt des Interesses. Die beiden ersten Insider-Berichte über die Administration - von Stabschef Sherman Adams (1961) und Eisenhowers Redenschreiber Emmet Hughes (1963) - betonten übereinstimmend, dass der Aussenminister einen nachhaltigen Einfluss auf den Präsidenten gehabt und diesen oft zu einer härteren

---

16 Cook (1974), S.1 f.

antikommunistischen resp. antisowjetischen Haltung gedrängt habe, als sie Eisenhower von sich aus eingenommen hätte. Nicht zuletzt gestützt auf die Berichte von Adams und Hughes erschien Dulles den Revisionisten Fleming (1961), Horowitz (1969) und Kolko (1972) als eigentlicher Architekt der US-Aussenpolitik, dessen antikommunistische Hetztiraden Eisenhowers gelegentliche Entspannungsbemühungen unterminiert hätten. Gerson (1967) war der erste, der die bislang vorherrschende Auffassung von Dulles' "Alleinherrschaft" über die Aussenpolitik zumindest ansatzweise in Frage stellte. Die partielle Oeffnung der Archive ab Mitte der 70er Jahre ermöglichte auch hinsichtlich der Beziehung Eisenhower-Dulles eine weitgehende Klärung. Immerman (1979) vermochte nachzuweisen, dass Dulles die Aussenpolitik keineswegs im Alleingang bestimmte, sondern diese immer in Absprache mit dem Präsidenten gestaltete. Ihr Verhältnis war von gegenseitigem Respekt geprägt. Eisenhower hatte grosse Achtung vor Dulles' Kompetenz in aussenpolitischen Fragen, und er gewährte dem Staatssekretär deshalb oftmals freie Hand bei der detaillierten Implementierung der Aussenpolitik. Dulles seinerseits war sehr auf die Rückendeckung Eisenhowers bedacht und bat ihn deshalb in allen wichtigen Entscheidungen jeweils vorgängig um Beurteilung. Gemäss Immerman (1979) folgte der Präsident den Empfehlungen des Staatssekretärs meistens, allfällige Korrekturen wurden von Dulles jeweils widerstandslos übernommen. George (1980) bezeichnet Dulles als "Chief of Staff" in der Aussenpolitik, der aber bereits im Bereich der Sicherheitspolitik keinen dominanten Einfluss mehr gehabt habe.

Die Auffassungen über Dulles waren seit jeher relativ stark polarisiert. Einerseits wird er, etwa von Beal (1957) und teilweise auch von Guhin (1972), als gewiefter und intelligenter Diplomat und überdies tiefreligiöser Mensch geschildert. Morgenthau (1961), Hoopes (1973) und Pruessen (1982) interpretieren Dulles' exzessiven Antikommunismus und Moralismus hingegen ebenso wie die Revisionisten um Fleming (1961) und Horowitz (1969) primär als realpolitisches Tribut an die aktuelle innenpolitische Stimmung in den USA. Aus dieser Sicht erschien der Staatssekretär als ambitiöser Opportunist, der zudem mit seiner Kreuzzugmentalität jegliche Chancen auf eine gewisse internationale Entspannung nach Stalins Tod vertan habe.

Eine Sonderstellung in der Dulles-Historiographie nehmen die Arbeiten von Holsti (1967, 1970) ein. Mit sozialpsychologischen Modellen über die Entwicklung von Feindbildern versuchte der Autor Dulles' Perzeption der Sowjetunion zu analysieren. Holsti vermag dabei plausibel die Mechanismen von Dulles' Informationsaufnahme und Verarbeitung aufzuzeigen, die zu einer permanenten Vorurteils- resp. Feindbildbestätigung führten.

Die erste wissenschaftliche, nicht spezifisch auf Eisenhower oder Dulles konzentrierte Studie stammt von Snyder (1962), der zusammen mit Bruck und Sapin als Begründer der Entscheidungstheorie gelten darf. Obwohl Snyders Arbeit auf einer recht schmalen Quellenbasis (hauptsächlich zeitgenössische Medien- und Insiderberichte) beruht, erwies sie sich insofern wegweisend, als sie erstmals auf den erheblichen Einfluss der wirtschaftspolitischen Vorstellungen des rechten Flügels der Republikanischen Partei auf die mittelfristige aussenpolitische Planung der Administration Eisenhower hinwies. Snyder griff auch als erster das bis dato in der Oeffentlichkeit weitgehend unbekannte "Project Solarium" auf, das im Rahmen der umfassenden Evaluation der "Containment"-Politik schliesslich zu einem neuen Richtlinienpapier, NSC 162/2, führte. Freilich vermochte der Autor zwangsläufig nicht mit der notwendigen Klarheit den Ablauf und die Relevanz von "Solarium" aufzuzeigen. Schwarz (1966) und Geiling (1975) liefern in gewisser Hinsicht eine Ergänzung zu Snyder (1962), indem sich diese beiden Autoren in erster Linie mit der wissenschaftlichen Strategiediskussion befassen, die Dulles mit der Ankündigung der Doktrin der "Massive Retaliation" im Januar 1954 ausgelöst hat. Gaddis (1982) vermochte wesentliche neue Erkenntnisse zu erbringen, indem er einerseits die beiden "Containment"-Versionen von Truman und Eisenhower miteinander verglich und zudem auch den konkreten Auswirkungen der neuen, in NSC 162/2 festgelegten Sicherheitspolitik der republikanischen Administration aufzuzeigen versuchte.

Eine ebenso thematisch umfassende wie detaillierte Studie zur amerikanischen Aussen- und Sicherheitspolitik in der eingangs skizzierten Umbruchphase fehlt bislang. Einschlägige Erkenntnisse liegen erst bruchstückhaft und meistens ohne ausreichende quellenmässige Absicherung vor. Lücken sind insbesondere in den folgenden Bereichen auszumachen:

- Nicht ausreichend geklärt ist bisher der Einfluss von Stalins Tod auf die kurz- und mittelfristige Sowjetpolitik der Administration Eisenhower.
- Genau auszuleuchten bleibt die Wechselwirkung zwischen innen- und wirtschaftspolitischen Strömungen in der Republikanischen Partei und der Festlegung der Aussenpolitik.
- Im weiteren ist die Frage nach den Auswirkungen des Koreakrieges auf die von Eisenhower revidierte aussen- und sicherheitspolitische Planung noch weitgehend offen.

- Ebenfalls ungeklärt ist der genaue Verlauf des "Project Solarium" sowie insbesondere dessen Relevanz bezüglich NSC 162/2.
- Es bedarf zudem einer detaillierten Antwort nach den konkreten politischen Konsequenzen des "New Look", wie die revidierte Aussenpolitik genannt wurde.
- Ueberhaupt keine Studien existieren zu Eisenhowers "Atoms for Peace"-Vorschlag sowie zur amerikanischen Haltung gegenüber einem Verbot für Nukleartests.
- Schliesslich fehlt eine Darstellung der Osthandelspolitik der Regierung Eisenhower.

1.3. Zur Quellenlage

Diese Arbeit beruht zur Hauptsache auf kürzlich deklassifizierten regierungsinternen Dokumenten zur Aussen- und Sicherheitspolitik unter Eisenhower. Sämtliche vor 1974 verfassten Arbeiten in diesem Bereich stützen sich (notgedrungenermassen) lediglich auf offizielle Regierungsverlautbarungen, Memoiren und Medienberichte. Schweitzer (1983) ist vollauf beizupflichten, dass in vielen dieser Darstellungen nicht mit der wünschbaren Deutlichkeit auf die beschränkte Aussagekraft der Forschungsergebnisse hingewiesen worden ist, die zwangsläufig aus dem mangelnden Zugang zu klassifizierten Dokumenten resultiert.

Seit 1974 ist zwar eine teilweise Freigabe dieser Dokumente erfolgt, doch die Deklassifizierung im grossen Umfang hat erst seit 1982 im Rahmen der vom US-Aussenministerium herausgegebenen Reihe "Foreign Relations of the United States" (FRUS) eingesetzt. Mittlerweile sind zwar noch nicht sämtliche Bände für die Jahre 1952 bis 1954 publiziert, doch die für unser Thema zentralen Dokumente liegen nahezu vollständig vor.[17] Die FRUS-Bände decken in erster Linie die Arbeit des Nationalen Sicherheitsrates (NSC) ab und enthalten einerseits die als Entscheidungsgrundlagen angefertigten Analysen, andererseits die Protokolle der NSC-Sitzungen. Diese NSC-Dokumente sind hier deshalb von besonderer Bedeutung, weil der Sicherheitsrat während Eisenhowers Präsidentschaft zum zentralen Gremium für die aussen- und sicherheitspolitische Planung aufgewertet wurde, in dem sämtliche mit dieser

---

17 Für eine Uebersicht der hier verwendeten FRUS-Bände vgl. die bibliographischen Angaben in Kap. 13.2.

Thematik betrauten Minister und Eisenhowers persönliche Berater vertreten waren.

Die FRUS-Quellen berücksichtigten fast ausschliesslich die formellen Kontakte unter den Regierungsmitgliedern im Rahmen des NSC, nicht aber die informellen Kontakte. Die Dokumentenserie enthält auch keine Angaben über die Relevanz der einzelnen Analysen resp. Statements von Beratern auf den Meinungsbildungs- und Entscheidungsfindungsprozess innerhalb der Administration. In dieser Situation bilden die zahlreichen Memoiren von ehemals Beteiligten eine wichtige Ergänzung für eine adäquate Einschätzung der Relevanz der einzelnen Dokumente. Eine weitere, ausgezeichnete Ergänzung in diesem Sinne bilden die an der Universität Princeton aufbewahrten persönlichen Papiere von Aussenminister Dulles, die ebenfalls eine wichtige Grundlage für diese Arbeit darstellen. Im weiteren wird die Microfiche-Sammlung "The Declassified Documents" verwendet, die einige Quellen enthält, welche bislang noch nicht im Rahmen der FRUS-Reihe veröffentlicht worden sind. Im Hinblick auf die parlamentarische Auseinandersetzung mit der Aussenpolitik sind die 1977 veröffentlichten Protokolle der "Executive Sessions of the Senate Foreign Relations Committee" von besonderer Bedeutung und werden hier ebenfalls ausgewertet. Zu erwähnen wäre schliesslich eine spezielle "Quelle": die "New York Times"; eine Zeitung zwar, die jedoch wegen ihrer ausserordentlich umfassenden und kompetenten Berichterstattung durchaus dokumentarischen Charakter besitzt und für die historische Analyse von grösstem Nutzen ist.

2. WAHLKAMPF 1952: KLAERUNG DER FRONTEN

Die Konturen der politischen Auseinandersetzung in einem Land lassen sich wohl kaum je schärfer nachzeichnen als während eines Wahlkampfes, denn dann nehmen sich die Differenzen zwischen den Parteien wie unter einem Brennglas aus. Klar, dass so manche verbale Attacke und harsche Rhetorik weniger echten sachlichen Meinungsverschiedenheiten als vielmehr dem Abgrenzungs- und Profilierungsbedürfnis der Wahlparteien entspringt. Indes, die mitunter massive Polemik war im Falle des Wahlkampfes von 1952 nicht nur der in solchen Situationen üblichen überdrehten Rhetorik zuzuschreiben, sondern darf auch als Ausdruck tiefer Frustrationsgefühle in weiten Kreisen der Republikanischen Partei gelten.

2.1. Die interne Auseinandersetzung in der Republikanischen Partei

2.1.1. Robert Taft: Repräsentant der "Alten Garde"

Ursache jener Bitterkeit und Härte, mit der die Republikaner den ganzen Wahlkampf des Jahres 1952 führten, war in erster Linie die zwanzigjährige Abwesenheit von Macht und Regierungsverantwortung. 20 Jahre, die durch Franklin D. Roosevelt und Harry Truman sowohl in der Innen- wie in der Aussenpolitik nachhaltig von der Demokratischen Partei beeinflusst worden waren, während die Republikaner sich in jener Zeit mehr oder weniger zu Statisten degradiert sahen. Der Aerger der "Grand Old Party" (GOP) richtete sich jedoch keineswegs nur gegen die "New Dealers" und die "Trumanites", sondern er kam auch in der vielleicht nicht minder harten parteiinternen Auseinandersetzung um die Nomination des republikanischen Präsidentschaftskandidaten zum Ausdruck. Hier prallten die "Old Guard" und das "Eastern Establishment", die beiden traditionellen GOP-Parteiflügel, hart aufeinander.

Frustriert war vor allem die "Alte Garde", deren Repräsentanten vorwiegend aus dem Westen und dem Mittleren Westen stammten. Diese glaubte nämlich den Grund für die letzten drei Niederlagen in den Präsidentschaftswahlen darin zu erkennen, dass der republikanische Kandidat jeweils aus dem Ostküsten-Establishment der Partei erkürt worden war. Thomas Dewey, Gouverneur des Staates New York und GOP-Kandidat in den Jahren 1944 und 1948, galt für die Republikaner von Ohio bis Oregon geradezu als Symbol für Niederlagen ihrer Partei. Ein Vertreter der "Alten Garde" demonstrierte dieses Gefühl beispielhaft, als er während seiner Rede am Nationalkonvent der Republikaner mit dem Finger auf Dewey zeigte und rief: "We followed you before and you took us down the road to defeat."[1]

Die Devise für die "Alte Garde" war klar: Diesmal wollten sie endlich wieder einen "echten" Republikaner aus ihren Reihen und nicht wieder einen (aus ihrer Sicht) verkappten "Trumanite" von der Ostküste nominieren. Robert Taft, langjähriger Senator aus Ohio, war ihr Mann. Er widerspiegelte die Stimmung vieler "echter" Republikaner, als er an einer Wahlkampfveranstaltung in New York ausführte:

> "I have become a candidate because I am most anxious that we do not repeat that kind of campaign which has been made in the past, a campaign where we in effect say 'we approve Mr. Trumans foreign policy but we can do it better, we approve the objectives of the New Deal but we can do it better. I do think we can never win such a campaign." 2)

Nur mit einem ganz klaren Kontrastprogramm zu den Demokraten, so Robert Taft, konnte die Republikanische Partei zur Macht zurückkehren. Um den Anspruch seines Parteiflügels auf die diesjährige Nomination zu unterstreichen, liess sich Taft, der 1948 in der parteiinternen Auseinandersetzung Dewey noch unterlegen war, bereits am 16. Oktober 1951 als erster Kandidat für die im kommenden Frühjahr beginnenden "Primaries" registrieren. Ebenfalls schon 1951 hatte der Senator mit dem Buch "A Foreign Policy for Americans" quasi seine persönliche aussenpolitische Plattform geschrieben, die im Verlauf des Wahlkampfs zur zentralen Argumentationshilfe seiner Anhänger in aussenpolitischen Fragen wurde.

Die parteiinterne Debatte in der GOP um die grundsätzliche Ausrichtung der amerikanischen Aussenpolitik wurde weithin als Kampf zwischen "Isolationisten" und "Internationalisten" interpretiert, von den direkt involvierten Politikern ebenso wie im Ausland.[3] Der "Alten Garde" schrieb

---

1 Zit. nach NYT, 10. Juli 1952, S.10

2 Zit. nach NYT, 13. Juni 1952, S.14

3 Vgl. dazu Divine (1974), S.10. Als ausländisches Beispiel für diese Interpretation vgl. Adenauer (1965), S. 551 f.

man gemeinhin die Rolle der Isolationisten zu, die sich auf die "Festung Amerika" zurückziehen wollten und die prinzipiell skeptisch bis ablehnend gegenüber festen aussenpolitischen Verpflichtungen waren. Die Republikaner aus dem Osten galten demgegenüber als Internationalisten, die sich für enge Verbindungen Amerikas namentlich mit Europa einsetzten. Eine solche Etikettierung trifft zwar in dieser absoluten Form nicht zu, macht aber in diesem Fall dennoch Sinn, weil es gerade jene mitunter recht holzschnittartigen Perzeptionen waren, nach denen die Politiker und nicht zuletzt auch die Wähler ihr Verhalten richteten.

Wenn einer aber in allen Kreisen als gestandener Isolationist galt, dann war es ohne Zweifel Robert Taft, und dies nicht ohne Grund. Der Senator hatte seinerzeit im Kongress nur mit grossen Vorbehalten für den amerikanischen UNO-Beitritt und den Marshall-Plan gestimmt; er war gegen Trumans "Point-Four"-Programm und verweigerte, was in Europa besonders aufmerksam registriert worden war, seine Unterschrift unter den Nato-Vertrag.[4] Mit seinem Buch verfolgte Taft unter anderem auch die Absicht, sich vom Image des "simple minded isolationist" zu befreien, das ihm seine Parteigegner und die Demokraten gerne anhängten.[5] Taft betonte denn auch:

> "While the defense of the United States is our first consideration, I do not agree with those who think we can completely abandon the rest of the world and rely solely upon the defense of our continent." 6)

Zur Betonung seiner "atlantischen Ader" hob er auch demonstrativ hervor, dass die Wurzeln der amerikanischen politischen Kultur und Lebensweise im "Alten Kontinent", in Europa, lägen. In seiner Schrift erklärte Taft den Isolationismus keineswegs zu seinem Prinzip, sondern - ganz ähnlich wie die sogenannte Realistische Schule um Hans Morgenthau - das "nationale Interesse" zum entscheidenden Referenzpunkt. Tafts in der Konsequenz zwar tendenziell isolationistischen Vorstellungen resultierten eher aus einer pragmatischen Einschätzung der amerikanischen Möglichkeiten als aus einer fixen ideologischen Ueberzeugung:

> "An unwise an overambitious foreign policy, and particularly to do more than we are able to do, is the one thing that might

---

4 Ein kurzes Resumé von Tafts politischer Karriere geben Kirk/McCellan (1967), S.202 ff.

5 Vgl. Divine (1974), S.10

6 Taft (1951), S.77

> in the end destroy our armies and pose a threat to the liberty of the people of the United States." 7)

"Unwise" war Trumans Aussenpolitik aus der Sicht von Taft deshalb, weil er, Truman, ebenso wie Roosevelt und deren Berater die Sowjetunion völlig falsch eingeschätzt hätten: "They were led into a complete misconception of the real purposes of the Russian government and the Communist character."[8] Die demokratischen Regierungen hätten sich der Illusion hingegeben, dass der Kommunismus

> "...probably was not the form of government for the United States but it was, in fact, a form of government more or less consistent with American ideals. (...) It is hard to find any philosophy which is more the antithesis of American principles, and yet many of our policy makers at Teheran and Jalta seem to have accepted the professions of the Communist leaders as to their interest in liberty, peace and equality." 9)

Die Konsequenz dieser Naivität der Demokraten war nach Taft, dass die historisch einmalig starke Position der Vereinigten Staaten bei Kriegsende 1945 in den folgenden sieben Jahren nahezu vollständig preisgegeben worden sei, während die Sowjetunion jetzt über ein militärisches Potential wie nie zuvor verfüge. Trumans Asienpolitik, so Taft, sei noch verheerender als die Europapolitik gewesen, habe sie doch den "loss of China" verschuldet und dadurch 400 Millionen Menschen in "the communist camp" getrieben. Eine gewichtige Mitschuld habe hierbei die Asien-Abteilung des Aussenministeriums zu tragen, denn

> "...they expressed every sympathy with the Chinese Communists and did everything they could to discredit the National Government of Chiang Kai Shek." 10)

"Overambitious" war Trumans "Containment"-Politik aus Tafts Sicht, weil sie die ökonomischen Grenzen, denen jede amerikanische Aussenpolitik unterliegen müsse, nicht beachtet habe. Truman habe zu viele Strategien auf einmal zur weltweiten Eindämmung des Kommunismus anwenden wollen. Nötig sei hingegen vielmehr das Gegenteil, nämlich die Konzentration auf einige wenige erfolgsversprechende Möglichkeiten "to

---

7 Taft (1951), S.101

8 Ebenda, S.51

9 Ebenda, S.53

10 Ebenda, S.56

check Communism."[11] Die durch die "Containment"-Politik verursachten enormen Kosten hätten Steuern und Inflation in den Vereinigten Staaten dermassen in die Höhe getrieben, dass mittlerweile die individuellen Freiheiten der amerikanischen Bürger gefährdet seien.

Aus dieser Analyse zog Taft im wesentlichen zwei Schlussfolgerungen. Zum einen hielt er fest:

> "It follows that except such policies may ultimately protect our own security, we have no primary interest as a national policy to improve material welfare in other parts of the world." 12)

Die grundsätzliche Ueberzeugung, die hinter dem Konzept der Wirtschaftshilfe der Truman-Administration stand, vermochte Taft nicht zu teilen:

> "We hear a great deal of argument that if we do not deliberately contribute to the raising of standards of living of peoples with low income, they will turn communist and will go to war with us. Apart from such emergency situations as the Marshall plan, I can see no evidence that this is true." 13)

Vornehmlich in Westeuropa, dessen Länder sich seit Kriegsende wirtschaftlich wieder erholt hätten, müssten die Bürger vermehrt selbst finanziell zu militärischer Abwehrbereitschaft und wirtschaftlicher Prosperität beitragen. Es sei an der Zeit, die amerikanischen Steuerzahler von dieser Aufgabe zu entlasten, zumal sich ja in Frankreich und Italien gezeigt habe, dass das Vordringen des Kommunismus keineswegs einfach mit amerikanischer Militär- und Wirtschaftshilfe gestoppt werden könne.

Die zweite Konsequenz aus Tafts Ueberzeugung, dass "Containment" zu teuer und zu wenig effektiv sei, ergab sich für den Senator im Bereich der Militärstrategie. Ausgangspunkt seiner Ueberlegungen und zugleich Ansatz zur Revision war seine Ansicht, dass sich die Sowjetunion nicht durch Landstreitkräfte abschrecken liess, sofern diese nicht so stark waren, um die russischen Armeen aus ganz Mittel- und Osteuropa bis an die Grenzen der UdSSR zurückzuwerfen. Zudem konnte die So-

---

11 Taft (1951), S.66. Im Buch ist diese Textstelle durch Fettdruck und Grossbuchstaben hervorgehoben.

12 Ebenda, S.14

13 Ebenda, S.15

wjetunion laut Taft auch einen Angriff gegen Westeuropa starten, bevor man dort eine ausreichende Stärke bei den konventionellen Truppen erreicht hatte. Jedenfalls sei die UdSSR seit Kriegsende nicht von Bodentruppen vor einem Angriff abgeschreckt worden, "because there have been no land armies to deter them."[14]

Die Vorstellung, einen Landkrieg in Europa gegen die Sowjetunion auszutragen, war für den Senator allein schon aus militärstrategischen Gesichtspunkten widersinnig, weil dies die UdSSR klar bevorteilte. Das wichtigste Prinzip der Militärstrategie sei "not to fight on the enemy's chosen battleground, where he has his greatest strength."[15] Aufgrund dieser Einschätzung konnte es für Robert Taft nur eine logische Konsequenz geben: Das Schwergewicht der amerikanischen Militärstrategie musste fortan auf der Luftwaffe - und darin impliziert: den Atomwaffen - liegen, weil dies gleich drei Vorteile biete:

1. Luftstreitkräfte seien billiger als Landtruppen. Auf diese Weise könne das staatliche Budget, ja die US-Wirtschaft im allgemeinen entlastet werden.
2. Die Luftwaffe biete eine bessere militärisch-politische Abschreckung vor kommunistischen Aggressionen.
3. Die Luftwaffe lasse den Vereinigten Staaten wesentlich mehr Handlungsoptionen (in Friedens- wie in Kriegszeiten) offen, weil sie wesentlich flexibler einsetzbar sei als Landarmeen.

Der Nato, seit jeher ein aussagekräftiger Indikator zur Einordnung ins politische Spektrum zwischen Isolationismus und Internationalismus, stand Taft sehr kritisch, wenngleich nicht völlig ablehend gegenüber. Die atlantische Allianz wies für ihn drei Merkmale auf, die seinen Prinzipien deutlich zuwiderliefen. Die USA verpflichteten sich im Falle eines Angriffes auf ein Nato-Mitglied vertraglich zu einem Landkrieg in Europa, und dies war für den Senator zu teuer, militärisch ineffizient und überdies eine allzu starke Einschränkung der amerikanischen Handlungsfreiheit. Obwohl Taft ein permanentes Engagement amerikanischer Truppen im Ausland in Friedenszeiten grundsätzlich für falsch hielt, schätzte er die Nato insofern positiv ein, als sie von der Sowjetunion als klare Linie anerkannt werde, die ohne das Risiko der eigenen Vernichtung

---

14 Taft (1951), S.77

15 Ebenda, S.78

Martin Beglinger

„Containment" im Wandel

Die amerikanische Außen- und Sicherheitspolitik im Übergang von Truman zu Eisenhower

Steiner

Umschlagbild:

Karrikatur „You're Sure Everything's All Right, Foster?" von Herblock in „The Washington Post".

Die vorliegende Arbeit wurde von der Philosophischen Fakultät I der Universität Zürich im Sommersemester 1987 auf Antrag von Prof. Dr. Rudolf von Albertini als Dissertation angenommen.

CIP-Titelaufnahme der Deutschen Bibliothek
Beglinger, Martin:
„Containment" im Wandel : d. amerikan. Außen- u. Sicherheitspolitik im Übergang von Truman zu Eisenhower / von Martin Beglinger. – Stuttgart : Steiner-Verl. Wiesbaden, 1988
(Beiträge zur Kolonial- und Überseegeschichte ; Bd. 41)
Zugl.: Zürich, Univ., Diss.
ISBN 3-515-05131-7
NE: GT

nicht überschritten werden dürfe. In diesem Zusammenhang sprach sich Taft gar für eine zahlenmässige limitierte amerikanische Truppenpräsenz in Europa aus. Diese hätte aber in erster Linie eine politische und nicht eine militärische Funktion, weil durch die Anwesenheit der Soldaten das amerikanische Interesse und Engagement in Europa demonstrativ bekundet würde. Die physische Präsenz Amerikas würde nach dieser Ueberlegung die Glaubwürdigkeit der kollektiven Verteidigung im Rahmen der Nato und insofern die Abschreckungswirkung auf die UdSSR erhöhen (sog. "Tripwire"-Funktion).[16] Trotz dieser Truppenstationierung sollte die militärische Reaktionsform der USA auf einen Angriff gegen Westeuropa offen bleiben, wobei für Taft allerdings klar war, dass die "Air Force" sich dazu am besten eignete. Ansonsten bestand für den Vordenker der "Alten Garde" kein Zweifel am künftig von den USA zu verfolgenden Nato-Kurs: Forderung nach mehr wirtschaftlicher und militärischer Eigenleistung der Europäer, um dadurch das amerikanische Engagement quantitativ reduzieren zu können. Die USA sollten dann in erster Linie ihre Luft- und Seestreitkräfte für die Verteidigung Westeuropas zur Verfügung stellen.

Wichtig für die Vereinigten Staaten war nach Tafts Ueberzeugung vorab eine weltweite Luft- und Seeüberlegenheit. Dadurch wurden strategisch zentrale Inseln wie Australien, Japan oder England für die USA zu erstrangigen Interessengebieten. Betreffend Grossbritannien führte Taft aus:

> "I believe that an alliance with England is far more important than an alliance with any continental nation. With a British alliance there is little doubt of our complete control of sea and air throughout the world." 17)

Internationalistische Kreise in der GOP und ebenso die führenden Demokraten hielten den Isolationisten regelmässig vor, diese wollten das amerikanische Augenmerk von Europa weg nach Asien lenken und eine sog. "Asia first"-Politik betreiben. Taft hielt diesem Vorwurf entgegen, dass

> "My quarrel is with those who wish to go all-out in Europe, even beyond our capacity, and who at the same time refuse to apply our general program and strategy in the Far East." 18)

---

16 Taft liess in seinem Buch offen, wieviele Truppen seines Erachtens notwendig waren, um die "Tripwire"-Funktion erfüllen zu können.

17 Taft (1951), S.83

18 Taft (1951), S.112

Warum, so brachte der Senator seine Kritik auf den Punkt, habe Chiang Kai Shek nicht die gleiche Wirtschafts- und Militärhilfe erhalten wie Griechenland und die Türkei? Der Koreakrieg sei zudem durch Trumans "Europe first"-Politik förmlich provoziert worden und die kommunistische Aggression eine Folge des demonstrativen amerikanischen Desinteresses an Südkorea gewesen. Nicht minder hart kritisierte Taft Trumans Kriegführung, namentlich MacArthurs Entlassung. Der General hatte ja -wie auch Taft - einen massiven Einsatz der Luftwaffe anstatt halbherziges Taktieren mit den Landarmeen gefordert. Der Senator meinte einmal, die Vereinigten Staaten hätten den Koreakrieg gewinnen können, wenn man dem Rat von General MacArthur - "our greatest soldier" - gefolgt wäre.[19]

Dass die globale Auseinandersetzung der Vereinigten Staaten mit der Sowjetunion und den übrigen kommunistischen Staaten nicht nur einen militärischen, sondern auch einen ideologischen Konflikt beinhaltete, stand für Robert Taft ausser Zweifel. Der Kampf gegen die Kommunisten "must finally be won in the minds of men."[20]

Aus der für ihn geradezu zwingenden ideologischen Konfrontation mit der Sowjetunion resultierte indessen nicht die Notwendigkeit, dass der "Krieg in den Köpfen der Menschen" von den USA weltweit gewonnen werden musste. Taft betonte denn auch, dass "we have no primary interest as a national policy...to change other forms of government."[21] Dies bedeutete zumindest implizit die Anerkennung des Status Quo in Osteuropa und damit indirekt eine Absage an die von Dulles in die Diskussion eingebrachte "Liberation"-Politik (vgl. dazu Kap. 2.1.3.).

Weit mehr interessierten Taft die Köpfe im eigenen Land, und auf sie sollte sich der ideologische Kampf richten; so zum Beispiel auf die Gewerkschaften, die in Tafts Optik faktisch schon nahe beim Kommunismus standen; oder auf Regierung und Verwaltung, wo er kommunistische Sympathisanten vermutete.[22]

---

19 Zit. nach NYT, 2. Juni 1952, S.14

20 Taft (1951), S.121

21 Ebenda, S.14

22 Bezügl. Tafts Verhältnis zu den Gewerkschaften sei hier auf das von ihm (mit-)initiierte "Taft-Hartley"-Gesetz von 1947 verwiesen, das auf eine massive Eindämmung der gewerkschaftlichen Macht zielte.

2.1.2. Dwight D. Eisenhower: Internationalist mit unscharfen Konturen

General Dwight D. Eisenhowers erster grosser Auftritt auf der politischen Bühne ist vor dem Hintergrund der heftigen parteiinternen Richtungskämpfe der Republikaner, dem Machtkampf zwischen "Alter Garde" und dem Ostküstenestablishment, einzuordnen. Ein wesentliches, wenn nicht gar das Hauptmotiv Eisenhowers, sich um die republikanische Kandidatur zu bewerben, war seine Sorge um die von Taft artikulierten isolationistischen Tendenzen in der GOP, die den Auffassungen des Generals über die amerikanische Aussenpolitik klar zuwiderliefen.[23]

Eisenhower als Gegenkandidat der Internationalisten zum Isolationisten Taft - für diese These sprechen sowohl die den General unterstützenden GOP-Kreise als auch dessen eigenes politisches Credo.[24] Auf dem Höhepunkt des parteiinternen Kampfes sagte "Ike" gegenüber Journalisten: "I am running because Taft is an isolationist. His election would be a disaster."[25]

Am 7. Januar 1952 liess Eisenhower, der 1950 von Truman zum Nato-Oberbefehlshaber in Europa ernannt worden war, in Paris verlauten, er werde ein politisches Amt weder suchen, noch sich aktiv an den Primärwahlen beteiligen, falls er dort von jemandem aufgestellt werden sollte: "I will respond only to a cleancut call to political duty", führte der General aus und hielt sich damit die Türe für den Einstieg in die Politik offen.[26] Bereits Ende 1951 war Eisenhower immer wieder von den republikanischen Senatoren Lodge (Massachusetts) und Duff (Pennsylvania) sowie dem New Yorker Gouverneur Dewey als möglicher GOP-Kandidat genannt worden. Eisenhowers Abstinenz von der politischen Bühne hatte zur Folge, dass er in den Vereinigten Staaten noch recht unscharfe Konturen von seinen Vorstellungen, namentlich im Bereich

---

23 In der Historiographie werden zwei weitere wesentliche Gründe für DDE's Kandidatur angegeben:
1. Sorge um Trumans Innenpolitik, die nach DDE's Ansicht zum Sozialismus führte.
2. DDE's Ueberzeugung, dass ein Wechsel zu einem republikanischen Präsidenten nach 20 Jahren demokratischer Herrschaft nötig für das Ueberleben des Zweiparteiensystems war.

Vgl. dazu Sulzberger (1959), S.699-705; Parmet (1972), S.45-47; Lyon (1974), S.425-433; DDE (1963), S.13-22; Gaddis (1982), S.127; Ambrose (1983), S.530-539; Brownell in Thompson (hg., 1984), S.165; Saunders (1985), S.99.

24 Eine recht detaillierte Auflistung der DDE unterstützenden Kreise aus Politik und Wirtschaft findet sich in Bernstein (1971), S.3225.

25 Zit. nach Divine (1974), S.12

26 Zit. nach NYT, 8. Januar 1952, S.14

der Innenpolitik, hinterlassen hatte. Die relative Ungewissheit über seine politischen Ansichten manifestierte sich beispielsweise auch darin, dass er noch im November 1951 von Truman als Kandidat für die Demokraten umworben worden war. Arthur Krock, einer von Washingtons bestinformierten Journalisten, schrieb daraufhin über dieses private Treffen, der General habe das Angebot des Präsidenten abgelehnt, weil ihm das innenpolitische Programm der Demokraten nicht passe.[27] Damit rückte "Ike" schlagartig ins Blickfeld des Ostküstenestablishments in der GOP, das sich seinerseits nach einem aussichtsreichen Kandidaten umschaute.

Zu seiner aussenpolitischen Profilbildung im republikanischen Lager hatte bereits ein geheimes Treffen mit Taft im September 1951 beigetragen. Eisenhower hatte damals eine vorbereitete Erklärung mitgebracht, in der er mitzuteilen gedachte, er werde auf eine Kandidatur verzichten, sofern sich Taft in der republikanischen Wahlplattform für das Prinzip der kollektiven Sicherheit einsetze. Taft lehnte ab, und so verzichtete Eisenhower auch auf die Veröffentlichung seines Statements.[28]

Dass der General tatsächlich erst am 4. Juni 1952 aktiv in die republikanische Nominierungskampagne eingriff, vorher aber diverse Male in den Primärwahlen aufgestellt worden war, trug auch nicht eben zur Bildung von klaren Fronten bei. Taft und seine Anhänger hatten wiederholt gefordert, Eisenhower solle seine Ansichten zu Innen- und Aussenpolitik endlich offen darlegen, während sich der General in Paris bis anfangs Juni in Schweigen hüllte. Provoziert durch bereits im Januar 1952 in Umlauf gebrachte "I like Ike"-Ansteckknöpfe, liessen Taft-Anhänger daraufhin 5000 Plaketten mit der Aufschrift "But what does Ike like?" verteilen. Allein, dass "Ike" kein Mann der "Alten Garde" war, stand für den Taft-Flügel ausser Zweifel. Die "Chicago Tribune", Tafts Hofpostille und publizistische Hauptstütze, nahm kein Blatt vor den Mund, als sie kommentierte:

> "General Eisenhower is the candidate of the Truman Republicans and of those Democrats who would be for Truman if they thought he could win. The American people are asked to accept as a Republican whose whole career has been achieved through New Deal patronage." 29)

---

27 Vgl. dazu Divine (1974), S.13

28 Dieses Treffen wird nur von Divine (1974), S.13, erwähnt, indessen ohne eine Quellenangabe.

29 Zit. nach NYT, 8. Januar 1952, S.14.

In der Tat war Eisenhower unübersehbar mit der Aussenpolitik der letzten beiden demokratischen Administrationen verbunden. Beispielsweise war er einer der wichtigsten Gewährsmänner und aussenpolitischer Berater Roosevelts während des Zweiten Weltkriegs. 1949, als in China Chiang Kai Shek von den Kommunisten unter Mao verdrängt wurde, stand Eisenhower den Vereinigten Stabschefs vor.[30]

Es war indessen nicht etwa Sorge um Trumans "Containment"-Politik, die Eisenhower zu seiner Kandidatur veranlasste.[31] Denn einer der Hauptpfeiler dieser Politik war die Nato und das ihr zugrunde liegende Prinzip die Idee der kollektiven Sicherheit, die eine zentrale Komponente in Eisenhowers militärisch-strategischem Denken bildete.[32] Tafts Vorstellungen mussten hingegen an Eisenhowers Grundüberzeugungen rütteln, stellte doch der Senator den Nutzen von Landarmeen ebenso wie die engen vertraglichen Bindungen an Europa zumindest teilweise in Frage. Zwei Prinzipien also, die mit "Ikes" erfolgreicher militärischen Karriere stark verknüpft waren. Die Nato in ihrer bestehenden Form zu erhalten und die Wirtschafts-und Militärhilfe als Zeichen amerikanischer Verbundenheit mit Europa fortzuführen - dieses Programm war quasi die politische Verteidigung des Erbes seiner militärischen Laufbahn, ein Erbe, das ihm durch Tafts isolationistische Tendenzen gefährdet schien.

2.1.3. John Foster Dulles: Integrationsfigur in der GOP

Eisenhower und Taft waren realistisch genug, um zu erkennen, dass weder ein sturer Isolationist, noch ein kompromissloser Internationalist eine Chance auf die Stimmenmehrheit am republikanischen Parteitag anfangs Juli in Chicago haben würde. Zudem lag beiden daran, nach aussen hin nicht das Bild einer heillos zerstrittenen Partei zu bieten, denn letztlich waren es allemal die Demokraten, die es am 4. November zu schlagen galt. Ein Kandidat liess sich also nur über sachliche Kompromisse finden. Die wahltaktischen Strategien für die Nomination resultierten für Taft und Eisenhower weitgehend aus den jeweiligen Anschuldigungen des gegnerischen Flügels. Für den Senator hiess das, die Republikaner an der Ostküste davon zu überzeugen, dass er nicht bloss ein einfallsloser Iso-

30 Vgl. Ambrose (1983), S.530
31 Vgl. dazu Gaddis (1982), S.127
32 Vgl. dazu Sulzberger in der NYT, 7. Januar 1952, S.1

lationist sei - ohne allerdings seine Anhänger bei der "Alten Garde" vor den Kopf zu stossen. Eisenhower musste sich demgegenüber glaubhaft bei den Republikanern im Mittleren Westen und im Westen von Truman lossagen und sich trotzdem zum Prinzip der kollektiven Sicherheit bekennen.

In dieser Situation lieferte John Foster Dulles, der damals führende aussenpolitische Experte der Republikaner, mit seinen Vorstellungen einen gemeinsamen sachlichen Nenner für die divergierenden Parteiflügel. 1950, also bereits ein Jahr vor Tafts publizistischem Wahlkampfauftakt und kurz vor dem Ausbruch des Koreakrieges, hatte Dulles seine aussenpolitischen Leitlinien im Buch "War or Peace" skizziert. Wesentliche Elemente von Dulles' Perzeption internationaler Politik, insbesondere der Beziehungen zur Sowjetunion, sind in diesem Buch bereits deutlich auszumachen. Der ideologischen Komponente des Ost-West-Konfliktes wurde in "War or Peace" besondere Aufmerksamkeit geschenkt. Für Dulles war dies aber keineswegs aussergewöhnlich, denn er hatte die Rolle von Wertvorstellungen in der (Aussen-)Politik seit jeher stark betont. Dies war zweifellos eine Folge von Dulles' starker religiöser Verbundenheit. Sein Vater war presbyterianischer Pfarrer; und Foster Dulles wuchs entsprechend in einer von einem streng puritanischen Klima geprägten Familie auf, nach deren Wille er ebenfalls einmal Geistlicher hätte werden sollen. Auch wenn er sich dann früh für eine Laufbahn als Jurist und später als Politiker entschied, blieb Dulles zeitlebens eng mit der presbyterianischen Kirche verbunden.[33]

Foster Dulles hielt sich unter anderem deshalb für einen kompetenten Aussenpolitiker (insbesondere was die Beziehungen zur Sowjetunion betraf), weil er viele kommunistische "Klassiker" - namentlich Marx und Engels - gelesen hatte. In "War or Peace" gewann ein anderes Standardwerk grosse Bedeutung: Stalins Buch "Problems of Leninism", 1939 geschrieben und seither immer wieder neu aufgelegt. Dulles glaubte sich nun aufgrund der Lektüre dieses Buches befähigt, die hinter der sowjetischen (Aussen-)Politik stehenden Motive und Ziele klar erkennen und beurteilen zu können:

---

33 JFD hatte z.B. während des Wahlkampfes einen sehr intensiven Briefkontakt mit den Vorsitzenden des "National Council of the Churches of Christ in the United States." Vgl. JFD-P., Box 57. Zu JFD's Biographie vgl. v.a. Holsti (1967), S.38 ff., der die Rolle der Religion in JFD's Leben sehr schön herausarbeitet. Zu diesem Aspekt aufschlussreich sind auch Hoopes (1973), S.9 ff., und Pruessen (1982), S.20 ff.

"The book spells out the creed and purposes of Soviet Communism and its plans and methods for achieving world domination. The world neglected Hitlers 'Mein Kampf' until it was too late for anything but regret. We should not make the same mistake regarding Stalins 'Problems of Leninism'." 34)

Anhand diverser, teils sehr ausführlicher Zitate aus Stalins Buch kam Dulles zum Schluss, dass die Sowjetunion vor allem Klassenkampf, Bürgerkrieg, Terrorismus, Spionage und Propaganda, nicht aber einen offenen und gross angelegten Krieg gegen den Westen für ihre angekündigte weltweite Offensive einsetzen werde. Die entscheidende Auseinandersetzung "zwischen dem Kommunismus und der freien Welt", wie sich Dulles auszudrücken pflegte, werde nicht auf dem Schlachtfeld, sondern in den Köpfen der Menschen ausgetragen. (Eine Formulierung, die dann ja Taft in seinem Buch ein Jahr später aufnahm.) Bis anhin, so Dulles, sei die amerikanische Politik zu sehr von militärischen Ueberlegungen geprägt gewesen. Die Aufgabe der Generäle sei durchaus, sich mit Kriegsszenarien zu befassen, aber:

"Meanwhile we can loose the 'cold war'. There is imperative need for an overall strategy that takes into account all realities, the non-military as well as the military." 35)

Bereits 1948 hatte Dulles den Stellenwert hervorgehoben, den Ideologie und Moral im Rahmen der Russlandpolitik für ihn hatten:

"What has given the Soviet Communists its tremendous influence over men everywhere in the world? It is the moral slogans which they have adopted and expressed...They are nothing but the same slogans - the same beliefs for what America has stood. The leaders of the Soviet Communist party have been smart enough to see that the way to get influence in the world is to sponsor moral principles." 36)

An diesen Gedanken knüpfte Dulles in "War or Peace" an und führte aus:

"...The Soviet Communists have a devised program that has a tremendous appeal to all men everywhere who feel oppressed or cheated by the existing order and also to some idealists who want a better world." 37)

---

34 JFD (1950), S.7
35 Ebenda, S.176
36 JFD, 10. April 1948; in: JFD-P., Box 31
37 JFD (1950), S.165

Der von Dulles konstatierten politisch-ideologischen Offensive der Kommunisten setze der Westen nichts Gleichwertiges entgegen, ja er verhalte sich statisch, allenfalls - und bestenfalls - reaktiv auf sowjetische Initiativen. Dies fiel nach Dulles für die "freie Welt" ausserordentlich negativ ins Gewicht. Der Ursprung dieser Auffassung lag in einer quasi geschichtsphilosophischen Ueberzeugung des späteren Aussenministers, wonach in der Vergangenheit die "dynamisch-aktiven" die "statisch-passiven" Staaten immer besiegt und überlebt hätten. Dulles meinte, die Kardinalfrage der Gegenwart sei letztlich,

> "...whether the Western civilization has become so old and decadent that it is bound to pass away, giving place to the younger, dynamic and barbarian society born out of the unholy union of Marx's Communism and Russian imperialism." 38)

In seinem Buch gab sich Dulles skeptisch, ob die westlichen Gesellschaften dieser fundamentalen Herausforderung gewachsen seien:

> Something has gone wrong with our nation...what we lack is a righteous and dynamic faith. Without it, all else avails little. At home, our institutions do not attract our spiritual loyalities needed for their defense. That lack cannot be compensated by politicians, however able..., or by bombs, however powerful." 39)

Die amerikanische Gesellschaft sei generell zu stark materialistisch orientiert, und dies lasse die geistigen Kräfte verkümmern:

> "...our spiritual influence in the world has waned, and we are tied down to the area that we can reach and influence by material things - guns and goods." 40)

Vor dem Hintergrund von Dulles' Analyse der sowjetischen Strategie und der amerikanischen resp. westlichen Reaktion darauf erscheint es konsequent, dass er eine politisch-ideologische Gegenoffensive zum Kommunismus als wichtigen Bestandteil der künftigen US-Aussenpolitik forderte. Die Sowjetunion sollte aus Dulles' Sicht mit ihren eigenen Waffen geschlagen werden. Mit seinem Verständnis der grossen historischen Triebkräfte ("Statik" und "Dynamik") war eine solche Offensive geradezu

---

38 JFD, 10. April 1948; in: JFD-P., Box 31

39 JFD (1950), S.253

40 Ebenda, S.253

Imperativ für das Ueberleben der westlichen Gesellschaftssysteme, während isolationistische Tendenzen und "Fortress America"-Konzepte seines Erachtens zu Krieg und Niederlage führen mussten. "The Soviet program is to encircle us", schrieb Dulles.[41]

Zentraler Pfeiler in der Lancierung der ideologischen Gegenoffensive war für Dulles das Konzept der "Liberation policy" - eine Politik, die als geradezu idealtypisches Beispiel für den von Williams geprägten Begriff "Imperialismus des Idealismus" angeführt werden kann.[42] Die "Liberation"-Politik basierte auf der Annahme, dass

> "...the Communist structure is overextended, overrigid and ill-founded. It could be shaken if difficulties that are latent could be activated. Activation does not mean armed revolt. The people have no arms, ...Revolt would be more than futile, it would precipitate massacre. We have no desire to weaken the Soviet Union at the cost of lives who are our primary concern. There is, however, a duty to prevent peoples from being broken in mind and spirit, which is what Soviet Communism seeks. We must bring the captive peoples the hope of God and truth." 43)

Das Bekenntnis zu einer Destabilisierung des kommunistischen Regimes in der UdSSR entsprang für Dulles indessen nicht allein einem "moralischen Imperativ". Der spätere Aussenminister schrieb der Schürung der innersowjetischen Probleme auch eine kreigsabschreckende Wirkung zu. Wenn momentan von der kommunistischen Führung keine Kriegsgefahr ausgehe, dann nicht zuletzt deshalb, weil sie ihre Machtposition in Osteuropa noch nicht konsolidiert und den "Geist der gefangenen Menschen" noch nicht gebrochen habe. Komme hinzu, dass sich die Sowjetunion wirtschaftlich noch zu wenig stark fühle, um einen grossen Krieg gegen den Westen zu beginnen. Nach Dulles vermochte die KPdSU ihren Herrschaftsbereich insbesondere dann erfolgreich zu konsolidieren, wenn die Partei den Informationszugang ihrer Bürger monopolisieren und ihnen dadurch die Hoffnung auf "Befreiung vor der kommunistischen Unterdrückung" (Dulles) nehmen könne. Genau dies allerdings musste nach Dulles' Verständnis die "Liberation"-Politik verhindern, indem sie die

---

41 JFD (1950), S.7

42 Vgl. Williams (1962), S.52. Interessant ist in diesem Zusammenhang überdies, dass JFD wiederholt Woodrow Wilson als einen der grössten Präsidenten in der amerikanischen Geschichte bezeichnet hat. Und just Wilson wurde von Williams immer wieder als Politiker erwähnt, der einen "Imperialismus des Idealismus" betrieben habe.

43 JFD (1950), S.247 f.

Dulles liess seine internationalistische Grundhaltung in "War or Peace" deutlich durchblicken. So unterstützte er beispielsweise die Nato vorbehaltslos in ihrer aktuellen Form. Dulles war ja 1949, in seiner einjährigen Zeit als Senator des Staates New York, zusammen mit Senator Arthur Vandenberg der tonangebende republikanische Befürworter der Ratifizierung des Nato-Vertrages gewesen; dies in klarem Gegensatz zu Robert Taft, dem Exponenten des gegnerischen Standpunktes. Dulles sah auch die UNO in einem positiveren Licht als Taft. Zwar weniger als Organisation, die internationale Konflikte verhindern und den Weltfrieden erhalten könne, sondern vielmehr als Instrument für eine ideologische Gegenoffensive. Für Dulles war die UNO-Generalversammlung ein willkommenes westliches Propagandaforum, auf dem die Sowjetunion publikumswirksam moralisch verurteilt werden konnte.

John Foster Dulles arbeitete von Beginn des Jahres 1952 daran, sein Image als aussenpolitischer Experte der Republikanischen Partei zu festigen und sich mit regelmässigen öffentlichen Auftritten bei den Kandidaten in Erinnerung zu rufen, ohne aber sich in Sachfragen so stark zu exponieren, dass er entweder für Taft oder für Eisenhower als künftiger Aussenminister völlig inakzeptabel erschien. Und dass dem damals 64-jährigen Dulles an diesem Amt sehr viel lag, daran lässt das Wissen um seinen persönlichen Ehrgeiz kaum Zweifel. Zu diesem Ehrgeiz gesellte sich die feste Ueberzeugung, aufgrund seiner fachlichen Qualifikationen und nicht zuletzt seines familiären "Backgrounds" geradezu prädestiniert für diesen Posten zu sein.[44] Immerhin: Bereits Dulles' Grossvater, John Watson Foster, war Aussenminister unter Theodore Roosevelt. Und ihm hatte es John Foster, der 19jährige Jus-Student an der renommierten Universität Princeton, auch zu verdanken, dass er in diesem "zarten" Alter bereits erste Erfahrungen als Mitglied der US-Delegation an der Haager Friedenskonferenz von 1907 sammeln konnte.

Indem Dulles vom Frühjahr 1952 an im Vergleich zu "War or Peace" einige Akzentverschiebungen vornahm und insbesondere neue Themen und Thesen in seinen Reden vertrat, traf er quasi zwei Fliegen auf einen Schlag. Zum einen lieferte er den Republikanern eine Klammer, mit der die parteiinternen Differenzen im anstehenden Wahlkampf überbrückt

---

44 Vgl. Hoopes (1973), S.70 ff.

werden konnten. Damit avancierte er gleichzeitig auch zum Referenzpunkt beider Parteiströmungen und somit zum vorrangigen Kompromisskandidaten für das Amt des Aussenministers in einer - ob nun von Taft oder Eisenhower geführten - republikanischen Administration.

Neu bei Dulles war, dass er sich fortan für eine politisch-militärische Doppelstrategie aussprach, während er noch 1950 ausschliesslich sein politisches Konzept der "Liberation" forciert hatte. In seinen Reden 1952 stand nun die Kritik an Trumans "Containment"-Politik im Vordergrund, deren Begründung ebenso wie die daraus resultierenden Schlussfolgerungen praktisch identisch mit Tafts Argumentation waren. In seinem wichtigsten Wahlkampfartikel, der am 16. Juni in der Zeitschrift "Life", der auflagestärksten amerikanischen Illustrierten, erschienen war, hielt Dulles gleichsam die Quintessenz aus seinen rund 30 Reden in diesem Jahr fest. Der spätere Aussenminister mass diesem Artikel grösste Bedeutung bei, was allein schon aus dem Umstand hervorgeht, dass er 1500 Kopien davon an alle Kongressmitglieder, alle Botschafter in Washington, sämtliche UNO-Missionschefs, an 200 Universitäten, führende Industrielle und zahlreiche persönliche Freunde verschicken liess.[45] Dulles führte aus, die Vereinigten Staaten müssten nicht nur Europa, sondern auch den Nahen und Fernen Osten sowie Afrika vor dem Expansionsdrang der Kommunisten schützen. Dies sei unmöglich, indem man eine 20'000 Meilen lange Maginotlinie baue, an der das gegnerische Militärpotential Mann für Mann und Kanone für Kanone aufgewogen werde. Ein solches Programm, wie es Truman befürworte, treibe Amerika schlicht in den finanziellen Ruin - verursacht durch die hohen Steuern, die Inflation und das Budgetdefizit, die aus den gewaltigen Aufrüstungsprogrammen resultierten: "We can write off military 'containment' as a foreign policy. The money for that would ruin the economy."[46] Dulles' Alternative war ein Konzept, das später als "Doctrine of Massive Retaliation" ("Massive Vergeltung") Berühmtheit erlangen sollte. Der künftige Aussenminister rückte dabei genau wie Taft die Luftwaffe in den Vordergrund seiner Ueberlegungen und führte als gedankliche Konsequenz davon aus:

---

45 JFD's Artikel erschien in "Life", 16. Juni 1952, S.64-75, unter dem Titel "A Policy of Boldness". Vgl. auch die Notizen von JFD's Sekretärin in JFD-P., Box 57. Die Illustration des Artikels ist zu finden als Dok. Nr. 2 im Anhang, S.323.

46 JFD; ebenda, S.67

> "There is one solution and only one: that is for the free world to develop the will and organize the means to retaliate instantly against open armed aggression by Red armies, so that, if it occured anywhere, we could and would strike back where it hurts, by means of our own choosing." 47)

Dulles war überzeugt, dass die Atommacht der Vereinigten Staaten einen weitreichenden Schutz gegen kommunistische Aggressionen bot:

> "Striking power, if effective to protect one nation, can protect others without added costs. If, for example, the United States has enough striking power so that the Soviet leaders do not want to bring it into play by attacking Alaska, they would equally not bring it into play by an attack upon Norway, Turkey or Japan." 48)

Es sei auch, so erklärte Dulles später dem Journalisten James Reston, der Japanische Friedensvertrag von 1950 gewesen, bei dessen Aushandlung er erstmals auf die Idee der "Massive Retaliation" gekommen sei. Er wies Reston dabei auf eine Rede hin, die er im Februar 1951 in Tokio gehalten hatte. Dulles hatte damals gesagt, dass ein Aggressor gegen Japan "would be subjected to a striking power of an immensity which defies imagination."[49]

Der politische "Ast" in Dulles' Doppelstrategie, die "Liberation"-Politik, wurde im "Life"-Artikel in den Grundzügen übernommen und weiter konkretisiert:

> "But liberation from the yoke of Moscow will not occur for a long time...unless the United States makes in publicly known that it wants and expects liberation to occur. The mere statement of that wish and expectation would change, in an electrifying way, the mood of the captive peoples. It would put heavy new burdens on the jailers and create new opportunities for liberation." 50)

Zu diesem Zweck schlug Dulles sieben Massnahmen vor, unter anderen jene, dass der Präsident und der Kongress eine Erklärung abgeben würden, dass es das Ziel der amerikanischen Aussenpolitik sei, mit friedlichen Mitteln für die Wiedererlangung der Freiheit der "captive peoples" einzutreten. Ebenso sollte proklamiert werden, dass die Vereinigten Staaten

---

47 JFD; ebenda, S.67

48 JFD, 16. Feb. 1952; in: JFD-P., Box 65.

49 JFD an Reston, 13. Dez. 1954; in: JFD-P., Box 80

50 JFD in: Life, 16. Juni 1952, S.70

"will not be party to any 'deal' confirming the rule of Soviet despotism."[51] Mit dem "deal" waren die Abkommen von Jalta und Potsdam angesprochen, wo die Administration Truman aus der Sicht der "Alten Garde" in der GOP westliche Interessen und die Freiheit der osteuropäischen Völker "ausverkauft" (so die damals benutzte Formulierung) hatte. Im weiteren schlug Dulles vor, dass alle westlichen Länder eine Erklärung, eine "Declaration of Independence", unterzeichnen sollten, in der sie den Anspruch der osteuropäischen Länder auf Freiheit und Selbstbestimmung bekräftigen würden. Wichtig schien Dulles überdies, die Aktivitäten der "Voice of America" zu intensivieren, um auf diese Weise wirksamere Propaganda hinter dem "Eisernen Vorhang" betreiben zu können.

Dulles betonte mit Nachdruck, es sei nicht das Ziel der "Liberation"-Politik, eine Serie von blutigen Aufständen in Osteuropa zu provozieren, sondern eine "peaceful separation from Moscow, as Tito showed."[52] Und genau der Fall Jugoslawiens war es, den Dulles im Verlauf des Wahlkampfes immer wieder als Paradebeispiel für eine erfolgreiche "Liberation"-Politik anführte. Tito sei zwar immer noch ein Kommunist, meinte Dulles, aber immerhin einer, der nicht mehr von der Sowjetunion abhängig sei und einen mehr oder weniger autonomen aussenpolitischen Kurs zu steuern vermöge.

2.1.4. Dulles zwischen Eisenhower und Taft

Beide prominenten GOP-Kandidaten reagierten auf Dulles' Artikel: Eisenhower ausschliesslich privat, Taft in demonstrativer Weise öffentlich. Dulles seinerseits soll sich privat bereits im März zur Unterstützung des Generals entschlossen haben, nachdem ihm dies in Gesprächen mit dem republikanischen Senator James Duff, General Lucius D. Clay und Gouverneur Thomas Dewey empfohlen worden sei.[53] Ende März liess Dulles via Clay einen Vorabdruck seines "Life"-Artikels an Eisenhower

---

51 JFD in: Life, 16. Juni 1952, S.70

52 JFD in: Life, 16. Juni 1952, S.70

53 Gerson (1967), S.69, ist indessen der einzige, der von solchen Gesprächen berichtet. In den JFD-Papers finden sich keine Hinweise darauf. Dennoch ist wahrscheinlich, dass Dewey einen entsprechenden Einfluss auf JFD gehabt hat, zumal sich die beiden persönlich nahestanden. Dewey hätte JFD höchstwahrscheinlich als Aussenminister ernannt, wenn er 1948 Präsident geworden wäre. Vgl. dazu Hoopes (1973), S.70.

nach Paris schicken, und dieser schrieb ihm am 15. April zurück:

> "I was deeply impressed as ever with the directness and simplicity of your approach to such complex problems. There is only one thing that bothered me...What should we do if Soviet political aggression, as in Czechoslovakia, successively chips away exposed portions of the free world? To my mind, this is the case where the theory of 'retaliation' fails down." 54)

Zehn Tage später gestand Dulles in seiner Antwort an Eisenhower ein, er habe seinen Finger "on a weak point" gelegt und versprach ihm, diesen wunden Punkt zu korrigieren.[55]

In einer Rede in Paris erklärte Dulles am 5. Mai erstmals einem europäischen Publikum, wie seine Strategie der massiven Vergeltung in Asien funktionieren sollte. Dabei führte er aus, China schrecke vor einem Angriff auf Indochina zurück, falls die USA in diesem Fall zum voraus mit einer massiven Bombardierung der Mandschurei drohen würden. Dulles streifte auch Eisenhowers kritische Einwände, ohne allerdings schlüssige Antworten zu liefern:

> "Even when we deter Soviet or Chinese Communists from open invasion...there will still be the problem of dealing with local revolts which may be stimulated and secretly aided from without. Once that external menace is neutralized by a known will to retaliate, then the internal revolutionary problem will become more manageable." 56)

Am 20. Mai teilte Dulles Eisenhower mit, dass ihn Taft um Unterstützung oder zumindest um Neutralität in der parteiinternen Auseinandersetzung um die Nomination gebeten hatte. Der Senator hatte Dulles versichert, dass er in vielen Punkten mit ihm übereinstimme und dass er durchaus eine gemeinsame Basis für eine künftige Zusammenarbeit sehe. Die Parallelen in der Argumentation von Dulles und Taft hob letzterer auch öffentlich stark hervor, und dies nicht ohne Grund. Je näher der republikanische Parteitag rückte, desto heftiger wurden die gegenseitigen Vorwürfe der beiden rivalisierenden Parteiflügel. Robert Taft versuchte nun mit allen Mitteln, das ihm von seinen Parteigegnern umgehängte Etikett des unbelehrbaren Isolationisten abzuschütteln. In einer Rede am 1. Juni, drei Tage bevor Eisenhower das erste Mal öffentlich

---

54 DDE an JFD, 15. April 1952; in: JFD-P., Box 60

55 JFD an DDE, 25. April 1952; in: JFD-P., Box 60

56 JFD, 5. Mai 1952; in: JFD-P., Box 61

in die Nominierungskampagne eingriff, erwähnte Taft den einhellig als Internationalisten eingestuften Dulles nicht weniger als achtmal, sechsmal davon mit einem Zitat, dem Taft jeweils auch gleich zustimmte. Typisch für diese Anlehnung waren etwa Tafts Ausführungen, in denen er festhielt, dass

> "Mr. Dulles roundly condemns the Acheson foreign policy. Certainly he is no isolationist. His position in his article in LIFE magazine is very close to my own." 57)

Taft wies auf Dulles' Konzept der "Massive Retaliation" hin und meinte:

> "Mr. Dulles seems to have adopted almost exactly the position in Europe which I have maintained during the last four years. He feels, as I do, that control of the air, and the ability to strike when Russia makes a move threatening to our security, must be the key to our military policy, that our present program of containing Russia is far beyond our economic capacity." 58)

Am 4. Juni 1952, ein Monat vor Beginn des GOP-Konvents, hielt Eisenhower, der als Nato-Oberbefehlshaber in Europa mittlerweile abgelöst worden war, seine erste Rede als Kandidat in seiner Heimatstadt Abilene in Kansas. Genau wie Taft ging es auch "Ike" in der noch verbleibenden kurzen Zeit darum, parteiinterne Vorwürfe zu entkräften und Verständnis für den gegnerischen Standpunkt zu demonstrieren. In der mit Spannung erwarteten Rede in Abilene erörterte Eisenhower zuerst sein innenpolitisches Programm, jenen Bereich also, über den man von ihm am wenigsten wusste. Er sprach sich dabei für eine Steuerreduktion aus, kritisierte die unter den Demokraten wuchernde Staatsbürokratie, die die lokale Selbstverwaltung eingeschränkt habe, und rügte überdies Truman wegen der hohen Inflationsrate. Alles in allem waren dies Vorwürfe, die ebensogut aus einer von Tafts Reden hätten stammen können. Er sei, mahnte der General an einer anderen Wahlveranstaltung, "strictly a No-Deal-man" und trat mit diesem Bekenntnis den Attacken der "Alten Garde" entgegen, wonach er im Grunde nichts anderes als ein "New Dealer", ein verkappter "Trumanite" sei.[59]

In der Aussenpolitik distanzierte sich Eisenhower von den Uebereinkünften von Jalta und Potsdam mit dem Hinweis, er sei damals überhaupt

57 Taft zit. nach NYT, 2. Juni 1952, S.14

58 Ebenda, S.14

59 DDE zit. nach NYT, 5. Juni 1952, S.1

nie zur Frage der politischen Zukunft Europas konsultiert worden; entschieden hätten die Politiker, nicht die Militärs. Trumans Asienpolitik, die im "loss of China" (Eisenhower) ihren traurigen Tiefpunkt erreicht habe, verurteilte er als "one of the greatest international disasters of our time."[60] Bezüglich der Auslandhilfe, einem Punkt also, bei dem die Isolationisten jeweils besonders sensibel reagierten, zeigte sich Eisenhower im Ton konziliant, ohne sich in der Sache aber festzulegen. Es sei für ihn völlig verständlich, dass die hohen Bundesausgaben für viele Amerikaner Anlass zu grosser Sorge seien. Auch für ihn hätten die Militär- und Wirtschaftshilfe die oberste Ausgabengrenze erreicht. Bezüglich seiner Absichten blieb er indessen recht unverbindlich. Er hoffe, man könne die Ausgaben künftig reduzieren, "without sacrifying the essentials of reasonable goals."[61] Wieviel Eisenhower konkret einzusparen gedachte und welche Ziele ihm als vernünftig erschienen, blieb weiterhin unklar.

2.1.5. Der Republikanische Parteikonvent

Noch wenige Tage vor dem Beginn des Parteikonvents in Chicago konnte Robert Taft laut Meinungsumfragen eine recht klare Mehrheit der Delegierten auf sich vereinigen.[62] Die "New York Times" berichtete am 7. Juli 1952, Taft könne mit den Stimmen von 534 Delegierten rechnen und brauche nur noch deren 74 für die Nomination, während DDE bis jetzt erst 427 Stimmen auf sich vereinigen könne. Auch die Organisation des Konvents lag in den Händen des Taft-Flügels, was sich etwa darin manifestierte, dass die beiden Hauptreden von General Douglas MacArthur und dem ehemaligen Präsidenten Herbert Hoover, zwei prominenten Taft-Anhängern, gehalten wurde.

Mac Arthur kritisierte erwartungsgemäss vor allem Trumans Asienpolitik, insbesondere dessen Strategie im Koreakrieg. Der Präsident habe einen in Griffweite gelegenen militärischen Sieg durch falsche politische Entscheide - militärische Zurückhaltung gegenüber China - mehr oder weniger verschenkt. Asien insgesamt sei als Folge der zu starken Konzentration des amerikanischen Interesses auf Europa ungebührlich vernachlässigt worden. Hoover wiederholte daraufhin im wesentlichen Tafts Forde-

---

60 DDE zit. nach NYT, 15. Juni 1952, S.50

61 DDE zit. nach NYT, 5. Juni 1952, S.1

62 Vgl. Divine (1974), S.30

rungen nach einer neuen militärstrategischen Konzeption der Vereinigten Staaten - mehr Gewicht auf die Luftwaffe, weniger amerikanische Landtruppen im Ausland.

Die Wahlplattform zur Aussenpolitik war ein reines Kompromisspapier der beiden rivalisierenden Parteiflügel, um das bereits seit Ende Mai heftig hinter den Kulissen gerungen wurde. Dulles wurde von der Partei offiziell mit der Formulierung des aussenpolitischen Teils des Positionspapiers beauftragt - ein deutlicher Hinweis auf seine parteiinterne Stellung als Kompromissfigur in aussenpolitischen Fragen. Dulles formulierte nicht weniger als 14 Entwürfe, die er jeweils einem Parteiausschuss zur Prüfung vorlegte.[63] Dies wiederum darf als Indiz für die grossen Schwierigkeiten gewertet werden, die bei der Suche nach einem gemeinsamen sachlichen Nenner zu überwinden waren. Dulles konnte nicht verhindern, dass die Plattform schliesslich ihren Stempel klar vom Taft-Flügel aufgedrückt erhielt, während die Eisenhower-Anhänger nur gerade jene Forderungen einzubringen vermochten, die der General in einem Brief an Dulles als unverzichtbare Mindestforderungen verlangt hatte, nämlich:

1. Ein klares Bekenntnis zum Prinzip der kollektiven Sicherheit mit expliziter Erwähnung der amerikanischen Verbundenheit zu Europa.
2. Ein deutlicher Hinweis darauf, dass die Luftwaffe resp. die atomare Abschreckung nicht die einzige Antwort auf die sowjetische Bedrohung sein konnte, sondern dass es auch weiterhin ausreichender konventioneller (Land-)Streitkräfte bedurfte.
3. Musste der Grundsatz des freien Welthandels in der Plattform deutlich verankert sein.[64]

Diese Forderungen Eisenhowers wurden alle in die Plattform aufgenommen, jedoch nicht ohne Zusätze, die auf Tafts Ansichten zugeschnitten waren, so dass die "Alte Garde" letztlich thematisch wie rhetorisch deutlich den Ton angab.[65] Verbundenheit zu Europa ja, aber auch ein

---

63 Entwürfe zu finden in JFD-P., Box 63

64 DDE an JFD, 20. Juli 1952; in: JFD-P., Box 60
In diesem Zusammenhang ist auch ein von JFD bereits geschriebener, dann aber nicht abgeschickter Brief an DDE interessant: "I would never recommend a compromise (between isolationists and internationalists)." Diese Formulierung schien JFD dann doch zu gewagt, so dass die entsprechende Passage im revidierten und an DDE abgeschickten Brief lautete: "It is most helpful to me, as an adviser of the Resolution committee, to have this expression of your views." JFD an DDE, 24. Juni 1952; in: JFD-P., Box 60

65 Ambrose (1983), S.543, charakterisierte die Plattform gar als "an extreme rightwing document."

"end of neglect of the continent of Asia."[66] Weiterhin massive Präsenz amerikanischer Landarmeen in Uebersee, doch gleichzeitig auch die Mahnung, dass

> "We shall always measure our foreign commitments so that they can be borne without endangering the economic health or sound finances of the United States." 67)

Was hingegen das militärstrategische Gewicht der Luftwaffe und insbesondere der atomaren Abschreckung betraf, so gab sich Eisenhower kompromisslos. Zwei Tage vor Konventsbeginn hatte noch eine Passage im Plattform-Entwurf gelautet:

> "On the prudent assumption that Communist Russia may not accomodate our own disgraceful lagging prepardness, we should develop with the utmost speed...a retaliatory striking power as to deter sudden attack or promptly and decisevly defeat it." 68)

Das war ganz im Sinne von Taft und auch Dulles, hingegen konnte sich Eisenhower nicht damit einverstanden erklären. Er interpretierte diesen Entwurf dahingehend, dass sich eine republikanische Regierung ausschliesslich auf die amerikanischen strategischen Bomber in der Verteidigung des Westens und insbesondere Westeuropas verlassen würde, was faktisch auf die isolationistische Vorstellung der "Fortress America" hinauslaufen würde. Der General reagierte unmissverständlich und meinte, diese Formulierung sei für ihn schlicht inakzeptabel: "Not only won't I take that on the platform, I would rather not run than accept."[69] Daraufhin veranlasste Eisenhowers Berater Lucius D. Clay, dass der strittige Passus aus dem Text gestrichen wurde.

Im dritten Punkt von Eisenhowers Minimalforderungen kamen Tafts Interessen wieder besser zum Ausdruck, hiess es doch da:

> "Our reciprocal trade agreements will be entered...to safeguard our domestic enterprises and the payrolls of our workers against unfair import competition." 70)

---

66 GOP-Plattform, zit. nach Bernstein (1971), S.3285. (Bei Bernstein sind im Anhang beide Parteiplattformen sowie die wichtigsten Reden der Kandidaten abgedruckt.)

67 Ebenda, S.3284

68 Zit. nach JFD's Plattform-Entwurf Nr. 12; in: JFD-P., Box 63

69 DDE zit. nach Sulzberger (1959), S.42

70 GOP-Plattform, zit. nach Bernstein (1971), S.3285

Die Ursache der Differenzen zwischen Taft und Eisenhower in der Frage des internationalen Handels sind bei ihrer völlig verschiedenen Optik zu suchen. Taft ging es um die handfeste Unterstützung seiner Wahlkreise, wo die binnenorientierte Industrie tonangebend und nicht an ausländischer Konkurrenz interessiert war.[71] Für Eisenhower hingegen hatte der internationale Handel in erster Linie eine aussenpolitische Dimension, indem der Handel nach der Auffassung des Generals zur politischen Stabilität der betreffenden Länder beitrug und diese weniger anfällig auf kommunistische Infiltrationsversuche machte.[72]

Originär von Dulles sind die in der Plattform enthaltenen Forderungen nach einer Politik der "Befreiung der gefangenen Völker" - ein Konzept, das interne Streitigkeiten der GOP zu überbrücken vermochte und das in den kommenden Monaten zu einem Angriffsinstrument gegen die Aussenpolitik der Truman-Administration geformt wurde. Die Parallelen zum "Life"-Artikel sind unverkennbar, wie zum Beispiel folgende Passage zeigt:

> "We shall again make liberty into a beacon light of hope that will penetrate the dark places...It will mark the end of the negative, futile and immoral policy of 'containment' which abandons countless human beings to a despotism and godless terrorism..." 73)

Auch die Kriegsabkommen wurden erneut heftig attackiert. Ein Vergleich von Dulles' Textentwürfen zeigt, dass die explizite und harte Verurteilung des Jalta-Abkommens erst ganz am Schluss und auf Drängen des Taft-Anhängers Senator Millikin, eines Mitglieds des Parteiausschusses, in die Plattform aufgenommen worden ist. Dulles hatte in seinen eigenen Entwürfen keine solche Verurteilung vorgesehen.[74] Eine republikanische Administration werde

> "...repudiate all commitments contained in secret understandings such as those of Jalta which aid communist enslavements. It will be made clear by the President and the Congress, that the United States policy, as one of its peaceful purposes, looks happily forward to the genuine independence of those captive peoples." 75)

---

71 Vgl. auch Anm. 80, S.47

72 Vgl. ausführlich dazu Kap. 10 über den Ost-West-Handel, insb. Kap. 10.2.1., S.294 f.

73 Zit. nach Bernstein (1971), S.3285

74 Vgl. JFD's Haltung in dieser Frage auch in Kap. 3.1., S.62 f.

75 Zit. nach Bernstein (1971), S.3285

In einer Gesamtschau der Plattform resümierte die "New York Times" treffend, dieses GOP-Papier sei

> "...broad enough to cover the diverse elements of the party, vague enough not to offend minority interests, and denounciatory enough to provide phrases for the campaign ahead." 76)

Dass Taft das Rennen gegen Eisenhower und das ihn unterstützende "Eastern Establishment" schliesslich doch verlor, dürfte nicht zuletzt einer These zuzuschreiben sein, die von der "New York Times" wenige Tage vor dem Konvent publizistisch in Umlauf gebracht worden war. In drei aufeinanderfolgenden Leitartikeln mit dem gleichlautenden Titel "Mr. Taft can't win" schrieb die einflussreiche Zeitung, es könne nur ein Republikaner die Präsidentschaft gewinnen, der auch parteiunabhängige Wähler und enttäuschte Demokraten anzuziehen vermöge. Bei Eisenhower, dem "middle-of-the-road Republican", sei das möglich, nicht so aber bei Taft:

> "We do not think Mr. Taft can attract substantial proportions of independent or democratic votes because of his foreign policy. Although considerable modifications were made, he still votes for crippling reductions in the mutual security program and a slash over 20% in the military budget." 77)

Tafts aussenpolitischer "record" sei eindeutig isolationistisch, wogegen die Mehrheit der Amerikaner das Prinzip der kollektiven Sicherheit befürworte, auch wenn sie nicht hundertprozentig mit Trumans "Containment"-Politik einverstanden sei. Gleichzeitig legten Meinungsumfragen den Schluss nahe, dass Eisenhower mit grosser Wahrscheinlichkeit gegen Adlai Stevenson, den aussichtsreichsten Bewerber um die Nomination bei den Demokraten, gewinnen würde, nicht hingegen Robert Taft.[78] Die Publizierung dieser Resultate scheint wesentlich dazu beigetragen zu haben, dass viele grundsätzliche Taft-Anhänger im Verlauf des Konvents zu pragmatischen Realisten wurden, die einem Präsidenten Eisenhower noch allemal den Vorzug gegenüber einer neuerlichen demokratischen Administration zu geben gewillt waren.

Taft selber schrieb seine Niederlage nebst der Unterstützung Eisen-

---

76 NYT, 12. Juli 1952, S.24

77 NYT, 3. Juli 1952, S.24

78 Vgl. Divine (1974), S.30

howers durch fast alle grossen Ostküstenzeitungen dem Einfluss der New Yorker Hochfinanz zu.[79] Die isolationistischen Kreise in der GOP sahen die Unterstützung Eisenhowers durch das "Eastern Establishment" weniger in dessen politischem Internationalismus als vielmehr in den handfesten aussenwirtschaftlichen Interessen des dort ansässigen "Big Business" begründet. Für viele Republikaner im Mittleren Westen und Westen waren die internationalen Verpflichtungen der USA sowie die Forderungen nach einem möglichst liberalen Welthandel ohnehin versteckte staatliche Wirtschaftshilfe für Handel und Industrie an der Ostküste, die von den Steuerzahlern im Mittleren Westen und Westen mitfinanziert werden musste, ohne dass die dort ansässigen binnenorientierten Betriebe in gleichem Masse davon profitieren konnten.[80] Die Regionen, in denen die "Alte Garde" dominierte, waren weniger an Exporten, sondern eher an protektionistischen Massnahmen zur Abwehr unliebsamer ausländischer Konkurrenz interessiert.

Dem Kandidaten Eisenhower war keineswegs entgangen, dass Taft einen gewichtigen Teil der Wünsche und Hoffnungen der Parteitagsdelegierten repräsentierte. Diesen musste er im Wahlkampf Rechnung tragen, sofern er auf die Unterstützung der "Alten Garde" zählen wollte. Gleich nach seiner Nomination gab der General nach einem Gespräch mit Taft demonstrativ bekannt, dass "in the hard fight ahead we will work immediately together."[81] Eine nicht zu übersehende Strömung innerhalb der Partei kam in einem Votum von Joseph R. McCarthy, Senator aus Wisconsin, zum Ausdruck, der unter grossem Applaus der Delegierten ausrief:

> "One Communist in a defense plant is one too many...One Communist among the American advisers at Jalta was one to many. And if there were only one Communist in the State Department, that would still be one to many." 82)

Die von McCarthy 1950 angezettelte Hetzkampagne gegen (angebliche) Kommunisten in den Vereingten Staaten richtete sich bislang hauptsächlich gegen die Administration Truman, von der der Senator immer wieder behauptete, sie sei völlig durchsetzt mit kommunistischen Sympathisanten. McCarthy war zudem einer der Hauptkritiker der Abkommen von Jalta

---

79 Vgl. Doenecke (1979), S.221

80 Vgl. Niebuhr (1952), S.16; Doenecke (1979), S.222

81 DDE zit. nach Ambrose (1983), S.543

82 McCarthy zit. nach Reeves (1982), S.187

und Potsdam sowie der amerikanischen Kriegsführungsstrategie in Korea.[83] Einer seiner bekanntesten Sekundanten war Richard Nixon, republikanischer Senator aus Kalifornien. Der spätere Präsident war beispielsweise einer der Protagonisten im berühmten Prozess gegen Alger Hiss, ein ehemaliger Beamter des Aussenministeriums, der als sowjetischer Spion angeklagt war. Vorwiegend taktische Gründe - eine Konzession an McCarthy - haben Eisenhower veranlasst, Richard Nixon dem GOP-Konvent als Kandidaten für die Vizepräsidentschaft vorzuschlagen, überdies wurden mit diesem Vorschlag die Delegierten aus dem Westen und nicht zuletzt die Vertreter der "Alten Garde" "entschädigt", die sich ja wegen der Nichtwahl von Robert Taft einmal mehr übergangen fühlten. Richard Nixon wurde von den Delegierten schliesslich oppositionslos als Kandidat für die Vizepräsidentschaft nominiert.

2.2. Die Nomination der Demokraten

Ein erster wichtiger Vorentscheid in dieser Frage fiel am 28. März 1952, als Präsident Truman bekanntgab, dass er nicht mehr kandidieren werde. Im Gegensatz zu den Republikanern spielte die Aussenpolitik bei der Nomination der Demokraten nur eine untergeordnete Rolle.[84] Die parteiinterne Trennlinie verlief dort zwischen Norden und Süden, wobei Bürgerrechtsfragen im Mittelpunkt der Auseinandersetzung standen. Gouverneur Adlai E. Stevenson, Trumans persönlicher Favorit, wurde nicht zuletzt deshalb nominiert, weil er in dieser Streitfrage einen sachlichen Kompromiss vertrat. Die Wahl von Senator John Sparkman aus Georgia zum Kandidaten für die Vizepräsidentschaft war die parteiinterne Konzession an die Südstaaten.

Die aussenpolitische Plattform der Regierungspartei verteidigte vor allem Trumans "record" gegen die zuvor am GOP-Konvent geäusserte scharfe Kritik. Das Programm präsentierte sich mit einem betont inter-

---

83 Auf das Phänomen des "McCarthyismus" wird im Rahmen dieser Arbeit nicht grundsätzlich eingegangen. Es ist hier nur insofern von Interesse, als es einen Einfluss auf die Aussen- und Sicherheitspolitik der Administration Eisenhower ausübte. Grundsätzlich zu McCarthy vgl. Reeves (1976) mit einer Uebersicht über die wichtigste Literatur und Interpretationen; aufschlussreich sind auch Reeves (1982) und Greenstein (1982), S.156

84 Zur Nominierung bei den Demokraten vgl. insb. Bernstein (1971), S.3235 ff.

nationalistischen Anstrich, denn die Wahlstrategen der Demokraten versuchten, den Wahlkampf zwischen den beiden Parteien als Entscheidung zwischen Internationalismus und Isolationalismus hinzustellen. Das Prinzip der kollektiven Sicherheit wurde in aller Form gewürdigt. Buchstäblich alle bi- und multilateralen Sicherheitspakte der Vereinigten Staaten, die Vereinten Nationen und der Marshallplan wurden mit Nachdruck als absolut unerlässlich im weltweiten Kampf gegen den sowjetischen Aggressionsdrang bezeichnet. Die Plattform forderte angesichts der von den Demokraten konstatierten permanenten sowjetischen Bedrohung einen weiteren Ausbau der Rüstungsprogramme für alle Waffengattungen. Die von den Republikanern geäusserte Kritik, die USA könnten sich solch hohe Verteidigungsausgaben wirtschaftlich nicht leisten, wurden als Defätismus zurückgewiesen. Beim Ausbau der Verteidigung wollten die Demokraten von einer einseitigen Ausrichtung auf die Luftwaffe im Sinne der "Massive Retaliation" nichts wissen, sondern befürworteten den gleichzeitigen Ausbau von Army, Navy und Air Force. Der "Liberation"-Politik des Herausforderers wurde mit der Beteuerung begegnet, man werde die einst freien Völker in Ost- und Mitteleuropa nicht im Stich lassen, die jetzt unter der Tyrannei der Sowjetunion zu leiden hätten. In diesem Zusammenhang wurde aber nur eine verstärkte Aktivität der "Voice of America" gefordert, die Hoffnung hinter den "Eisernen Vorhang" bringen sollte. Die Unterdrückung der osteuropäischen Völker durch die UdSSR widerspreche den in Teheran, Jalta und Potsdam eingegangenen Abmachungen der Siegermächte. Kritisiert wurden nicht die Abkommen an sich, sondern nur deren Verletzung durch die UdSSR. Indirekt war dies somit eine Verteidigung der Kriegsabkommen, während ja die GOP fortwährend behauptete, Truman habe dort die Interessen der osteuropäischen Länder "ausverkauft".

Schliesslich wurde auch die Intervention in Korea verteidigt und als Beispiel für das Funktionieren der kollektiven Sicherheit im Rahmen der UNO als notwendiger Schritt hingestellt, um der weltweiten kommunistischen Expansion Einhalt gebieten zu können. Die Plattform forderte eine Fortsetzung der militärischen und politischen Anstrengungen in Korea, um einen für die Vereinigten Staaten "ehrenvollen Frieden" zu erreichen.

2.3. Eisenhower versus Stevenson

Die Wahlkampfdebatte zwischen den beiden Kandidaten bewegte sich weitgehend den in Dulles' "Life"-Artikel und in der republikanischen Plattform vorgezeichneten Argumentationslinien entlang. Taktik und Themen wurden völlig von den auf Frontalangriff eingestellten Republikanern dominiert, während sich das Verhalten der Regierungspartei weitgehend in der Abwehr der massiven Vorwürfe des Herausforderers erschöpfte. Eisenhower musste weiterhin auf die "Alte Garde" um Taft und auf die Kommunistenjäger um McCarthy Rücksicht nehmen, wenn er den Wählern ein geschlossenes Bild seiner Partei demonstrieren wollte. Stevenson seinerseits tastete sich einem schmalen Grat entlang, indem er zwar Trumans Aussenpolitik verteidigte, sich aber von dessen "New Deal"-Programm vorsichtig zu distanzieren versuchte, ohne das politische Erbe der Demokraten zu diffamieren. Je näher der Wahltag rückte, umso stärker wurden die jeweiligen parteiinternen Rücksichtsnahmen von der Gegenseite "ausgeschlachtet", Stevenson als "Trumans Kandidat" und Eisenhower als "Gefangener Tafts" hingestellt.

Es war indessen vor allem Eisenhower, der aus Opportunitätsgründen thematische Schwenker und rhetorische Verschärfungen im Vergleich zu seinen Reden vor dem GOP-Konvent vornahm, und dies in fast allen wichtigen Bereichen der Aussenpolitik. Bezüglich des Koreakrieges und der "Massive Retaliation" aus Rücksicht auf Taft; in der "Liberation"-Politik und den Anklagen gegen kommunistische Subversion und Korruption in der Truman-Administration als Absicherung gegen McCarthy.[85]

Der Koreakrieg war ein Thema, das in der Nominationsphase praktisch ausschliesslich, dafür um so intensiver von Taft zur Sprache gebracht worden war. Eisenhower aber hatte in seinen Reden im Juni Trumans Koreapolitik noch nicht kritisiert, und auch in Dulles' Auftritten war dieses Thema bis anhin nicht zur Sprache gekommen. Bereits in der ersten Woche nach Eisenhowers Kampagnestart am 4. September griffen der General und praktisch gleichzeitig auch Dulles diesen "Issue" auf und attackierten Trumans Koreapolitik mit Argumenten, wie sie Taft nicht anders formuliert hatte. Truman habe Nordkorea resp. China und die Sowjetunion mit seiner verfehlten Politik förmlich zum Angriff auf

85 Vgl. auch Ambrose (1983), S.544 ff.

Südkorea provoziert. Das mangelnde Interesse der Adminstration an Asien sei für die ganze, vor allem auch die kommunistische Welt überdeutlich zu erkennen gewesen. Immer wieder wurde Aussenminister Acheson zitiert, wie er kurz vor dem Angriff der Kommunisten in einer Rede betont hatte, Südkorea befinde sich ausserhalb des amerikanischen "defense perimeter". Auch Eisenhower sprach nun, wie die "Alte Garde", vom "loss of China".[86]

In der ersten Oktoberwoche erklärte Eisenhower - und mit ihm parallel wiederum Dulles -, wie er in Korea vorzugehen gedachte. Am 4. Oktober schlug Dulles vor, die Vereinigten Staaten sollten ihre Truppen aus Korea abziehen und dafür Südkorea mit Waffen und Wirtschaftshilfe massiv unterstützen: "The South Koreans could hold all the line", hatte Dulles schon Mitte September betont.[87] Dieser Schritt entziehe der Sowjetunion beide Vorteile, aufgrund derer sie China und Nordkorea zu einer Fortsetzung des Krieges dränge:

- Die UdSSR habe bis anhin davon profitiert, dass amerikanische Streitkräfte auf einer relativ unbedeutenden Halbinsel in Asien gebunden worden seien, ohne dass sie sich selber militärisch zu engagieren gebraucht habe.
- Die Sowjetunion benütze den Krieg für ihren weltweiten Propagandafeldzug, um die USA als "militaristic barbarians" hinzustellen.[88]

Ein amerikanischer Truppenabzug bot laut Dulles zudem den Vorteil, dass das US-Budget entlastet wurde. Mit dieser Begründung im speziellen und dem Vorschlag im allgemeinen sprach Dulles Taft quasi aus dem Herzen. Am 24. Oktober doppelte Eisenhower nach, als er in einer - im Rückblick übereinstimmend als wahlwirksamste bezeichneten - Rede sagte:[89]

> "I will concentrate on the job of ending to Korean war...That job requires apersonal trip to Korea. I shall make that trip. I shall go to Korea." 90)

Mit diesem taktischen Meisterstück, in dem er sein ganzes Prestige als erfolgreicher Weltkriegsgeneral geschickt einsetzte, stellte "Ike" den

86 DDE zit. nach Ambrose (1983), S.557
87 JFD, 17. September 1952; in: JFD-P., Box 64
88 JFD, 17. September 1952; in: JFD-P., Box 64
89 Vgl. Hughes (1963), S.32 f. oder Ambrose (1983), S.569
90 DDE zit. nach Bernstein (1971), S.3290

Koreakrieg endgültig an die Spitze der aussenpolitischen Traktandenliste des Wahlkampfes. Die Demokraten hatten diesem Schritt kaum etwas entgegenzusetzen. Stevenson verteidigte weiterhin Trumans Vorgehen in Korea und wollte den amerikanischen Kriegseintritt als mutigen Schritt im Kampf gegen den internationalen Kommunismus verstanden wissen. Um das Image der Republikaner als Partei der Isolationisten zu schüren, führte er in diesem Zusammenhang aus:

> "By the time it occurred to the Old Guard of the Republican Party that resistance was necessary, we would have been isolated, a belaguered garrison state in a Soviet dominated world." 91)

Einen markanten Kurswechsel nahm der Präsidentschaftsanwärter Eisenhower vor allem in seiner Einstellung gegenüber dem Konzept der "Massive Retaliation" vor, wie es von Dulles als gedankliche Konsequenz aus Tafts Buch "A Foreign Policy for Americans" formuliert und von diesen beiden immer wieder propagiert worden war. Noch im Juli hatte sich Eisenhower gegen eine Aufnahme dieses Konzepts in die Plattform gesträubt. Sieben Wochen später tönte es in einer seiner Wahlreden aber schon ganz anders:

> "We must have security forces whose destructive retaliation power is so great that it causes nightmares in the Kremlin whenever they think of attacking us." 92)

Auch wenn das Prinzip der "Massive Retaliation" hier nicht explizit zum Ausdruck kam, so war zumindest eine Annäherung an Dulles' resp. Tafts Sprachjargon unverkennbar. Die verfügbaren Quellen lassen keine präzisen Schlüsse zu, weshalb Eisenhower diesen Schwenker hin zu den Positionen von Dulles und Taft vollzogen hat. So oder so darf er aber nicht überbewertet werden, weil Eisenhower nur ein einziges Mal in seinen Wahlkampfreden - am 25. August und auch bei dieser Gelegenheit nur andeutungsweise - auf das Konzept der "Massive Retaliation" zu sprechen kam. Dieses war vergleichsweise ohnehin kein dominantes aussenpolitisches Wahlkampfthema, und selbst Dulles kam nach der erwähnten "Zensur" der Plattform während des Wahlkampfes nicht ein einziges Mal mehr

91 Stevenson, 9. September 1952; in: "Documents on American Foreign Relations, 1952." (künftig: DFR 1952), S.94

92 DDE, 25. August 1952; zit. nach Bernstein (1971), S.3300

auf die "Massive Retaliation" zu sprechen. Für die Demokraten war sie ebenfalls kein "Issue". Sie kritisierten nur eines der Argumente von Dulles und Taft in Zusammenhang mit dieser neuen Militärstrategie, nämlich, dass die "Containment"-Politik zu teuer sei. Schon in der Plattform hatten die Demokraten betont, dass es die Haltung jener als defätistisch abzulehnen gelte, "who say we cannot afford the expense and effort necessary to defend ourselves."[93] Adlai Stevenson verdeutlichte dies am 9. September, als er sagte:

> "...the measure of strength we must have is not what we would like to afford but what the adversary compels us to afford. With 85% of the budget allocated to defense, it is the Soviet Union which now fixes the level of our defense expenditures and thus our taxes." 94)

Doch dies war exakt jene Prämisse, die insbesondere Taft, aber auch Eisenhower und Dulles nicht mehr zu akzeptieren bereit waren, zumindest nicht in dieser extremen Formulierung. Dass die Sowjetunion letztlich bestimmen sollte, wie hoch die amerikanischen Verteidigungsausgaben und damit, indirekt, die amerikanischen Steuern sein sollten, war für die führenden Republikaner schlicht inakzeptabel. Stevensons Formulierung belegte in den Augen der GOP-Spitze geradezu exemplarisch, dass die Demokraten mit ihrer Politik der Eindämmung die USA in eine Abhängigkeit von der Sowjetunion manövriert hatten. Man habe es satt, so lautete eine oft geäusserte, saloppe Kritik der Republikaner, nach der Pfeife der Kremlbosse zu tanzen.[95] Die "Massive Retaliation" suggerierte denn auch ein umgekehrtes Abhängigkeitsverhältnis: Die Vereinigten Staaten würden sich nicht mehr dazu gezwungen sehen, sich genau an jenem Ort zur Wehr zu setzen, den die UdSSR als günstig für eine Expansion ausgewählt habe. Vielmehr würden die Vereinigten Staaten "strike back where it hurts, by means of our own choosing", wie es Dulles in "Life" ausgedrückt hatte. Eine aktive und initiative Aussen- und Sicherheitspolitik erschien der Republikanischen Partei als Weg, um die Kosten im Verteidigungsbereich reduzieren zu können.

Es gab noch andere Bereiche, in denen Eisenhower im Wahlkampf neue Töne anschlug. Einer davon, vielleicht der augenfälligste, war der

---

93 Demokratische Plattform zit. nach Bernstein (1971), S.3269

94 Stevenson, 9. September 1952; zit. nach DFR (1952), S.94

95 Vgl. dazu auch die Karrikatur zu JFD's "Life"-Artikel; Dok. Nr. 2 im Anhang, S.323

"McCarthyismus".[96] In diesem Fall machte Eisenhower die meisten wahltaktischen Konzessionen an den rabiaten antikommunistischen Flügel um Senator McCarthy, damit er auf die geschlossene Unterstützung seiner Partei zählen konnte, die er für einen Sieg unbedingt brauchte. Eisenhower nahm deshalb eine ganze Reihe der Vorwürfe des Senators aus Wisconsin auf - obschon nicht in der selben harschen Rhetorik, so doch mehr oder weniger in ihrer Substanz. Auch wenn McCarthys Diffamierungskampagne dem General persönlich zuwider war, so war Eisenhower eben doch bereit, sich öffentlich weitgehend mit McCarthy zu solidarisieren. Nixons Wahl zum Kandidaten des Vizepräsidenten hatte in dieser Beziehung bereits ein deutliches Zeichen gesetzt. Im Verlauf des Wahlkampfes warf Eisenhower den Demokraten immer mehr vor, die Truman-Administration sei von Kommunisten infiltriert. Ganz im Einklang mit dem Senator stellte er in Aussicht, er werde als Präsident umfangreiche Ueberprüfungen der Loyalität der Angestellten in allen Ministerien anordnen. Die Demokraten verteidigten sich gegen diese Vorwürfe unter dem Hinweis, die GOP schüre hier ein Klima der Angst und Duckmäuserei; hier werde einer Hysterie Vorschub geleistet, die überhaupt nicht begründet sei. Ueberdies riefen sie in Erinnerung, dass die Truman-Administration ihrerseits bereits ein Programm zur Loyalitätsüberprüfung der Staatsangestellten in Gang gesetzt hatte.

Auch Dulles' "Liberation"-Politik fand in den McCarthy-Kreisen Anklang. Dulles nahm das gerne zur Kenntnis, und in diesem Klima des rüden Antikommunismus fiel die "Liberation"-Rhetorik ohne Zweifel noch härter aus, als sie ohnehin schon war.

Eisenhower begann im August ebenfalls davon zu reden, die Vereinigten Staaten müssten ihre Macht und Einfluss gebrauchen, um den Satellitenstaaten zu helfen, das "yoke of Russian tyranny" abzuschütteln. Er wolle, so der General, eine Politik mit dem Ziel verfolgen, "of obtaining by peaceful means freedom for the people now behind the Iron curtain", wobei er grosses Gewicht auf das Wort "friedlich" legte.[97]

Die Demokraten bezichtigten die "Liberation"-Befürworter eines skrupellosen Zynismus. Adlai Stevenson polterte:

> "Such a harsh language...will do us little good unless we are willing to start a third world war. The Republican call for a policy of 'liberation' means, in hard fact, either the confirmation

---

96 Grundlegend zum Verhältnis DDE-McCarthy ist Greenstein (1982), S.156-183

97 DDE, 24. August 1952; zit. nach Ambrose (1983), S.547

of the present policy or it means the invitation of a third world war, but I fear it is neither of this...It is rather a cynical attempt...to play upon the anxieties of foreign nationality groups in this country." 98)

Diese Vorwürfe wollte Dulles nicht auf sich sitzen lassen. Einmal mehr bekräftigte er, "Liberation" solle nur mit friedlichen Mitteln erreicht werden:

"The idea that Republicans want to start a war of liberation is utterly grotesque. It is part of the "fear" campaign which the Democrats traditionally use as an effort to frighten the country against a Republican assumption of responsability." 99)

Dass Dulles die aus Osteuropa stammenden Wähler mit seinen Parolen anzog, muss ihm spätestens seit dem 18. September bewusst geworden sein, als ihm Leon Nicoli, der Präsident der "Federation of Russian Charitable Organizations of the United States", schrieb, er habe bereits die notwendigen Schritte unternommen, "to rally Russian and Slavic communities of voters to the Republican standard."[100]

Am 5. November 1952 vermeldeten die amerikanischen Zeitungen auf ihrer Titelseite praktisch unisono einen "Eisenhower Landslide". Das Gespann Eisenhower-Nixon vereinigte insgesamt 442 Elektorenstimmen auf sich, während Stevenson und Sparkman gerade noch deren 89 hinter sich scharen konnten. Die Republikaner siegten in 39 Staaten, die Demokraten aber nur in 9 (vorwiegend Süd-)Staaten.[101] Der Aufschwung der GOP schlug sich auch in den gleichzeitig abgehaltenen Kongresswahlen nieder.

		DEM	GOP	UNABH.
82. Kong. (1952)	Rep.haus	230	200	1
2. Session	Senat	49	47	1
83. Kong. (1953)	Rep.haus	213 (-17)	221 (+21)	1
1. Session	Senat	47 (- 2)	48 (+ 1)	1

98 Stevenson, 9. September 1952; zit. nach DFR (1952), S.94
99 JFD, 18. September 1952; in: JFD-P., Box 64
100 Nicoli an JFD, 18. September 1952; in: JFD-P., Box 63
101 Detaillierte Wahlergebnisse liefert das "Archiv der Gegenwart" (künftig: AdG), 1952, S.3725

Im Senat verfügte die GOP nun also über eine hauchdünne, aber keine absolute Mehrheit, während sie im Repräsentantenhaus das Machtverhältnis ganz zu ihren Gunsten zu wenden vermochte und sich dort die absolute Mehrheit sicherte. In den Gouverneurswahlen gewann die neue Regierungspartei insgesamt 5 Sitze dazu und stellte fortan 30 Amtsinhaber gegenüber 18 Demokraten.

Wie immer nach Wahlen setzte auch diesmal unverzüglich das grosse Gerangel um die Interpretation des Sieges ein. Jede Fraktion innerhalb der siegreichen Republikanischen Partei behauptete, ihre Slogans seien letztlich wahlentscheidend gewesen, und deshalb gebühre ihr bei der künftigen Formulierung der Politik der Administration Eisenhower ein entsprechend grosses Mitspracherecht. Die Meinungsforscher lieferten demgegenüber recht einheitliche Befunde. Die Tatsache, dass Eisenhower Stevenson weit hinter sich gelassen hatte, die GOP im Senat aber trotzdem keine absolute Mehrheit zu erringen vermochte, führte weitherum zum Schluss, dass vor allem der populäre General und weniger seine Partei diesen grandiosen Sieg nach fünf Niederlagen in Serie errungen hatte. Gallup (1972) führt folgende Gründe für Eisenhowers Sieg an: 1. und am wichtigsten: seine grosse persönliche Popularität. 2. Ueberdurchschnittlich viele Südstaatler wählten republikanisch. 3. "Ike" wurde eine weit grössere Kompetenz zur Lösung der Koreafrage zugesprochen als Stevenson. 4. Frauen und junge Wähler gaben mehrheitlich Eisenhower den Vorzug. 5. Unabhängige Wähler waren mehrheitlich für ihn.[102] "I like Ike" - dieses weit verbreitete Schlagwort war offensichtlich wahlwirksam gewesen. Alle Meinungsumfragen ermittelten übereinstimmend hohe Popularitätsquoten für den General, die von den anderen Spitzenpolitikern auch nicht annähernd erreicht wurden.

Was den Einfluss der Themen auf den Wahlausgang betrifft, so resümierte der Meinungsforscher George Gallup, was praktisch sämtliche Analysen bestätigten: "The Korean issue...played heavily into Eisenhowers hands."[103]

Einmal mehr bestätigte sich hier, dass die Aussenpolitik in Wahlkämpfen insbesondere dann eine wichtige Rolle spielt, wenn die Vereinig-

---

102 Vgl. Gallup (1972), S.1101. Eine sehr detaillierte, empirische Wahlanalyse liegt bei Campbell (1954) vor, die DDE's Image als erfolgreicher Weltkriegsgeneral ebenfalls wahlentscheidenden Charakter zuschreibt; vgl. Campbell (1954), S.53 f. - Der "Faktor DDE" schlug sich auch in der Historiographie nieder, so etwa bei Hughes (1963), S.47; Brenyan (1971), S.19; Divine (1974), S.84; Ambrose (1983), S.571 f.

103 Gallup (1972), S.1101

ten Staaten in einen Krieg verwickelt sind und amerikanische Soldaten auf überseeischen Schlachtfeldern fallen. Die von Eisenhower und Dulles in Aussicht gestellte Hoffnung "to bring back the boys" fand bei den Wählern grossen Anklang. Den Wahlanalysen zufolge hatten die harte Befreiungsrhetorik und die Anschuldigung kommunistischer Subversion in der Truman-Regierung demgegenüber weit weniger Einfluss auf das Wahlresultat.[104] Der "McCarthyismus" fand somit bei den Wählern nicht jene Resonanz, die aufgrund der enormen Publizität der antikommunistischen Attacken des Senators in den Medien hätte erwartet werden können. Wieder grösseres Gewicht kam dafür zwei rein innenpolitischen Themen zu, nämlich den Korruptionsfällen in der Regierung Truman sowie der hohen Inflationsrate.[105]

Ein erstes Mal manifest wurde der Anspruch der "Alten Garde" auf eine verstärkte Mitbestimmung des (aussen-)politischen Kurses bei drei personellen Neubesetzungen. Senator Robert Taft wurde zum neuen republikanischen Mehrheitsführer im Senat gewählt, womit er sich natürlich einen noch grösseren Einfluss verschaffte als er ohnehin schon besass. Taft sowie sein kalifornischer Parteikollege und erklärter Repräsentant der "Alten Garde", William Knowland, wurden neu ins einflussreiche "Senate Foreign Relations Committee" aufgenommen. Und schliesslich wurde in der Person des konservativen Grossindustriellen George M. Humphrey aus Ohio ein Vertreter der "Alten Garde" ins Kabinett Eisenhower entsandt. Auch Finanzminister Humphrey galt während der Nominierungsphase als prominenter Befürworter Tafts.

2.4. Fazit: Schmaler Grat zur Profilierung

Während dieses Wahlkampfes war sehr viel, ja eigentlich nur von Kommunismus die Rede - entweder aussenpolitisch, etwa im Zusammenhang mit Korea, der "Liberation"-Politik oder der Strategie der "massiven Vergeltung"; oder innenpolitisch, etwa bei McCarthys Anschuldigungen gegen angebliche Kommunisten in Regierung und Verwaltung. Auffallend

---

104 Vgl. dazu Campbell (1954), S.51; Divine (1974), S.84; Bernstein (1971), S.3260

105 Gallup ermittelte in einer Umfrage, dass 45% der republikanischen und 35% der demokratischen Wähler fanden, dass diese beiden Themen DDE zum Sieg verholfen hatten; vgl. Gallup (1972), S.1108. Campbell (1954), S.51, misst diesen "Issues" demgegenüber weit geringere Bedeutung zu.

ist zunächst einmal, worüber eigentlich nie gestritten wurde, nämlich über die grundsätzliche Perzeption der Sowjetunion als aggresiver, expansionswilliger und nach Weltherrschaft strebender Grossmacht. Der Koreakrieg hatte sich ganz offensichtlich den Politikern beider Parteien dermassen stark ins Bewusstsein eingeprägt, dass eine Infragestellung dieser Perzeption überhaupt nie auch nur in Betracht gezogen wurde. Ebensowenig umstritten war die Ueberzeugung, dass die Vereinigten Staaten dieser kommunistischen Expansion dezidiert entgegentreten mussten. Die grosse Streitfrage war nur: wie? Selbst die als Isolationisten abgestempelten Vertreter der "Alten Garde" in der GOP kritisierten beispielsweise nie das amerikanische Engagement in Korea an sich, sondern nur die Tatsache, dass es überhaupt zu diesem Krieg gekommen war und wie er geführt wurde. Ueber die von der Sowjetunion ausgehende Bedrohung für die Vereinigten Staaten und die Entschlossenheit, der Bedrohung entgegenzutreten, bestand indessen ein fest verankerter Konsens quer durch das gesamte politische Spektrum des Landes.[106]

Die innenpolitischen Fronten und Eisenhowers parteiinterner Spielraum für künftige aussenpolitische Initiativen wurden mit dem Ende des Wahlkampfes einigermassen abgesteckt. Auch wenn der General in erster Linie einen persönlichen Sieg davongetragen hatte, so war bereits vor seinem Amtsantritt am 20. Januar 1953 abzusehen, dass sich die aussenpolitische Bewegungsfreiheit seiner Administration in deutlichen Grenzen halten würde, und dies vor allem aus zwei Gründen:

- Zwar waren die GOP-internen Differenzen in den letzten Monaten zugunsten des übergeordneten Zieles - Wahlsieg der Republikaner - so gut wie möglich übertüncht worden, sie waren aber nach dem 5. November keineswegs ausgeräumt. Die "Alte Garde" forderte vielmehr ihren Tribut für den Wahlsieg. Die Taft-Anhänger leiteten ihren Anspruch auf ein gewichtiges politisches Mitspracherecht dabei weniger aus den vorliegenden Wahlanalysen, sondern in erster Linie aus ihrem Selbstverständnis als "the real Republicans" ab. Ihre Frustrationen als Folge von Tafts Niederlage gegen Eisenhower waren noch keineswegs überwunden.[107] Mit den Ernennungen von

106 Vgl. Spanier (1982), S.44 ff; Knapp (1983), S.216 f; Rostow (1982), S.27 ff

107 Tafts Frustrationen kamen beispielsweise in einem privaten Gespräch vom 2. August 1952 zum Ausdruck: "We may get a Republican New Deal Administration which will be a good deal harder to fight than the Democrats." Taft zit. nach Reichard (1975), S.12

Taft, Humphrey und Knowland in gewichtige Aemter bestand kein Zweifel darüber, dass die "Alte Garde" auch tatsächlich über weit bessere Möglichkeiten verfügte, ihren Einfluss künftig verstärkt geltend zu machen.

- Die Aussenpolitik der neuen Administration, sofern sie der Zustimmung durch die Legislative bedurfte, war auf Stimmen der Demokraten angewiesen, weil die Republikanische Partei im Senat nicht über die absolute Mehrheit verfügte. Die Querelen in der Regierungspartei liessen ja ohnehin nicht erwarten, dass alle GOP-Parlamentarier immer geschlossen hinter Eisenhowers Programmen stehen würden. Die fehlenden klaren Mehrheitsverhältnisse im Kongress zeigten der neuen Regierung von vorneherein an, dass ihre aussenpolitischen Programme auf einen relativen Ausgleich und Ueberparteilichkeit bedacht sein mussten, um eine Chance auf Akzeptanz zu haben.

Die Grenze zwischen wahltaktisch begründetem Opportunismus und mit grundsätzlicher Ueberzeugung vertretenen politischen Anliegen ist bei Eisenhower ebenso wie bei Dulles nicht immer leicht zu ziehen, sie ist vielmehr fliessend. In seiner Einstellung zu McCarthy jedenfalls liess "Ike" sehr viel taktisches Kalkül walten, so dass es mitunter hart an Selbstverleugnung grenzte. Obwohl er, wie sich auch später noch zeigen wird, den Senator und dessen perfide Diffamierungskampagne nicht ausstehen konnte, vermochte er sich nie zu einer öffentlichen und direkten Kritik an McCarthy durchzuringen. Zu gross war seine Angst, die Siegchance durch Opposition gegen den mächtigen Senator zu schmälern. Auch die "Liberation"-Töne, die Eisenhower bisweilen in seinen Reden anschlug, dürften vor allem auf das Konto "Wahltaktik" gehen. Es war noch nie (und wurde auch nicht mehr) die Art des neuen Präsidenten, in seinen Reden martialische Töne im Stile Dulles' anzuschlagen. Mit Sicherheit hat Eisenhower gar nicht daran geglaubt, dass sich die Befreiung der "Satellitenstaaten" ohne unverhältnismässig hohes Kriegsrisiko erreichen liess, obwohl er mit Dulles einig ging, dass es unmoralisch sei, sich öffentlich mit der Repression der Menschen in den kommunistischen Ländern abzufinden.[108]

Der Wahlkämpfer Eisenhower ist in der Tat in kurzer Zeit auf die Positionen von Taft bezüglich des Koreakrieges und der "Massive

---

108 Vgl. dazu Ambrose (1983), S.548

Retaliation" eingeschwenkt. Das war für den General ohne Zweifel nützlich. Berücksichtigt man aber, mit welcher Vehemenz Eisenhower die gleichen diesbezüglichen Thesen später auch im Kabinett vertrat, so scheint es rückblickend unwahrscheinlich, dass er im Wahlkampf Positionen vertrat, an die er eigentlich gar nicht glaubte. Eisenhower war später beispielsweise ein vehementer Verfechter von Tafts Anliegen, das Budget zu kürzen und die Steuern zu senken, und zwar mittels einer Reduzierung der Militärausgaben. Eisenhowers fiskalischer Konservatismus, einer der wichtigsten Beweggründe für die "Massive Retaliation", änderte sich auch nach Tafts Tod am 31. Juli 1953 nicht.

John Foster Dulles' Rolle in diesem Wahlkampf war eine reichlich paradoxe. Er gehörte weder zum engen Beraterkreis von Eisenhower noch zu jenem von Taft, und doch hatten seine Ideen einen massgeblichen Einfluss auf den Verlauf der aussenpolitischen Wahlkampfdebatte.[109] Die beiden wichtigsten Elemente waren die "Liberation"-Politik sowie die Strategie der "Massive Retaliation". Letztere stammt hingegen mit grosser Wahrscheinlichkeit von Taft und nicht von Dulles. Dieser hat sie bloss übernommen und später als Aussenminister quasi offiziell eingeführt.[110] Insbesondere machte sich Dulles Tafts Begründung zu eigen, wonach die "Containment"-Politik zu teuer war und deshalb durch die billigere Strategie der "massiven Vergeltung" ersetzt werden musste. Doch genau für jene ökonomischen Aspekte der "Massive Retaliation" hat sich Dulles später bei den entsprechenden Diskussionen im Kabinett nicht mehr interessiert. Für ihn standen da nahezu ausschliesslich Fragen der politischen Strategie im Vordergrund. Taft hatte demgegenüber in erster Linie die Innenpolitik im Visier, nämlich eine Budgetreduktion und Steuersenkung, als er einen stärkeren Verlass auf die Luftwaffe und die atomare Abschreckung forderte.

Wer - wie etwa Halle (1969), um nur einen von vielen Autoren zu nennen - behauptet, die "Liberation"-Politik sei von Dulles nur zum "Appeasement" von McCarthy und als Anreiz für die aus Osteuropa stammenden Wähler inszeniert worden, greift zu kurz, und zwar gleich in dreifacher Hinsicht.[111] Erstens hat Dulles solche Ideen schon vor Beginn

---

109 Zu JFD's fehlenden persönlichen Beziehungen zu DDE während des Wahlkampfes vgl. Hughes (1963), S.37 und Hoopes (1973), S.135

110 Die in der Literatur oft vertretene Auffassung, - als Beispiel sei nur Gaddis (1982), S.127 ff. erwähnt - Dulles sei der alleinige "geistige Vater" der "Massive Retaliation"-Strategie, wäre also in diesem Sinne zu korrigieren.

111 Halle (1969), S.71, merkte dazu an: "Dulles was concentrating exclusively on the domestic scene and on the objective of winning the forthcoming election."

von McCarthys Kommunistenhetze entwickelt und propagandiert. Ueberdies war dieser "Imperialismus des Idealismus", wie man die "Liberation"-Politik mit einem Begriff Williams' nennen könnte, für Dulles eine politische Strategie im globalen Kampf gegen kommunistische Expansion und nicht bloss ein taktisches Instrument zum Stimmenfang. Dass er sich mit dieser Befreiungskampagne die Sympathien des rechten GOP-Flügels und gewisser Wählersegmente sicherte, war für Dulles selbstverständlich ein willkommener, wohl aber nicht primär intendierter Effekt. Drittens darf Dulles' prinzipieller, aggressiver Moralismus, der nicht zuletzt von seiner Erziehung herrührte, keinesfalls unterschätzt werden. Sein Bekenntnis zur "Liberation"-Politik war zweifellos auch moralisch begründet.

Spanier (1966), S.105, hatte ebenfalls diese Vermutung geäussert. Bell (1963), S.75 weist demgegenüber darauf hin, dass die Befreiungsrhetorik schon in JFD's Buch "War or Peace", also 1950, aufgetaucht ist.

3. AUSSENPOLITISCHE VERGANGENHEITSBEWAELTIGUNG: DIE "CAPTIVE PEOPLES RESOLUTION" UND DIE BOHLEN-DEBATTE

Die bis zu Stalins Tod am 5. März 1953 beiden wichtigsten Ereignisse im Bereich der amerikanischen Russlandpolitik - die "Captive Peoples Resolution" und die Senatsdebatte um die Neubesetzung des Botschafterpostens in Moskau - wurden beide stark vom eben erst abgeschlossenen Wahlkampf geprägt. Sowohl der von der Administration eingebrachte Resolutionsentwurf, der eine gemeinsame Verurteilung der sowjetischen Interpretation der Abkommen von Jalta und Potsdam durch Präsident und Kongress verlangte, als auch die heftige Senatsdebatte um die Bestätigung von Charles Bohlen als US-Botschafter in Moskau wiesen unübersehbare Spuren der erbitterten Auseinandersetzung der vergangenen Monate auf. In beiden Fällen sollte sich ein erstes Mal zeigen, wie die republikanische Adminstration mit dem neuen Kongress umzugehen gedachte resp. wie man sich auf dem Kapitol dazu stellte. Die Frage war, ob weiterhin harte Wahlkampfrhetorik den Ton angeben würde oder - im Zeichen der beginnenden Alltagspolitik - eine pragmatische Mässigung im Sinne einer kooperativen und überparteilichen Aussenpolitik mit den bis vor kurzem noch so hart kritisierten Demokraten eintreten würde. Zudem waren erste Indizien zum inneren Zustand der Regierungspartei zu erwarten, namentlich was das Verhältnis der "Alten Garde" zu "ihrer" Regierung Eisenhower betraf. Schon zu Beginn dieser Auseinandersetzungen war indessen klar, dass hier weniger neue und substanzielle politische Entwicklungen zur Debatte standen, sondern vielmehr das Erbe von 20 Jahren Aussen- resp. Russlandpolitik unter der Aegide der Demokraten.

3.1. Die "Captive Peoples Resolution"

Die grundlegende Idee einer solchen Resolution war erstmals in Dulles' "Life"-Artikel aufgetaucht. Sie wurde dann ansatzweise in der republikanischen Wahlplattform übernommen mit der Absichtserklärung, dass die GOP "will repudiate all commitments contained in secret understandings."[1] Es war insofern die Einlösung eines Wahlversprechens, als Präsident Eisenhower in seiner "State of the Union"-Botschaft am 2. Februar 1953 ankündigte, er werde dem Kongress einen Resolutionsentwurf unterbreiten, der festhalte, dass die Vereinigten Staaten keine Uebereinkünfte mit ausländischen Regierungen anerkennen würden, "which permits the enslavement (of any people)".[2]

Es war in der Folge Dulles als "geistiger Vater" der Idee, der den Entwurf schrieb und ihn vor dem Kongress und in der Oeffentlichkeit begründete.[3] Vor dem aussenpolitischen Ausschuss des Repräsentantenhauses führte der Aussenminister jene Argumente an, die er auch in der Oeffentlichkeit vertrat:

> "The captive peoples are oppressed by a great fear that at some future time the United States may agree to a partition of the world and accept Soviet dictatorship of alien peoples..., Soviet propaganda generates that fear...It creates a sense of hopelessness among the captive peoples which paralyzes the strivings which could operate peacefully to dissolve the unnatural unity of Soviet despotism." 4)

In den vertraulichen Sitzungen auf dem Kapitol kam dann Dulles auf den Kern der Sache. Die Resolution sollte nach seiner Auffassung ein erster Schritt weg von der alten, passiven "Containment"-Politik hin zur neuen, aktiven "Liberation"-Strategie sein, eine "psychological weapon...which will be effective propaganda all around the world."[5] Und zu Robert Taft hin gewandt meinte Dulles:

> "This document has one essential purpose, and that is to be an instrument in our effort to try to get the initiative in the Cold War, to encourage what I have called 'indigestion' within the captive world, to remove the fear which oppresses many of these captive peoples that we will, in the end, sell them out. This is primarily a sort of a Declaration of Independence, a Monroe Doctrine, that kind of thing." 6)

---

1 GOP-Plattform, 10. Juli 1952; zit. nach Bernstein (1971), S.3285

2 DDE, 2. Februar 1953; zit. nach PP (1953), S.13 f. Der entscheidende, von DDE bereits in der "State of the Union"-Botschaft verlesene Passus der Resolution ist als Dok. Nr. 3 im Anhang auf S.324 aufgeführt.

3 JFD's Resolutionsentwürfe, an denen DDE nur ganz geringfügige sprachliche Aenderungen vornahm, sind in: JFD-P., Box 72, enthalten.

4 JFD, 26. Februar 1953; in: JFD-P., Box 72

5 JFD, 26. Februar 1953; in: "Executive Sessions of the Senate Foreign Relations Committee" (künftig: ES-SFRC), Vol. V, S.171

6 JFD, 26. Februar 1953; in: ES-SFRC, Vol. V, S.180

Dulles ist damit der bislang letzte Staatssekretär, der explizit auf die Monroe-Doktrin als gültigen Bestandteil der amerikanischen Aussenpolitik Bezug nahm.[7] Der erste grosse Zug der im Wahlkampf pompös angekündigten Gegenoffensive zum weltweiten kommunistischen Propagandafeldzug war nun aber keineswegs unbestritten. Nachdem die Resolution am 20. Februar 1953 im Kongress eingebracht worden war, vermeldete die "New York Times" "rumbling dissatisfactions in some Republican quarters." Für Senator Wiley, den einflussreichen Vorsitzenden des "Senate Foreign Relations Committee" (SFRC), war der Entwurf schlicht "disappointing", und Robert Taft fand, die Resolution brauche "some change in the wording" und müsse "a little more explicit" werden.[8]

Bei den Demokraten stiess der vorliegende Entwurf indessen auf einmütige Zustimmung. Das war auch nicht überraschend, denn im zentralen Streitpunkt über die Resolution, der Frage nach der Behandlung von Jalta und Potsdam, hatte Dulles im Resolutionsentwurf die Position der Demokraten voll übernommen. Während die beiden Uebereinkünfte in der GOP-Plattform noch explizit als "tragic blunders" verurteilt worden waren, wurde jetzt nur deren (aus amerikanischer Sicht) pervertierte Interpretation durch die Sowjetunion angeprangert und zurückgewiesen. Die im Entwurf nicht einmal namentlich erwähnten Abkommen als solche wurden indessen nicht attackiert. Diese Auslegung von Jalta und Potsdam entsprach exakt jener, die Stevenson im Wahlkampf vertreten hatte. Dulles war sich dessen vollauf bewusst. Ihm war klar, dass eine Resolution in der Schärfe der republikanischen Plattform von den Demokraten unter keinen Umständen unterstützt worden wäre, weil sie damit quasi ihr eigenes aussenpolitisches Vermächtnis diskreditiert hätten. Die Administration ging aber davon aus, dass die beabsichtigte propagandistische Wirkung nur erreicht werden konnte, wenn die Resolution im Kongress einstimmig angenommen wurde. Dulles' vergleichsweise vorsichtige Textformulierung diente dem Ziel, auch die Demokraten zur Annahme des Vorschlages zu bewegen.

Der Aussenminister hatte die Rechnung allerdings ohne die führenden Republikaner im Kongress gemacht. Die Kritiker um Taft und Wiley hatten bald gemerkt, dass ihnen die republikanische Regierung den Stand-

---

7 Vgl. dazu Smith (1984). In einer Rede vom 26. September 1952 bezeichnete JFD die Monroe-Doktrin als "our first great policy"; in: JFD-P., Box 64

8 Zit. nach NYT, 22. Februar 1953, S.1

punkt der Demokraten zur Unterstützung präsentierte. Sie legten den Textentwurf so aus, dass darin die Kriegsabkommen implizit anerkannt wurden, was faktisch, d.h. nach Dulles' Auffassung, auch der Fall war. Wiley sagte im SFRC, es sei die grosse Frage, ob mit dieser Resolution nicht etwas validiert werde, was eben von vielen Amerikanern ausdrücklich als unrechtmässig betrachtet werde. Dulles verneinte dies in einem Brief an Wiley ausdrücklich: "It validates nothing that is invalid."[9] Er betonte dabei, es handle sich hier nicht um ein Dokument, das die Frage der Rechtsgültigkeit von früheren Abkommen oder gar die Frage nach allfälligen Kompetenzüberschreitungen der Regierung Truman zum Inhalt habe. Ganz abgesehen davon war die einseitige Zurückweisung der bestehenden 40 bis 45 Abkommen mit der Sowjetunion nach Dulles' Ansicht ein schwerer Fehler, den es unbedingt zu vermeiden galt. Obwohl alle diese in geheimen Verhandlungen getroffenen Uebereinkünfte von der UdSSR mehr oder weniger verletzt worden seien, zogen die USA laut Dulles Vorteile aus der Einhaltung der Abkommen:

> "We are now in the position today where we can, when it seems best to serve our purposes, use those violations, if we want, as a basis for terminating the agreements; also, we can still insist that the agreements should be fullfilled. Parts of them we can still insist upon." 10)

Dabei stellte der Aussenminister den SFRC-Mitgliedern die seines Erachtens rhetorische Frage, ob denn die Vereinigten Staaten die Uebereinkünfte zum Status von Berlin und Wien einfach aufgeben sollten. Dulles' Interpretation reichte den republikanischen Kritikern aber nicht aus. Senator Hickenlooper aus Iowa schlug am 28. Februar mit Tafts Unterstützung einen Zusatz zur Resolution vor, in dem bekräftigt werden sollte, dass die USA keine Abkommen mit der Sowjetunion anerkannten, in denen territoriale Konzessionen an die UdSSR gemacht wurden. Dieser Vorschlag wurde dann jedoch zugunsten einer anderen Formulierung zurückgenommen. Taft brachte schliesslich einen moderateren, vom SFRC am 3. März mit 8:7 Stimmen gebilligten Zusatz ein, der besagte, dass die Annahme der Resolution keine Stellungnahme des Kongresses "as to the validity or invalidity of the provisions of the said agreements" implizierte.[11]

---

9 JFD an Wiley, 26. Februar 1953; in: JFD-P., Box 72

10 JFD, 26. Februar 1953; in: ES-SFRC, Vol. V, S.172

11 Zit. nach NYT, 4. März 1953, S.1

Der Widerstand der Demokraten gegen diesen Zusatz wurde schon im SFRC deutlich, wo dessen Mitglieder geschlossen gegen die neue Formulierung antraten. Lyndon B. Johnson, der demokratische Führer im Senat, hatte ja bereits bei der Vorlage der ursprünglichen Resolution vorsorglich angemerkt, seine Partei würde jede Verschärfung des Textes strikte ablehnen. Nach der Abstimmung über den von Taft eingebrachten Zusatz vermeldete die "New York Times", dass "the entire Senate democratic hierarchy arrayed itself in fighting position against any hardening of the resolution."[12]

Die Demokraten interpretierten den von der GOP durchgedrückten Zusatz als Versuch, Roosevelts und Trumans Aussenpolitik zu diskreditieren und den bis anhin geltenden Konsens der Ueberparteilichkeit der Aussenpolitik ("Bipartisanship") in Frage zu stellen. Dulles selbst hatte schon bei seinem Bestätigungshearing im Senat und bei anderer Gelegenheit immer wieder bekräftigt, er wolle diesen Konsens unter allen Umständen auch weiterhin beibehalten. Gegenüber seinem Rechtsberater meinte der Aussenminister, eine Resolution, die Uneinigkeit zwischen den Parteien reflektiere, sei "worse than no resolution."[13]

Die Fronten im Kongress waren somit gründlich festgefahren, die Meinungen kompromisslos gemacht, und ein Ausweg aus dieser Lage war nicht ersichtlich.[14] Dulles hielt in einem Memorandum fest, dass ihm Charles Halleck, der republikanische Mehrheitsführer im Repräsentantenhaus, nach einer Unterredung mit Taft empfohlen hatte, die Resolutions-Debatte "should go over for a few days to allow tempers to cool off. I said I agreed."[15]

Am 11. März verschob das SFRC angesichts der durch Stalins Tod entstandenen neuen Unsicherheiten im Ost-West-Verhältnis das ohnehin schon aussichtslose Traktandum "Captive Peoples Resolution" auf unbestimmte Zeit. Die Verabschiedung einer solchen Resolution wurde auch in den folgenden Jahren nicht mehr in Betracht gezogen.

---

12 NYT, 4. März 1953, S.1

13 Zit nach Stebbins (1955), S.31

14 Vgl. ebenda, S.30 f.

15 JFD an Phleger, 5. März 1953; in: JFD-P., Box 72

3.2. Die Bohlen-Debatte

Seit George F. Kennan am 5. Oktober 1952 von der sowjetischen Regierung aufgrund einer angeblich allzu antikommunistisch gefärbten Rede in Berlin zur "persona non grata" erklärt worden war, blieb sein Posten als US-Botschafter in Moskau vakant.[16] Formal war Kennan immer noch Botschafter, als Präsident Eisenhower am 20. Januar 1953 vereidigt wurde, und er rechnete auch damit, wieder mit einer Aufgabe im Dienste des Aussenministeriums betreut zu werden.[17] Dies war indessen nicht der Fall, und Kennan erfuhr am 13. März 1953 vom neuen "Hausherrn" Dulles, dass seine Dienste im "State Department" nicht mehr gefragt waren. Der unfreiwillige Abgang dieses prominenten Russland-Experten fiel zusammen mit dem Auftakt zur wesentlich mehr Publizität erheischenden Diskussion um Kennans Nachfolger, der nach dem Willen der Administration Charles E. Bohlen heissen sollte. Kennans Entlassung kam ein gleichsam symbolhafter Charakter für die von den Republikanern angestrebte grundsätzliche Wende in der Aussenpolitik zu.

George F. Kennan, der Autor des berühmten "Mr. X"-Artikels in der Zeitschrift "Foreign Affairs", galt gemeinhin als Begründer der "Containment"-Politik, jener Politik also, die in der von Dulles mitredigierten republikanischen Wahlplattform als "negative, futile, and immoral" kritisiert worden war. Der neue Aussenminister antizipierte, dass Kennan als Personifizierung des Feindbildes "Containment" bei der "Alten Garde" auf massive Ablehnung stossen würde, zumal Senator McCarthy schon drei Tage vor Eisenhowers Amtsantritt hatte verlauten lassen, Kennan sei, "a part and parcel of the Acheson team repudiated by the American people at the last election."[18] Dass Dulles Kennan aus Angst vor parteiinternen Widerständen überhaupt nicht mehr in den Dienst des "State Department" stellen wollte, dürfte einer, aber nicht der Hauptgrund für Kennans Abschiebung gewesen sein.[19] Dulles wollte den bisherigen Botschafter vor allem deshalb loswerden, weil die beiden in ihren politischen Ansichten weit auseinanderlagen. In einer Rede am 16. Januar 1953 in Scranton hatte Kennan vor jenen gewarnt,

---

16 Vgl. die näheren Umstände dazu in AdG (1952), S.3680 B

17 Vgl. Kennan (1972), S.173, sowie Kennan-OH (1966), S.20

18 Zit. nach NYT, 18. Januar 1953, S.6. JFD hatte diesen Zeitungsausschnitt angestrichen und in seinen Papieren aufbewahrt, was ein Indiz für den Stellenwert sein dürfte, den er McCarthys Bemerkung zuschrieb; in: JFD-P., Box 61.

19 Vgl. Hoopes (1973), S.155, der die erwähnte Angst JFD's überbetont.

"...who point out to what they believe to be the unhappiness of the various people under the Soviet rule and advocate a policy which, placing our hopes on the possibility of the internal disintegration of Soviet power, would make it the purpose of Government action to promote such disintegration." 20)

Auch wenn Kennan den designierten Aussenminister in seinem Vortrag nicht explizit erwähnt hatte, so wurden diese Aeusserungen von den Medien doch weithin als klarer Widerspruch zur erklärten Politik der neuen Regierung interpretiert. (Kennan hält dazu in seinen Memoiren - wenig überzeugend - fest, er sei über die Medienreaktion sehr erstaunt gewesen, weil er sich der sachlichen Differenzen zwischen ihm und Dulles nicht bewusst gewesen sei.[21]) Dies unter anderem deshalb, weil Dulles einen Tag zuvor in den Senatshearings zu seiner Bestätigung einmal mehr betont hatte, die Vereinigten Staaten müssten "moral pressure and the weight of propaganda" benützen, um die sowjetische Herrschaft über die "captive peoples" zu lockern.[22]

Die beiden waren sich schon bei früherer Gelegenheit grundsätzlich uneinig gewesen, als sie sich im September 1952 Gedanken über die Rolle der Moral in der (Aussen-)Politik machten. Dulles schickte Kennan, den er als "the author of the so-called 'containment'-policy" ansprach, eine Wahlkampfrede vom 26. September 1952.[23] Diese Politik, las da Kennan, sei "a current example of non-moral diplomacy", wogegen man aus der amerikanischen Geschichte nur eines ablesen könne, nämlich, dass die Moral ein eminent wichtiger Bestandteil der Politik sei. Der "Containment"-Politik und damit indirekt Kennan hielt Dulles vor, dass die Bereitschaft der Vereinigten Staaten impliziere, "that the Kremlin should continue to rule its 800 million captive peoples, provided it will leave us alone."[24] Richtig hingegen sei, was Eisenhower und er vertraten:

"...our government, once and for all, with cold finality must tell the Kremlin that we shall never recognize the slightest permanence in Russia's position in Eastern Europe and Asia." 25)

Eine amerikanische Aussenpolitik, die nicht auf moralischen Ansprüchen

---

20 Zit. nach NYT, 18. Januar 1953, S.6
21 Kennan (1972), S.174
22 JFD, 15. Januar 1953; in: JFD-P., Box 73
23 JFD, 26. September 1952; in: JFD-P., Box 73
24 JFD, 26. September 1952; in: JFD-P., Box 73
25 Ebenda, Box 73

gründet, war gemäss Dulles aus zwei Ueberlegungen falsch. Erstens werde damit ein Bruch zwischen Regierung und Bürgern erzeugt, denn das amerikanische Volk sei

> "...predominately a morale people who believes that our nation has a great spiritual heritage to be preserved. (Therefore)...the American people as a whole are embarrassed and ashamed at the secret war-time agreements which were made at the expense of our friends and allies." 26)

Zweitens war die Moral aus Dulles' Sicht das beste Bindemittel für den Zusammenhalt der "freien Welt":

> "Throughout the ages men have experienced with artificial means for binding nations into common actions for a common cause. They have experimented with military alliances, with subsidies, with coercion. (...)The only tie which dependably unites free peoples is awareness of common dedication to moral principles." 27)

Kennan schrieb sogleich zurück und legte dem Brief ein Referat bei, das er am 18. August 1952 vor seinen Mitarbeitern in der Moskauer Botschaft gehalten hatte. Er sei, führte Kennan aus, schon immer dafür gewesen, die amerikanische Innenpolitik nach moralischen Gesichtspunkten zu beurteilen, aber:

> "...when you come to other countries, it is a different thing. For the conduct of their affairs, we have no responsability." 28)

Kennan sagte, die USA dürften ihre eigenen moralischen Massstäbe nicht auf die Sowjetunion anwenden, denn dies sei eine verzerrte Optik:

> "...we have not lived their history. We have not shared their experiences. We cannot pretend to look at things from their point of view. We cannot put ourselves in the place of their consciences. (...)Are we so sure that the moral concepts underlying their society are precisely the same that underline our own? Are we so sure we have the answers to their problems?" 29)

Die amerikanische Aussenpolitik hatte sich gemäss Kennan nicht nach

---

26 JFD, 26. September 1952; in: JFD-P., Box 73
27 Ebenda, Box 73
28 Kennan an JFD, 22. Oktober 1952; in: JFD-P., Box 61
29 Ebenda, Box 61

moralischen Kriterien, sondern nach dem Eigeninteresse des Landes zu richten:

> "In short, let us keep our morality to ourselves. With regard to other nations let us not judge, that we be not judged. Let us not attempt to constitute ourselves the guardians of everyone else's virtue; we have enough trouble to guard our own." 30)

Dulles gab Kennan zur Antwort, dass er ihn gar nicht zu überzeugen vermocht habe, doch dies dürfte der ehemalige Botschafter schon von vornherein gewusst haben. Der Aussenminister in spe hat sich jedoch wohl endgültig davon überzeugt, dass George Kennan als US-Botschafter in Moskau nicht in Frage kam.

Wenige Tage nach Kennans Rede in Scranton, aber zwei Monate vor dessen definitiver Entlassung, fragte der frisch designierte Aussenminister Dulles am 23. Januar 1953 Charles E. Bohlen an, einen alten Freund Kennans, ob er neuer Botschafter in Moskau werden wolle. Bohlen, auch ein Russlandexperte und zu diesem Zeitpunkt als Berater im Aussenministerium unter Acheson tätig, zeigte sich erstaunt ob dieser Anfrage,

> "...because I had no reason to believe that I was in Dulles' good graces. Although there was never an incident between us, it was clear that my views on relations with the Soviet Union did not coincide with Dulles' and those of the Republican party." 31)

Bohlen hatte in der Tat Grund zum Staunen, war er doch 1945 einer von Roosevelts Beratern in Jalta mit der offiziellen Funktion als Uebersetzer gewesen, und seine grundsätzlichen Ansichten unterschieden sich nicht wesentlich von jenen Kennans. Bohlen wies Dulles gleich bei ihrem ersten Treffen darauf hin, dass er Kennans Scranton-Rede voll unterstütze, doch "Dulles brushed aside my statement."[32]

Warum also fiel nun die Wahl auf Bohlen, der letztlich nicht weniger mit der Russlandpolitik der Demokraten verhaftet war als Kennan? Warum ausgerechnet ein bei jener Konferenz aktiv beteiligter Diplomat, die von den Republikanern noch vor kurzem so heftig attackiert worden war? Es scheint, dass Bohlen Eisenhowers persönliche Wahl war.[33] Am

30 Kennan an JFD, 22. Oktober 1952; in: JFD-P., Box 61

31 Bohlen (1973), S.305

32 Ebenda, S.310

33 Diese Vermutung hegt Hoopes (1973), S.160, ohne sie aber mit Quellen belegen zu können.

26. März betonte der Präsident an seiner wöchentlichen Pressekonferenz, er sei in diesem speziellen Fall besonders um eine geeignete Wahl besorgt gewesen. Es sei, so Eisenhower, eben wichtig, dass der Botschafter auch etwas von der Sowjetunion verstehe, und dies treffe bei Bohlen zweifellos zu. Doch genau in dieser Hinsicht stiess die insbesondere von Dulles und vielen republikanischen Parlamentariern geforderte Abkoppelung von der Aussenpolitik der Demokraten ein erstes Mal an ihre Grenzen: Es gab in Washington schlicht keine Russlandexperten mit diplomatischer Erfahrung, die nicht auf die eine oder andere Weise mit den Administrationen Roosevelt und Truman liiert gewesen waren. Am 7. Februar schrieb Eisenhower ins Tagebuch, bei bestimmten Besetzungen sei man auf etwelche Schwierigkeiten gestossen, als man qualifizierte Leute gesucht habe.[34] Er fügte hinzu, es werde wohl Schwierigkeiten mit den Bestätigungen der Nominationen im Senat geben. Der Präsident lieferte auch eine weitere Erklärung für diese in weiser Voraussicht antizipierten Schwierigkeiten:

> "This difficulty springs from the fact that the Republicans have been so long in opposition to the executive that the Republican Senators are having a hard time getting through their heads that they now belong to a team that includes rather than opposes the White House." 35)

Sollte sich Dulles tatsächlich gegen Bohlens Nomination ausgesprochen haben, wofür es jedoch keine eindeutigen Anhaltspunkte gibt, dann dürfte ihm die (wenigstens offizielle) Unterstützung Bohlens insofern ein wenig leichter gefallen sein, als er der Funktion des Botschafters in Moskau ohnehin keine allzu grosse Bedeutung beimass. In einem Gesprächsmemorandum mit dem Präsidenten hielt der Aussenminister fest, Bohlens Aufgabe sei "essentially an observation post - not a policymaking position."[36]

Am 27. Februar gab Dulles die Nomination Bohlens dem "Senate Foreign Relations Committee" bekannt. Am 2. März berieten dessen Mitglieder erstmals über diesen Vorschlag. Bohlen gab mit seiner vor dem SFRC gemachten Erklärung zu Jalta Anlass zu heftigen Diskussionen. Die politische Landkarte Europas, so Bohlen, "would look very much the same

---

34 DDE, 7. Februar 1953; in: Ferrell (1981), S.227
35 Ebenda, S.227
36 JFD, 16. März 1953; in: DD (1980), Nr. 196 A

if there had never been the Jalta conference at all."[37] Er bejahte auch ausdrücklich die Frage von Senator Ferguson, den er später als seinen "chief inquisitor" bezeichnete, ob die Sowjetunion Polen und die anderen osteuropäischen Staaten auch ohne das Jalta-Abkommen in ihren Herrschaftsbereich integriert hätte. Jalta und Potsdam, so verteidigte sich Bohlen, hätten nicht zur Unterdrückung jener Länder durch die UdSSR geführt oder dazu beigetragen. Bohlen betonte weiter, die Möglichkeiten, die Sowjetunion aus ihrem aktuellen Herrschaftsbereich zurückzudrängen, ohne einen Krieg zu riskieren, seien sehr begrenzt:

> "I do not believe that propaganda, broadcasts, leaflets or other things, are going to produce action inside those countries. I think it is an essential part of our foreign policy, but I do not think we can expect rather quick and speedy action to come from them." 38)

Bohlens Verbindung zu den Kriegsabkommen und überdies seine Weigerung, jene nach republikanischer Manier zu verurteilen, reichten aus, dass er von der "Alten Garde" in der GOP ins Kreuzfeuer der Kritik genommen wurde. Die Senatoren Knwoland und Ferguson erwirkten wegen Bohlens Bemerkungen zu Jalta eine Aufschiebung der Bestätigung durch ihr Komitee. Am 13. März gab der einflussreiche republikanische Senator Bridges (Vorsitzender des "Senate Appropriations Committee") bekannt, wichtige Berater der Administration hätten Eisenhower zum Rückzug der Nomination Bohlen gedrängt. Gleichentags erklärten indessen Knowland und insbesondere Robert Taft, die Schlüsselfigur der Republikaner im Senat, sie seien zwar von Bohlen nicht eben begeistert, würden der Nomination aber trotzdem zustimmen. In einem Fernsehinterview zeigte sich der GOP-Mehrheitsführer im Senat verwundert über die Aufregung, die die Bohlen-Nomination verursacht hatte. Für Taft war ebenso wie für Dulles "the matter not sufficiently important", denn alles was der Botschafter tun könne, sei zu beobachten und zu rapportieren.[39]

Am 18. März folgten die SFRC-Mitglieder ihrem Vorsitzenden Taft und empfahlen dem Senatsplenum mit 15:0 Stimmen Charles Bohlen als Botschafter zu bestätigen. Doch damit waren die Bohlen-Kritiker - bezeichnenderweise fast keine Demokraten und nahezu ausschliesslich

---

37 Bohlen, 2. März 1953; in: ES-SFRC, Vol. V., S.209

38 Ebenda, S.205

39 Taft, 16. März 1953; zit. nach Bohlen (1973), S.322

Republikaner - noch keineswegs verstummt. Nur Stunden nach dem Entscheid des SFRC kommentierte McCarthy, Bohlens Bestätigung wäre "a tremendous mistake", und der Exponent des rechten Parteiflügels forderte:

> "...that Dulles have President Eisenhower examine the entire file on Bohlen. If the President does that...I feel reasonably certain that he will withdraw the appointment." 40)

Senator Bridges gab dem Missbehagen der Bohlen-Gegner in seiner Partei Ausdruck, als er sagte, dass

> "...my opposition to Bohlen is based upon his intimate association with the Truman-Acheson-Bohlen policies which I thought the people acted upon in the last November." 41)

Für Eisenhower und Dulles war nun der Moment gekommen, um deutlich Farbe zu bekennen. Der Präsident hatte intern bereits klare Order erteilt. Dulles schrieb am 16. März nach einer Unterredung mit Eisenhower, dieser habe "not the slightest intention of withdrawing Bohlen's name."[42] Daran änderte auch die Aufforderung von McCarthy nichts, und "Ike" bekräftigte am 19. März an einer Pressekonferenz, er stehe voll hinter Bohlen. Tags darauf versicherte Dulles mit dieser präsidialen Erklärung im Rücken, die Administration werde die Nomination Bohlens "certainly not" zurückziehen. Diese ganze Auseinandersetzung, so Dulles, sei

> "...an acid test of the orderly processes of our Governement. There was a thorough investigation, the reports were brought before the Foreign Relations Committee, they were discussed,...the Committee voted unanimously to report the nomination. If matters can't be dealt with and disposed of in that orderly way it will very much disorganize the conduct of foreign affairs at a very critical moment in history." 43

Die am 23. März begonnene Senatsdebatte um Bohlens Bestätigung drehte sich vor allem um einen FBI-Report, in dem dessen Vergangenheit beleuchtet und abgeklärt worden war, ob Bohlen ein sogenanntes Sicherheitsrisiko war, konkret: ob er mit (angeblichen) Kommunisten sympathisiert hatte.[44] Dulles hatte bereits dem "Senate Foreign Relations Committee" am 17. März versichert, er könne aufgrund der Einsicht in diese geheime

---

40 McCarthy, 18. März 1953; zit. nach NYT, 19. März, S.15
41 Bridges, 18. März 1953; zit. nach NYT, 19. März 1953, S.15
42 JFD, 16. März 1953; in: DD (1980), Nr 196 A
43 JFD, 20. März 1953; in: JFD-P., Box 67
44 Vgl. dazu Bohlen (1973), S.324 f.

Akte bestätigen, dass Bohlen eindeutig kein Sicherheitsrisiko sei, und die Erklärung des Aussenministers wurde dort auch von niemandem angezweifelt. Am 21. März liess McCarthy verlauten, er habe den FBI-Report ebenfalls gesehen und sei zum Schluss gekommen, dass Bohlen als "a bad security risk" einzustufen sei. Nach einer heftigen Debatte um diesen Bericht des Geheimdienstes einigte man sich im Senatsplenum darauf, zwei renommierten Parteivertretern - Robert Taft für die Republikaner und John Sparkman für die Demokraten - Einsicht in die Akte zu gewähren. Am 25. März gab Taft seine Schlussfolgerungen im Plenum bekannt:

> "I could not find in the summary testimony anything which seemed to me to raise a prima facie case or to support any prima facie evidence that Mr. Bohlen had in any way ever done anything which would make him a bad security risk." 45)

Sparkman schloss sich Tafts Urteil, das Bohlen voll stützte, an. McCarthy und Bridges polemisierten indessen weiter, und von diesem Moment an war evident, dass sie mit ihrer Opposition gegen Bohlen nicht nur die Administration, sondern auch Robert Taft, den reputiertesten Republikaner auf dem Kapitol, indirekt kritisierten und seine Intergrität in Frage stellten. Senator Dirksen meinte unter Beifall seiner Parteikollegen McCarthy und Bridges:

> "Chip Bohlen was at Jalta. I reject Jalta, so I reject the Jalta men. He was associated with one of the most unnecessary, disgraceful, and potentially disastrous accord ever to be signed by a President." 46)

Währenddessen versicherte Eisenhower den Reportern unentwegt, Bohlen sei "best qualified" für den Botschafterposten in Moskau, doch der Präsident weigerte sich kategorisch, McCarthy und Bridges öffentlich zu denunzieren. Auf den Senator aus Wisconsin direkt angesprochen, meinte Eisenhower gegenüber den Journalisten lakonisch: "I am not going to talk about Senator McCarthy."[47] Doch gleich im nächsten Satz liess er sein Missfallen in einer allgemein gehaltenen Formulierung durchblicken. Man könne eine Untersuchung in einer Art und Weise durchführen, "that you are damaging from within what you are trying to protect

45 Taft, 25. März 1953; zit. nach Bohlen (1973), S.330

46 Dirksen, 26. März 1953; zit. nach Rosenau (1959), S.14

47 DDE, 26. März 1953; in: PP (1953), S.137

from without."[48]

Das war typisch für Eisenhowers Umgang mit McCarthy, ja ganz allgemein für seinen öffentlichen Umgang mit politischen Gegnern. Am 1. April schrieb Eisenhower ins Tagebuch:

> "Senator McCarthy is, of course, so anxious for the headlines that he is prepared to get to any extremes in order to secure some mention in the public press. His actions create troubles with the party on the Hill; they will frustrate, irritate, and infuriate members of the Executive Department. I really believe that nothing will be so effective in combating his particular kind of troublemaking as to ignore him. This he cannot stand." 49)

McCarthy schlicht und einfach wenigstens dem Namen nach zu ignorieren, um ihn dadurch politisch auszumanövrieren, dies war Eisenhowers Rezept bis im Herbst 1954, als der Senator aus Wisconsin vom Senatsplenum offiziell für sein Verhalten getadelt und damit völlig entmachtet wurde.[50] Dieser Auffassung lag Eisenhowers grundsätzliches Verständnis von "political leadership" zugrunde, das er gegenüber seinem Redenschreiber Emmet Hughes folgendermassen umschrieb:

> "...you do not lead by hitting people over the head. Any damn fool can do that. (...) Leadership...is persuasion - and conciliation - and education and patience. It's long, slow, tough work. That's the only kind of leadership I know - or believe in - or will practice. (...) Well, I won't knock some congressional heads together - not even the thickest in my own party - not if I can possibly avoid it. (...) You don't lead a man by yielling at him in public or forcing him to say publicly, 'Yes, it's true - I've been voting like a damned fool ever since I came to Congress twenty years ago'. How do you think they would stay converted?" 51)

Am 27. März bestätigte der Senat Charles Bohlen schliesslich mit 74 zu 13 Stimmen.[52] Eisenhower notierte sich zu den Bohlen-Gegnern, sie

---

48 DDE, 26. März 1953; in: PP (1953), S.138

49 DDE, 1. April 1953; in: Ferrell (1981), S.233 f.

50 Vgl. dazu Greenstein (1982), S.156-183

51 DDE zit. nach Hughes (1963), S.124

52 Gegen Bohlens Bestätigung stimmten: Goldwater (R., Arizona), Johnson (D., Colorado), Dworshak (R., Idahoe), Welker (R., Idahoe), Dirksen (R., Illinois), Hickenlooper (R., Iowa), Schoeppe (R., Kansas), Bricker (R., Ohio), Mundt (R., S.Dakotha), McCarthy (R., Wisconsin), Bridges (R., N.Hampshire), McCarran (D., Nevada), Malone (R., Nevada). Für das genaue Abstimmungsergebnis vgl. Congressional Quarterly Almanach 1953 (künftig: CQA), Vol. IX, S.256

seien die "most stubborn and essentially smallminded examples of the extreme isolationist group in the party."[53]

Ueber Robert Taft, quasi das Symbol des isolationistischen Flügels in der GOP, liess der Präsident allerdings nur Gutes verlauten. "Ike" hatte von seinem einstigen Rivalen schon anfangs Februar geschrieben, er habe sich zu einem "model teammate" entwickelt. Nach dem Abstimmungssieg im Senat bekräftigte er dieses Urteil und meinte, es sei kaum zuviel gesagt, dass "Senator Taft and I are becoming right good friends."[54] Taft war da weniger enthusiastisch. Nach geschlagener Schlacht signalisierte er ins Weisse Haus: "No more Bohlens".[55] In privaten Kreisen vertrat der Senator die Ansicht, dass die Opposition gegen Bohlen

> "...was perfectly reasonable...and I would have joined it myself except that I did not think the position of Ambassador to Russia was any sufficiently important position to make an issue of." 56)

3.3. Fazit: Grenzen der Profilierung

Die (gescheiterte) "Captive Peoples Resolution" hatte weit mehr symbolischen Gehalt als substanziellen Einfluss auf die amerikanische Russlandpolitik. Der Kolumnist Arthur Krock schrieb treffend in der "New York Times", dass die Resolution "invited troubles so disproportionate to the value of the gesture."[57] Für die Idee und ebenso für die konkrete Implementierung der Resolution war Dulles in alleiniger Regie verantwortlich. "Liberation" war seine Domäne. Doch mit dem ersten Versuch, die im Wahlkampf angekündigte ideologische Gegenoffensive unter dem Banner der "friedlichen Befreiung der vom Kommunismus unterjochten Völker" in Gang zu setzen, schoss Dulles gleich ein Eigentor. Diese Bemühung um historische Vergangenheitsbewältigung von 20 Jahren demokratisch gelenkter Aussenpolitik war jedoch ein ziemlich aussichtsloses Unterfangen. Dulles wollte im Zeichen der überparteilichen Aussenpoli-

---

53 DDE, 1. April 1953; in: Ferrell (1981), S.234
54 Ebenda, S.234
55 Taft zit. nach White (1959), S.239
56 Taft zit. nach Patterson (1972), S.596
57 NYT, 29. März 1953, IV,S.3

tik auch die Demokraten dazu bewegen, einen Schlussstrich unter die "Containment"-Politik zu ziehen, doch jener von den Demokraten mitgezeichnete Strich fiel weiten Teilen in der GOP viel zu schwach aus. In Anbetracht der bitteren gegenseitigen Vorwürfe im Wahlkampf wäre es nachgerade sehr erstaunlich gewesen, wenn sich die ostpolitischen Vorstellungen beider Parteien nur vier Monate später problemlos unter einen Hut hätten bringen lassen.

John Foster Dulles war bereit, inhaltliche Konzessionen an die Demokraten auf Kosten der eigenen Partei zu machen, um eine einheitliche amerikanische Front gegenüber der Sowjetunion präsentieren zu können. Der formalisierte Konsens, in seiner Substanz faktisch von beiden Parteien eigentlich schon seit Jahren akzeptiert, scheiterte allerdings am vehement gestiegenen Profilierungsbedürfnis der republikanischen Partei, die nach 20 Jahren Opposition nun endlich wieder den Ton angeben wollte.[58] Doch die fehlenden klaren Mehrheitsverhältnisse im Kongress setzten dem Abgrenzungsbedürfnis vieler republikanischer Parlamentarier Grenzen: Profilierung auf Kosten der Demokraten war nicht möglich, wenn die "Bipartisanship" gewahrt bleiben sollte. Die "Captive Peoples Resolution" zeigte aber vor allem auch die Grenzen der Bewegungsfreiheit der um einen möglichst breit abgestützten aussenpolitischen Konsens ringenden Administration auf. Im ersten Testfall versagte ihr die eigene Partei die Unterstützung. Der im Wahlkampf notdürftig überdeckte Konflikt innerhalb der GOP war jetzt offen zutage getreten. Robert Taft war einer der Hauptverantwortlichen dafür, dass diese erste aussenpolitische Initiative der neuen Administration Eisenhower zu Fall kam. Der Mehrheitsführer im Senat entschied sich offensichtlich nicht dafür, dem Programm "seiner" Administration möglichst viel Sukkurs auf dem Kapitol zu sichern. Ihm war wichtiger, die Stimmung der Mehrheit der republikanischen Senatoren zum Ausdruck zu bringen, womit er eine Distanzierung der Partei vom Präsidenten in Kauf nahm.

Ganz ähnlich wie bei der "Captive Peoples Resolution" liegt die Bedeutung der Bohlen-Nomination und der Verabschiedung von George Kennan vorab in ihrer Symbolik und weniger darin, dass es sich hier um wichtige Weichenstellungen für den amerikanischen Kurs gegenüber der Sowjetunion gehandelt hätte. Debattiert wurde nicht über künftige Strategien,

58 Vgl. NYT, 29. März 1953, IV, S.3

sondern über die Vergangenheit: Roosevelt, Truman, Jalta, Potsdam. Bohlen und Kennan personifizierten die von den Demokraten geprägte Russlandpolitik in mehr oder weniger gleichem Masse. Der Aufstieg des einen und der gleichzeitige Abstieg des anderen war insofern eine nicht eben konsequente Personalpolitik der neuen Regierung. Dulles dürfte in Kennan eine stärkere Symbolfigur als in Bohlen gesehen haben, doch wie sich bald herausstellen sollte, wurde letzterer nicht minder mit der "Containment"-Politik in Verbindung gebracht. Dass Bohlens Bestätigung im Senat nicht leicht sein würde, war zumindest Eisenhower schon vor den ersten pointierten Kritiken an dessen Person klar. Von der Heftigkeit der ablehnenden Front in der eigenen Partei dürften er und Dulles aber erstaunt gewesen sein, weil sie der Funktion des Moskau-Botschafters keine allzu grosse Bedeutung beimassen - und genau deshalb den symbolischen Charakter, den die republikanischen Kritiker der Wahl Bohlens zuschrieben, unterschätzten. Die oben angesprochene Inkonsequenz ist wahrscheinlich zu einem guten Teil dem Mangel an Alternativen zuzuschreiben: Nach 20 Jahren unter demokratischer Aegide standen in der Tat kaum mehr Russlandexperten mit diplomatischer Erfahrung zur Verfügung, die unzweifelhaft ein republikanisches Parteibuch besassen.

Robert Taft änderte sein Verhalten im Vergleich zur "Captive Peoples Resolution" in bemerkenswerter Weise. Obwohl er alles andere als ein Bohlen-Freund war und die Kritik an ihm für berechtigt hielt, wollte es der Mehrheitsführer in diesem für ihn doch eher unbedeutenden Fall nicht erneut zu einem Bruch der Partei mit der Regierung kommen lassen. Nicht so Joseph McCarthy. Für ihn war die Bohlen-Nomination der grosse Fall, an dem er seine Anliegen - eine "lupenreine" Gesinnung der Beamten des Aussenministeriums - durchexerzieren konnte. In seinem glühenden Eifer als selbsternannter Gewissensprüfer der Nation merkte McCarthy indessen nicht, dass er die Integrität namhafter Republikaner von Taft über Knowland bis Eisenhower indirekt in Zweifel zog, weil er deren Beurteilung Bohlens bis zuletzt als unglaubwürdig taxierte.[59]

---

59 Ein Beispiel dafür ist ein Votum von Senator Knowland, der durchaus zur "Alten Garde" zu rechnen war und für markige antikommunistische Töne im Stile McCarthys im Prinzip viel übrig hatte: "Speaking as one United States Senator, let me say that when a nomination comes from the President of the United States and goes to the desk of the President of the Senate, and bears the signature "Dwight D. Eisenhower", I do not want to have to call in a handwriting expert to see whether it is the signature of Dwight Eisenhower. (...) If we have so destroyed confidence in men who have been selected to hold high places in the Government of the United States, God help us; God help us if that is the basis upon which we have to operate." Knowland zit. nach Bohlen (1973), S.332

Dies kostete McCarthy erhebliche Sympathien unter seinen Parteifreunden im Senat und leitete wahrscheinlich auch den Beginn des Endes des demagogischen Kommunistenjägers ein.

"McCarthy loses Battle but his War goes on" titelte die "New York Times" nach der Abstimmung über Bohlen.[60] Tatsächlich waren es immer noch 13 Senatoren, die auch nach Eisenhowers demonstrativer Unterstützung für Bohlen gegen dessen Wahl stimmten. Sie signalisierten dem Präsidenten damit, dass er sich fortan wesentlich stärker von der US-Aussenpolitik der letzten 20 Jahre distanzieren musste, wenn er mit ihrer Unterstützung rechnen wollte.

Mit ihrer relativ frühzeitigen klaren Unterstützung Bohlens hatten Eisenhower und Dulles bereits zu viel Prestige in die Waagschale geworfen, als dass ein Rückzug seiner Nomination auf Drängen der republikanischen Kritiker nicht mit einem ganz beträchtlichen Gesichtsverlust der Administration verbunden gewesen wäre. Wäre Bohlen nicht gestützt worden, hätte dies die Moral der seit 1950 unter Dauerbeschuss stehenden Beamten im Aussenministerium noch weiter untergraben. Eisenhowers Weigerung, McCarthy direkt zu kritisieren und öffentlich in den Senkel zu stellen, sowie Dulles' relative Gleichgültigkeit, mit der er dem schlechten Klima in seinem Ministerium gegenüberstand, trugen auch nicht eben zu einer besseren Moral der Berufsdiplomaten bei.[61] Deren Vertrauen

---

60 NYT, 29. März 1953, IV, S.3

61 Ford (1980), S.12 ff., der zu dieser Zeit Berufsdiplomat im Aussenministerium war, gibt eine Reihe von eindrücklichen Beispielen der Auswirkungen der Kommunistenhetze McCarthys auf die "Foreign-Service Officers". Er berichtet u.a. von zwei Selbstmorden verdächtiger Diplomaten. Als verdächtig galten insb. angebliche kommunistische Sympathisanten, Homosexuelle und Alkoholiker.

Die NYT, 29. März 1953, IV, S.3, berichtete, dass "many loyal American officials are confused and hurt...and afraid to open their mouths these days." Weil sie Angst vor Verdächtigungen hätten, sässen amerikanische Diplomaten in Genf nicht mehr am Rande von internationalen Konferenzen zu einem informellen Meinungsaustausch mit den sowjetischen Delegierten zusammen.

Die Verunsicherung der Beamten des Aussenministeriums erreichte anfangs 1954 einen Höhepunkt, als sich vier US-Botschafter in einem Aufsehen erregenden offenen Brief an die NYT darüber beschwerten, dass "the emotional climate at home has made objective reporting unusually difficult." (NYT, 16. Januar 1954, S.24) Als Folge der dauernden Verdächtigungen würden nun einfach duckmäuserische Berichte geschrieben, von denen man wisse, dass sie in Washington nicht anecken würden. Bohlen (OH, 1966), S.20, betont allerdings, dass die Botschaft in Moskau von dieser Hysterie nicht so stark betroffen gewesen sei wie andere Botschaften in Westeuropa.

Vgl. auch weiter zu den Auswirkungen des McCarthyismus auf das Aussenministerium Hughes (1963), S.84 ff.; Halle (1969), S.273; Bohlen (OH, 1966), S.19 f.; Hoopes (1973), S.151 ff.

in die Administration wurde auch durch Bohlens mühsame Bestätigung nicht gestärkt.

Ein Rückzieher der Administration wäre überdies von den Demokraten ebenso wie eine Verschärfung der "Captive Peoples Resolution" als Absage an das Prinzip der überparteilich gestalteten Aussenpolitik interpretiert worden. Eisenhower war indessen unbedingt auf die Stimmen der Demokraten angewiesen, dies hatte ja die Bohlen-Nomination mit aller Deutlichkeit gezeigt. 11 der 13 Senatoren, die Bohlen ihre Zustimmung verweigerten, waren Republikaner, während die Demokraten mit ihren Ja-Stimmen entscheidend dazu beitrugen, dass Eisenhowers Kandidat die notwendige Zweidrittelsmehrheit für seine Bestätigung erhielt. Demgegenüber hielt sich die Unterstützung der Administration durch die eigene Partei auf dem Kapitol in den ersten acht Wochen in sehr engen Grenzen.[62] Eisenhower wies zu jener Zeit immer wieder darauf hin, dass sich die Republikanische Partei erst wieder ans Regieren gewöhnen müsse. In der Tat: Als im Januar 1953 der 83. Kongress erstmals zusammentrat, war kein einziger republikanischer Senator darunter, der auf dem Kapitol jemals unter einem Präsidenten der eigenen Partei über Programme beraten hatte.

---

62 Vgl. Dok. Nr. 4 im Anhang, S.324

4. NACH STALINS TOD: KONTINUITAET ODER WANDEL?

Die Diskussionen um die Formulierung der "Captive Peoples Resolution" waren noch in vollem Gange, die Auseinandersetzungen um Bohlens Nomination eben erst angelaufen, da stellte Stalins Tod am 5. März 1953 diese beiden ebenso wie alle andern nationalen und internationalen Ereignisse in den Schatten und nahm das Interesse von Politikern und Oeffentlichkeit vorübergehend fast ausschliesslich für sich in Anspruch. Die Aufmerksamkeit, mit der die Ereignisse in Moskau im Westen verfolgt wurden, konnte auch nicht erstaunen, denn Stalin war zweifellos eine der prägenden Persönlichkeiten in der internationalen Politik gewesen und hatte nach übereinstimmender westlicher Interpretation die sowjetische Innen- und Aussenpolitik der vergangenen drei Jahrzehnte absolut dominiert. (Vgl. Dok. Nr. 5 im Anhang, S.325) Der Tod des Diktators brachte Bewegung in die amerikanisch-sowjetischen Beziehungen ebenso wie in regionale Konflikte, bei denen die Grossmächte ihre Interessen zumindest indirekt involviert sahen. (Beispiel: Korea, vgl. Kap. 5) Wie waren die neuen sowjetischen Initiativen zu bewerten: als Beginn einer neuen Aera oder als - allenfalls leicht modifizierte - Fortsetzung des stalinistischen Kurses? Hinter diesen Ueberlegungen stand auch die Frage, wie stark die Strukturen des mittlerweile 35jährigen kommunistischen Staates durch die 25jährige Alleinherrschaft Stalins geprägt worden waren.

4.1. Kurzfristige Reaktionen: Zwischen Offensive und Abschottung

Stalins Tod kam für die Administration zwar nicht überraschend - in Korrespondentenberichten aus Moskau und auch Analysen der US-Botschaft wurde seit Wochen über dessen schlechten Gesundheitszustand spekuliert -, aber gleichwohl standen keine Pläne über mögliche Massnahmen zur Verfügung. In der Kabinettssitzung vom 6. März beklagte sich Eisenhower, der selber reichlich unsicher in der Einschätzung der Folgen von Stalins Tod war, über dieses Versäumnis:

"Ever since 1946, I know that all the so-called experts have been yapping about what could happen when Stalin dies and what we, as a nation, should do about it. Well, he is dead. And you can turn the files of our government inside out - in vain - looking for any plans laid. We have no plans. We are not even sure what difference his death makes." 1)

Die fehlende Planung mutet umso erstaunlicher an, als Stalin nach übereinstimmender Meinung der Russlandexperten die bestimmende Figur der sowjetischen Politik schlechthin gewesen war und sein Tod ein entsprechend grosses Machtvakuum hinterlassen musste. Die Begründung für eine (obschon zwangsläufig nur provisorische) Evaluation der amerikanischen Optionen wäre somit mehr als gegeben gewesen. Dass die Administration unmittelbar nach Stalins Tod dennoch recht ratlos war, lässt sich nicht zuletzt auf den Umstand zurückführen, dass sie erst seit sechs Wochen im Amt und die aussenpolitische Planung deshalb auch noch nicht eingespielt war. Ueberdies wurden als Folge des Regierungswechsels zahlreiche Berufsdiplomaten im Aussenministerium entlassen und durch neue Leute ersetzt, die zwar unzweifelhaft republikanischer Gesinnung waren, aber nicht über aussenpolitische Erfahrung verfügten. Bohlen beschrieb später das Misstrauen der republikanischen Neulinge gegenüber den alteingesessenen Beamten des State Department sehr anschaulich:

"In fact, I used to think to myself that the Republicans came into the State Department rather like a wagon train going into hostile Indian territory, and every night they'd group their wagons around the fire." 2)

Die zahlreichen Wechsel stellten eine unmittelbare Konsequenz der Diffamierungskampagne der McCarthyisten dar, denen sich der "Foreign Service" seit Jahren ausgesetzt sah und gegen die der neue Aussenminister Dulles aus Angst vor McCarthys Kritik auch nichts unternahm.[3] Zum Planungsdefizit beigetragen hat zudem der Umstand, dass der Botschafterposten in Moskau seit Kennans Ausweisung vor fünf Monaten vakant geglieben und die kontinuierliche Analyse der sowjetischen Poli-

---

1 DDE zit. nach Hughes (1963), S.101

2 Bohlen zit. nach Rostow (1982), S.18

3 Vgl. Hughes (1963), S.84 f.; Halle (1969), S.273; La Feber (1967), S.138; Hoopes (1973), S.156 f. Ein prominentes Opfer der McCarthyisten wurde ja auch George Kennan: vgl. Kap. 3.2., S.67 ff.

tik somit zumindest beeinträchtigt war. Bohlen trat seinen Posten erst fünf Wochen nach Stalins Tod an. Bis zu diesem Zeitpunkt war die Kommunikation zwischen den beiden Regierungen via amerikanische Vertretung in Moskau also beieinträchtigt, weil keine informellen Gespräche mehr zwischen dem US-Botschafter und den Spitzen der sowjetischen Regierung stattgefunden hatten. Dies ist in seinen Auswirkungen zwar nicht zu überschätzen, doch gestaltete sich eine adäquate Perzeption der Lage vor und nach Stalins Tod unter solchen Umständen zweifellos nicht leichter, sondern eher schwieriger.

Im Verlauf der nächsten Tage und Wochen nach Stalins Tod kristallisierten sich im wesentlichen zwei Auffassungen innerhalb der Administration heraus, wie man sich gegenüber der neuen sowjetischen Führung am besten verhalten sollte.

- Die eine Gruppe scharte sich um Charles D. Jackson, einen langjährigen Vertrauten Eisenhowers und nun persönlicher Berater des Präsidenten. Er forderte, die Sowjetunion mit einer veritablen Flut aussenpolitischer Initiativen in die Defensive zu drängen. Dieser oder ähnlicher Ansicht waren Verteidigungsminister Wilson, der "Mutual Security Agency" (MSA)-Leiter Harold Stassen sowie der Wirtschaftsprofessor Walt W. Rostow, den die Administration als wissenschaftlichen Ratgeber vorübergehend verpflichtet hatte.
- Eine unterschiedliche Auffassung wurde im State Department vertreten. Unterstaatssekretär Walter B. Smith, als ehemaliger Botschafter in Moskau einer der ganz wenigen Russlandkenner in der Administration, vertrat die Meinung des im Frühjahr 1953 oft im Ausland weilenden Aussenministers, wonach die Vereinigten Staaten im Grunde gar nicht auf den Führungswechsel in Moskau reagieren sollten.

Die Jackson-Gruppe ging davon aus, dass sich die sowjetische Führung nach dem Tod Stalins als Folge heftiger Macht- und Nachfolgekämpfe in der obersten Parteihierarchie in einem ziemlich desolaten Zustand befand. Dem bereits am 7. März zum Vorsitzenden des Ministerrates ernannten Georgi Malenkow attestierte die Jackson-Gruppe kein effektives Durchsetzungsvermögen und - unter anderem wegen seines fehlenden Charismas - schon gar nicht die Machtfülle Stalins. Zudem bestanden nach dieser Ansicht deutliche politische Meinungsverschiedenheiten in der Parteispitze. Rostow etwa nahm an, dass Malenkow dazu tendiere, Stalins aussenpolitschen Kurs fortzusetzen und auch hoffe, allfällige Differenzen unter den westlichen Ländern ausnützen zu können. Hingegen gingen, so Rostow, hohe Kreise in der sowjetischen Bürokratie davon aus, dass der Westen politisch durchaus geeint sei und die UdSSR sich deshalb diplomatisch mit ihm arrangieren müsse. Im weiteren wurde von den Vertretern dieser Linie betont, Stalins Tod sei auch für die Masse der Bevölkerung "a great emotional shock" gewesen, weil der "Generalissimus" ein Symbol der Autorität gewesen sei und über ein enormes Charisma verfügt habe.[4] Aufgrund dieser Einschätzung der Sowjetunion befand C.D. Jackson, die Administration müsse unverzüglich die aussenpolitische Initiative an sich reissen, um die von ihr perzipierte Schwäche der Sowjetunion voll ausnützen zu können:

> "If we do not take the initiative and capitalize on the dismay, confusion, fear, and selfish hopes brought about this opportunity, we will be giving the enemy the time to pull together, get his wind back, and present us with a new monolithic structure which we will spend years attempting to analyze." 5)

Jackson fuhr fort, die Vereinigten Staaten müssten in diesem Augenblick alles tun, "to overload the enemy at the precise moment when he is least capable of bearing even his normal load." Der Präsidentenberater führte weiter aus:

> "Our task, therefore, is to perpetuate the confusion as long as possible, and to stave off as long as possible any new crystallization. It is not inconceivable that out of such a program might come further opportunities which, skillfully exploited, might advance the real disintegration of the Soviet empire." 6)

Auch wenn hier Jackson von "Disintegration" sprach, glaubte weder er noch sonst jemand in der Administration ernsthaft daran, die Herrschaft der kommunistischen Partei in der Sowjetunion und in den osteuropäischen Satellitenstaaten würde nun von einem riesigen Proteststurm der unterdrückten Bevölkerung hinweggefegt und durch eine demokratische Regierung ersetzt, nur weil der wichtigste Repräsentant dieser Herrschaft

---

4 Vgl. Rostow (1982), S.87-90

5 Jackson-Memorandum, 8. März 1953; in: DD (1978), Nr. 115 D

6 Ebenda, Nr. 115 D

gestorben war. Gleichwohl hegte man gewisse Hoffnungen auf innenpolitische Spannungen. MSA-Dirketor Harold Stassen forderte in diesem Zusammenhang auch "to stimulate the divisive forces" zwischen den Machthabern und der Bevölkerung, aber auch zwischen den "Satellitenstaaten" (inklusive China) und der Sowjetunion.[7]

Jackson, Rostow und Stassen schlugen eine ganze Reihe konkreter Massnahmen vor, die nach ihrer Ansicht geeignet waren, die Sowjetunion mit einer politischen Initiative zu überrumpeln, um deren interne Spannungen zu akzentuieren. Bei Jackson und Rostow stand eine grosse, publizistisch wirksam inszenierte Rede von Präsident Eisenhower, "A Message to the Soviet Government and the Russian Peoples", im Vordergrund. Kernstück dieser Rede sollte der Vorschlag der unmittelbaren Einberufung einer Aussenministerkonferenz mit amerikanischer, sowjetischer, britischer und französischer Beteiligung sein. Dort würden die Vereinigten Staaten konkrete Vorschläge zur Lösung des Koreakonfliktes, zur Wiedervereinigung Deutschlands, zur Beendigung der Besetzung Oesterreichs und zur Rüstungskontrolle in Europa unterbreiten. Hughes resümierte in einem Memorandum an Eisenhower die Motive der Befürworter einer solchen Konferenz:

> "The concrete proposal for a Foreign Ministers meeting would a) probably present the new Soviet leadership with a sudden problem which it is unprepared to handle b) if rejected, give the U.S. a huge propaganda advantage and c) if accepted, give us the opportunity to press our case on a variety of points - from Germany to Korea - against an opponent who has not had time to collect his wits." 8)

Rostow betonte allerdings, alle diese Vorstösse müssten seriös ausgearbeitet werden und sollten keineswegs nur ein amerikanisches Propagandamanöver sein, selbst wenn die Chance auf eine entsprechende Einigung mit der Sowjetunion sehr gering sei. Denn, so Rostow:

> "Nothing would destroy (the effect of the initiative) more thoroughly than the conviction inside the Kremlin and in the Free World that we were merely playing psychological tricks." 9)

---

7 Stassen, 10. März 1953; in DD (1977), Nr. 83 B

8 Hughes an DDE, 10. März 1953; in: "The Emmet John Hughes Papers", Princeton University, Box 1.

9 Rostow (1982), S.89

Nebst diesen Initiativen auf offizieller Ebene wurde eine Vielzahl von "covert actions" aufgelistet, die zur Verunsicherung der neuen Kremlführung beitragen sollten. Stassen schlug vor, allen Ostblockdiplomaten im Westen diskret zu signalisieren, sie würden Asyl und Unterstützung in den USA erhalten, falls sie in den Westen überlaufen würden. Eine andere Stassen-Idee war, namhafte Journalisten zu Artikeln zu überreden, in denen behauptet werden sollte, dass Malenkow die Ermordung Maos plane. Eine weitere Idee sah vor, dem ersten sowjetischen MIG-Piloten, der mit seiner Maschine in den Westen flüchtete, 100'000 Dollar Belohnung in Aussicht zu stellen.

Die andere, vor allem von Unterstaatssekretär Walter B. Smith vertretene Position perzipierte weit geringere Einflussmöglichkeiten auf den Gang der Dinge in Moskau als die Jackson-Gruppe. Smith betonte am 5. März vor dem "Senate Foreign Relations Committee" ausdrücklich: "We do not have an exploitable situation", und es sei kein "change of any significance" zu erwarten.[10] Ein Report des Aussenministeriums bekräftigte Smith' Einschätzung und stufte die Reorganisation der Führungsspitze als "striking for its speed, thoroughness, and orderliness" ein.[11] Im State Department wurde keine besondere Aufregung in Moskau registriert und in Zukunft auch keine erwartet, sondern Stabilität und Kontinuität in Aussicht gestellt. Es sei sehr unwahrscheinlich, dass "the Soviet power structure will be beset by either paralysis, confusion or internal conflict."[12] Die innenpolitische Situation sei viel stabiler als beispielsweise nach Lenins Tod. Begründet wurde diese These damit, dass sich die neue Führung in Moskau der inhärenten Gefahren eines solchen Machtwechsels sehrwohl bewusst sei und deshalb einen internen Schulterschluss zur Abwehr möglicher äusserer Bedrohungen vollzogen habe. Hughes charakterisierte diese Ansicht mit der Formulierung:

> "...this leadership is bound into unity by a forced sense of urgency - a we-must-hang-together-or-we-shall-hang-separately state of mind." 13)

---

10 Smith, 5. März 1953; in: ES-SFRC, Vol. V, S.260

11 DOS - Intelligence Report Nr. 6226, 9. März 1953; in: DD (1980), Nr. 149 A

12 Ebenda

13 Hughes an DDE, 10. März 1953; in: "The Emmet John Hughes Papers", Box 1.

Wie schon eine CIA-Einschätzung vom 10. März betonte auch die Analyse des Aussenministeriums, Stalins Tod stelle die neue Führung nicht vor grosse Loyalitätsprobleme. Eine traditionelle Akzeptanz von Autorität und "the habit of obedience" ermöglichten vielmehr eine relativ schnelle und problemlose Etablierung ihrer Machtposition.[14] Unterstaatssekretär Smith machte in einem Memorandum vom 11. März die Bedenken des Aussenministeriums gegenüber den von der Jackson-Gruppe eingebrachten Vorschläge geltend, und dieses Papier diente Dulles gleichzeitig als argumentativer Leitfaden in der am selben Tag abgehaltenen NSC-Sitzung mit dem Präsidenten. Der Aussenminister führte aus, er teile die Ansicht nicht,

> "...that the best way to exploit this situation to the full is by an aggressive heightening of cold war pressures...Indeed, the adoption of such a course at this time would probably tend to assist the new regime to consolidate its position and might thus prevent the later emergence of opportunities which could be exploited." 15)

Dulles und Smith sprachen sich gegen eine ausführliche aussenpolitische Rede des Präsidenten und ebenso gegen den Vorschlag der Einberufung einer Aussenministerkonferenz zu diesem Zeitpunkt aus. Vordergründig führten sie an, ihr Ministerium habe bislang keine Zeit zur Ausarbeitung substanzieller Initiativen gehabt. Ueberdies müssten amerikanische Vorstösse zu den verschiedenen anstehenden internationalen Problemen vorerst mit den Alliierten abgesprochen werden. Entscheidend war für das State Department hingegen zweifellos eine andere Ueberlegung: Wenn die Vereinigten Staaten eine Initiative in der Deutschlandfrage ergriffen, wie dies die Jackson-Gruppe vorschlug, befürchtete der Aussenminister als Folge davon eine Verzögerung des Ratifizierungsprozesses der Europäischen Verteidigungsgemeinschaft (EVG), insbesondere im westdeutschen und französischen Parlament. Dulles antizipierte, dass man in den europäischen Parlamenten keine Ratifizierung vornehmen und damit de facto die Möglichkeit einer Wiedervereinigung Deutschlands zunichte machen würde, solange diesbezügliche Gespräche anstanden. Noch vor wenigen Wochen hatte Dulles zusammen mit Stassen auf einer ausgedehnten Euro-

---

14 DOS - "Intelligence Report Nr. 6226"

15 JFD zitierte hier ein Memorandum von Smith an Jackson, 11. März 1953; in: DD (1976), Nr. 208 C

pareise Regierungen und führende Parlamentarier zu einer raschen Ratifizierung der EVG gedrängt. Die Verteidigungsgemeinschaft war für Dulles resp. die Administration aus verschiedenen Gründen von grosser Bedeutung. Eine zentrale Rolle dürften die innerhalb der GOP stark artikulierten Forderungen nach einer Reduktion des finanziellen und personellen Engagements der USA für die Verteidigung Westeuropas gespielt haben. Ohne Verlust militärischer Stärke liess sich dies nur über die volle politische und militärische Westintegration der Bundesrepublik Deutschland erreichen. Dies wiederum war vorderhand nur im Rahmen der EVG möglich.[16]

Wie sich Eisenhower zu den unterschiedlichen Auffassungen seiner Minister und Berater stellte, kam vorderhand nicht deutlich zum Ausdruck. Wahrscheinlich hatte er sich noch gar keine klare Meinung darüber gebildet, wie die poststalinistische Russlandpolitik seiner Regierung gestaltet werden sollte. Fest stand nur, dass er zu diesem Zeitpunkt eine Gipfelkonferenz nicht für sinnvoll hielt. In der NSC-Sitzung vom 11. März war nämlich eine (bis anhin noch nicht öffentlich gemachte) Forderung des britischen Premiers Winston Churchill zur Sprache gekommen, der ein unverzügliches Treffen mit der neuen sowjetischen Führung forderte. Eisenhower begründete seine im NSC abgesprochene ablehnende Haltung im Antwortschreiben damit, dass

> "...I tend to doubt the wisdom of a formal multilateral meeting since this would give our opponent the same kind of opportunity he has so often had to use such a meeting simultaneously to balk every reasonable effort of ourselves and to make of the whole occurrence another propaganda mill for the Soviet." 17)

Der Präsident deutete aber immerhin - obschon ziemlich vage - an, er sei ebenfalls für einen Schritt "which will have the virtues of simplicity and persuasiveness".[18] Ob darunter eine Rede mit konkreten Vorschlägen zu verstehen war, liess Eisenhower offen.

---

16 JFD nahm sich unter anderen die sozialdemokratische Opposition in der BRD vor, die Adenauers kompromisslosen Kurs in Richtung Westintegration heftig kritisierte, und machte der SPD laut Adenauer (1965), S.553, klar, dass "Europa bei Amerika (nicht) prämienfrei versichert" war.
Zur EVG vgl. Noack (1977), S.22 ff., Loth (1981), S.309-317, Rostow (1982), S.10-15.

17 DDE an Chruchill, 12. März 1953; zit. nach Rostow (1982), S.95. Zur Frage eines Gipfeltreffens vgl. Kap. 4.3.1., S.103 ff.

18 Ebenda, S.95

4.2. Konkurrenz um die Rolle des Friedensstifters

4.2.1. Die sowjetische "Friedensoffensive"

Zehn Tage nach Stalins Tod - in Washington war man immer noch unschlüssig über den einzuschlagenden amerikanischen Kurs - ergriff die neue sowjetische Führung ihrerseits die Initiative. Die diversen Avancen wurden in den Vereinigten Staaten umgehend als "Soviet 'Peace Offensive'" tituliert. Innerhalb eines Monats machte die neue sowjetische Führung unter Georgi Malenkow als Vorsitzendem des Ministerrates verschiedene Vorschläge auf aussenpolitischem Gebiet, die sich nach übereinstimmender Lesart in den Vereinigten Staaten recht markant von Stalins Kurs abhoben. Die wichtigsten waren:

- Am 15. März hielt Malenkow eine Rede, in der er unter anderem betonte, dass

> "At the present time there is no disputed or unresolved question that cannot be settled peacefully by mutual agreement of the interested countries. This applies to our relations with all states, including the United States of America." 19)

- Am 31. März stimmte die Sowjetunion der Wahl des von verschiedenen westlichen Staaten vorgeschlagenen Schweden Dag Hammerskjöld als neuen UNO-Generalsekretär zu, nachdem sie sich zuvor monatelang strikte geweigert hatte, diesen Vorschlag zu akzeptieren.
- Gleichentags erklärte General Zhukow, der Vorsitzende der sowjetischen Kontrollkommission in Deutschland, sein Land befürworte eine Aussenministerkonferenz der vier Besatzungsmächte, um dort einen Friedensvertrag mit Deutschland und eine Wiedervereinigung des Landes auszuhandeln.
- Der sowjetische Aussenminister Molotow verkündete am 1. April in Moskau, die UdSSR seien der gleichen Meinung wie China, dass die Waffenstillstandsverhandlungen in Korea unverzüglich wieder aufgenommen werden sollten und ein gegenseitiger, vollständiger

19 Malenkow zit. nach NYT, 17. März 1953, S.6

Austausch der Kriegsgefangenen anzustreben sei; eine Forderung, die die USA resp. die UNO schon lange gestellt hatten.

- Am 3. April wurden rund 30 jüdische Aerzte in der Sowjetunion freigelassen, die Mitte Januar unter der Anklage verhaftet worden waren, sie hätten eine "zionistische Verschwörung" gegen Stalin geplant.
- Am 8. April forderte der sowjetische UNO-Botschafter Vishinsky die westlichen Staaten auf, "to dig a tunnel of friendship", und verwies dabei explizit auf die oben genannten Schritte seit Stalins Tod als Zeichen für die sowjetische Kooperationsbereitschaft.[20]

Die Reaktion in den Vereinigten Staaten auf diese "sowjetische Friedensoffensive" war quer durch das ganze politische Spektrum hindurch von seltener Einmütigkeit geprägt. Eisenhower, Dulles und die führenden Parlamentarier beider Parteien waren sich ebenso wie die meisten Medien einig, dass die jüngsten sowjetischen Schritte als taktisches Manöver zur Machtkonsolidierung, nicht aber als eine grundsätzliche Aenderung des ausssenpolitischen Kurses der neuen Führung zu werten waren. Der Präsident drückte diese Einschätzung in einem Brief an seinen taiwanesischen Amtskollegen Chiang Kai Shek folgendermassen aus:

> "We believe that the Soviet Union in fact has been thrown tactically on the defensive, and that its recent conduct, with typical Soviet inversion, has been advertised as a positive 'struggle for peace'. In any event we should be naive to think that the long-term objectives of the Soviet Union have changed, on the basis of the conciliatory gestures in the recent weeks. We have as yet no reason to believe that the ultimate objective of the Soviet Union is anything less than its often-repeated one of a Communist world ruled by Moscow." 21)

Dulles, für die Oeffentlichkeitsarbeit zuständig, wiederholte diesen Tenor bei jeder sich bietenden Gelegenheit: "At the moment I can see nothing that would change the danger."[22] Die sowjetischen Vorschläge, gab der Aussenminister zu bedenken, änderten nichts an der Tatsache, dass dieses Land nach wie vor ein totalitärer Staat sei, der seine Bürger unterdrücke. Noch immer betrachte die UdSSR alle nicht-kommunistischen

---

20 Vishinsky zit. nach NYT, 9. April 1953, S.1

21 DDE an Chiang Kai Shek, 5. Mai 1953; in: DD (1983), Nr. 873

22 JFD, 3. April 1953; in: JFD-P., Box 75

Staaten als prinzipiell feindlich. Die Kommunisten seien überdies weiterhin nicht bereit, "to accept the universal moral law".[23]

An der Nato-Frühjahrstagung in Paris dozierte Dulles seinen skeptischen Amtskollegen in praktisch denselben Worten wie der amerikanischen Oeffentlichkeit, worin die Absichten der Sowjets mit ihrer "Friedensoffensive" lägen.[24] Das sei weit mehr Taktik als ein effektiver politischer Kurswechsel:

> "We know that Soviet Communism has long taught and frequently practised what is called the art of advance and retreat; that Stalin has taught in his book which has become the Communist bible, that concessions from time to time have to be made in order to buy off a powerful enemy and gain a respite. The object of this strategy is to gain time, and accumulate forces in order later to assume the offensive." 25)

Diese Argumentation hatte bei Dulles Tradition. Schon 1950 hatte er in seinem Buch "War or Peace" von taktischen Rückzügen der Sowjetunion gesprochen, die zum Instrumentarium ihrer geschickten Diplomatie gehörten. Die Strategen im Kreml planten laut Dulles "in an entire historical era."[26] Auch nach Stalins Tod nahm Dulles offensichtlich weiterhin an, die neue Führung halte sich bei der Festlegung ihres politischen Kurses an dessen Buch "Problems of Leninism". Dulles bekräftigte später gegenüber seinem späteren Assistenzsekretär Andrew Berding:

> "I've done a great deal of reading on communist ideology...including 'The Problems of Leninism' and the 'Short History of the Communist Party'. This resulted in my understanding of the aim of international communism and produccd a steadfast American policy in meeting that threat." 27)

Die Administration interpretierte ebenso wie die führenden Kongressmitglieder beider Parteien die sowjetische Initiative in dem Sinne, dass die neue Kremlführung die aussenpolitische Front mit Gesten der Entspannung und Kooperationsbereitschaft zu entlasten versuchte, um sich auf ihr vordringliches Ziel, Machtkonsolidierung im eigenen Land, konzentrieren zu können.[28] Eine zweite Absicht glaubte man darin zu erkennen,

---

23 JFD, 3. April 1953; in: JFD-P., Box 75

24 Zu den unter den Allierten - teilweise - differierenden Einschätzungen der "Friedensoffensive" vgl. Kap. 4.3., S.103 ff.

25 JFD, 23. April 1953; in: JFD-P., Box 73

26 JFD (1950), S.31

27 JFD zit. nach Berding (1965), S.7 f.

28 Zur Reaktion der Kongressführer vgl. NYT, 2. April 1953, S.26

dass die UdSSR auf laufende politische Entwicklungen im Westen Einfluss zu nehmen versuchte. Dulles etwa erwähnte immer wieder, der sowjetische Vorschlag zu Gesprächen über die Wiedervereinigung Deutschlands ziele nur darauf ab, die Ratifizierung der EVG in den europäischen Parlamenten zu unterminieren. Der Staatssekretär machte nun also gegenüber dem sowjetischen Vorschlag die gleichen Einwände geltend wie kurz zuvor gegenüber der Jackson-Gruppe, die ja ebenfalls Gespräche über die deutsche Wiedervereinigung angeregt hatte. Im weiteren wurde in Washington vermutet, die sowjetischen Entspannungssignale sollten den Kongress dazu veranlassen, weniger Gelder für Rüstung und Auslandhilfe zu bewilligen. Insbesondere Dulles betonte deshalb vehement, die jüngste Entwicklung in der sowjetischen Aussenpolitik dürfe keinesfalls zum Nachlassen in den eigenen Rüstungsanstrengungen führen, sondern der Westen müsse nun erst Stärke und Geschlossenheit demonstrieren. Der Staatssekretär malte denn auch die sowjetische Gefahr gerade während der "Friedensoffensive" in besonders düsteren Bildern, und dies aus gutem Grund, wie er einmal freimütig gegenüber Berding bekannte:

> "If there's no evident menace from the Soviet bloc our will to maintain unity and strength may weaken. It's a fact, unfortunate though it be, that in promoting our programs in Congress, we have to make evident the international menace, otherwise such programs as the mutual security program would be decimated." 29)

In Anbetracht der innenpolitischen Situation - die antikommunistische Hetzkampagne gegen alles sogenannt "Un-Amerikanische" hatte mittlerweile erschreckende Dimensionen angenommen - war eine wesentlich andere Interpretation der sowjetischen "Friedensoffensive" auch kaum denkbar. Jeder Politiker oder Experte, der sie als Zeichen echter Kooperationsbereitschaft der Stalin-Nachfolger ausgelegt hätte, wäre unweigerlich als "soft on Communism" und "Appeaser" denunziert worden. Solch zu erwartenden rüden öffentlichen Angriffen wollten sich jedoch Oppositionspolitiker ebenso wenig wie die Spezialisten im Aussenministerium aussetzen - die Bohlen-Nomination war allseits noch in bester Erinnerung.[30]

---

29 JFD zit. nach Berding (1965), S.24

30 Vgl. dazu Halle (1969), S.315

4.2.2. "The Chance for Peace"

Was in den politischen Zirkeln in Washington besonderes Missbehagen über die sowjetische "Friedensoffensive" verursachte, war der Eindruck, dass es den Kommunisten einmal mehr gelungen sei, die politisch-propagandistische Initiative im Kalten Krieg an sich zu reissen und die USA erneut in eine defensive und passive Rolle zu drängen. In der Tat: Die Administration hatte ja gleich nach Stalins Tod intensiv darüber beraten, wie sie die Gegenseite am besten mit neuen Vorstössen überrumpeln konnte, und jetzt war man ihr aus Moskau zuvorgekommen. Senator Green, ein Mitglied des aussenpolitischen Ausschusses des Senats, brachte diesen Unmut mit dem Ausspruch auf den Punkt, die USA dürften der Sowjetunion "not allow to 'usurpate' the peacemaker role."[31]

Auch Eisenhower war sich bewusst, dass antikommunistisch geprägte Verbalattacken als einzige Antwort auf die jüngsten Schritte aus Moskau zwar beim rechten Flügel seiner Partei ankamen, nicht aber etwa in Grossbritannien oder Frankreich. Er drängte nun stärker auf die von der Jackson-Gruppe angeregte Rede. Angesichts der sowjetischen Initiative hielt es nun Dulles ebenfalls für opportun, ja gar für "essential", dass der Präsident seinerseits in die (Gegen-)Offensive ging, um auf dem propagandistischen Feld nicht den Anschluss zu verlieren.[32] Nach Auffassung des Staatssekretärs sollte Eisenhowers Rede lediglich die sowjetische "Friedensoffensive" als taktischen Trick der Kommunisten brandmarken, der die Wachsamkeit und Abwehrbereitschaft des Westens aber in keiner Art und Weise zu beeinträchtigen vermöge. Dulles war indes gegen jegliche konkrete Verhandlungsangebote und ebenso dagegen, dass der Präsident materiell auf die sowjetischen Vorschläge, namentlich betreffend die Deutschlandfrage, eintrat. Dabei ging es dem Aussenminister nicht nur um die EVG und die Höhe der vom Kongress bewilligten Militärausgaben; seine Skepsis gegenüber Verhandlungen mit den Kommunisten war grundsätzlicher Natur. Schon 1950 hatte er geschrieben, es sei das Ziel der Sowjetunion,

---

31 Green zit. nach NYT, 10. April 1953, S.9

32 JFD an DDE, 16. März 1953; in: DD (1980), Nr. 196 A

> "...to lull us into a false security so that we would cut the military and economic efforts...Agreements of limited scope may from time to time be practical and advantageous. But lack of (agreements) should not so frighten us that we cast reason and experience to the winds and revert to the policy of seeking agreements in words merely in order to have a pretext for relaxing." 33)

Eisenhower, obwohl ebenfalls sehr misstrauisch gegenüber der "Friedensoffensive", teilte Dulles' grundsätzliche Skepsis nicht und konnte sich auch nicht für dessen Ratschlag erwärmen, die Initiative der Sowjets durch bewusstes Ignorieren ins Leere laufen zu lassen. Er war entschlossen, in seiner Rede konkrete Vorschläge einzubauen, um den von der Gegenseite behaupteten Friedenswille auf die Probe zu stellen. Eisenhower sagte zu seinem Redenschreiber Emmet Hughes:

> "Let us talk straight: no double talk, no sophisticated political formulas, no slick propaganda devices. Let us spell it out whatever we really offer." 34)

Am 18. März legten Hughes und Paul H. Nitze, der seit 1950 als Nachfolger von George Kennan den Planungsstab des State Department leitete, dem Präsidenten den ersten Entwurf vor. Dulles war bezeichnenderweise zu keiner Zeit am Zustandekommen der Rede beteiligt. Nitze skizzierte am 2. April die Ziele, die mit "The Chance for Peace", so der vorderhand noch provisorische Titel der Rede, erreicht werden sollte:

> 1. "To seriously invite Soviet cooperation and action in reducing international tension.
>
> 2. To construct a firm US-position.
>
> 3. To assure the Free World that the US is ready with constructive proposals that could end the cold war if the USSR is seriously seeking peace.
>
> 4. To show...the necessity for continuing sacrifices and efforts if US proposals should not be carried out." 35)

Nitze legte Wert auf die Feststellung, dass das Hauptgewicht der Rede nicht auf eine moralische Verurteilung der Sowjetunion gelegt werden

---

33 JFD (1950), S.32

34 DDE zit. nach Hughes (1963), S.104

35 Nitze an JFD, 2. April 1953; in: DD (1981), Nr. 530 A

sollte, damit sie im Kreml nicht einfach als neue Runde im Propagandakrieg zwischen den beiden Ländern abgetan wurde. Zudem wollte Nitze den Eindruck vermeiden, dass der Rückzug der UdSSR aus den "Satellitenstaaten" eine notwendige Vorbedingung war, um in regionalen Konflikten eine Lösung erreichen zu können. Mit diesen Vorstellungen stand der noch unter Truman in Dienst gestellte Planungschef des Aussenministeriums offensichtlich in Widerspruch zu seinem Vorgesetzten Dulles. Der Aussenminister setzte die Prioritäten exakt im umgekehrten Sinn von Nitzes Leitfaden, und dessen wichtigster Punkt wollte Dulles gleich ganz streichen. Nachdem der Aussenminister die ersten Entwürfe von "The Chance for Peace" gelesen hatte, sagte er denn auch zu Hughes:

> "I grow less keen about this speech because I think there's some real danger of our's just seeming to fall in with these Soviet overtures. It's obvious that what they are doing is because of outside pressures, and I don't know anything better we can do than to keep up these pressures right now." 36)

"To fall in" war für Dulles bereits, überhaupt auf die sowjetischen Vorschläge materiell einzugehen. Aus seiner Optik liess sich der Druck auf den Kreml durch demonstratives Nichtverhandeln aufrechterhalten resp. gar noch verstärken. Dulles machte auch gegenüber Eisenhower kein Hehl aus seiner grossen Skepsis gegenüber der geplanten und beschlossenen Rede. In einer Kabinettssitzung stellte Eisenhower die seines Erachtens rhetorische Frage, ob es denn beispielsweise nicht auch das Ziel des Aussenministers sei, den Koreakrieg möglichst schnell zu beenden und dies den Sowjets auch unmissverständlich mitzuteilen. Für Dulles war diese Frage freilich nicht rhetorisch, wie sich aus seiner Antwort schliessen lässt:

> "I don't think we can get much out of a Korean settlement until we have shown - before all Asia - our clear superiority by giving the Chinese one hell of a licking." 37)

Damit erntete Dulles allerdings keinen Applaus beim Präsidenten, der unwirsch antwortete: "All right then. If Mr. Dulles and all his sophisticated advisers really mean that they cannot talk peace seriously, then I'm in the wrong pew."[38]

---

36 JFD zit. nach Hughes (1963), S.109

37 Ebenda, S.104

38 Ebenda, S.105

Obwohl die Vorbehalte des Aussenministers gegen "The Chance for Peace" nie ausgeräumt wurden, trat Eisenhower am 16. April vor die "American Society of Newspaper Editors" und hielt die von ihm, Hughes und Nitze redigierte Rede. In beschwörenden Worten zeichnete er eingangs die Gefahren des Atomzeitalters nach. "Ike" kritisierte den Rüstungswettlauf in einer Art und Weise, die für einen Mann, der Karriere, Ansehen und dadurch letztlich auch sein Amt der Armee verdankte, doch einigermassen ungewöhnlich und entsprechend aufsehenerregend war:[39]

> "Every gun that is made, every warship launched, every rocket fired signifies, in the final sense, a theft from those who hunger and are not fed, those who are cold and not clothed...We pay for a single destroyer with new homes that could have housed more than 8000 people." 40)

In der Sowjetunion sei, so fuhr Eisenhower fort, mit Stalins Tod eine neue Aera angebrochen. "(The new leaderships) links to the past, however strong, cannot bind it completely. Its future is, in great part, its own to make", führte der Präsident aus.[41] Diese Auffassung stand zumindest indirekt im Widerspruch zu jener des Aussenministers, der öffentlich ebenso wie privat beim Machtwechsel in der Sowjetunion die Kontinuität im Zeichen der kommunistischen Herrschaft in den Vordergrund stellte und mitunter gar behauptete, das neue Führungstrio in Moskau setze seine Aussenpolitik gemäss Stalins Buch "Problems of Leninism" fest.

Die neue Kremlführung, so der Präsident, werde weiterhin auf einen starken und politisch geeinigten Westen stossen, der zur Verteidigung der "freien Welt" entschlossen sei. Obschon etwas verklausuliert, trat Eisenhower für den Beitritt der Bundesrepublik zur EVG ein, denn dies sei für die Sicherheit Westeuropas von grosser Bedeutung. Die sowjetische Regierung habe jedoch "a precious opportunity to awaken...and to help turn the tide of history."[42] Die jüngsten Gesten aus Moskau hatten laut Eisenhower gezeigt, dass man die Gunst der Stunde dort möglicherweise

39 Das nachfolgende Zitat war die in den Medien am häufigsten erwähnte Stelle aus "The Chance for Peace". Es ist dies auch eine gewisse Parallele zu DDE's berühmter "Farewell Address", in der er vor einem allzu starken Einfluss des militärisch-industriellen Komplexes auf die US-Aussenpolitik warnte.

40 DDE, 16. April 1953; in: PP (1953), S.182

41 Ebenda, S.183

42 Ebenda, S.184

erkannte, um eine Entspannungsphase zwischen Ost und West einzuleiten. Er verlangte daraufhin, die Sowjetunion müsse ihren bis anhin nur rhetorisch bekundeten Friedenswillen mit Fakten untermauern und so ihre Aufrichtigkeit unter Beweis stellen, beispielsweise durch

- den Abschluss eines "ehrenvollen" Waffenstillstandes in Korea, was Eisenhower als "the first great step" bezeichnete;[43]
- die Aufnahme von Gesprächen, die zur Abhaltung freier Wahlen in einem wiedervereinten Korea führen sollten;
- den Abschluss eines Staatsvertrages mit Oesterreich;
- die Freilassung der Kriegsgefangenen aus dem Zweiten Weltkrieg;
- die Beendigung der "direct and indirect attacks upon the security of Indochina and Malaya."[44]

Auf diesen Massnahmen aufbauend könne man versuchen, ganz Europa politisch zu einigen und die Teilung Deutschlands zu überwinden. Im Klartext: Erst auf der Basis der EVG-Mitgliedschaft der BRD waren aus der Sicht der Administration Gespräche über eine Wiedervereinigung Deutschlands wünschbar, wobei Eisenhower die altbekannte westliche Position bekräftigte, dass eine gesamtdeutsche Regierung aus freien und geheimen Wahlen hervorgehen musste. Konkrete Verhandlungen über die Deutschlandfrage wurden in der Rede allerdings keine angeboten. Diese Position deckte sich nun in der Tat mit Dulles' diesbezüglicher Prioritätenordnung: zuerst die politisch-militärische Westintegration der BRD im Rahmen der EVG und erst dann - eventuell - Verhandlungen über eine Wiedervereinigung. Eisenhower wusste genauso wie Dulles, dass dies für die Sowjetunion inakzeptabel war, denn in Moskau erklärte man seit einem Jahr, eine Wiedervereinigung Deutschlands werde durch die Integration der BRD in die EVG völlig verunmöglicht. Daraus zu schliessen, "The Chance for Peace" sei nichts als reine Propaganda mit dem Ziel der Schuldzuweisung an die Sowjets gewesen, wäre indessen nicht korrekt, denn die Wiedervereinigung Deutschlands gehörte ebenso wenig zu den vorrangigen amerikanischen Forderungen wie der sowjetische Rückzug

43 DDE, 16. April 1953; in: PP (1953), S.184

44 Ebenda, S.184. Dass der erste und der letzte Punkt als Forderungen an die UdSSR gestellt wurden, ist übrigens ein Indiz für die Auffassung der Administration, dass die Regierungen Chinas, Nordkoreas sowie der Vietminh von Moskau aus weitgehend kontrolliert wurden. Ohne diese Prämisse hätten diese Forderungen an die Sowjetunion keinen Sinn gemacht. Vgl. dazu auch Kap. 5.1., S.123

aus den "Satellitenstaaten". Diese beiden Punkte wurden lediglich als Fernziele genannt, nicht aber etwa im gleichen Sinne wie die fünf oben genannten "Prüfsteine" für die sowjetische Aufrichtigkeit.[45] Indes, auch bei den fünf "moderateren" Forderungen Eisenhowers darf keinesfalls übersehen werden, dass durchwegs Konzessionen von der Sowjetunion gefordert wurden, ohne dass die Vereinigten Staaten ihrerseits solche anboten.

Das Echo auf "The Chance for Peace" fiel in der gesamten westlichen Welt überwiegend positiv aus. Eisenhowers erste grosse Rede als Präsident wurde später oftmals auch gleich als die beste in seiner achtjährigen Amtszeit bezeichnet.[46] Die Kongressführer beider Parteien lobten die Rede als notwendige Antwort auf die sowjetische "Friedensoffensive".[47] Auch die Medien reagierten sehr wohlwollend. Die "New York Times" charakterisierte die Rede als "magnificient and deeply moving".[48] Richard Rovere, einer der führenden Kolumnisten in Washington, meinte gar, Eisenhower habe mit "The Chance for Peace" "firmly established his leadership in America and reestablished American leadership in the world."[49]

Charles Bohlen, mittlerweile in Moskau akkreditiert, vermeldete, dass die Reaktion "was most favorable among the local diplomatic corps."[50] Das traf insbesondere auf die britische Haltung zu. Churchill, ohnehin schon auf die Lancierung einer westlichen Verhandlungsinitiative zur Auslotung der sowjetischen Absichten bedacht, lobte die Rede im Unterhaus als bedeutende Initiative.

Noch bevor die Sowjetunion Stellung zu "The Chance for Peace" genommen hatte, setzte Dulles am 18. April in einer längeren Rede bereits wieder einige deutliche Kontrastpunkte, die zwar weniger inhaltlicher,

---

45 Steininger (1984), S.114, erweckt beispielsweise den falschen Eindruck, DDE habe alle Punkte unterschiedslos quasi als Paket im Sinne von "conditiones sine qua non" für eine Verbesserung des Ost-West-Verhältnisses genannt.

46 Dieser Auffassung sind z.B. Adams (1961), S.97; Hughes (1963), S.114; Ambrose (1984), S.94.

47 Zur Reaktion im Kongress vgl. NYT, 17. April 1953, S.4 und 18. April 1953, S.2. Die positiven Reaktionen in Uebersee beschreiben Parmet (1972), S.279 und Ambrose (1984), S.96

48 NYT, 17. April 1953, S.1

49 Rovere in "The New Yorker", 2. Mai 1953, S.17

50 Bohlen an DOS, 22. April 1953; in: DD (1981), Nr. 222 B

dafür umso stärker rhetorischer Art waren. Vor dem gleichen Auditorium wie der Präsident hielt der Aussenminister jenen Vortrag, den, wäre es nach ihm gegangen, eigentlich schon Eisenhower hätte halten sollen. Nach dem für Dulles-Reden obligaten Hinweis auf militärische Stärke und politische Geschlossenheit des Westens ging es dem Aussenminister vor allem darum, den in der Präsidentenrede durchaus beabsichtigten Bezug zur sowjetischen "Friedensoffensive" zu dementieren. Eisenhowers Ausführungen "might have been uttered at any time in the past 90 days"[51] - also auch vor dem Machtwechsel im Kreml, womit Dulles erneut unterstrich, dass für ihn in Moskau alles beim alten geblieben und im Grunde nicht besonderer Aufmerksamkeit wert war. Es solle, meinte der Aussenminister wörtlich, bloss niemand glauben, dass man in Amerika nach russischen Pfeifen tanze. Damit artikulierte er sein grosses Unbehagen darüber, dass man sich in Washington einmal mehr zu einer Rechtfertigung aus der Defensive heraus bemüssigt fühlte, wohingegen Dulles seit dem Wahlkampf vor einem Jahr just das Gegenteil zu erreichen versuchte, nämlich die sowjetische Seite auf die moralische Anklagebank zu setzen. Die jüngsten aussenpolitischen Schritte der UdSSR seien nicht etwa eine "Friedensoffensive", sondern eine "Friedensdefensive", zu der sich die Kremlführung angesichts der von Stärke geprägten amerikanischen Haltung gezwungen sehe. Auch altbekannte Formulierungen aus seinem "Liberation"-Vokabular fehlten in Dulles' Auftritt nicht. Die "freie Welt" werde sich mit der "Versklavung von 800 Millionen gefangenen Menschen" nie abfinden, und deshalb werde die KPdSU ihre Macht in Russland auch niemals konsolidieren können.

Dulles' grosse Skepsis gegenüber "The Chance for Peace" zog auch personelle Konsequenzen nach sich. Der Aussenminister legte Paul Nitze, der an der Ausarbeitung der Eisenhower-Rede einen wichtigen Anteil hatte, den Rücktritt als Planungschef des State Department nahe.[52] Dulles' Schritt symbolisierte nicht nur sein grosses Misstrauen gegenüber den Diplomaten, die bereits unter Acheson gearbeitet hatten, sondern ebenso den Argwohn gegenüber jenen, die er als Konkurrenten in der aussenpolitischen Beratung des Präsidenten vermutete.[53] Wilson wollte

---

51 JFD, 18. April 1953; in: JFD-P., Box 74

52 Vgl. dazu Hughes (1963), S.120 f.

53 Ueber diesen Argwohn JFD's berichten z.B. DDE's Stabchef Adams (OH, 1964, S.10), Nitzes Nachfolger Robert Bowie (OH, 1966, S.13) und Ewald (in: Thompson, hg., 1984, S.33)

Nitze in der Folge als Assistenzsekretär im Pentagon engagieren, musste dieses Vorhaben aber fallenlassen, nachdem der Diplomat von verschiedenen GOP-Hardlinern im Kongress unter Beschuss geraten und als "one of Acheson's architects of disaster" denunziert worden war. Eisenhower titulierte daraufhin die Nitze-Kritiker kurzum als "those damn monkeys on the Hill".[54]

Zwei Reden der massgeblichen Persönlichkeiten in Washington innerhalb von zwei Tagen mit recht verschiedenen Inhalten und einem nahezu gegensätzlichen Grundtenor - wie ist dies zu interpretieren? Es existiert kein schriftlicher Hinweis darauf, dass Eisenhower Dulles' Rede vorgängig gebilligt hat. In Anbetracht der sonst üblichen Praxis ist jedoch anzunehmen, dass der Staatssekretär seinen Text vorgelegt hat, zumal er von sich aus immer grössten Wert auf die Zustimmung des Präsidenten zu seinen öffentlichen Standortbestimmungen legte.[55] Im konkreten Fall lässt sich indessen nicht ausschliessen, dass die vorherige Abstimmung nicht wie sonst funktioniert hat, weil Eisenhower unmittelbar nach seiner Rede am 16. April eine akute Bauchgrippe auskurieren und für wenige Tage seine Amtsgeschäfte etwas vernachlässigen musste. Aus dem unterschiedlichen Ton der Reden grundsätzliche Differenzen zwischen Präsident und Aussenminister abzuleiten, wäre ein Fehlschluss. Gewisse Unterschiede sind jedoch im Stil zu erkennen. Während Eisenhower, um es idealtypisch zu formulieren, im Ton oft konziliant, in der Sache aber recht hart war, so gab sich Dulles im Ton ebenso hart wie in der Sache. Eisenhower als Friedenspräsident und Dulles als Säbelrassler und "Kalter Krieger" - ein Eindruck, den viele zeitgenössische als auch spätere Beobachter vom Führungsduo der republikanischen Administration gewannen.[56] Bewusst oder unbewusst hatten Eisenhower und Dulles unterschied-

54 DDE zit. nach Hughes (1963), S.121. Nitzes Entlassung, dies nebenbei, bedeutete noch längst nicht dessen definitiven Abgang von der US-Diplomatenszene. Nach mehreren Jahren Dienst unter Kennedy, Johnson und Nixon wurde er 1981 von Reagan als Chefunterhändler der Genfer INF-Gespräche bestimmt und ist noch heute eine aktive Figur bei der Festlegung der amerikanischen Rüstungskontrollpolitik.

55 Vgl. Immerman (1979), S.22 f., der deutlich herausarbeitet, dass DDE und JFD ihre Entscheide gemeinsam fällten; vgl. auch Greenstein (1982), S.83 f.

56 Vgl. etwa die Kommentare von "The Times" und "Le Monde" vom 21. April 1954, die auf die Diskrepanzen der Reden von DDE und JFD hinwiesen; für rückblickende Einschätzungen vgl. etwa Horowitz (1969), S.309, Mosley (1978), S.338, und Divine (1981), S.110

liche Publika im Auge. Der Präsident richtete seine Worte in erster Linie an die Westeuropäer, um deren Wunsch nach intensivierten Ost-West-Kontakten nachzukommen (siehe Kap. 4.3.). Die Rede des Aussenministers erfasste demgegenüber ausgezeichnet die Stimmungslage der republikanischen Hardliner im Kongress. Die zwei rhetorischen Wechselbäder dienten indessen nicht nur dazu, das gesamte atlantische Meinungsspektrum abzudecken, sondern reflektierten doch auch gewisse Differenzen, die allerdings , wie erwähnt, nur graduell, nicht aber fundamental waren. Der Präsident war im Gegensatz zum Aussenminister nicht der Meinung, dass sich die amerikanische Russlandpolitik allein auf antikommunistischen Verbalradikalismus beschränken liess. Die Suche nach Verhandlungen mit der Sowjetunion schien ihm daher eher wünschenswert als Dulles, der darin grundsätzlich keinen Sinn zu erkennen vermochte.

Eisenhower definierte den Kalten Krieg nicht im selben Mass ideologisch wie Dulles, sondern wenigstens teilweise auch als politischen Interessenkonflikt, in dem eine gewisse Kooperation mit der Sowjetunion durchaus denkbar, ja wünschbar war.[57] Demgegenüber Dulles, der es im Grunde als völlig überflüssig, ja gar schädlich für den Westen erachtete, mit der neuen Führung in Moskau überhaupt in Kontakt zu treten. Weil er den Ost-West-Konflikt als fundamentale Auseinandersetzung zwischen absolut gegensätzlichen und letztlich koexistenzunfähigen Weltanschauungen interpretierte, war für Dulles Kooperation und Entspannung erst möglich, nachdem die kommunistische Herrschaft in der Sowjetunion gebrochen war und einer Demokratie nach westlichem Muster Platz gemacht hatte. Kompromisssuche unter der Bedingung der Koexistenz der antagonistischen Systeme war für den Staatssekretär nichts als eine gefährliche Utopie, dazu angetan, den Selbstbehauptungswillen der "freien Welt" zu untergraben.

Ueber die Wurzeln von Dulles' moralisierender und ideologisierender Sichtweise internationaler Politik ist schon viel debattiert worden. Eine Meinung besagt, sie rühre von der stark religiös geprägten Biographie des Staatssekretärs her - der verbohrte und engstirnige Presbyterianer, der seine rigiden Moralvorstellungen nun im Weltmassstab umzusetzen versucht habe.[58] Auf der anderen Seite wurde er als zynischer Oppor-

---

57 Zu DDE's Kooperationsversuchen vgl. Kap. 9., S.259 ff.

58 Vgl. z.B. Holsti (1967), S.38

tunist beschrieben, der seine öffentlichen Statements sehr genau der aktuellen innenpolitischen Mehrheitsmeinung angepasst habe, um bei der GOP auf Applaus zu stossen.[59] Beide Extreme sind Zerrbilder, die Dulles' Charakter nicht gerecht werden. Er verkörperte durchaus beide Tendenzen, denn die eine brauchte die andere nicht auszuschliessen. Der Aussenminister war weder sturer Ideologe genug, um jeglichem Opportunismus abgeneigt zu sein; noch war er Opportunist genug, um seinen Moralismus je nach aktuellem Bedarf in den Vorder- oder Hintergrund zu schieben.

Den Auftakt zur offiziellen sowjetischen Reaktion machte die "Prawda", die am 25. April "The Chance for Peace" in vollem Wortlaut abdruckte. Dieser Schritt war laut Botschafter Bohlen von grosser Bedeutung und "in my experience unparalleled in the Soviet Union since the institution of the Stalinist dictatorship."[60] Dulles, der ansonsten gerne auf die Zensur in der Sowjetunion hinwies, erklärte diese Tatsache mit einem bemerkenswerten Argument:

> "That speech had a profound influence throughout the entire world. It was so newsworthy that it was printed in full in the leading newspapers of Moscow. Any speech that can thus put Soviet cencorship to rout is, by that act alone, a speech of historic importance." 61)

Zum einen war dies eine heuchlerische Erklärung, weil Dulles Eisenhowers Auftritt keineswegs so grosse Bedeutung und schon gar nicht "historic importance" beimass. Zum anderen war sie nicht sehr plausibel, denn es war nicht einzusehen, weshalb die zensurierte sowjetische Presse ausgerechnet in diesem Fall von journalistischen Kriterien wie "Nachrichtenwert" geleitet worden sein soll. (Dann hätte die "Prawda" schon manche Rede westlicher Politiker im Wortlaut abdrucken müssen.) Schliesslich, und am wichtigsten, war diese Begründung typisch für Dulles' Interpre-

---

59 Kennan (OH, 1967, S.48) ist der Meinung: "Dulles...was a great opportunist, politically...;he laid great weight on his relations with the right wing of the Republican party in Congress. (...) He was perfectly willing to do anything that really would please them; Morgenthau (1961), S.293, sieht bei JFD ebenfalls einen "overriding concern with his domestic position" und vermutet als Grund dafür, JFD habe Achesons Schicksal - fehlende innenpolitische Unterstützung seiner Aussenpolitik - unbedingt vermeiden wollen; vgl. auch Halle (1969), S.271 f., sowie Kap. 4.3.2., S.110

60 Bohlen an DOS, 25. April 1953; in: DD (1981), Nr. 222 C

61 JFD, 7. Mai 1953; in: JFD-P., Box 72

tation sowjetischer Politik, denn er schloss damit aus, dass sich vielleicht etwas am Kurs der neuen Führung geändert haben konnte. Mit anderen Worten: Wie man sich auch in Moskau verhielt, Dulles' Interpretation blieb letztlich die gleiche. Wäre die Rede nicht in der "Prawda" erschienen, hätte der Aussenminister von gegängelter Presse und Zensur gesprochen. Dass sie aber erschienen war, führte er auf eine von politischen Ueberlegungen nicht beieinflusste Ursache zurück, so dass er schliesslich daran festhalten konnte, dass sich an der Politik nichts geändert habe.[62]

Die "Prawda" kommentierte die Eisenhower-Rede relativ scharf, unterstrich aber die grundsätzliche und vorbedingungslose Gesprächsbereitschaft der Sowjetunion über alle internationalen Fragen. Nicht überraschend wurde Dulles' Rede vom 18. April heftig kritisiert, und zwar insbesondere dessen Andeutung, die jüngste sowjetische Kooperationsbereitschaft sei wegen der festen Haltung der Administration signalisiert worden, indirekt also ein Nachgeben gegenüber einer amerikanischen Politik der Stärke. Bohlen bewertete den "Prawda"-Kommentar als "cautions and weary", die sowjetischen Anschuldigungen seien im Vergleich zur Stalinzeit mild ausgefallen.[63] Bohlen empfahl, bald eine relativ moderate Antwort in Washington zu veröffentlichen. Eisenhowers Pressesprecher Hagerty hielt sich an Bohlens Empfehlung, als er am 27. April ausführte, die Administration begrüsse den gemässigten Ton des "Prawda"-Artikels, der eventuell einen Ansatz zur Verbesserung der Beziehungen biete.

4.3. Bemühungen um ein Gipfeltreffen

4.3.1. Churchills Initiative

Die von Hagerty geäusserte Hoffnung hegte Winston Churchill schon seit dem 5. März.[64] Bereits eine Woche nach Stalins Tod schrieb der

62 Vgl. zu JFD's Interpretation der sowjetischen Aussenpolitik auch Kap. 5.2., S.135. Eine aufschlussreiche Analyse für JFD's Verhalten bei Kurswechseln in der sowjetischen Aussenpolitik liegt auch bei Holsti (1967), S.56 ff. vor.

63 Bohlen an DOS, 25. April 1953; in: DD (1981), Nr. 222 C

64 Eine gut dokumentierte Analyse von Churchills Gipfelinitiative liefert Steininger (1984), dem hier auch weitgehend gefolgt wird.

britische Premier an Eisenhower und schlug ihm ein unverzügliches Gipfeltreffen mit der neuen sowjetischen Führung vor. Churchill hoffte, mit "Ike" an die guten persönlichen Beziehungen aus der Kriegszeit anknüpfen zu können und hatte deshalb den designierten Präsidenten auch bereits am 7. Januar 1953 zu einem informellen Meinungsaustausch in New York getroffen. Schon damals allerdings gab sich Eisenhower recht reserviert, was den Premier zur Bemerkung veranlasste, dass "much patience will be needed".[65] Mit dieser ersten Einschätzung sollte er recht behalten, denn Eisenhower und Dulles konnten sich nie für seine Gipfelinitiative erwärmen. Der Premier hingegen fühlte sich durch die sowjetische "Friedensinitiative" in seiner Auffassung nur bestärkt, dass es den Augenblick zu nutzen galt, um wenigstens den Versuch der Einleitung einer Entspannungsphase zu wagen. Auch den "Prawda"-Artikel vom 25. April wertete Churchill als positiv und meinte in jenen Tagen zu seinem Leibarzt Moran, ihm scheine "Grosses...nahe zu sein. Vielleicht nicht gerade der Weltfrieden, aber eine Weltentspannung." Laut Moran hatte er zu dieser Zeit das Gefühl, die "Zweiteilung der Welt aufheben zu können".[66] Zudem nahm Churchill an, dass Grossbritannien in einem Klima der Entspannung wieder mehr weltpolitisches Gewicht erhalten würde.[67]

Mit seiner Initiative stiess Churchill nicht nur in Washington, sondern auch bei seinem Aussenminister Anthony Eden und den Russlandexperten des Foreign Office auf Widerspruch. Der britische Aussenminister und seine Berater stuften die "Friedensoffensive" als "potentially dangerous" ein, als taktischen Zug der Sowjets, um den Westen politisch auseinanderzudividieren und die Abwehrbereitschaft zu schwächen. Edens Einschätzung deckte sich also exakt mit jener von Dulles, was ansonsten nicht allzu oft der Fall war. Eisenhower übermittelte Churchill am 9. April einen Entwurf von "The Chance for Peace", den der Premier insgesamt zwar positiv beurteilte, dem Präsidenten aber dennoch vorschlug, die Rede erst zu einem späteren Zeitpunkt zu halten. Churchill befürchtete, die von der Administration aufgestellten Forderungen könnten die sowjetische Gesprächsbereitschaft gefährden. Als Eisenhower seine Rede trotz Churchills Einwänden hielt, klatschte dieser öffentlich zwar Beifall, deutete aber im Parlament gleichzeitig an, wohin "The Chance for Peace" seines Erachtens führen sollte, nämlich zu "conversations

---

65 Churchill zit. nach Steininger (1984), S.108
66 Moran zit. nach Steininger (1984), S.117
67 Vgl. Watt (1981), S.17 f.

on the highest level, even informal and private, between some of the prinicipal powers concerned."[68] Churchill sandte seine Unterhausrede an Molotow und Eisenhower. Letzteren forderte er erneut zu einem Gipfelgespräch auf: "the three victorious powers, who separated at Potsdam in 1945, should come together again." Und der Premier fügte die Warnung bei, falls Eisenhower wiederum ablehne, "I shall have to consider seriously a personnel contact."[69] Der britische Regierungschef, der infolge einer schweren Erkrankung Edens auch die interimistische Leitung des Foreign Office übernahm, setzte am 3. Mai nach, als er Eisenhower den Entwurf eines Schreibens an Molotow präsentierte, worin er ein "informal meeting" zwischen ihm, Churchill, und der Kremlspitze anregte, indessen "not expecting any major decisions".[70] Wichtig schien ihm vorerst eine atmosphärische Verbesserung der Beziehungen als Folge der persönlichen Begegnung mit der neuen sowjetischen Führung. Acht Tage später, am 11. Mai, hielt er eine grosse aussenpolitische Rede im Unterhaus, die er aber weder mit dem Kabinett noch mit dem Foreign Office abgesprochen hatte. Wiederum und mit Nachdruck forderte er eine Gipfelkonferenz, die, wie er wörtlich meinte, nicht im Labyrinth technischer Details geführt und eifersüchtig von Horden von Experten und Beamten überwacht werden dürfe. Es sei "a mistake to assume that nothing can be settled with the Soviet Union unless or until everything is settled."[71] Sehr wahrscheinlich wollte der Premier mit den Sowjets über eine deutschlandpolitische Initiative ins Gespräch kommen. Nicht nur in dieser Hinsicht brach er mit bislang nie in Zweifel gestellten Ueberzeugungen,[72] sondern er erwähnte auch als erster westlicher Spitzenpolitiker in einer öffentlichen Rede, dass die Sowjetunion ebenfalls ein legitimes Sicherheitsbedürfnis habe, das der Westen in Rechnung stellen müsse. Churchill

68 Churchill zit. nach Steininger (1984), S.114

69 Churchill an DDE, 21. April 1953; zit. nach ebenda, S.115

70 Churchill an DDE, 3. Mai 1953; zit. nach ebenda, S.125

71 Churchill, 11. Mai 1953; in: DFR (1953), S.246

72 Churchill wollte wahrscheinlich Verhandlungen über eine Wiedervereinigung auf der Basis einer Neutralisierung Deutschlands anbieten; vgl. dazu Steininger (1984), S.119. Doch auch bezüglich der Deutschlandpolitik gab es erhebliche Differenzen zwischen dem Premier und dem Foreign Office. Letzteres lehnte ein neutralisiertes Gesamtdeutschland ab und befürwortete demgegenüber Adenauers und JFD's Kurs. Churchill stellte die Prämisse dieser Haltung in Frage. Steininger (1984), S.121, führt dazu aus: "Was bisher gleichsam wie ein Naturgesetz zur Grundlage jeglicher westlicher Deutschlandpolitik gemacht worden war, dass nämlich ein wiedervereintes, unabhängiges Deutschland so oder so zum Verbündeten der Sowjetunion oder von ihr kontrolliert werden würde, stellte er [Churchill]...radikal in Frage. Für die nächsten 20 Jahre sah er diese Möglichkeit jedenfalls nicht."

führte aus:

> "Russia has a right to feel assured that as far as arrangements can run the terrible events of the Hitler invasion will never be repeated, and that Poland will remain a friendly Power and a buffer, though not, I trust, a puppet state." 73)

Solche Gedanken suchte man in den aussenpolitischen Verlautbarungen der Administration Eisenhower vergeblich.[74] Es war nicht nur nie von einem sowjetischen Sicherheitsinteresse die Rede, sondern dem sowjetischen Regime wurde ja oftmals die Existenzberechtigung schlechthin abgesprochen. Churchills Hinweis auf Polen stand ebenfalls in krassem Widerspruch zur "Liberation"-Rhetorik in Washington. Der McCarthyismus tat ein übriges, dass in Washington nicht Ideen wie jene des britischen Premiers aufkamen, denn jeder Politiker, der öffentlich auch nur das geringste Verständnis (in irgendeiner Beziehung) für diesen kommunistischen Staat gezeigt hätte, hätte sich damit unweigerlich einer gnadenlosen Diffamierungskampagne der GOP-Hardliner ausgesetzt gesehen.

Die Administration Eisenhower sprach sich von Beginn an gegen Churchills Gipfelinitiative und mit besonderem Nachdruck gegen dessen geplante "solitary pilgrimage" nach Moskau aus.[75] Im wesentlichen vier Gründe waren dafür verantwortlich:

Der erste resultierte aus der insbesondere von Dulles vertretenen Ueberzeugung, dass die Vereinigten Staaten Druck auf die neue sowjetische Regierung am besten durch eine Taktik der Dialogverweigerung ausüben konnten. Ein informelles Gipfeltreffen hätte nach Dulles den Westen bloss in einen Propagandakrieg verwickelt und überdies die interne Machtkonsolidierung der Kremlführung zu beschleunigen mitgeholfen. Churchill war sich bewusst, dass der Staatssekretär mit seiner ablehnenden Haltung ein sehr gewichtiges Hindernis für die Realisierung seiner Vorstellungen darstellte und meinte nach Dulles' Rede vom 18. April in einem privaten Gespräch bissig:

> "This fellow preaches like a Methodist Minister, and his bloody text is always the same: That nothing but evil can come out of a meeting with Malenkow. Dulles is a terrible handicap." 76)

---

73 Churchill in DFR (1953), S.246

74 Vgl. dazu die Ausführungen in Kap. 7.2., S.170 ff.

75 DDE an Churchill, 5. Mai 1953; in: Steininger (1984), S.126.

76 Churchill zit. nach Moran (1966), S.508. Namentlich in britischen Diplomatenkreisen macht immer wieder das bissige Wortspiel "dull-duller-Dulles" die Runde.

Ein zweiter Grund: Die Administration sah, wohl zu Recht, voraus, dass auf einem Gipfel die Deutschlandfrage zur Sprache käme. Daran hatte man in Washington aber kein Interesse, weil (wie bereits erwähnt) einer raschen Ratifizierung der EVG eine viel grössere Bedeutung zugemessen wurde als - möglicherweise langwierigen und unbefriedigenden - Verhandlungen über die Wiedervereinigung Deutschlands.

Drittens hatte die Regierung Eisenhower Grund zur Annahme, dass auch über Korea diskutiert würde. Abgesehen davon, dass man in Washington zu diesem Zeitpunkt auf eine Drohpolitik und nicht auf Verhandlungen zur Beendigung des Koreakrieges setzte[77], würden solche Gespräche die Frage aufwerfen, ob die USA der Sowjetunion auch formal quasi das Vertretungsrecht Chinas und Nordkoreas zugestehen wollten. Zwar bestand in den internen Analysen nie ein Zweifel darüber, dass der Kurs der Kommunisten in Korea in erster Linie in Moskau und nicht in Peking bestimmt wurde, doch wollte die Administration dieses Vertretungsrecht nicht auch am Konferenztisch akzeptieren, weil sie befürchtete, dass dies als implizite amerikanische Zustimmung zu dieser "Bevormundung" ausgelegt würde.

Viertens - und in den bisherigen Darstellungen weit unterschätzt: Die von Churchill vorgeschlagene Form der persönlichen und vertraulichen Gipfeldiplomatie ohne, wie sich der Premier ausdrückte, eifersüchtige Ueberwachung durch Bürokraten war in den Vereinigten Staaten total diskreditiert. Es war für Eisenhower abzusehen, dass er sich mit der Zusage zu einem solchen Gipfel giftigster Polemik nicht nur der republikanischen Hardliner um McCarthy ausgesetzt hätte, die ihn zweifellos bezichtigt hätten, er wolle ein neues "Jalta" inszenieren. Mit anderen Worten: Die unvermeidliche Assoziation eines Gipfeltreffens mit den Kriegskonferenzen - Churchill und Eisenhower waren ja ohnehin schon prominente Symbolfiguren dieser Zeit - hätte den US-Präsidenten vor grösste innenpolitische Legitimationsprobleme insbesondere gegenüber seiner eigenen Partei gestellt. Eisenhower war nun aber zu sehr auf Unterstützung im Kongress bedacht, als dass er ein solches Risiko in Kauf zu nehmen bereit gewesen wäre. Kommt hinzu, dass sich "Ike" möglicherweise zu jener vom (auf diplomatischem Parkett sehr erfahrenen) Premier angeregten persönlichen Gipfeldiplomatie nicht befähigt fühlte.[78]

---

77 Vgl. dazu Kap. 5.2., S.135 ff.
78 Vgl. Watt (1981), S.21, und Steininger (1984), S.123

Schliesslich wäre Dulles' grundsätzliche Skepsis gegenüber Kontakten mit den Sowjets anzuführen.[79] Ihm waren alle Gespräche mit den Sowjets suspekt, und aufgrund seines Einflusses auf den Präsidenten ist anzunehmen, dass der Aussenminister Eisenhower eine mögliche, obschon wohl sehr zaghafte Absicht zu einem Gipfeltreffen bald ausgeredet hat.

Zwei weitere Faktoren trugen dazu bei, dass Churchills Initiative abgewürgt wurde. Einmal erlitt der Premier am 26. Juni einen schweren Herzinfarkt, und damit war der wichtigste Protagonist eines Gipfels für Wochen von der politischen Bühne verschwunden. Der zweite Faktor: Konrad Adenauer. Der deutsche Bundeskanzler beobachtete Churchills Aktivitäten mit äusserster Skepsis. Er, der eine kompromisslose Politik der Westintegration der BRD verfocht, hegte genau wie Dulles die Befürchtung, ein Gipfel würde die Deutschlandfrage erneut auf den Tisch bringen und damit die EVG blockieren. Der Wahlkämpfer Adenauer war auch deshalb höchst unerfreut ob des Premiers Vorstoss, weil damit Churchill der SPD Argumente in die Hände lieferte, um Adenauer als Kanzler zu brandmarken, der einer Wiedervereinigung im Weg stand. Adenauer musste folglich alles tun, um zu vermeiden, dass aus der Deutschlandfrage noch ein zentrales Wahlkampfthema wurde, und das hiess konkret: keine Konferenz der westlichen Führungsmächte mit den Sowjets vor dem Wahltag am 30. August 1953. Um den Vorwurf der SPD, er sei in der Deutschlandpolitik untätig, weiter zu entkräften, liess Adenauer in einem schlauen diplomatischen Zug den USA über seinen Vertrauten Herbert Blankenhorn schmackhaft machen, eine Viererkonferenz zur Deutschlandfrage vorzuschlagen, allerdings erst für die Zeit nach den Wahlen. Die Administration sollte dann gemäss Adenauers Plan in der Oeffentlichkeit herausstreichen, die Bundesrepublik habe die Konferenz angeregt. Damit könnte der Bundeskanzler auf eine eigene deutschlandpolitische Initiative hinweisen.[80] Seinen Kurs der Westintegration der BRD gefährdete Adenauer auf diese Weise nicht im mindesten, denn Grundlage der Beratungen der Supermächte sollte die Verteidigungsgemeinschaft "als Ausgangspunkt für ein europäisches Sicherheitssystem" sein.[81]

---

79 Vgl. dazu die Bemerkungen in Kap. 4.2.2., S.93 ff.

80 Zu Blankenhorns Mission vgl. Joseph Foschepoth, Churchill, Adenauer und die Neurtralisierung Deutschlands; in: Deutschland Archiv 17/2, 1984, S.1286-1301. Vgl. auch Steininger (1984), S.121 f.

81 Vgl. dazu Adenauer (1963), S.220 f.

Mit dieser Auffassung sah sich Adenauer im Einklang mit Eisenhower und Dulles resp. der Rede des Präsidenten vom 16. April.

Adenauer Wahlunterstützung zu gewähren war für Eisenhower und in besonderem Masse auch für Dulles ein zentraler Punkt für deren Einverständnis zu einer Viererkonferenz über Deutschland.[82] Der Bundeskanzler und der Staatssekretär, die in einem derart guten Einvernehmen zueinander standen wie sonst kaum europäische und amerikanische Spitzenpolitiker, setzten auch und vor allem in der Deutschlandpolitik die selben Prioritäten: Die EVG resp. die Westintegration der Bundesrepublik hatte absoluten Vorrang vor der Kompromisssuche mit der Sowjetunion zur Lösung der deutschen Frage. Mit der weit stärker auf Wiedervereinigung pochenden SPD an der Macht hätte Dulles erheblich mehr Mühe bekundet, seine deutschlandpolitischen Absichten zu realisieren. Aus teilweise ähnlichen Gründen waren auch die britische und die französische Regierung an einem Wahlsieg Adenauers interessiert.

Adenauer konnte im Rückblick zu Recht darauf verweisen, dass die Blankenhorn-Mission "ausgezeichnet gewirkt"[83] habe, denn am 15. Juli gaben die drei Westmächte nach einer Konferenz in Washington bekannt, sie befürworteten für Ende September ein Aussenministertreffen mit der UdSSR über die Deutschlandfrage. Aus amerikanischer Sicht bot dieser Schritt den gleichen Vorteil wie für Adenauer. Er nahm jenen Kritikern, die die Administration wegen ihrer Verweigerung zu einem Gipfeltreffen rügten, den Wind zumindest teilweise aus den Segeln. Mit Churchills ursprünglicher Idee hatte dieser Vorschlag freilich ebensowenig zu tun wie der bereits am 20. Mai vereinbarte "Ersatzgipfel" mit rein westlicher Beteiligung auf den Bermuda-Inseln, wo Eisenhower, Churchill und der französische Premier Mayer die westliche Politik gegenüber der Sowjetunion zu diskutieren und möglichst zu koordinieren gedachten. (Das Treffen musste zweimal verschoben werden, nachdem Mayer über ein Misstrauensvotum gestürzt war, und ein zweites Mal infolge von Churchills Herzinfarkt, so dass sich Eisenhower, Churchill und Mayers Nachfolger Laniel schliesslich erst am 4. Dezember auf der Atlantikinsel trafen.) Die westliche Initiative vom 15. Juli führte schliesslich

---

82 Foschepoth (in: Die Zeit, 4. Mai 1984, S.32) meint gar: "Die Rücksicht auf den Wahlkämpfer Adenauer bestimmte in den kommenden Wochen und Monaten stärker als jede andere Ueberlegung das weitere taktische Vorgehen der Westmächte."

83 Adenauer (1963), S.222. Am 30. August wurde Adenauer überzeugend wiedergewählt.

zur Berliner Aussenministerkonferenz im Januar 1954, auf der die Deutschlandfrage besprochen wurde.[84]

4.3.2. Aufstand in der DDR

All jenen Kreisen im Westen, die an der bisherigen Deutschland- und Russlandpolitik festhalten wollten, kamen die Arbeiteraufstände vom 17. Juni in Ostberlin und anderen Städten in der DDR ausserordentlich gelegen, ja sie waren, so zynisch dies klingen mag, "geradezu ein Geschenk des Himmels".[85] Denn unter diesen Umständen schien die deutsche Frage wieder weitgehend blockiert, was es gerade der Administration und auch Adenauer wiederum erheblich erleichterte, die vorhin erwähnte Aussenministerkonferenz vorzuschlagen. Ueberdies lieferte die brutale militärische Niederschlagung der Revolte durch die Sowjets den Hardlinern im Westen ein handfestes Argument, das kommunistische System in der UdSSR an den Pranger zu stellen. Wenn etwa Dulles oder Adenauer bislang immer noch nach einem schlagenden Beweis für die Unaufrichtigkeit der sowjetischen "Friedensoffensive" gesucht hatten, so wurde er ihnen am 17. Juni zweifellos geliefert. (Vgl. Dok. Nr. 6 im Anhang auf S.325)

Die "Captive Peoples" hatten also rebelliert - Dulles' "Liberation"-Politik war offensichtlich angesprochen. Dass die "Befreiung" nicht mit amerikanischer Militärhilfe herbeigeführt wurde, war jetzt augenfällig, nachdem Dulles monatelang immer wieder beteuert hatte, "Liberation" könne nur mit friedlichen Mitteln erfolgen. Der Aussenminister führte die amerikanische Nicht-Intervention nun als Beweis für die Aufrichtigkeit seiner Beteuerungen an. Es gab aber auch diverse Stimmen, die gerade in der Reaktion der Administration, die sich fast ausschliesslich auf eine harte verbale Verurteilung der Sowjetunion beschränkte, ein Versagen von Dulles' Befreiungspolitik erkannten.[86] Der Aussenminister selber sah das ganz anders. Er wähnte seinen aussenpolitischen Kurs gleich in mehrfacher Hinsicht durch die jüngsten Ereignisse bestätigt. Für ihn war die Revolte der Beweis für den ungebrochenen Selbstbestimmungs-

---

84 Zur Berliner Konferenz vgl. Kap. 4.3.3., S.113 ff.

85 So die Formulierung von Steininger (1984), S.120

86 Vgl. etwa Hoopes (1973), S.179

und Freiheitswillen der "Captive Peoples". An einer Konferenz mit dem englischen und französischen Aussenminister in Washington beteuerte Dulles gegenüber seinen Amtskollegen, der Aufstand in der DDR sei das Resultat der "Liberation"-Politik: "We are getting now the dividends from our policies."[87] Zu Bidault und Edens Stellvertreter Lord Salisbury führte Dulles weiter aus:

> "...this affair I feel was...caused by the growing unrest in the Eastern European areas controlled by the Soviet Union (which) has been unable to consolidate its position in these areas. That has been primarily due to the inherent patriotism and religion of the captive peoples. It has been part due to the fact that the captive peoples have been impressed by the growing vigor and solidarity and military and economic power in Western Europe. These act as a magnet. Also the constant propaganda which...has been carried to the captive peoples, has undoubtedly been an important element in keeping alive their hopes and aspirations." 88)

Wenn es eine Lehre aus diesen Ereignissen zu ziehen gelte, so der Aussenminister wörtlich, dann die, dass die Vereinigten Staaten und Westeuropa ihre Politik gegenüber der Sowjetunion keinesfalls ändern dürften. Dulles hielt die Fortsetzung der "Liberation"-Politik, "which have served so well", für unbedingt notwendig.[89]

Im vertraulichen Gespräch mit seinen Amtskollegen argumentierte der Staatssekretär mitunter genauso moralistisch wie bei seinen öffentlichen Auftritten - ein Indiz dafür, dass dieser Moralismus nicht lediglich opportunistischen Gründen entsprang:[90]

> "...we should continue to keep alive the love of God, the love of country, and the respect of personal dignity which are incompatible with Soviet Communism. I feel confident that by passive action perhaps even more than by affirmative action on the part of the captive peoples the Soviet rulers will be taught that they are over-extended and that they must grant genuine independence to the historic countries of Eastern Europe." 91)

Innerhalb der Administration gab es allerdings auch ganz andere Ana-

87 JFD, 11. Juli 1953; in: "Foreign Relations of the United States, 1952-1954 (künftig: FRUS), Volume V, Band 2 (künftig: V/2), S.1611

88 Ebenda, S.1610

89 Ebenda, S.1610

90 Vgl. dazu Anm. 59

91 JFD, 11. Juli 1953; in: FRUS V/2, S.1610

lysen des "17. Juni" als jene von Dulles. Ein ausführlicher Report des NSC sah beispielsweise die entscheidende Ursache für die Aufstände darin, dass die DDR-Regierung anfangs Juni 1953 eine Reihe von Massnahmen - vor allem die Erhöhung der geforderten Arbeitsleistungen - angekündigt hatte, was zu erheblichen Protesten in der Bevölkerung geführt habe und schliesslich der Auslöser für die Revolte gewesen sei.[92] Von einem angeblichen Erfolg der Befreiungspolitik war in jenem Report nirgends die Rede, während umgekehrt Dulles nie etwas über diesen Faktor als Ursache des Aufstandes verlauten liess.

Die Administration machte sich umgehend daran, den Aufstand propagandistisch auszunützen. Schon am 18. Juni teilte Eisenhower mit, es bereite ihm "particular satisfaction at this time", dass die USA über ihr reguläres Auslandhilfeprogramm hinaus zusätzliche Wirtschaftshilfe im Wert von 50 Millionen Dollar an Westberlin zur Verfügung stellten. Diese Massnahme, die über die "Voice of America" in der DDR angekündigt wurde, sollte nach Ansicht der Administration vor allem dazu dienen, den unzufriedenen Arbeitern hinter dem "Eisernen Vorhang" zu demonstrieren, dass es den "freien" Deutschen wesentlich besser ging als ihnen. Der Vergleich sollte den Unwillen gegenüber dem kommunistischen Regime wachhalten. Der schon erwähnte NSC-Report führte in diesem Zusammenhang aus:

> "East Germany poses a special and more difficult problem of control for the USSR than do other satellites. The fact that the main body of the German nation in the Federal Republic has made continued advances in freedom and economic wellbeing, and the fact that West-Berlin provides a means of contact with the free world, serve to keep the hope for an eventual escape from Soviet domination." 93)

Dem selben Ziel diente ein von Adenauer angeregtes, an Aussenminister Molotow gerichtetes amerikanisches Angebot vom 10. Juli, der Bevölkerung in der DDR Nahrungsmittel im Wert von rund 15 Millionen Dollar zu schenken. In der Begründung hiess es, in Ostdeutschland herrsche ein grosser Bedarf an solchen Nahrungsmitteln. Molotows Antwort kam postwendend. In der Begründung der Ablehnung des Angebots schrieb er,

---

92 Dies ist auch die in der Literatur am häufigsten genannte Ursache für die Aufstände; vgl. z.B. Baring (1965).

93 NSC 174, 11. Dezember 1953; in: DD (1981), Nr. 486 A, S.4

man sei in Washington anscheinend falsch informiert über die Verhältnisse in der DDR, denn dort gebe es keine Nahrungsmittelknappheit. Die Tatsache, dass die Administration nicht einmal die DDR selber angefragt habe, sei ein Vorgehen, das "would insult even the population of a colony, to say nothing of the German people and its legal Democratic Government."[94] Wiederum wurden das amerikanische Angebot an die DDR sowie die sowjetische Zurückweisung propagandawirksam von der "Voice of America" verbreitet. Faktisch lieferten dann die USA Nahrungsmittelpakete nach Westberlin, und von dort aus wurden sie in privaten Aktionen an die Ostberliner weitergegeben. MSA-Direktor Harold Stassen, der diese Aktion leitete, zog bei späterer Gelegenheit Bilanz:

> "Now, I think it has been quite clear...that the whole operation was one of the most successful things, from the standpoint of decreasing the allegiance of the East German people toward the Soviet area, on the one hand, and of building a background of friendship toward the United States." 95)

4.3.3. Die Berliner Aussenministerkonferenz

Die drei Westmächte glaubten kaum an den Erfolg des Berliner Treffens, noch ehe die Konferenz - die erste der "Big Four" seit der Londoner Konferenz von 1947 - am 25. Januar 1954 überhaupt begonnen hatte.[96] Vordergründig wurde zwar über Deutschland und Oesterreich verhandelt, faktisch ging es jedoch gerade der Administration Eisenhower einzig um die EVG. Aus Dulles' Sicht war das Hauptziel der Konferenz deren Scheitern, um dadurch dem französischen Parlament die sowjetische Intransingenz in der Deutschlandfrage zu demonstrieren und die Nationalversammlung zu einer möglichst schnellen Ratifizierung des EVG-Vertrages zu bewegen. Dulles hielt in einem Memorandum fünf Tage vor Beginn der Konferenz fest:

> "I gave the President my estimate of the probabilities of the Berlin Conference. I said that I greatly doubted the possibility of the unification of Germany. I told the President that I was

---

94 Molotow, 11. Juli 1953; in: DFR (1953), S.174

95 Stassen, 9. April 1954; in: "Hearings before the Senate. Foreign Relations Committee. 83d Congress, 2d Session, April 9, 1954, Washington D.C. 1954", S.24

96 Eingehend und fundiert beschäftigt sich Rupieper (1986) mit der Berliner Aussenministerkonferenz.

> going to play a somewhat inconspicious role in the conference, giving the leadership to the French...so that they might feel that they had independently arrived at the final conclusion and not been forced into them by the U.S. or that the U.S. was responsible for the failure of the conference. The President fully agreed with these tactics." 97)

Dulles ordnete alle Erwägungen in der Deutschlandfrage dem Ziel der politisch-militärischen Integration Westeuropas klar unter.[98] Die Detailverhandlungen in Berlin sind hier nicht weiter von Bedeutung. Es bleibt lediglich festzuhalten, dass die Westmächte (ebensowenig wie die UdSSR) zu signifikanten Zugeständnissen bereit waren, d.h. zu einer Wiedervereinigung, deren Vollzug eine im Vergleich zum geteilten Deutschland verminderte Kontrollmöglichkeit bedeutet hätte.[99]

Dulles zeigte sich sehr erfreut über das Scheitern der Berliner Konferenz, obwohl er es natürlich genau wie Adenauer nicht versäumte, in der Oeffentlichkeit proforma seinem Bedauern über die erneut verpasste deutsche Wiedervereinigung Ausdruck zu geben. In Wirklichkeit endete die Konferenz für den Staatssekretär mit einem vollen Erfolg. Worum es ihm bei diesem Treffen tatsächlich ging, resümierte er hinterher nochmals vor dem aussenpolitischen Ausschuss des Senats:

> "...I think it is important to have in mind, first, what the reasons were which led us to want to have a Conference on European matters, Germany and Austria in particular. ...a good many questions had been raised as to what the real Soviet purposes are: whether they had really changed their basic policies since the death of Stalin, and since the termination of the Korean war. There was a considerable growth of sentiment in Europe that the leopard, so to speak, had changed its spots; that it was not really necessary to proceed with plans for the unification of Europe and the maintenance of the NATO organizations and U.S. bases. We were quite prepared to put these things to the test. We had no doubt ourselves about what the answer would be, but it was essential in order to get going on the matters, that there should be a clarification of the Soviet position. We felt that would be found if we put up to them the concrete plans for Germany and Austria, which required them to show their hand." 100)

Obschon nach dem Scheitern der Berliner Konferenz kaum mehr jemand in Paris an die deutsche Wiedervereinigung glaubte, war Dulles seinem

---

97 JFD-Memo., 20. Januar 1954; in: JFD-P., The White House Memoranda Series, Box 1

98 Vgl. auch Rupieper (1986), S.432 f.

99 Ebenda, S.436 f.

100 JFD, 22. Februar 1954; in: ES-SFRC, Vol VI, S.59

Ziel, dem Ja der Assemblée Nationale zur EVG, nicht nähergerückt. Aus diversen Gründen wurde die Ratifizierung weiterhin aufgeschoben und am 30. August 1954 schliesslich ganz verweigert.[101] Als eigentlicher Ersatz für die gescheiterte Verteidigungsgemeinschaft resp. die Westintegration der Bundesrepublik wurde dafür vom Herbst 1954 an die Aufnahme der BRD in die Nato in die Wege geleitet.

4.4. Fazit: Berührungsängste

In den Vereingten Staaten bestand ein weitgehender Konsens darüber, dass Stalins Tod weder an den grundlegenden gesellschaftlichen Strukturen noch an den innen- und aussenpolitischen Zielen der Sowjetunion etwas geändert hatte. Die Systemstabilität war nach übereinstimmender Einschätzung auch nach dem Abgang des langjährigen Protagonisten des kommunistischen Staates weiterhin gewährleistet. Innerhalb der Administration war Foster Dulles die treibende Kraft jener, die den Machtwechsel im Zeichen der Kontinuität der kommunistischen Herrschaft deutete - das alte System mit neuen Repräsentanten. Dulles verwies beispielsweise auch nach Stalins Tod auf dessen Buch "Problems of Leninism" als Schlüssel zum Verständnis der aussenpolitischen Strategie der Sowjetunion, ganz besonders zur Interpretation der sowjetischen "Friedensoffensive". Auch jetzt nahm Dulles den Inhalt der schon fast 15 Jahre alten Schrift mehr oder weniger für bare Münze, während er normalerweise den Aussagen eines Kommunisten aus Prinzip nicht traute und hinter jedem Satz List und Trug vermutete. Dies war auch insofern paradox, weil der Staatssekretär um die sowjetische Geheimniskrämerei wusste. Warum also hätten Stalin und seine Nachfolger ihre aussenpolitische Strategie der Weltöffentlichkeit in Buchform präsentieren sollen? Dulles' mindestens implizite Gleichsetzung der kommunistischen Sowjetunion mit dem faschistischen Deutschland verleitete ihn zur Analogie von Hitlers "Mein Kampf" mit Stalins "Problems of Leninism". (Dass die beiden Bücher beispielsweise in einem jeweils völlig anderen Kontext geschrieben wurden, hinderte den Staatssekretär keineswegs an dieser simplen Gleichsetzung.) Seine

---

101 Zum Scheitern der EVG vgl. ausführlich Noack (1977); Loth (1982), S.309 ff.

Lehre aus der Geschichte, Schriften von Diktatoren dürften nicht mehr so sträflich unbeachtet bleiben wie in den Dreissiger Jahren, trug ebenfalls zu dieser rigiden Auslegung und wahrscheinlichen Ueberinterpretation von Stalins Buch bei, was wiederum eine adäquatere Einschätzung der poststalinistischen Aussenpolitik erschwerte.[102] Weil der Kurs der neuen Moskauer Führung für den Aussenminister von vorneherein feststand, ja determiniert war, pochte er auch und gerade im Gefolge der sowjetischen "Friedensoffensive" nicht auf eine Kontaktintensivierung zur Auslotung der Absichten der Stalinnachfolger, sondern auf eine Abschottungspolitik zur Zementierung der Fronten.

Dulles' Kurs war auch eine Konsequenz aus seiner grundsätzlichen Perzeption des Ost-West-Konfliktes, die sich beispielsweise von jener Churchills markant unterschied. Für den US-Aussenminister waren Kompromisse resp. limitierte Kooperation mit der Sowjetunion im Grunde nicht wünschbar unter der Bedingung der Koexistenz der antagonistischen Systeme. Dulles definierte den Konflikt als "Nullsummenspiel", in dem es keine gemeinsamen Interessen gab und folglich des einen Gewinn zwangsläufig des anderen Verlust sein musste. Dieses Konfliktverständnis sowie Dulles' abgrundtiefes Misstrauen gegenüber dem Phänomen "Kommunismus" als Antithese amerikanischer Werte und Traditionen schlechthin schloss Kooperationsbereitschaft als möglichen Grund für einen bestimmten politischen Kurs der Sowjetunion a priori aus. Dulles' Perzeption insbesondere der sowjetischen "Friedensoffensive" ist ein Paradebeispiel für die permanente Bestätigung bestehender Feindbilder durch interpretatives "Zurechtbiegen" neuer aussenpolitischer Entwicklungen. Mit anderen Worten: Die Sowjetunion konnte sich so oder anders, konfliktiv oder kooperativ, verhalten, Dulles' Interpretation blieb dieselbe: Bei Konfrontation lag die Feindbildbestätigung auf der Hand; andererseits wurden Kooperationssignale als hinterlistige Täuschungsmanöver oder als unumgängliches Nachgeben gegenüber einer harten amerikanischen Politik ausgelegt, so dass die ursprüngliche negative Perzeption der Sowjetunion auch in diesem Fall bestätigt wurde.[103] (Allein schon der Begriff "Friedensoffensive"

---

102 In der neueren Sowjetforschung wird immer wieder betont, dass der kommunistischen Ideologie ein zu grosser Einfluss auf die sowjetische Politik zugeschrieben worden ist, und zwar von den Politikern ebenso wie von den zeitgenössischen Sowjetologen; vgl. dazu Wassmund (1974), S.4 f., und Cohen (1985), S.15 ff.

103 Ein weiteres Beispiel dafür ist die Interpretation des Waffenstillstandes in Korea; vgl. dazu Kap. 5.2., S.135 ff.

suggerierte ja eine auf Expansion ausgerichtete sowjetische Politik, die sich nun einfach des Instrumentes "Frieden" bediente.) Dies hiess nun nicht, Stalins Nachfolger hätten zweifelsfrei eine echte Entspannung mit dem Westen gesucht, und Dulles' Sturheit habe dies verhindert. Es heisst aber eines sicher: Das Festhalten an alten Interpretationsmustern erschwerte gerade in dieser Zeit des Wechsels das Erkennen einer möglichen Kursänderung der Sowjetunion enorm.[104]

Eisenhower als konzilianter Präsident im Bemühen um die Wahrnehmung der "Chance for Peace", der aber vom "Kalten Krieger" Dulles wegen seines mangelnden Durchsetzungsvermögens desavouiert wurde? So einfach, wie bisweilen dargestellt, war die Sache nicht.[105] Diese Auffassung gründet zu einem guten Teil auf der - falschen - Meinung, Dulles habe die Aussenpolitik im Alleingang bestimmt und einen entscheidungsschwachen Eisenhower diesbezüglich völlig dominiert.[106] Sicher, der Präsident stellte sich nicht gegen jeden politischen Kompromiss mit

---

104 Die neuere Forschung stellt nicht die Kontinuität der poststalinistischen Politik im Zeichen des Marxismus-Leninismus in den Vordergrund, sondern den Wandel im Zeichen der im Frühjahr 1953 einsetzenden innen- und aussenpolitischen Entstalinisierung; vgl. dazu Ulam (1968), S.541, Tucker (1971), S.222, Cohen (1985), S.145. Als Indiz bezügl. der Innenpolitik wird die Entlassung von Hunderttausenden Gulag-Gefangener angegeben, die bereits im April 1953 einsetzte. Auch der Polizeiapparat, früher Stalins primäres Unterdrückungsinstrument, wurde, zumal durch die Entmachtung des langjährigen KGB-Chefs Lawrenti Berija im Juli 1953, zurückgebunden. Zudem, auch dies eine Abkehr vom stalinistischen Kurs, begann insbesondere Chrustschow Landwirtschaft und Konsumgüterindustrie zu fördern, die vorher zugunsten der Schwerindustrie stark vernachlässigt worden waren.

Zu den aussenpolitischen Entstalinisierungstendenzen gehörte die Bemühung der UdSSR um einen internationalen Spannungsabbau insbesondere mit den westeuropäischen Staaten (vgl. dazu Anm. 114), aber auch mit den Verbündeten (vgl. Kap. 5, Anm. 57). Tucker (1971), S.227, meint, die poststalinistische Aussenpolitik sei insgesamt von einem neuen Stil geprägt gewesen. Der Autor konstatiert gar "a psychological revolution in Soviet foreign policy" und meint damit zum einen, dass die neue Führung oligarchisch und nicht mehr autokratisch gewesen sei; zum zweiten, dass sie nicht mehr wie Stalin eine totale Kontrolle über die Satellitenstaaten zu gewinnen versucht, sondern Einfluss durch diplomatische Verhandlungen ("a policy of persuasion") angestrebt habe. Dies traf nach Tucker auch für die Politik gegenüber den westlichen Ländern zu - Angebote zur Zusammenarbeit im Sinne einer friedlichen Koexistenz, was freilich nicht hiess, die neue Führung habe ihre fundamentale antiwestliche Grundhaltung aufgegeben (Vgl. dazu auch Anm. 110).

Was die Motivation für diese (zumindest stilistische) aussenpolitische Wende betrifft, so betonen die Sowjetologen ziemlich einhellig - und in Einklang mit den zeitgenössischen Analysen -, dass die neue Führung einen aussenpolitischen Spannungsabbau zur innenpolitischen Machtkonsolidierung benötigte.

105 Vgl. Anm. 56

106 Vgl. Anm. 55

der Sowjetunion, wie dies Dulles tat. Gewisse begrenzte Uebereinkünfte mit der UdSSR schienen ihm denkbar, auch wenn in Moskau dem Kommunismus nicht abgeschworen wurde. Eisenhower war bereit, die "Friedensoffensive" einem Test zu unterziehen, doch setzte er eine sehr strenge Bewertungsskala an. Man soll sich nicht täuschen: Nur weil Dulles gegen "The Chance for Peace" war, bedeutete dies noch lange nicht, dass es sich dabei um ein generöses Angebot des Präsidenten gehandelt hätte. Eisenhower stellte in erster Linie Forderungen an die Sowjets, ohne selber auch nur eine einzige Konzession anzubieten. Was der Rede den lange währenden Eindruck des Signals der grossherzigen Versöhnungsbereitschaft verschaffte, waren Eisenhowers flammende Appelle zum Stopp des Wettrüstens, das die Verwendung von Milliarden von Dollar für weit sinnvollere zivile Aufgaben verhinderte. Freilich: Auch diese hehren Worte kosteten den Präsidenten nichts, obschon man deshalb in der Beurteilung nicht so weit zu gehen braucht wie etwa Kolko, der von "vague platitudes about disarmament" spricht.[107] Die Differenz zwischen Eisenhower und Dulles bezog sich weniger auf die konkreten Forderungen als vielmehr auf die Tatsache, dass der Präsident überhaupt auf die Initiative der Sowjets eintrat, womit - nach Lesart des Aussenministers - die Gefahr, dass die Forderung nach Verhandlungen über die deutsche Wiedervereinigung aufkam, grösser wurde. Es gilt indessen auch in diesem Zusammenhang nochmals zu betonen: "The Chance for Peace" enthielt kein amerikanisches Angebot zu einem Gipfeltreffen über irgendein internationales Problem. Eisenhower wollte zwar nicht die bilateralen Kontakte kappen, aber auch nicht etwa Churchills Bemühungen um ein baldiges Treffen unterstützen. Kurz: Die ohnehin schon zaghaften Ansätze des Präsidenten, nach Stalins Tod ein neues Kapitel in den amerikanisch-sowjetischen resp. Ost-West-Beziehungen aufzuschlagen, wurden durch die grosse Skepsis des Aussenministers vollends abgewürgt. Dabei änderte Dulles weniger eine Meinung des Präsidenten, sondern er vermochte vielmehr dessen bereits latent vorhandenes Misstrauen zu akzentuieren.

Die Haltung der Administration gegenüber der "Friedensoffensive" passte ausgezeichnet ins generelle innenpolitische Klima des Frühjahrs 1953. Zu diesem Zeitpunkt waren in Washington politisch keine Punkte mit einer differenzierten Analyse sowjetischer Aussenpolitik zu holen. Im Gegenteil: Wer, wie etwa Churchill, Entspannungsansätze zu erkennen

---

107 Kolko (1972), S.690

glaubte und diese in direkten Kontakten ausloten wollte, wurde vom rechten Flügel der GOP, der mehr als nur die harten McCarthyisten umfasste, bald als "Appeaser" oder gar als "communist fellow-traveller" diffamiert.[108] Eisenhower und Dulles, beide sehr auf gute Noten im Kongress bedacht, taten also in dieser Hinsicht gut daran, hart gegenüber der neuen sowjetischen Führung aufzutreten.

Obwohl der Präsident und der Aussenminister in der Substanz im grossen und ganzen miteinander übereinstimmten, stiftete die bisweilen sehr unterschiedliche Rhetorik in ihren öffentlichen Auftritten erhebliche Verwirrung. Nicht nur in Europa fragte man sich oft, ob nun Dulles' verbale Scharfmacherei oder Eisenhowers deutlich moderatere Töne die effektive Haltung in Washington reflektierten. Es mochte aus taktischen Gründen nicht ungeschickt sein, wenn die Administration den so stark divergierenden Stimmungslagen in der GOP als innenpolitischer Machtbasis und Grossbritanniens als wichtigstem aussenpolitischem Verbündeten Rechnung zu tragen versuchte. Doch zweifellos erschwerten massive rhetorische Schwankungen (wie etwa jene in den Reden Eisenhowers am 16. und Dulles' am 18. April) den Regierungen in West und Ost eine adäquate Einschätzung der amerikanischen Aussenpolitik.[109]

Die Administration wurde später von verschiedener Seite kritisiert, sie habe nach Stalins Tod eine Chance ungenutzt verstreichen lassen. Die revisionistische Literatur behauptet, die USA hätten eine Möglichkeit zur Entspannung mit der Sowjetunion, die mit ihren aussenpolitischen Initiativen nach Stalins Tod eindeutige Kooperationsbereitschaft signalisiert habe, in den Wind geschlagen.[110] In der eher traditionalistischen Historiographie wird ebenfalls die Ansicht vertreten, es sei eine Chance nicht genutzt worden, aber nicht zur Entspannung, sondern zur Durchsetzung amerikanischer Interessen zu einem Zeitpunkt, als die sowjetische Führung

---

108 Weil Churchill an einem Gipfel mit den Sowjets auch Asien zur Sprache zu bringen gedachte, kritisierte der GOP-Mehrheitsführer im Senat, William Knowland, den Premier laut NYT, 15. Mai 1953, S.6, dieser dränge auf ein "Far Eastern Munich".

109 Zu den möglichen Folgen dieser erschwerten Perzeption vgl. Kap. 11., S.312 f.

110 So etwa Horowitz (1969), S.302, Kolko (1972), S. 705, teilweise auch Halle (1969), S.315. Ihnen ist entgegenzuhalten, dass selbst revisionistische Sowjetologen keine sowjetische Entspannungsbereitschaft im grossen Stil zu erkennen vermochten. Cohen (1985), S.145, betont etwa, die neue Führung habe zwar ein "Tauwetter, aber keinen Frühling" einleiten wollen.

sehr geschwächt gewesen sei.[111] Auch Charles Bohlen meinte im Rückblick: "After the death of Stalin, there might have been opportunities for an adjustment of some of the outstanding questions, particularly regarding Germany."[112] Eine Gipfelkonferenz, so der damalige US-Botschafter in Moskau, wäre zweifellos von Nutzen gewesen aber: "I must say, I didn't advise it then because I didn't see the situation as it looks now."[113] Die Annahme wäre zweifellos naiv, auf einem Gipfeltreffen im Frühsommer 1953 hätten die grossen internationalen Konflikte auf einen Schlag entschärft oder gar gelöst werden können, nur weil in Moskau ein Machtwechsel stattgefunden hatte. Gleichwohl haben es die Vereinigten Staaten und - teilweise zwangsläufig - die Europäer versäumt, die sowjetischen Absichten in der Deutschlandfrage gründlich zu testen. An der Berliner Konferenz kam diese zwar ausführlich zur Sprache, doch war mittlerweile die Situation eine andere, denn nach dem "17. Juni" verhärtete sich der sowjetische Standpunkt wieder spürbar. Nachdem der Westen bereits im Frühjahr 1952 - im Fall von Stalins Deutschlandnoten - keinen ernstahften Versuch zur Klärung der sowjetischen Position unternommen hatte - versäumte er diese historische Gelegenheit ein Jahr später ein zweites Mal.[114]

Nicht so im Fall Koreas. Dort nützte die Administration die von den Sowjets signalisierte Konzessionsbereitschaft entschlossen aus und erreichte, wie im folgenden Kapitel ausführlich gezeigt wird, in der Tat einen Kriegsabschluss nach ihren Vorstellungen. (In Washington war man auch wesentlich stärker an einer schnellen Beendigung des Koreakrieges interessiert als an Gesprächen über die deutsche Wiedervereinigung.)

Demgegenüber tat sich auch in Sachen Abrüstung nichts nach Stalins Tod, obwohl dies von Eisenhower in "The Chance for Peace" ebenfalls angesprochen worden war. Erstaunen konnte das nicht, denn dieser Bereich

---

111 Vgl. etwa Ulam (1971), S.209

112 Bohlen (1973), S.371

113 Bohlen-OH (1964), S.24

114 Zur Stalin-Note vgl. Rolf Steininger, Eine Chance zur Wiedervereinigung? Die Stalin-Note vom 10. März 1952. Archiv für Sozialgeschichte, Beiheft 12, Bonn 1985.

Die Mehrheit der Sowjetologen ist heute der Ansicht, dass Stalins Nachfolger gerade in der Deutschlandpolitik zu erheblichen Konzessionen bereitgewesen wären und eine grosse Chance für ein wiedervereinigtes Deutschland nach westlichen Bedingungen bestanden habe; vgl. dazu Löwenthal im Vorwort zu Baring (1965), S.14 ff., Meissner (1972), S.484 f., Wassmund (1974), S.33. Diese

war wohl der sensitivste der bilateralen Beziehungen überhaupt. Entsprechend standen dort die Chancen für eine schnelle Einigung am schlechtesten, zumal Eisenhower in seiner Rede auf jenem Punkt beharrte, der wesentlich für die jahrelange Blockierung sämtlicher Abrüstungsbemühungen mitverantwortlich war: dass die Einhaltung jedes Abkommens durch internationale Kontrolle an Ort verifizierbar sein musste.[115]

Autoren heben die Rolle Berijas hervor, der nach Stalins Tod die DDR als Satellitenstaat habe aufgehen und gleichzeitig die anderen osteuropäischen Staaten stärker an die UdSSR binden wollen. Die sowjetische Führung hat Berijas Entmachtung unter anderem auch mit diesem Hinweis begründet.

Unbestritten ist die Auffassung, dass die sowjetische Deutschlandpolitik nach dem 17. Juni wieder eine wesentliche Verhärtung erfuhr. Nachdem der Aufstand zu einem erheblichen weltweiten Prestigeverlust für die sowjetischen Besatzer geführt hatte, war es für die Moskauer Führung nicht mehr möglich, mit dem Westen aus dieser Position der Schwäche über die DDR resp. die deutsche Wiedervereinigung zu verhandeln. Einer von Malenkow angeführten Mehrheit in der sowjetischen Führung schien die Gefahr einer unkontrollierten Entwicklung in ganz Osteuropa zu gross, wenn die DDR unter dem Druck eines Volksaufstandes fallengelassen würde; vgl. dazu Wassmund (1974), S.39, Rupieper (1985), S.428. Im Gegensatz zu den genannten Autoren ist allerdings Wettig (1982), S.67, der Auffassung, dass die UdSSR zu keiner Zeit ernsthaft eine Wiedervereinigung Deutschlands in Betracht gezogen habe, sondern deren Beteuerungen seien Propaganda gewesen, um damit die EVG zu blockieren.

115 Umfassender zur Abrüstung ist Kap. 9, insb. Kap. 9.4., S.281 ff.

5. WAFFENSTILLSTAND IN KOREA

Wie schon im Wahlkampf war der Koreakrieg auch 1953, zumindest bis Ende Juli, das zentrale aussenpolitische Traktandum in den Vereinigten Staaten. An dieser Stelle sind nicht der Krieg oder der Waffenstillstand als solche von Interesse, sondern vielmehr die von der Administration perzipierte Rolle, die die Sowjetunion dabei spielte. Zentral dabei ist die Frage, weshalb die UdSSR, China und Nordkorea (aus amerikanischer Sicht) am 27. Juli 1953 einem Waffenstillstand zugestimmt haben, der von den zeitgenössischen Beobachtern ebenso wie von den Historikern als wichtigstes konkretes Ereignis in den Ost-West-Beziehungen des Jahres 1953 bewertet worden ist.[1]

Die Eisenhower-Administration "erbte" die unter Truman begonnenen Waffenstillstandsverhandlungen in Panmunjom. Diese waren seit Oktober 1952 festgefahren, weil man sich in der Frage der Repatriierung der Kriegsgefangenen (POW's) nicht einigen konnte. Gleichzeitig mit diesen Verhandlungen dauerte der Krieg mit variierender Intensität bis zum Abschluss des Waffenstillstandes Ende Juli 1953 an. Seit dem Frühjahr 1953 war es allerdings nur noch zu vereinzelten Gefechten gekommen.

Die Vereinigten Staaten resp. die UNO stellten sich in der Repatriierungsfrage auf den Standpunkt, dass die Kriegsgefangenen nicht gegen ihren eigenen Willen in die Heimat zurückgeschafft werden durften. China und Nordkorea, unterstützt von der Sowjetunion, beharrten indessen darauf, dass sämtliche Gefangenen ausgetauscht und repatriiert werden mussten. Abgesehen von dieser Frage hatten sich aber beide Seiten bis im Oktober 1952 im Grundsatz auf einen Waffenstillstand geeinigt. Der wichtigste Punkt im bis dato ausgehandelten Vertragsentwurf war die Festsetzung der Demarkationslinie entlang der aktuellen Front, also nördlich des 38. Breitengrades.[2]

---

1 Vgl. Stebbins (1955), S.1; DDE (1963), S.178 f.; zum Stellenwert aus heutiger Sicht vgl. Ambrose (1984), S.106

2 NSC 147, 2. April 1953; in: FRUS XV/1, S.842

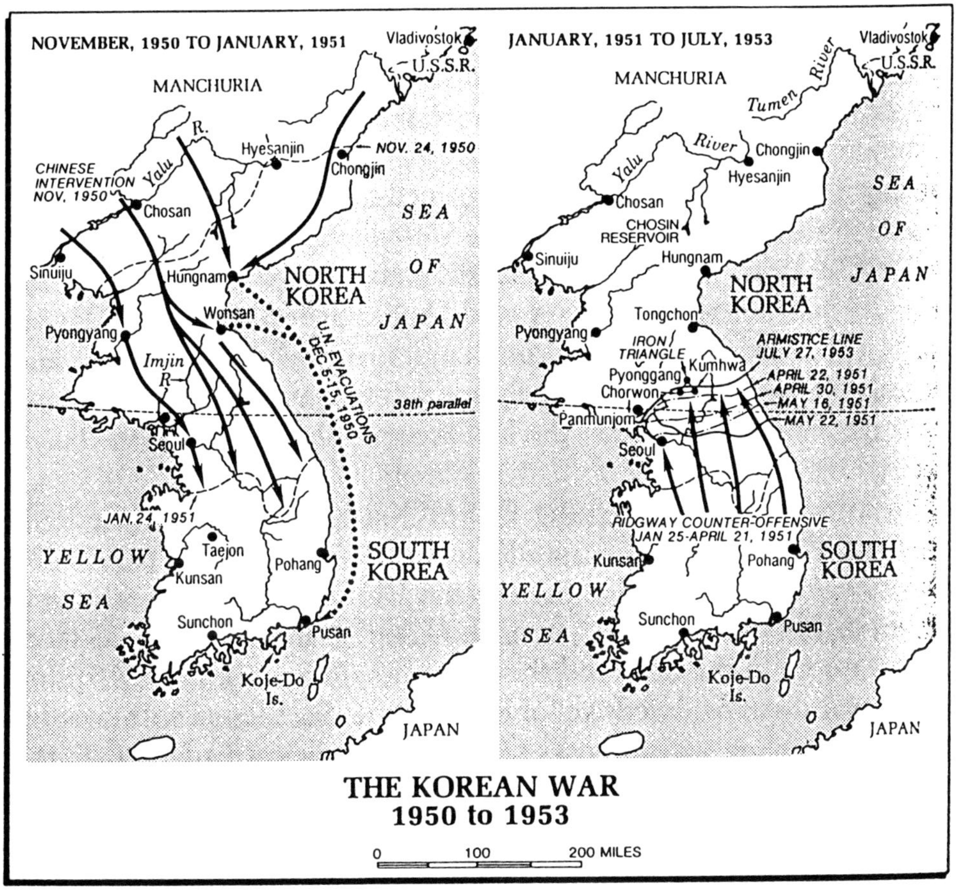

THE KOREAN WAR
1950 to 1953

Aus: Millet/Maslowski (1984), S.485

5.1. Festlegung der Prioritäten

In einem Punkt gingen die alte und die neue Administration völlig miteinander einig: dem Insistieren auf der Frage der Repatriierung der Kriegsgefangenen. Dulles beispielsweise ging es bei diesem Beharren um Grundsätzliches. Für ihn war es, wie er wiederholt betonte, aus moralischen Gründen nicht vertretbar, Menschen gegen ihren erklärten Willen ins "communist camp" zurückzuschicken. Die Administration Eisenhower war überzeugt, dass es sich in dieser Frage auch für die Sowjetunion und China um eine "important matter of principle and prestige striking at the roots of their system" handelte. Dulles war überdies der Ansicht hier müsse auch dem grundlegenden Recht des politischen Asyls zum Durchbruch verholfen werden, das die Sowjetunion nach wie vor nicht zu akzeptieren bereit sei, weil

> "...they fear, if they were to launch a major war, many of their soldiers would seize the opportunity to try to desert or allow themselves readily to be prisonners; therefore, the Soviet leaders hope that an agreement by the Western Powers upon the reinforced repatriation of the POW's would establish a principle which would discourage future defections and thus making the Red Army more dependable." 3)

Von der POW-Frage einmal abgesehen, war der Vorrat an Gemeinsamkeiten in der Koreapolitik der Administrationen Truman und Eisenhower bald erschöpft. Die Strategie der Republikaner wurde im wesentlichen von vier Faktoren bestimmt:

1. Die Administration registrierte einen starken Druck der Oeffentlichkeit, die ein möglichst baldiges Ende des Krieges verlangte. NSC 147 hielt dazu fest:

   > "...it should also be noted that the public opinion in the United States continues to show great concern over the Korean war. Recent surveys indicate that the American people want to end the war, but only on honorable terms. Sentiment for vigorous action to achieve a settlement is widespread,... If the President were to initiate a vigorous course of action, there is a strong probability of predominant public support,...since surveys indicate great public confidence that the President will take the best possible steps to end the conflict." 4)

   "Ike" sollte also nach dem Willen der Mehrheit der Amerikaner die "Boys" - wie anno 1945 aus Europa - mit einem möglichst ehrenvollen Abgang von den Schlachtfeldern in Korea heimholen.

2. Die "Alte Garde" der GOP setzte die Administration mit ihren vehementen Forderungen nach einer Budgetdefizit- resp. Steuerreduktion in der Koreafrage unter Zugzwang. Die Höhe des Budgets

---

3 JFD, 2. September 1953; in: JFD-P., Box 75

4 NSC 147; in: FRUS XV/1, S.847 f.

wurde massgeblich von der Höhe der Militärausgaben bestimmt, und diese wiederum fielen durch den Fortgang des Koreakrieges entsprechend höher aus. Der Leiter des Planungsstabes im Aussenministerium, Paul Nitze, erklärte Eisenhower klipp und klar:

> "If you want to continue the Korean war, you can't do it concurrently with cutting the 5 billion Dollars out of the Defense budget, which you've just committed yourself in your meeting with Senator Taft." 5)

Und Finanzminister George Humphrey, neben Dulles wohl der profilierteste und einflussreichste Minister, sagte an einer Kabinettssitzung unmissverständlich: "To get tax reductions you have to get Korea out of the way."[6] Eisenhower bekräftigte diese Ansicht am 31. März im NSC.

3. Die europäischen Alliierten, insbesondere Grossbritannien, die im Rahmen des UNO-Engagements militärisch und finanziell in Korea involviert waren, drängten auf ein baldiges Ende des Krieges, zumal nach Stalins Tod, als China und die Sowjetunion gemeinsam neue Verhandlungsbereitschaft signalisierten. Die entsprechenden Andeutungen von Churchill und Oppositionsführer Attlee zu einer Beendigung des Krieges wurden in Washington sorgfältig registriert.
4. Die Administration war in ihrer Analyse der sowjetischen Koreapolitik zum Schluss gelangt, dass es im Interesse der Kremlführung lag, den Krieg noch möglichst lange hinzuziehen. Dulles führte im Senat ebenso wie im NSC-Plenum aus: "(It is) the aim of the Kremlin to prolong the fighting as long as possible."[7] Die Begründung dafür hatte er bereits im Wahlkampf geliefert, und sie hatte sich seither nicht geändert. Zum einen diene der Koreakrieg der Sowjetunion dazu, die westlichen Truppen an einen Nebenschauplatz zu binden, ohne dass ihr eigenes militärisches Potential tangiert werde. Ueberdies werde der Krieg von den Sowjets propagandistisch ausgeschlachtet, indem man die Vereinigten Staaten als "militaristische Barbaren" und Kolonialisten hinstelle, die den Ländern der Dritten Welt kein Recht auf Souveränität und Unabhängigkeit gewähren

---

5 Nitze zit. nach Mosley (1978), S.334 f.
6 Humphrey zit. nach Hughes (1963), S.72
7 JFD, 13. Februar 1953; in: ES-SFRC, Vol. V, S.140

wollten. In Washington ging man grundsätzlich davon aus, das Chinas und Nordkoreas Kurs, wenn nicht völlig, so doch weitgehend in Moskau bestimmt wurde. Assistenzsekretär Smith meinte vor dem "Senate Foreign Relations Committee", China sei zwar nicht ein Satellitenstaat wie die osteuropäischen Länder, sondern eher "a willing junior partner", doch:

> "Certainly Peiping takes its major orders from Moscow, and certainly they couldn't operate without the economic and military support of the Soviet Union." 8)

An dieser Auffassung änderte sich auch nach Stalins Tod nichts, wenngleich betont wurde, Mao poche nun etwas mehr auf Eigenständigkeit, nicht zuletzt deshalb, weil jetzt in Moskau kein autoritärer und charismatischer Führer wie Stalin mehr am Ruder sei. Ein CIA-Report deutete an, dass "the new Moscow leadership will probably deal cautiously with Mao".[9] Ein sehr deutliches Indiz, dass man in der Administration die Entscheidungsgewalt zur Kursbestimmung der Kommunisten auch nach Stalins Tod in Moskau vermutete, war Eisenhowers "Chance for Peace"-Rede am 16. April 1953. Darin hatte sich der Präsident ja explizit an die neue sowjetische Führung gerichtet und betont, sie könne ihre Kooperationsbereitschaft mit dem Abschluss eines Waffenstillstandes in Korea unter Beweis stellen.

Wie bereits erörtert, interpretierte die Administration die sowjetisch-chinesische Ankündigung vom 30. März 1953, baldmöglichst mit dem Austausch derjenigen Kriegsgefangenen zu beginnen, die auf ihrer Repatriierung bestanden, als Teil der sowjetischen "Friedensoffensive". Durch die in Aussicht gestellte Lösung der POW-Frage schien damit einer Unterzeichnung des seit Oktober 1952 bereitliegenden Vertragsentwurfes über eine Einstellung der Kämpfe eigentlich nichts mehr im Wege zu stehen. Man glaubte in Washington zumindest vorderhand trotzdem nicht daran, dass das angekündigte Einlenken der Kommunisten in der POW-Frage tatsächlich zu einem Waffenstillstand führen würde. Die Administration vertrat auch nach Stalins Tod die Auffassung, dass gemäss provisorischem Abkommen eine Teilung Koreas am 38. Breitengrad angestrebt werden sollte. Es gab indessen auch eine dissonante Meinung im Kabinett: jene

8 Smith, 5. März 1953; in ES-SFRC, Vol. V, S.151

9 CIA-Special Estimate No. 39, 10. März 1953; in: DD (1977), Nr.176 A. Vgl. auch Kap. 4, Anm. 44

von Dulles. Er fand, die Umstände seien günstig, um die Kommunisten in die Defensive zu drängen:

> "...in view of our much greater power and the Soviet Unions much greater weakness currently... it is quite possible to secure a much more satisfactory settlement in Korea than a mere armistice at the 38. parallel, which would leave a divided Korea." 10)

Im Gespräch mit dem Präsidenten wurde der Aussenminister noch deutlicher:

> "I don't think we can get out much of a settlement in Korea until we have shown - before all Asia - our clear superiority by giving the Chinese one hell of a licking." 11)

Dulles' Position stiess bei Eisenhower allerdings auf entschiedenen Widerspruch. Es sei unmöglich, einen Waffenstillstand weiterhin aufzuschieben und stattdessen den Krieg zu intensivieren: "The American people would never stand for such a move."[12]

Der Vorschlag des Aussenministers stand somit fortan nicht mehr zur Diskussion. Die von den Kommunisten angedeutete Kooperationsbereitschaft in Korea hatte den von der Administration ohnehin schon registrierten Druck der amerikanischen Oeffentlichkeit und der europäischen Alliierten noch wesentlich verstärkt, so dass Eisenhower nicht glaubte, sich leisten zu können, ein Abkommen in Korea noch längere Zeit zu verzögern, um die Kommunisten noch möglichst weit nach Norden zurückzudrängen. Sogar Dulles musste eingestehen, dass "our allies are desperately anxious to see the fighting stopped."[13] Und auch W.B. Smith meinte, die amerikanische Oeffentlichkeit und der Kongress würden mit "relief and rejoicing at the end of the bloodshed" reagieren.[14]

Aufgrund der hier erläuterten vier Faktoren gelangte die Administration zum Schluss, dass es im Interesse der Vereinigten Staaten lag, den Koreakrieg so schnell wie möglich zu beenden und einen Waffenstillstand zu erreichen. Weil man aber in Washington auch nach dem Beginn der so-

---

10 JFD, 8. April 1953; in: DD (1980), Nr.381 B

11 JFD zit. nach Hughes (1963), S.104 f.

12 DDE, 8. April 1953; in: DD (1980), Nr.381 B

13 JFD, 31. März 1953; in: FRUS XV/1, S.827

14 144. NSC-Meeting (künftig: NSC-M.), 13. Mai 1953; in: FRUS XV/1, S.1016

wjetischen "Friedensoffensive" nicht glaubte, dass der für die USA akzeptable Waffenstillstand bald erreicht werde, drehten sich die Diskussionen im NSC vor allem darum, wie die Administration China und die Sowjetunion unter Druck setzen konnte, damit dieses Ziel möglichst schnell erreicht wurde.

Die Auseinandersetzung in den Vereinigten Staaten um den Einsatz der (militärischen) Mittel zur Erreichung ihrer Ziele im Koreakrieg hatte mit MacArthurs Entlassung durch Truman und die anschliessenden "MacArthur Hearings" im Jahre 1951 einen Höhepunkt erreicht, doch waren die Diskussionen darüber seither nie mehr verstummt. Eisenhower hatte der festgefahrenen Situation in Korea am 7. Februar 1953 bereits einen ersten neuen Impuls mit der Ankündigung gegeben, dass die 7. US-Flotte aus der Strasse von Formosa abgezogen werde. Diese Flotte war seit 1950 dort stationiert mit dem Zweck, China und Taiwan vor militärischen Aktionen gegeneinander abzuhalten. Der Abzug der Kriegsschiffe sollte einen teilweisen chinesischen Truppenrückzug aus Korea provozieren, weil China seine Ostküste fortan besser gegen allfällige Attacken aus Taiwan schützen musste.

Die Kardinalfrage war indessen von Beginn an, ob, und wenn ja: mit welchen Mitteln - Einsatz von Atomwaffen? - die amerikanischen militärischen Aktionen auf China ausgedehnt werden oder weiterhin auf Korea beschränkt bleiben sollten. NSC 147, eine "Analysis of Possible Courses of Action in Korea", legte der Administration insgesamt sechs Alternativen zur Diskussion vor, wobei drei unter der bis anhin geltenden Prämisse der militärischen Zurückhaltung gegenüber China standen, während die übrigen davon ausgingen, dass diese Selbstbeschränkung künftig aufgehoben würde.[15]

Ausgangspunkt der Ueberlegungen der Administration war dabei die Ueberzeugung, dass die bislang geltende militärische Strategie der Zurückhaltung zu wenig Druck auf die Kommunisten auszuüben vermocht hatte und deshalb geändert werden musste. Die Frage war nur, wie eine solche Politik des verstärkten militärischen Drucks konkret aussehen sollte, und welchen Effekt sie bei den Kommunisten und nicht zuletzt bei den europäischen Verbündeten auslösen würde. In den NSC-Sitzungen vom

15 Die Alternativen sind in FRUS XV/1, S.843 ff., aufgelistet.

13. und 20. Mai 1953 wurde NSC 147 ausgiebig diskutiert. Die seit dem 8. April wieder aufgenommenen Verhandlungen mit den Kommunisten hatte bis zu jenem Zeitpunkt noch keine für die Vereinigten Staaten befriedigende Lösung der Korea- resp. der POW-Frage gebracht. Dieser Umstand verstärkte die Ueberzeugung in der Administration, dass die Kompromissbereitschaft der Kommunisten lediglich eine taktische Verzögerungsmassnahme war und es einer Intensivierung des militärischen Drucks zur Erreichung ihrer politischen Ziele bedurfte. Die JCS und das Aussenministerium befanden, man müsse in dieser Situation

> "..extend and intensify military action against the enemy, to include air and naval operations directly against China and Manchuria, a coordinated offensive to seize a position generally at the waist of Korea." 16)

Dabei wurde explizit ein "extensive strategical and tactical use of atomic bombs" gefordert, um militärisch und psychologisch einen maximalen Effekt beim Gegner zu erzielen. Wichtig war aus dieser Sicht, die militärische Offensive mit einem Schlag und mit voller Wucht, nicht aber in einer abgestuften Eskalation durchzuführen. Ueber die politischen Ziele, die mit dieser Offensive angestrebt werden sollten, wurde erstaunlich wenig gesprochen. Prinzipiell waren sie abhängig von der Intensität der geplanten militärischen Initiative, wobei die Wiedervereinigung Koreas unter einer pro-amerikanischen Regierung offenbar das Maximalziel war.

In seiner Begründung für ein resolutes amerikanisches Vorgehen argumentierte W.B. Smith in wahrhaft historischen Dimensionen. Er meinte, ein kommunistischer Sieg in Korea würde von China und der UdSSR als "turning point in the long history of relations between the East and the West" interpretiert.[17] Und weiter:

> "For the first time in a thousand years the East has successfully stood up to the West and secured a stalement. For this reason...the boldest line of action...probably will leave us in the best position." 18)

---

16 JSC an Wilson, 19. Mai 1953; in: FRUS, XV/1, S.1062. Dieses Papier war das von den JCS dem NSC am 20. Mai vorgelegte Dokument, das die Haltung der Stabschefs umriss.

17 Smith, 144. NSC-M., 13. Mai 1953; in: FRUS, XV/1, S.1015. JFD war weder an der Sitzung vom 13. noch jener vom 20. Mai 1953 anwesend und wurde deshalb von Smith vertreten.

18 Smith, 144. NSC-M., 13. Mai 1953; in: FRUS XV/1, S.1015

Welche Reaktionen antizipierten das Aussenministerium und die JCS bei China und der Sowjetunion sowie den europäischen Alliierten? Man ging davon aus, dass bei diesem harten Vorgehen ein Risiko des Ausbruchs eines grossen Krieges bestand, insbesondere wenn die UdSSR direkt in die Kämpfe eingreifen würde. Smith sprach von einer "real possibility of general war" und betonte, es sei zumindest mit einer "severe Chinese Communist reaction" zu rechnen.[19]

Die Stabschefs und das Aussenministerium waren sich einig, dass mit einer stark ablehnenden Haltung der europäischen Alliierten zu rechnen war. Smith meinte, sie könnten durchaus ihre Kooperation verweigern und "indeed might withdraw their contingencies from the UN command."[20] Nach Einschätzung des stellvertretenden Aussenministers wären die Folgen auf die Nato gar noch drastischer, denn "in all probability Nato and our European system of alliances would all fall to pieces temporarily."[21]

Smith fand aber, dass "much would be forgiven us" von den Alliierten, wenn die vorgeschlagene Offensive schnell Erfolg habe.[22] Was mögliche Reaktionen in der amerikanischen Oeffentlichkeit oder im Kongress betraf, so äusserten sich die Befürworter dieses harten Kurses nicht. Offenbar wurde von dieser Seite her keine allzu negative Resonanz befürchtet. Zumindest im Fall des Kongresses konnte man bei einem solchen Vorgehen auf Unterstützung der GOP hoffen, weil ja deren Exponenten Taft und Knowland, insbesondere auch die militärische Gallionsfigur der "Alten Garde", General MacArthur, schon seit langem ein solches militärisches Vorgehen in Korea gefordert hatten, nämlich Luftangriffe gegen China.

Eisenhowers und Dulles' Verhältnis zu einem Atomwaffeneinsatz in Korea war mitunter reichlich ambivalent. Am 31. März bezeichnete der Präsident die Bedenken der Alliierten als "very serious" bezüglich einer massiven Ausweitung des Krieges in Korea, weil diese befürchteten, Europa würde zum Schlachtfeld eines Nuklearkrieges zwischen den beiden Grossmächten.[23] Dulles gab zu bedenken, dass "in the present state of world opin-

---

19 Smith, 144. NSC-M., 13. Mai 1953; in: FRUS XV/1, S.1014
20 Ebenda, S.1015
21 Ebenda, S.1016
22 Ebenda, S.1015
23 DDE, 31. März 1953; in: FRUS XV/1, S.827

ion we could not use an A-bomb."[24] Doch:

> "...nevertheless the President and Secretary Dulles were in complete agreement that somehow or other the tabu which surrounds the use of atomic weapons would have to be destroyed. (...) We should make every effort now to dissipate this feeling." 25)

Eisenhower hatte schon am 11. Februar bekräftigt, dass man den Einsatz taktischer Atomwaffen grundsätzlich in Erwägung ziehen müsse:

> "(The President) then expressed the view that we should consider the use of tactical atomic weapons on the Kaesong aera, which provided a good target for this type of weapon." 26)

Am 6. Mai wiederholte er, dass es in Nordkorea diverse Ziele zum taktischen Atomwaffeneinsatz gebe und sagte in diesem Zusammenhang, dass "we have to consider the atomic bomb as simply another weapon in our arsenal."[27] Und eine Woche später liess sich der Präsident wiederum deutlich und mit einem an Zynismus kaum mehr zu überbietenden Argument vernehmen:

> "The President...thought it might be cheaper, dollarwise, to use atomic weapons in Korea than to continue to use conventional weapons against the dugouts which honeycombed the hills which the enemy forces were presently deployed." 28)

Zumindest für Eisenhower war damit klar, dass eine militärische Eskalation unter Einschluss von Atomwaffen die naheliegendste Möglichkeit zu einer Verstärkung des militärischen Drucks auf die Kommunisten war. Der Präsident glaubte, dass diese militärische Offensive mit Atomwaffeneinsatz "most likely" zur Erreichung der amerikanischen Ziele führen werde, nämlich eines möglichst baldigen Abschlusses des Waffenstillstandes nach westlichen Bedingungen.[29] Dennoch hegte "Ike" gewisse Bedenken, dass der Plan fehlschlagen könnte:

> "His only real worry, said the President, was over the possibility of intervention by the Soviets. He feared the Chinese much

---

24 JFD, 31. März 1953, in: FRUS XV/1, S.827
25 Ebenda, S.827
26 DDE, 131. NSC-M., 11. Februar 1953; in: FRUS XV/1, S.770
27 DDE, 143. NSC-M., 6. Mai 1953; in: FRUS XV/1, S.977
28 DDE, 144. NSC-M., 13. Mai 1953; in: FRUS XV/1, S.1014
29 DDE, 145. NSC-M., 20. Mai 1953; in: FRUS XV/1, S.1066

> less, since the blow would fall so swiftly and with such force as to eliminate Chinese Communist intervention." 30)

Dabei dachte er nicht an einen sowjetischen Angriff gegen die Vereinigten Staaten, sondern auf japanische Städte. Weniger zu denken gab ihm die auch von ihm antizipierte negative Reaktion der Europäer, obwohl Eisenhower feststellte, dass die bilateralen Beziehungen zu Grossbritannien "have become worse than at any time since the end of the war."[31] Eisenhower wies Smith an, das Aussenministerium solle "infiltrate these ideas into the minds of our allies", denn so werde die Chance auf die Akzeptanz des amerikanischen Vorgehens in Europa doch etwas besser.[32] Der NSC akzeptierte schliesslich am 20. Mai 1953, dass

> "...if conditions arise requiring more positive action in Korea, the course of action recommended by the Joint Chiefs of Staff should be adopted as a general guide." 33)

Der Grundsatzentscheid wurde somit festgeschrieben, dass der Krieg über Korea hinaus auf China ausgedehnt würde und Atomwaffen eingesetzt würden. Unter welchen Bedingungen dies der Fall sein sollte, wurde in diesem Paragraphen freilich noch offengelassen.

Zwei Tage nach der Beschlussfassung des NSC wurde der Oberbefehlshaber der UNO-Truppen, General Mark Clark, über das endgültige Verhandlungsangebot Washingtons in Panmunjom instruiert. Der Vorschlag beinhaltete vor allem eine exakte Regelung der POW-Frage nach amerikanischen Vorstellungen und die Einberufung einer politischen Konferenz spätestens 80 Tage nach Beginn des Waffenstillstandes, mit der die Wiedervereinigung Koreas angestrebt werden sollte. Clark präsentierte das amerikanische Angebot am 25. Mai, wobei er vom Aussenministerium angewiesen worden war, "to do all possible to minimize ultimatum aspects."[34] Faktisch hatte diese letzte Offerte aus amerikanischer Sicht sehr wohl einen gewissen ultimativen Charakter. Clark wurde nämlich autorisiert, das Gebiet um Kaesong bombardieren zu lassen, sowie Luft-

---

30 DDE, 145. NSC-M., 20. Mai 1953; in: FRUS XV/1, S.1066
31 DDE, 144. NSC-M., 13. Mai 1953; in: FRUS XV/1, S.1016
32 DDE, 145. NSC-M., 20. Mai 1953; in: FRUS XV/1, S.1066
33 NSC-Diskussionsmemorandum, 145. NSC-M., 20. Mai 1953; in: FRUS XV/1, S.1067
34 Die Instruktionen an Clark sind zu finden in: WBS an JFD, 22. Mai 1953; in: FRUS XV/1, S.1081

und Seestreitkräfte gegen weitere Ziele in Nordkorea einzusetzen, falls er nach Rücksprache mit der Regierung in Washington zum Schluss gelangen sollte, dass die kommunistische Delegation dieses Angebot ablehnte.[35] Aus der Anweisung an Clark geht aber nicht genau hervor, ob dies nur als erster Schritt einer militärischen Eskalation gedacht war. Es wird ebenfalls nicht klar, ob der Atomwaffeneinsatz gegen Ziele in Nordkorea bei diesen Luft- und Seeoperationen miteingeschlossen war oder nicht. Eindeutig ist hingegen, dass die hier geplante Intensivierung der militärischen Aktionen auf Nordkorea beschränkt und nicht - wie dies von den JCS verlangt worden war - auf chinesisches Gebiet ausgedehnt werden sollte. Die Administration nahm in dieser Hinsicht also eine ganz wesentliche Einschränkung im Vergleich zu ihren Beschlüssen im NSC vor, wenngleich ja schon damals erklärt worden war, die JCS-Pläne dienten nur als "general guide".[36] Warum die Regierung nun bezüglich ihrer ursprünglichen Absichten über eine militärische Offensive wieder zurückbuchstabierte, ist aufgrund der aktuellen Quellenlage nicht genau zu eruieren. Möglicherweise wogen aber die Bedenken des Risikos einer Eskalation des Koreakrieges in eine globale Auseinandersetzung mit der Sowjetunion schliesslich doch stärker, als dies in den NSC-Sitzungen zum Ausdruck gebracht worden war. Denkbar ist zudem, dass man den erwarteten schweren Erschütterungen in der atlantischen Allianz als Folge einer massiven militärischen Eskalation in Korea ebenfalls mehr Gewicht beimass als noch in den NSC-Beratungen.

Das Aussenministerium informierte gleichzeitig mit Clark auch Botschafter Bohlen in Moskau, der Molotov signalisieren sollte, dass der Vorschlag vom 25. Mai 1953 die definitive westliche Position darstellte. Ebenso wie Clark wurde auch Bohlen angewiesen, keine Drohungen an die Kommunisten zu richten. Bohlens Instruktionen lauteten:

> "While avoiding indication of threat, point out to Molotov that rejection of these proposals and consequent failure to reach agreement in armistice talks would create a situation which U.S. Government seeking most ernestly to avoid." 37)

---

35 Clark schilderte in seinen Memoiren (1954), S.252: "...if the Communists rejected this final offer and made no constructive proposals of their own, I was authorized to break off the truce talks...and to carry on the war in new ways never yet tried in Korea."

36 Vgl. Anm. 32

37 WBS an Bohlen, 26. Mai 1953; in: FRUS XV/1, S.1103

Nachdem der Botschafter Molotov exakt in diesem Sinne unterrichtet hatte, telegraphierte er ans Aussenministerium, er könne die Einschätzung der sowjetischen Regierung nicht prognostizieren: "I can only report that he listened with great attention and seriousness."[38]

Was das Aussenministerium General Clark und Botschafter Bohlen ausdrücklich verbot, nämlich den Kommunisten zu drohen, tat nun aber Dulles ziemlich unverhohlen anlässlich einer Visite beim indischen Premier Nehru, der in der Koreafrage als Vermittler zwischen Ost und West fungierte. Im Gespräch am 21. Mai deutete Dulles an,

> "...if the armistice negotiations collapsed, the United States would probably make a stronger rather than a lesser military exertion, and that this might well extend the area of conflict." 39)

Zwei Wochen später, am 4. Juni, teilte die chinesisch-nordkoreanische Delegation in Panmunjom mit, dass sie die amerikanischen Vorschläge vom 25. Mai zu akzeptieren bereit sei. Nach diesem Einlenken der UdSSR und Chinas war der südkoreanische Präsident Syngman Rhee das Haupthindernis zur Erreichung des Waffenstillstandes, denn für ihn gab es nur eine Lösung des Koreakrieges: den vollständigen Abzug der chinesischen Truppen aus Korea und im Anschluss daran die Wahl einer Regierung des wiedervereinigten Korea (wobei Rhee natürlich annahm, er würde aus diesen Wahlen als Sieger hervorgehen). Am 27. Juli 1953 trat das Waffenstillstandsabkommen in Kraft, das von Rhee aus Protest nicht unterschrieben, aber auch nicht desavouiert wurde, allerdings nur auf die amerikanische Zusage hin, einen bilateralen Sicherheitspakt mit Südkorea abzuschliessen.[40]

---

38 Bohlen an das DOS, 28. Mai 1953; in: FRUS XV/1, S.1110 f.

39 JFD, 21. Mai 1953; in: FRUS XV/1, S.1068

40 Auf Rhees diverse Versuche, die amerikanischen Bemühungen um ein Waffenstillstandsabkommen zu desavouieren, wird in dieser Arbeit nicht näher eingegangen. Es sei hier nur auf eine Notiz in DDE's Tagebuch (24. Juli 1953; in: Ferrell, 1981, S.248) verwiesen: "(There was) a long list of items in which Rhee has been completely uncooperative, even recalcitrant."

5.2. Die amerikanische Perzeption des Waffenstillstandes

Dass die Sowjetunion und China mit dem Abschluss dieses Waffenstillstandes eindeutig Konzessionen gemacht und eine politische Niederlage erlitten hätten, über diese Einschätzung bestanden weder in den Vereinigten Staaten noch in Europa die geringsten Zweifel, von einigen Hardlinern im Kongress einmal abgesehen. Der Tenor in den USA war deutlich: Die Administration hatte einen politischen Sieg errungen, die Kommunisten hatten den amerikanischen Forderungen in der POW-Frage eindeutig nachgegeben. Dass die kommunistische Seite in der Tat auf die westliche Position eingeschwenkt ist, daran kann kein Zweifel bestehen. China, Nordkorea und indirekt die Sowjetunion hatten am 27. Juli 1953 jenem Vertragsentwurf der US-/UNO-Delegation zugestimmt, den sie zuvor monatelang strikte abgelehnt hatten.

Interessant ist nun aber, worauf die Administration Eisenhower die Konzessionen der Kommunisten zurückführte. Warum haben die UdSSR und China nachgegeben? Die Perzeption der Administration weist zwei Hauptmerkmale auf:

1. Das Zustandekommen dieses Waffenstillstandes wurde in Washington als Erfolg der eigenen Politik der Stärke gegenüber den Kommunisten interpretiert.
2. Das Einlenken der Sowjetunion in Korea änderte nach Auffassung der Regierung nichts am Kurs der russischen Aussenpolitik und an der Einschätzung, dass die "Friedensoffensive" resp. die Beteuerung der Kooperationsbereitschaft nicht ehrlich gemeint war.

Der für Eisenhower und Dulles ausschlaggebende Grund für das Einlenken der Sowjetunion und Chinas war die dem amerikanischen Vorschlag vom 25. Mai 1953 vorausgegangene diplomatische Initiative des Aussenministers in Indien. Beide gingen davon aus, dass Nehru Dulles' Aeusserungen als Drohung verstand, die Vereinigten Staaten würden den Koreakrieg auf China ausweiten und dabei Atomwaffen einsetzen. Sie nahmen weiter an, dass Nehru diese amerikanische Drohung an die chinesisch-koreanische Delegation übermittelt habe. Eisenhower schilderte in seinen Memoiren, dass

> "In India and in the Formosa Straits area, and at the truce negotiations at Panmunjom...we droped the word, discretly, of

> our intention (that) in the absence of satisfactory progress, we intended to move decisively without inhibition in our use of weapons, and would no longer be responsible for confining hostilities to the Korean Peninsula. (...) We felt quite sure it would reach the Soviet and Chinese Communist ears." 41)

Unmittelbar nach dieser Warnung, so Eisenhower, hätten sich die Aussichten auf den Abschluss des vom Westen vorgelegten Abkommens schlagartig verbessert. Dulles war der selben Ansicht wie der Präsident. An einem Aussenministertreffen der Anzus-Staaten am 9. September 1953 führte er aus, dass

> "...the outcome (of the armistice) had been helped by a discussion...with Prime Minister Nehru in which (I) explained the U.S. position and policies, ...after the talks the Communists had dropped their insistence on forcible repatriation. At this time the Communists were ripe for an armistice." 42)

Am Bermuda-Meeting anfangs Dezember 1953 bekräftigte Dulles gegenüber Churchill und Laniel:

> "The principal reason we were able to obtain the armistice was because we were prepared for a much more intensive scale of warfare. We already had sent the means to the theater for delivering atomic weapons. This became known to the Chinese through their good intelligence and in fact we were not unwilling that they should find it out. The Secretary wished to emphasize that the armistice had been obtained from a position of strenght and not of weakness. (...) A knowledge by the other side of our willingness and ability to wage a more intensive and vigorous war...had been the case up to the armistice." 43)

Entscheidend war für Dulles also, dass die Kommunisten zum einen die Entschlossenheit der USA zur Intensivierung des Krieges und zum andern

---

41 DDE (1963), S.181
Nehru-Biograph Gopal (1979), S.148, stellt JFD's und DDE's Behauptung entschieden in Abrede: "Whatever Chinas reasons for this step, it was certainly not because of any warning of Dulles, conveyed to China by Nehru after his talks with Dulles in May 1953, that if the truce negotiations failed, the United States would enlarge the war." Gopal beruft sich dabei auf eine Note Nehrus vom 16. September 1953, worin sich dieser selber von der amerikanischen Behauptung distanziert hatte.

42 JFD, 9. September 1953; in: FRUS XV/2, S.1505

43 JFD, 7. Dezember 1953; in: FRUS V/2, S.1811 und 1813
JFD's Ueberzeugung, dass nur eine Politik der Stärke eine erfolgreiche Aussenpolitik sein konnte, wird auch in der Literatur immer wieder hervorgehoben, so etwa bei Spanier (1966), S.108; Gerson (1967), S.146; Holsti (1970), S.1511; George (1974), S.235 ff.; Gaddis (1982), S.169; Ambrose (1984), S.98

die militärische Fähigkeit, die dazu notwendig war, erkannten.

Ein weiterer Bestandteil der aus amerikanischer Optik erfolgreichen Politik der Stärke war der Rückzug der 7. Flotte aus der Strasse von Formosa. Dies war mithin der in den öffentlichen Stellungnahmen angeführte Grund für die Verhandlungsbereitschaft der Kommunisten. Dulles erklärte am 26. Juli 1953 in einer Rede, dass China auf diesen Druck hin "responded...and offered to reopen general negotiations."[44] Ueberdies tönte der Aussenminister an, dass die amerikanische Wirtschaftsblockade gegen China eine Rolle gespielt haben dürfte: "Chinese economic suffering...might be one reason why they wanted an armistice."[45]

In seiner einzigen Rede zum Waffenstillstand würdigte Eisenhower das Abkommen als eindrückliche Demonstration der Entschlossenheit des Westens, der weltweiten kommunistischen Aggression entgegenzutreten. Der Koreakrieg habe bewiesen, dass der Westen Angriffe auf die Freiheit überall auf der Welt im Kollektiv abwehre:

> "We have seen the United Nations meet the challenge of aggression - not with pathetic words of protest, but with deeds of decisive purpose." 46)

Dem offiziellen UNO-Lob stand Eisenhowers tiefe, privat geäusserte Skepsis gegenüber der Effektivität des Prinzips der kollektiven Sicherheit im Rahmen der Vereinten Nationen entgegen. Drei Tage vor seiner Rede hatte Eisenhower ins Tagebuch notiert, Verlauf und Abschluss des Koreakrieges sei mit dermassen vielen Mühen verbunden gewesen,

> "...that it raises in my mind a serious question as to whether or not the United Nations will ever go again to an area to protect the inhabitants against communist attack." 47)

Das zweite Hauptmerkmal der amerikanischen Perzeption des Waffenstillstandsabkommens war die Auffassung, dass das Einlenken der Kommunisten nicht als echtes Zeichen für wirkliche Kooperationsbereitschaft der Sowjetunion interpretiert werden dürfe. In seiner "Chance for Peace"-Rede vom 16. April 1953 hatte Eisenhower noch betont, die So-

---

44 JFD, 26. Juli 1953; in: JFD-P., Box 75

45 JFD, 148. NSC-M., 4. Juni 1953; in: FRUS XV/1, S.989

46 DDE, 26. Juli 1953; in: PP (1953), S.521

47 DDE, 24. Juli 1953; in: Ferrell (1981), S.248

wjetunion könne mit der Einwilligung zu einem Waffenstillstand einen Beweis für die Aufrichtigkeit ihrer "Friedensoffensive" erbringen. Das galt jetzt, nach dem Abschluss des Vertrages, nicht mehr. Der Präsident schrieb am 24. Juli ins Tagebuch, die Kommunisten hätten sich in den Verhandlungen als dermassen widerspenstig erwiesen, dass er daran zweifle, ob der Waffenstillstand überhaupt etwas bedeute. Dulles war sicher, was er nicht bedeutete, als er vor der UNO-Generalversammlung ausführte:

> "(this is) an inconclusive test to peace because there was by then an effective military barrier to aggression. The Korean political conference, if the Communists come to it, will afford a better test." 48)

Eine NSC-Analyse hatte schon sechs Wochen vor der Unterzeichnung des Waffenstillstandes davor gewarnt, dass

> "...the conclusion of an armistice in Korea by the Communists on terms acceptable to the UN (does) not represent a basic change in...Communist policy, but would merely represent a tactical shift designed to create an atmosphere in which resistance to Communism and Soviet imperialism will be weakened." 49)

Und auch die JCS legten Wert auf die Feststellung, dass

> "Neither an armistice nor a political settlement based on a neutralized Korea should be viewed as an indication that the Communists have changed or abandoned their objective of bringing the Korean peninsula under their domination." 50)

Es existierten allerdings einige wenige regierungsinterne Evaluationen, die diese dominierende Interpretation mindestens andeutungsweise in Frage stellten oder wenigstens ergänzten. Ein "Intelligence Report" des Aussenministeriums zuhanden von Dulles betonte zwar ebenfalls, das Abkommen sei kaum ein schlüssiger Beweis für einen generellen aussenpolitischen Kurswechsel der Sowjetunion und Chinas, doch immerhin:

> "...it is still true that Moscow has echoed the Western position that ending the Korean conflict is a necessary first step in a general relaxation of tensions." 51)

---

48 JFD, 17. September 1953; in: DFR (1953), S.37

49 NSC 154, 15. Juni 1953; in: FRUS XV/2, S.1174

50 JCS an Wilson, 30. Juni 1953; in: FRUS XV/2, S.1289

51 DOS-IR Nr. 6356, 21. Juli 1953; in: NA, Diplomatic Branches, Department of State, 1953

Und auch der NSC-Report Nr. 157 wollte nicht kategorisch ausschliessen, Korea könnte vom globalen Standpunkt der UdSSR aus gesehen jener Ort sein, an dem sie ihre Kooperationsbereitschaft zeigen wolle. Am 7. Juli 1953 schrieb Bohlen an Dulles, die Ereignisse der letzten Monate, insbesondere das Einlenken in Korea, könnten nicht einfach abgetan werden als

> "...simply another peace campaign designed solely or even primarily to bemuse and divide the West. The events that have occurred here cumulatively add up, in my opinion, to something considerably more important, offering on the one hand more opportunities and on the other considerably more dangers than the standard propaganda gestures which we have seen since the end of the war." 52

Doch Bohlens Meinung war bei Dulles nicht gefragt.[53] Die vorherrschende Meinung im Weissen Haus und im Aussenministerium war, dass der Waffenstillstand in den Ost-West-Beziehungen nichts geändert hatte und alles beim alten geblieben war.

Aus ihrer Interpretation des Zustandekommens des Waffenstillstandes resultierten für die Administration vor allem zwei Schlüsse, die es daraus als Lehre für den künftigen Umgang mit der Sowjetunion zu ziehen galt:

1. Die nukleare Drohung hatte sich in Korea als effizient zur Durchsetzung der politischen Interessen der Vereinigten Staaten erwiesen. Sie liess sich nach Ansicht der Administration auch künftig wirksam zur Abschreckung der Sowjetunion resp. Chinas vor Aggressionen wie im Falle Koreas einsetzen, wenn man vorgängig und unmissverständlich massive militärische Vergeltung bei einer allfälligen Aggression androhte. Eine demonstrative Politik der Stärke, die dem Gegner enorme Kosten im Falle eines Angriffs gegen ein Land der "freien Welt" in Aussicht stellte, würde künftig Fehlkalkulationen der Kommunisten in der antizipierten Reaktion des Westens verunmöglichen und damit auch Kriege wie in Korea verhindern.

---

52 Zit. nach Bohlen (1973), S.352

53 Diese Ansicht vertritt auch Robert Tucker, der 1953 auf der US-Botschaft in Moskau in einer untergeordneten Charge gearbeitet hat. Bohlen hatte nach Tuckers Auffassung "never...any influence on Mr. Dulles." Bohlen sei im Gegensatz zu Dulles nie "a very forceful thinker" gewesen. Tucker in einem Interview mit dem Verf., Princeton, 28. Oktober 1984. Diese Meinung vertritt auch Greenstein in Interview mit dem Verf., Princeton, 6. Oktober 1984. Vgl. weiter auch Bohlen (1973), S.371

Diese aus Korea gezogene Lehre hatte auch einen wichtigen Einfluss auf die gleichzeitig im Gang befindliche Grundsatzüberprüfung resp. Neuformulierung der amerikanischen Aussen- und Sicherheitspolitik. Das Resultat dieser Evaluation, der "New Look", enthielt in seinem zentralen Teil die oben geschilderte Erfahrung, den die Administration mit der nuklearen Abschreckungswirkung in Korea gemacht hatte.[54]

2. Weil man in Washington vermutete, die Einwilligung der Kommunisten in einen Waffenstillstand könnte ihnen dazu dienen, die Abwehrbereitschaft des Westens zu schwächen, war es, in den Worten von NSC 154, nötig, dass

> "...a major effort should be made at the highest levels to convince our allies that to relax our guard against Communist aggression in the Far East, merely because the Communists have agreed to stop killing UN soldiers, would display weakness on the part of the free world which the Communists could be expected to exploit to the utmost." 55)

NSC 154 stellte fest, dass die europäischen Alliierten nach dem Ende des Koreakrieges nun aber vollends unwillig waren, China weiterhin politisch und wirtschaftlich unter Druck zu setzen. Gehörte die deutliche Mahnung zu einer kompromisslosen westlichen Verteidigungsbereitschaft und politischen Geschlossenheit schon während der sowjetischen "Friedensoffensive" zum Standardvokabular der Administration, so wurde sie nach Abschluss des Waffenstillstands erst recht zum obligatorischen Bestandteil jeder öffentlichen Aeusserung von Eisenhower und Dulles zur amerikanischen Aussenpolitik. Die Mahnungen erfolgten aber auch permanent im Kreise der westlichen Minister, so etwa von Dulles an der Bermudakonferenz, wie das Gesprächsmemorandum festhält:

> "Secretary Dulles felt that the First and Second World War might have well been avoided if the enemy had known in advance of our unity and determination. He would hope for a similar show of unity by all free powers." 56)

---

54 Vgl. dazu Kap. 6 und 7

55 NSC 154, 15. Juni 1953; in: FRUS XV/2, S.1176

56 JFD, 7. Dezember 1953; in: FRUS V/2, S.1813

5.3. Fazit: Fragwürdige Risikopolitik

Eisenhower und Dulles fühlten sich durch ihre Interpretation des Zustandekommens des Waffenstillstandes in Korea in der Auffassung bestätigt, dass sich ihre Ziele mit einer Politik der Stärke gegenüber der Sowjetunion erreichen liessen. Ob eine von der Sowjetunion und China wahrgenommene amerikanische Drohung, den Koreakonflikt mit einem Atomwaffeneinsatz auf China militärisch eskalieren zu lassen, tatsächlich der entscheidende Grund für das Einlenken der Kommunisten war, ist wegen mangelnden Zugangs zu den Quellen in der UdSSR und in China nicht eindeutig zu beantworten. Zum Verständnis der Politik der Administration Eisenhower ist diese Frage im Grunde jedoch ohne Relevanz, denn deren Handeln wurde ja nicht durch die "objektive" Situation, sondern durch die subjektive Perzeption dieser Situation bestimmt. Einmal abgesehen davon, dass die bilateralen Beziehungen zwischen China und der Sowjetunion nie ausführlich diskutiert wurden, schloss die Administration weitere, beispielsweise innenpolitisch bedingte Einflussfaktoren bei der Interpretation der Entwicklung in Korea praktisch aus.[57] Der Abschluss des Waffenstillstandes wurde genau so interpretiert, dass die eigenen Vorteile - eine Politik der Stärke gegenüber der UdSSR führt zum Erfolg - bestätigt wurde.

Die Situation in Korea war von der Administration ursprünglich mit der sowjetischen "Friedensoffenive" in Verbindung gebracht worden. Ein Waffenstillstand nach westlichen Vorstellungen wurde als Zeichen einer aufrichtigen und echten Kooperationsbereitschaft der Sowjetunion gefordert. Nachdem dies Tatsache geworden war, rückte die Administration jedoch von ihrer alten Auffassung ab. Die UdSSR hatte demnach nur als Folge des amerikanischen Drucks nachgegeben, vielleicht gar mit der Absicht, den Westen in ein falsches Gefühl der Sicherheit zu wiegen. Diese veränderte Interpretation verdeutlicht, dass sich die Sowjetunion nach Stalins Tod im Grunde so oder anders verhalten konnte, die Administration perzipierte immer die gleichen, unveränderten Ab-

---

57 Dass auch ganz andere Interpretationen möglich sind, zeigt z.B. Ulam (1971), S.206. Er glaubt, dass die neue sowjetische Führung von Mao zur Einwilligung in diesen Waffenstillstand gedrängt worden ist, weil Mao den Krieg so schnell wie möglich habe beenden wollen, um sich den für ihn vorrangigen innen- und wirtschaftspolitischen Aufgaben zuwenden zu können. Die UdSSR kam Mao insbesondere deshalb entgegen, um sich dadurch Chinas Loyalität zu versichern.

sichten hinter dem politischen Kurs des Gegners. Wurde die sowjetische Politik als relativ kooperativ empfunden, galt sie als clevere Taktik, mit der der Westen in hinterlistiger Art und Weise düpiert werden sollte. Interpretierte man einen sowjetischen Schritt als Konfrontation, wurde das eigene Feindbild ohnehin von vornherein bestätigt. Dieses auf einem fundamentalen Misstrauen gegenüber dem Phänomen "Kommunismus" beruhende Grundmuster der amerikanischen Perzeption der Sowjetunion verunmöglichte eines: Vertrauensbildung und eventuell Entspannung. Das erwähnte grosse Misstrauen und die Unsicherheit gegenüber der Sowjetunion führten mit grösster Wahrscheinlichkeit zu einer verzerrten amerikanischen Einschätzung der Motive der Gegenseite. Es gibt übrigens keinen Grund, nicht anzunehmen, dass dies auch auf sowjetischer Seite der Fall war, denn die Logik der Gegnerschaft gebot beiden, von der jeweils denkbar schlechtesten Interpretation auszugehen, d.h. dem andern eine prinzipiell konfrontative und nicht kooperative Strategie zu unterstellen. Dieser Mechanismus musste fast zwangsläufig zur gegenseitigen Feindbildbestätigung führen. (Diese Bemerkungen sollen nun keinesfalls suggerieren, die Konfrontation zwischen den beiden Grossmächten sei im Prinzip auf die jeweils verzerrte Perzeption der anderen Seite zurückzuführen und letztlich die Folge eines grossen Missverständnisses. Es waren sehr wohl reale Interessengegensätze vorhanden, die einerseits den Konflikt auslösten und schürten, andererseits Verhandlungslösungen erheblich erschwerten.)

Aus europäischer Sicht erstaunlich, ja geradezu erschreckend, ist die Kompromisslosigkeit mit der die Administration einen Waffenstillstand anstrebte. Erschreckend ist nicht diese Tatsache an sich, sondern das entschlossene Festhalten an einem Kurs, mit dem sie nach Einschätzung der Stabschefs ebenso wie des stellvertretenden Aussenministers, wenn nicht gar einen Zusammenbruch der Nato, so doch zumindest schwerste politische Erschütterungen in der westlichen Allianz in Kauf nahm. Von kollektiver Sicherheit, Konsultationen oder politischer Rücksichtsnahme auf die Bündnispartner - in Eisenhowers öffentlichen Statements ansonsten immer als fundamentale Prinzipien der amerikanischen Aussenpolitik zelebriert - war in den NSC-Sitzungen zum Thema "Korea" wenig bis gar nicht die Rede. Die Administration fühlte sich dermassen stark unter Druck zur Beendigung des Koreakrieges, dass sie offenbar ein hohes

Risiko dazu einzugehen bereit war. Die Verfechter eines harten Kurses in Korea wollten realistischerweise auch nicht ausschliesslich, dass die von ihnen geplante Intensivierung der militärischen Aktionen zu einem Weltkrieg eskalieren konnte, und dies nicht ohne Grund. Die möglichen Abwurfsgebiete für Atomwaffen in China lagen lediglich rund 500 Kilometer von Wladiwostok entfernt. In Anbetracht der möglichen weltweiten Folgen von katastrophalem Ausmass war die Risikobereitschaft der Administration völlig unverantwortlich.[58] Ob allerdings die Regierung bei anhaltender Weigerung Chinas und der UdSSR zur Akzeptierung eines Waffenstillstandes nach westlichen Vorstellungen tatsächlich Atomwaffen eingesetzt hätte, und zwar auch in China, ist trotz ihrer im NSC geäusserten Bereitschaft nicht sicher. Denn es ist eines, diesen Schritt am Diskussionstisch grundsätzlich ins Auge zu fassen, und ein anderes, tatsächlich auf den ominösen Knopf, der die Atombombe unwiderruflich ausklinkt, zu drücken. In Indochina jedenfalls hat die Administration nur ein halbes Jahr später auf eine militärische Eskalation unter Atomwaffeneinsatz insbesondere aus jenem Grund verzichtet, der für sie in Korea (den NSC-Diskussionen nach zu schliessen) noch keiner war: starke politische Widerstände bei den Alliierten.[59]

Insgesamt, und dies sei hier abschliessend betont, war die Strategie der Administration zur Beendigung des Krieges zweifellos nicht jenes diplomatisch-taktische Meisterstück, wie dies von Eisenhower-Revisionisten bisweilen suggeriert wird. Dafür war die Drohpolitik mit zu hohen Risiken und zu vielen Unsicherheiten verbunden.[60]

---

58 Den Einschätzungen von Friedman (1975) und Bernstein (1981) ist in diesem Sinne vollauf beizupflichten.

59 Zu Indochina vgl. Kap. 8.3., S.229 ff.

60 Den Auffassungen von Kaufman (1986) und Keefer (1986) ist in diesem Punkt zuzustimmen, obwohl beide dazu neigen, die Gefahr einer nuklearen Eskalation als Folge dieser Drohpolitik etwas zu unterschätzen.

6. DIE REVISION VON "CONTAINMENT": "PROJECT SOLARIUM"

Die Forderung nach einer grundsätzlichen Neuorientierung der amerikanischen Aussenpolitik war ein fester Bestandteil in den republikanischen Wahlkampfreden von 1952. Die Trumansche "Containment"-Politik, aus republikanischer Sicht zu teuer und militärisch-politisch zu wenig effizient, sollte endlich durch ein neues Konzept abgelöst werden, bei der (nicht zuletzt der finanzielle) Aufwand und Ertrag in einem besseren Verhältnis stehen würden. Diese Evaluation im Lichte einer veränderten Prioritätenordnung dauerte von der Lancierung des "Project Solarium" Ende März das ganze Jahr 1953 und fand mit einer Rede von Dulles Mitte Januar 1954, in der er über die Ergebnisse der Evaluation berichtete, ihren vorläufigen Abschluss. Im Rahmen des Projektes "Solarium" wurden drei Analysen zur amerikanischen Aussen- und Sicherheitspolitik erarbeitet und anschliessend dem Nationalen Sicherheitsrat (NSC) zur Diskussion vorgelegt. Das Resultat dieser Diskussion resp. die dort getroffenen Entscheide wurden vom NSC-Planungsstab in einem Grundsatz-Papier, NSC 162/2, zusammengefasst. NSC 162/2 wurde am 30. Oktober 1953 von Eisenhower unterzeichnet und galt somit als künftige Richtlinie für die amerikanische Aussen- und Sicherheitspolitik.

6.1. Aufwertung des NSC und Initiierung von "Solarium"

Eisenhower und Dulles hatten bereits im Wahlkampf angekündigt, der NSC müsse zu einem zentralen Diskussions- und Entscheidungsforum der Administration aufgewertet werden, um dadurch eine konsistente Langzeitplanung der amerikanischen Aussen- und Sicherheitspolitik zu ermöglichen. Die am 23. März vorgenommene, vom Präsidenten offiziell bekanntgegebene Aufwertung des NSC wurde unverzüglich durch die Ernennung diverser neuer Mitglieder dieses Gremiums unterstrichen.[1] Die Administration war insbesondere aus zwei Gründen zu einer umfassenden

1 Der NSC wurde in der Folge das zentrale Gremium der Administration Eisenhower für die Langzeitplanung der Aussen- und Sicherheitspolitik. Die wöchentlich abgehaltenen Sitzungen hatten einen erheblichen Einfluss auf die Entscheidungs-

Ueberprüfung der Aussen- und Sicherheitspolitik motiviert:

- Sie ergab sich für das Gespann Eisenhower/Dulles aus der im Vergleich zu Truman neuen politischen Prioritätensetzung - Stichwort: aktivere, effizientere und gleichzeitig billigere Aussen- und Sicherheitspolitik. Eine solche Expertise war noch 1952 von Truman in Auftrag gegeben worden, an der unter anderen Acheson und Harriman mitgearbeitet hatten. Diese Studie stimmte indessen nur marginal mit den Vorstellungen der neuen Administration überein, namentlich was die Höhe der Verteidigungsausgaben betraf.[2] Die Aufnahme von Finanzminister George Humphrey in den NSC war ein deutliches Indiz für den Willen der Regierung, wirtschaftlichen Ueberlegungen stärkeres Gewicht in der aussen- und sicherheitspolitischen Planung einzuräumen.
- Eisenhower hatte eine von seiner militärischen Vergangenheit herrührende Vorliebe für harte, kontrovers geführte Grundsatzdebatten - ganz analog zu Generalstabsdiskussionen.[3] (Diese Lust zum kontradiktorisch geführten privaten Gespräch stand in deutlichem Kontrast

---

findung in der Regierung, weil nur in diesem Rahmen der Meinungsaustausch sämtlicher mit der Aussenpolitik befassten Ministerien stattgefunden hat.

An den NSC-Sitzungen nahmen jeweils etwa 15 bis 20 Personen teil, unter ihnen: DDE, Nixon, JFD und mehrere Assistenzsekretäre, Verteidigungsminister Wilson und sein Stellvertreter, Harold Stassen als Chef der "Mutual Security Agency", der Vorsitzende der Stabschefs, Radford, Präsidentenberater C.D. Jackson, Arthur Flemming als Direktor des "Office of Defense Mobilization", Finanzminister George Humphrey, CIA-Chef Allen Dulles (JFD's Bruder), Admiral Lewis Strauss (Vorsitzender der Atomenergiekommission), Robert Cutler als Koordinator des NSC-Planungsstabes, Robert Bowie als Chef des Planungsstabes des Aussenministeriums. Je nach Thema wurden weitere Experten der Administration hinzugezogen.

Ein wichtiger Teil der NSC-Arbeit fiel dem sog. NSC-Planning Board zu. Diesem Stab, der jeweils zweimal pro Woche tagte, gehörten die Assistenzsekretäre der für Aussen- und Sicherheitspolitik zuständigen Ministerien an. Dieser Planungsstab erhielt jeweils vom NSC-Plenum den Auftrag, Grundsatzpapiere als Diskussionsgrundlagen für die NSC-Sitzungen zu erarbeiten. Es waren auch diese vom Planungsstab verfassten und dann jeweils vom Plenum revidierten Dokumente, die als verbindliche Richtlinie für die Festlegung der Aussenpolitik vom Präsidenten unterzeichnet wurden. Wichtig für Funktionsweise und Stellenwert des NSC sind Cutler (1965), S.293-314; Alexander (1975), S.25-35; Greenstein (1982), S.124 ff.

2 Die Studie, NSC 141, ist zu finden in: FRUS II/2, S.209-222

3 Vgl. Hughes (1963), S.152 f.; Cutler (1965), S.305; Cook (1981), S.150; Greenstein (1982), S.126 f.; Ambrose (1984), S.79 f. und 203 f.; Goodpaster in Thompson (hg., 1984), S.74. Das von George (1980) skizzierte "Formalistic Model" der Entscheidungsstrukturen in der Administration DDE ist hingegen zu hierarchisch und verkennt zumindest tendenziell die Bedeutung des NSC im Entscheidungsfindungsprozes.

zu seinen öffentlichen Auftritten, bei denen er den Eindruck eines "harmonizer", eines Vermittlers zwischen unterschiedlichen Standpunkten hinterliess.[4] Der NSC bot den von Eisenhower gewünschten organisatorischen Rahmen, um seine Minister und seine Berater zu einem gut funktionierenden Team, einem Stab, zu formen.[5] Dulles sah die Parallele zum NSC nicht wie der Präsident in militärischen Stäben, sondern im Politbüro des Kremls. Dieses sei, meinte er im Oktober 1952, das bestimmte Gremium in der Sowjetunion, dessen Mitglieder

> "...gave an impressive quality of cold calculation which has made the Russians the world's greatest chess players. On our side there is nothing comparable. Washington totally lacks any high-ranking central body capable of planning and directing our strategy, tactics and objectives in the 'cold war'. This is why we are loosing it and we shall go on loosing it until we have a body which can plan ahead and enable us to seize the initiative." 6)

Der Entscheid, den NSC als Planungszentrum zu reaktivieren, wurde indessen nicht durch Stalins Tod beeinflusst, obwohl damals der NSC-Planungsstab erstmals mit Analysen auftrat, die dem Sicherheitsrat als Diskussionsgrundlage dienten.[7]

Die Initiierung des Projektes "Solarium" (benannt nach einem Sitzungszimmer des Weissen Hauses) ist ebenso wie die erhöhte Bedeutung des NSC Ausdruck der Entschlossenheit der Administration, ihre Aussenpolitik grundsätzlich zu überdenken. Die Idee zu "Solarium" stammt ursprünglich von Dulles und Unterstaatssekretär Walter B. Smith. In einer privaten Gesprächsrunde führte der Aussenminister Ende März gegenüber Smith, CIA-Chef Allen Dulles und dem NSC-Koordinator Robert Cutler aus:

> "Now that the President has approved...the revival of the Council, shouldn't we tackle a policy statement to fulfill our campaign ideas? I conceive three possible alternatives to choose from or to combine in part...To begin is the important thing." 8)

---

4 Vgl. Halle (1969), S.268; Kennan (1972), S.185, der DDE "the nation's first boyscout" nannte; Greenstein (1982), S.74 ff.

5 Greenstein spricht bei der Aufwertung des NSC und der Lancierung des "Project Solarium" von "teambuilding" des Präsidenten, der sein Kabinett auf diese Weise zu einem gut funktionierenden Stab "zusammenschweissen" wollte; Greenstein in Interview mit den Verf., 3. Oktober 1984, Princeton.

6 JFD, 14. Oktober 1952; in: JFD-P., Box 64

7 Zum NSC-Planungsstab vgl. Anm. 1

8 JFD zit. nach Cutler (1965), S.308

Smith pflichtete bei, dies könne eine "significant staff study" werden: "Three teams of crack fellows, expertly trained, each developing an alternative."[9] Eisenhower stimmte Dulles' Idee unverzüglich zu, als ihm der Aussenminister diese Anliegen einen Monat später unterbreitete. Der Präsident beauftragte Cutler, Smith und Allen Dulles, ein Grobkonzept auszuarbeiten. Er selber beteiligte sich hingegen ebenso wenig am Projekt wie Foster Dulles. Andrew Goodpaster, ein "Solarium"-Mitarbeiter, betont im Rückblick, der Aussenminister habe nicht eine bestimmte Version forciert, sondern "was very anxious to get this spectrum laid out."[10] "Solarium" sollte nach Auffassung seiner Initianten unabhängig von der aktuellen Tagespolitik und von parteipolitischen Rücksichten ausgearbeitet werden, deshalb nahm auch kein Mitglied aus der Administration daran teil. Wie schon im Falle des NSC, so spielte auch hier Stalins Tod keine, zumindest keine massgebliche Rolle für die Lancierung des Projektes "Solarium". Es waren vielmehr längerfristige Probleme, die für die Administration einer eingehenden Erörterung bedürftig waren. Vizepräsident Nixon deutete das wichtigste davon an:

> "...when the Soviet Union has amassed a substantial stockpile of atomic weapons to deal us a critical blow and to rob us the initiative in the area of foreign policy. The President agreed ...and explained that Project Solarium was being initiated with this precise problem in mind." 11)

Die Administration mass dem Vorhaben von Beginn an einen grossen Stellenwert bei. Eisenhower sprach gegenüber Dulles von einem "highly classified and urgent project for the National Security Council."[12] Der NSC werde dann über die vorgelegten Alternativen beraten "...as much as would judges in a case in a law court."[13] Die Arbeiten dauerten insgesamt 6 Wochen und wurden am 22. Juli abgeschlossen. Als Arbeitsraum stand den drei "Solarium"-Gruppen das "National War College" in Washington zur Verfügung.

Jede Studiengruppe bestand aus 7 Männern. Wer die Mitarbeiter resp. die drei Gruppenchefs bestimmt hat, ist aufgrund der aktuellen Quellenlage nicht zu eruieren. Klar ist nur, dass der NSC-Planungsstab

---

9 Smith zit. nach Cutler (1965), S.308

10 Goodpaster-OH (1966), S.3 f.. Diese Meinung wird durch Kennan, der auch an "Solarium" beteiligt war, bestätigt: "It is my recollection that Mr. Dulles took no part in the exercise." Brief von Kennan an den Verf., 4. Januar 1985

11 Nixon, 146. NSC-M., 13. März 1953; in: FRUS XV/2, S.1016

12 DDE an JFD, 20. Mai 1953; in: FRUS II/1, S.349

13 DDE, 146. NSC-M., 13. Mai 1953; in: FRUS XV/2, S.1016

unter Cutlers Aegide Vorschläge gemacht hat. Es ist wahrscheinlich, dass Eisenhower die Gruppenleiter selber ausgesucht, zumindest aber seine Zustimmung zu deren Ernennung gegeben hat.[14] Die Studiengruppen bestanden jeweils rund zur Hälfte aus zivilen Experten und Militärs.

- "Task Force A" (TFA) stand unter der Leitung von niemand anderem als George F. Kennan, der hier - nur Wochen nach seiner Entlassung aus Dulles' Diensten - quasi sein Comeback feierte. Zusammen mit vier Offizieren und zwei zivilen aussenpolitischen Experten oblag ihm die Aufgabe, eine Sicherheitspolitik zu formulieren, wie sie im wesentlichen bereits seit 1948 existierte. TFA wurde regierungsintern die "Containment"-Gruppe genannt.[15]
- "Task Force B" (TFB) wurde von Luftwaffengeneral James McCormack, einem Experten in Atomwaffen, präsidiert. Ihm standen vier zivile Spezialisten in Aussenpolitik sowie zwei Offiziere zur Seite.[16] TFB lag als Ziel vor, "to draw a line" um jene als vital für die Interessen der Vereinigten Staaten eingestuften Länder zu ziehen, die unter keinen Umständen kommunistisch werden durften. Falls die UdSSR oder China diese Linie überschritten, würden die Vereinigten Staaten "takes measures of our own choosing, including offensive war."[17]
- "Task Force C" (TFC) schliesslich stand unter dem Vorsitz von Admiral Richard L. Conolly, der von vier Offizieren und zwei zivilen Beratern assistiert wurde.[18] TFC, intern als "Liberation"-Gruppe bezeichnet, sollte eine Politik mit folgender Ausrichtung formulieren:

> "To increase efforts to disturb and weaken the Soviet bloc and to accelerate the consolidation and strengthening of the free world to enable it to assume the greater risks involved with it." 19)

---

14 So vermutet Kennan (1972), S.181

15 Eine detaillierte Auflistung der Aufgabenstellung für die drei TF's ist zu finden in: "Paper Prepared by the Directing Panel of Project Solarium", 1. Juni 1953; in: FRUS II/1, S.360-366

16 Zu TFB gehörte als einziger namhafter ziviler Experte Philip E. Mosley, der Direktor des "Russian Institute" an der Columbia University.

17 Zit. nach Memo. von Cutler, 9. Mai 1953, S.326

18 Zu TFC gehörte unter anderem General Andrew Goodpaster, den DDE ein Jahr später als Stabssekretär im Weissen Haus engagierte. Vgl. dazu auch Goodpaster in Thompson (hg., 1984), S.64 f.

19 Zit. nach "Paper Prepared by the Directing Panel of Project Solarium", 1. Juni 1953; in: FRUS II/1, S.366

6.2. Die Perzeption der Sowjetunion

Die nur relativ kurze Abschnitte umfassende "Analysis of the Soviet Threat" bildete jeweils den Auftakt zu den drei Evaluationen. Entsprechend wurde höchstens am Rande Stellung genommen zu grundsätzlichen Fragen wie der künftigen Entwicklung der Sowjetunion nach Stalins Tod. (Dessen Name tauchte in der ganzen Studie nicht ein einziges Mal auf.) Auch die sowjetische "Friedensoffensive" wurde lediglich gestreift, und was George Kennan in bezug auf TFA bestätigt, galt auch für die beiden anderen Gruppen, nämlich: "The study was in no way influenced by the Soviet Peace offensive (and) affected in no way our premises."[20] Selbst wenn man in Rechnung stellt, dass das primäre Interesse von "Solarium" nicht der aktuellen, sondern der langfristigen Entwicklung des Ost-West-Konflikts galt, lässt dieser Umstand den Schluss zu, dass den jüngsten Ereignissen in der Sowjetunion offenbar keine profunde Langzeitwirkung zugeschrieben wurde. Systemstabilität und ideologische Ausrichtung waren demnach auch ohne Stalin gewährleistet, und in dieser Einschätzung stimmten die drei Studiengruppen ja auch mit der Auffassung der Administration überein. Die Task Forces waren sich grundsätzlich einig, dass die Sowjetunion durch die Kombination einer aggressiven und auf Expansion ausgerichteten Ideologie und einem ständig ausgebauten militärischen Potential eine Gefahr für die nationale Sicherheit der Vereinigten Staaten im besonderen und der "freien Welt" im allgemeinen darstellte. Keine Arbeitsgruppe nahm indessen an, dass die UdSSR einen grossangelegten Angriffskrieg gegen den Westen plante, um auf diese Weise die in ihren Programmen proklamierte Expansion des Kommunismus zu erreichen. Nach übereinstimmender Ansicht sollte "the free world" eher durch "political warfare" - Propaganda, um die westliche Allianz zu spalten - geschwächt werden. Zudem sei zu erwarten, dass die Sowjetunion weiterhin weltweit revolutionäre, antiwestliche Gruppierungen militärisch und diplomatisch unterstützen werde.

Dennoch sind gewisse Unterschiede bei den verschiedenen Bedrohungsbildern auszumachen. So ging beispielsweise TFA eindeutig am stärksten vom militärischen Potential der Sowjetunion als Bedrohung für die Vereinigten Staaten aus und hob hervor, dass die UdSSR in abseh-

20 Brief von Kennan an den Verf., 4. Januar 1985

barer Zeit über die Wasserstoffbombe und verbesserte Trägersysteme verfügen werde, was die Bedrohung erheblich verstärke. TFA machte aber diesbezüglich keine Vorschläge, sondern liess es bei der Feststellung bewenden. TFB legte demgegenüber ebenso wie TFC den Hauptakzent der Bedrohung auf die kommunistische Ideologie. TFB erwähnte das sowjetische Nuklearpotential mit keinem Wort, und TFC ging davon aus, dass es noch fünf Jahre dauern werde, bis die Sowjetunion "...will be able to deal a destructive blow to the United States."[21] Die insgesamt doch recht geringe Beachtung des aktuellen und vor allem des künftigen sowjetischen Militärpotentials in den Analysen von TFB und TFC ist in der Tat einigermassen erstaunlich, zumal deshalb, weil diesen Gruppen zwei Generäle vorstanden und die Militärs ansonsten immer ein sehr wachsames Auge für die militärische Potenz des Gegeners haben. Erstaunlich auch deshalb, weil sich Eisenhower just bei jenem Fragenkomplex Aufschluss aus "Solarium" erhoffte.

Eine weitere Differenz war, dass TFA als einzige Gruppe pro-kommunistische, anti-westliche und anti-koloniale Strömungen ausserhalb des sowjetischen Machtbereichs primär in "demands for rapid social and economic change" begründet sah, "which exist quite apart from Soviet-Communist threat but are effectively exloited by Communism."[22] Mit dieser differenzierten Optik stand TFA in deutlichem Kontrast zu der weitverbreiteten Meinung, wonach nahezu sämtliche internationalen Spannungsherde von Moskau und Peking aus provoziert und gesteuert wurden und dies mitunter auch als Beweis für angebliche Welteroberungspläne der Kommunisten angeführt wurde.[23] Exakt in dieser Richtung tendierte nun aber TFC, die politische Instabilität in Westeuropa und Asien einigermassen pauschal als Folge kommunistischer Subversion schilderte.[24]

---

21 TFC zit. nach "Summaries Prepared by the NSC Staff of Project Solarium. Presentations and Written Reports."; in: FRUS II/1, S.416. (Die Solarium-Schlussberichte wurden den NSC-Mitgliedern am 22. Juli 1953 verteilt.)

22 Ebenda, S.401

23 Dieser auch von DDE und vor allem von JFD zumindest in der Oeffentlichkeit geförderte Topos kam insbesondere bei den Ereignissen in Indochina und Guatemala zu tragen. Vgl. dazu auch Halle (1969), S.291; Knapp (1983), S.216, verweist zu Recht darauf, dass der McCarthyismus der "Weltverschwörungstheorie" ebenfalls kräftig Vorschub geleistet hat. Schweitzer (1983), S.33, macht - ebenfalls zu Recht - den Einfluss des Koreakrieges im gleichen Sinn geltend.

24 Halle (1969), S.291, merkt in diesem Zusammenhang in bezug auf die Situation in Asien treffend an, es gelte zu begreifen, "dass 'Kommunismus' für viele Asiaten mit nationaler Unabhängigkeit und mit der Gleichheit aller Menschen

Das bilaterale Verhältnis zwischen der UdSSR und China wurde erstaunlicherweise von keiner Studiengruppe explizit diskutiert. Implizit scheinen indessen alle von einer chinesischen Abhängigkeit von der Sowjetunion ausgegangen zu sein, wobei diese Abhängigkeit jedoch deutlich geringer als bei den osteuropäischen "Satellitenstaaten" eingestuft wurde. Ideologische Gemeinsamkeiten wurden weit stärker beachtet als nationale Eigenheiten, woraus die - vielleicht mit Ausnahme von TFA (Kennan!) - stark eingeprägte Optik eines monolithischen kommunistischen Blocks resultierte.

6.3. Die Strategien: Ziele, Mittel, Motive

Waren in der Einschätzung der Sowjetunion doch noch Gemeinsamkeiten zu erkennen, so wichen die Analysen in der Frage nach adäquaten Zielen und Mitteln der amerikanischen Aussen- und Sicherheitspolitik ganz erheblich voneinander ab.

Zunächst einmal bestand ein fundamentaler Unterschied in der Zielsetzung der amerikanischen Russlandpolitik zwischen TFA und TFB einerseits sowie TFC andererseits. Erstere betrachteten es als primäre Aufgabe, "to prevent further Soviet expansion."[25] Diesem im Kern auf Defensive resp. "Containment" bedachten Ziel stand jenes von TFC entgegen, das unverkennbar einen offensiven Charakter aufwies: Die "true objectives of the United States" seien:

a) "Ending Soviet domination outside traditional borders.
b) Destroying the Communist apparatus in the free world.
c) Curtailing Soviet power for aggressive war.
d) Ending the Iron Curtain.
e) Cutting down the strength of any Bolshevik elements left in Soviet Russia."[26]

Die "Liberation"-Gruppe, die den Ost-West-Konflikt am stärksten in ideologischen Kategorien definierte, führte als einzige ideelle Werte unter

---

identisch war - ein Begriff für Moral und Fortschritt, wie ja umgekehrt derselbe Begriff für die meisten Amerikaner einfach ein verallgemeinertes undefiniertes Prinzip darstellte. Man ist immer wieder zu sagen versucht, die Probleme internationaler Beziehungen seien grundsätzlich semantischer Natur."

25 Solarium-Schlussbericht; in: FRUS II/1, S.401

26 Ebenda, S.417

den fundamentalen nationalen Interessen resp. Zielen der Aussen- und Sicherheitspolitik an. TFC begründete ihre offensive Zielsetzung nicht nur ideologisch, sondern auch mit dem (angeblichen) Versagen der bis anhin primär auf Verteidigung des "Besitzstandes" angelegten "Containment"-Politik gegenüber der sowjetischen Bedrohung:

> "The Task Force concludes from a study of the Soviet threat that the time has been working against us. This trend will continue unless it is arrested, and reversed by positive actions. (...) The U.S. cannot continue to live with the Soviet threat. So long as the Soviet Union exists, it will not fall apart, but must and can be shaken apart." 27)

Diese Argumentation, von der "Liberation"-Gruppe nicht näher begründet, wurde nun insbesondere von TFA bestritten:

> "...one fears the aggressive thesis of Task Force C and must ask: if we won a war, what would we put in the place of the Soviet Government? There do not exist among Russian people at this time elements from which could be formed a democratic government." 28)

Das primäre Ziel der amerikanischen Russlandpolitik bestand für TFA darin, die Sicherheit des Landes im Lichte der sowjetischen Bedrohung zu gewährleisten. Die sekundäre Ausrichtung deckte sich mit jener von TFB, nämlich der Verhinderung einer weiteren kommunistischen Expansion über ihren aktuellen Herrschaftsbereich hinaus. "Liberation" war für TFA nur ein drittrangiges Ziel, und dies in wesentlich abgeschwächter Form. Die sowjetische Kontrolle über ihre osteuropäischen "Satelliten" sollte gelockert werden und China auf einen von der UdSSR unabhängigen aussenpolitischen Kurs gebracht werden. Die "Containment"-Gruppe machte indessen deutlich, dass jede amerikanische Russlandpolitik an den traditionellen Grenzen dieses Landes halt machen musste:

> "...rather than press for the destruction of the Soviet state, we should wait for an evolution in Soviet life and patterns of behavior which might follow from an eventual withdrawal within its traditional boundaries." 29)

Die "Containment"-Gruppe ging letztlich davon aus, dass sich die Ver-

---

27 Solarium-Schlussbericht; in: FRUS II/1, S.417 und S.434

28 Ebenda, S.434

29 Ebenda, S.434

einigten Staaten zumindest mittelfristig mit dem Status Quo in der Sowjetunion abzufinden hatten. Das primäre Ziel der amerikanischen Sowjetpolitik sollte demnach sein, allfällige Expansionsabsichten der Kremlführer zu zügeln. Man sollte jene gemäss TFA dazu bringen,

> "to accept the necessity of adjusting their objectives to those of peaceful co-existence with the free world." 30)

Implizit bedeutete diese Formulierung notabene die Anerkennung legitimer Sicherheitsbedürfnisse beider Seiten, auf die es bei der Planung der eigenen Politik entsprechend Rücksicht zu nehmen galt: eine Einsicht, die beispielsweise der rechtskonservative Flügel in der Republikanischen Partei weit von sich wies.

TFB, die "Drawing-the-Line"-Gruppe, formulierte in ihrem Bericht explizit keine Ziele, an denen sich die US-Aussenpolitik zu orientieren hatte. TFB verstand ihre Arbeit ohnehin eher als "support, rather than a substitute for existing policies."[31] TFB betonte denn auch, dass aus ihrer Sicht diverse Vorschläge der beiden anderen Studiengruppen ihre Unterstützung fanden, ohne dass jedoch solche Gemeinsamkeiten explizit erwähnt wurden. TFB's limitierte Zielsetzung lag im Prinzip darin, das amerikanische Militärpotential möglichst effizient einzusetzen:

> "Alternative 'B' is essentially a means for bringing the full measure of U.S. power into play to deter Soviet aggression over an extended period." 32)

Die zugrunde liegende Zielsetzung war eindeutig auf die Wahrung des "Besitzstandes" ausgerichtet, also tendenziell defensiv und weit mehr bei TFA als TFC anzusiedeln. Absolute Priorität kam der Verhinderung weiterer kommunistischer Expansion zu. Von einem Zurückdrängen der Sowjetunion aus ihrem momentanen Herrschaftsbereich war indessen nirgends die Rede.

Bei der konkreten Implementierung ihrer Strategien, in der Wahl der Mittel also, traten die Differenzen zwischen den drei Analysen noch

---

30 Solarium-Schlussbericht; in: FRUS II/1, S.401

31 Ebenda, S.413. Dass TFB ihre Arbeit letztlich weniger als Formulierung einer umfassenden Strategie, sondern viel eher als Vorschlag, das US-Militärpotential politisch effizienter zu nutzen, verstand, manifestiert sich auch im Umfang der Analysen: TFA umfasst im Original 19, TFB 5 und TFC 24 Manuskriptseiten.

32 Ebenda, S.413

weit schärfer hervor als bei den jeweiligen Zielvorgaben. TFA und TFB verfolgten im Grunde das gleiche Ziel, "Containment", doch divergierten sie erheblich in der Auffassung, wie dies am besten zu realisieren war. TFB konzentrierte sich dabei auf ein einziges Instrument, das die Sowjetunion weltweit in Schranken halten sollte:

> "The warning of general war as the primary sanction against further Soviet Bloc aggression. (...) Any advance of Soviet Bloc military forces beyond the present borders of the Soviet Bloc will be considered by the United States as initiating general war in which the full power of the United States will be used as necessary to bring about the defeat of the USSR and the dissolution of the Soviet Bloc." 33)

Die "Drawing-the-Line"-Gruppe stiess allerdings auf Probleme bei der Festlegung ihres quasi "nuklearen Verteidigungsperimeters" und musste in ihrem Schlussbericht feststellen, sie habe keine Grenze eruieren können, "which would exclude any large areas as not absolutely vital to U.S. security."[34] TFB gab jedoch trotzdem eine - entsprechend weit gefasste - Definition der vitalen Interessengebiete für die Vereinigten Staaten an. Die Linie sollte entlang den Grenzen des "Soviet Bloc" verlaufen und zudem jene Staaten im Nahen Osten und Südasien umfassen, die nicht in einen westlichen Sicherheitspakt integriert waren.[35] (Südamerika blieb zwar unerwähnt, wurde aber allein schon wegen der bestehenden Verpflichtungen im Rahmen der OAS zweifellos ebenfalls dem vitalen Interessengebiet zugerechnet. Auch Afrika wurde nicht aufgeführt; ob und allenfalls wo dort die Verteidigungslinie durchführen sollte, bleibt offen.) Mit diesem sehr weit gezogenen Interessenbereich ohne explizite Ausklammerung bestimmter Staaten oder Regionen strebte TFB somit faktisch eine globale Eindämmungspolitik an.

Die kommunistische Aggression, die automatisch einen amerikanischen Grossangriff auf die Sowjetunion mit allen verfügbaren militärischen Mitteln - folglich auch Atomwaffen - auslösen würde, konnte aus der Sicht von TFB nicht ein kleines Grenzscharmützel sein, sondern eine offene militärische Aggression mit regulären Truppen,

> "that would be clearly recognized as such by the President and the people of the U.S. as well as the free world as a whole." 36)

---

33 Solarium-Schlussbericht; in: FRUS II/1, S.413 und 414

34 Ebenda, S.413

35 Ebenda, S.414

36 Ebenda, S.412

TFB antizipierte bei einer nuklearen Drohpolitik auch eine Wirkung bei verdeckter kommunistischer Expansion wie etwa Bürgerkriegen. Subversion werde dadurch zumindest "more difficult".[37] Eine Begründung für diese Vermutung wurde indessen nicht angeführt. Um eine kompromisslose Eindämmungspolitik auch auf dieser relativ niederen Konfliktstufe zu gewährleisten, empfahl TFB, "to take all measures necessary to re-establish a situation compatible with the security interests of the United States and its allies."[38] Diese vage Formulierung gestattete in der Tat die Anwendung aller denkbaren militärischen und nicht-militärischen Reaktionsformen.

Die von TFB vorgelegte umfassende und resolute "Containment"-Politik in Form der Androhung massiver militärischer Vergeltung stellte sich als weitgehend identisch mit dem von Foster Dulles dargelegten Konzept im "Life"-Artikel vom Juni 1952 heraus. Dass TFB (wie auch Dulles) nirgends Zweifel an der Effizienz der Abschreckung durch die Androhung massiver Vergeltung hegte, zumindest nicht explizit, lässt darauf schliessen, dass TFB offenbar von einer grossen nuklearen Ueberlegenheit der Vereinigten Staaten ausging und nicht annahm, dass die Sowjetunion ihr Land ernsthaft mit Atomwaffen zu bedrohen vermochte. Denn die beiderseitige Fähigkeit zur nuklearen Vernichtung hätte die Glaubwürdigkeit der Androhung massiver Vergeltung entscheidend untergraben. Dass dieser Drohpolitik auch in regionalen Konflikten und ohne offene, direkte Beteiligung der beiden Grossmächte Wirkung zugeschrieben wurde, deutet auf eine weitere Prämisse hin: Es wurde eine stark zentralisierte Entscheidungsstruktur vorausgesetzt. Denn hielt man es nicht für gegeben, dass die Sowjetunion sämtliche nationalen revolutionären Bewegungen entscheidend zu kontrollieren vermochte, ergab die amerikanische Drohung an die Adresse der Sowjetunion gar keinen Sinn.

TFB prognostizierte für ihre Strategie nicht nur durchschlagenden politischen, sondern ebenso wirtschaftlichen Erfolg, indem mit einer Kostensenkung im Militärbereich gerechnet werden könne. Das war aus der Optik von TFB besonders wichtig, weil die momentanen Verteidigungsausgaben nicht überschritten werden durften, um die amerikanische Wirtschaft nicht zu stark zu beanspruchen. Die Abschreckungsstrategie erforderte aus der Sicht ihrer Promotoren keine Mehrausgaben, sondern

37 Solarium-Schlussbericht; in: FRUS II/1, S.414

38 Ebenda, S.414

erlaubte auf längere Sicht gar eine Reduktion. Die Begründung dafür war ebenso kurz wie simpel, reflektierte aber gleichwohl die Auffassung der Studiengruppe B, dass mit dieser Strategie künftig nur noch eine militärische Alternative in Betracht fiel: ein atomarer Grossangriff auf die Sowjetunion oder gar nichts, denn konventionell geführte, begrenzte Kriege würden ja als Folge der ausgedehnten nuklearen Abschreckung hinfällig:

> "Since Alternative 'B' rules out peripheral wars, its military cost will in the long term be less than the cost of any alternative that concepts such wars." 39)

TFA plädierte demgegenüber für eine völlig unterschiedliche Strategie. Die "Containment"-Gruppe erachtete ja die geltende, noch von Truman formulierte Strategie als so schlecht nicht. Ein zentraler Pfeiler zur Eindämmung der kommunistischen Expansion war für TFA die Stärkung der politischen Einheit der westlichen Länder. Diese sollte durch eine verbesserte wirtschaftliche Zusammenarbeit und einen Ausbau des militärischen Potentials erreicht werden. Zudem sollte das politische Selbstbewusstsein in den Vereinigten Staaten und in Europa verbessert werden, indem man dem einzelnen Bürger vermehrt Sinn und Zweck der amerikanischen Russlandpolitik erklärte. Damit, so die Auffassung von TFA würde auch die Einsicht in die Notwendigkeit der anhaltenden finanziellen Belastung durch die hohen Verteidigungsausgaben verstärkt. Dies war bereits eine indirekte Absage an die auf republikanischer Seite geäusserte Absicht, erhebliche Einsparungen im Militärbudget vorzunehmen. TFA rechnete für die nächsten Jahre mit Rüstungsausgaben von rund 40 Milliarden Dollar, was in etwa dem Niveau von Trumans Budget entsprach. Das Argument, die amerikanische Wirtschaft halte eine solche finanzielle Belastung auf die Dauer nicht aus, wurde in diesem Zusammenhang "seriously questioned."[40] TFA empfahl, dies im deutlichen Gegensatz zu TFB, auch eine Beibehaltung oder gar eine Erhöhung des geltenden Steuerniveaus.

Der Zusammenhalt der atlantischen Allianz hatte nach Ansicht der "Containment"-Gruppe in letzter Zeit merklich gelitten, weil in Europa die Ansicht weit verbreitet sei, dass

---

39 Solarium-Schlussbericht; in: FRUS II/1, S.415

40 Ebenda, S.404

> "...American governmental processes and public life are falling extensively under the influence of psychological and political trends which Europeans regard as totalitarian in nature." 41)

Dies war eine zwar etwas verklausulierte, aber gleichwohl unmissverständliche Anspielung auf den McCarthyismus, den ja Kennan, zumindest indirekt, bereits selber zu spüren bekommen hatte. TFA warnte denn auch deutlich vor diesen rechtsextremen Tendenzen:

> "Unless a drastic reversal of this impression can be achieved, the long-term psychological consequences must be expected to be extremely serious; so much so as to nullify a good portion of whatever positive measures the U.S. Government may take to offset the Soviet danger." 42)

TFA betonte im weiteren mehrmals, die amerikanische Russlandpolitik dürfe nicht den Eindruck erwecken, als richte sie sich ausschliesslich auf Kriegsziele und erachte einen militärischen Konflikt als unausweichlich. Als einzige Gruppe beschäftigte sich TFA auch mit der Frage nach Verhandlungen mit den Sowjets und führte dazu mit Blick auf die sowjetische "Friedensoffensive" aus:

> "Various changes in Soviet policies (show) in direction of a more disarming posture. The U.S. must be careful how we treat such relaxation of the Soviet attitude. It is extremely important that we do not appear to show ourselves as the people who want the cold war to continue, or the people who lag behind the Soviet leaders in their readiness to effect the solution of outstanding problems by negotiation." 43)

Dennoch interpretierte Kennan, wie bereits erwähnt, die "Friedensoffensive" nicht als grundlegenden Wandel in der sowjetischen Aussenpolitik, dem man in den Vereinigten Staaten entsprechend hätte Rechnung tragen müssen. In militärischer Hinsicht befand die "Containment"-Gruppe, dass die Vereinigten Staaten bereits über ein ausreichendes Abschreckungspotential verfügten. Ganz allgemein drückte sie sich wesentlich vorsichtiger und unbestimmter zur Rolle der Atomwaffen aus als TFB und TFC. Immerhin wurde angeregt, dass

> "...(the U.S. should) consider the question of announcing that the U.S. will feel free to use atomic weapons in case of local aggression in the future..." 44)

---

41 Solarium-Schlussbericht; in: FRUS II/1, S.405
42 Ebenda, S.405
43 Ebenda, S.411
44 Ebenda, S.402

Eine Idee, die doch nahe bei den Vorstellungen von TFB lag, doch wurde sie nur als diskussionswürdiger Vorschlag, nicht aber als konkrete Forderung eingebracht.

Analog zu ihrer offensiven Zielsetzung, der weltweiten Destabilisierung der kommunistischen Regimes und der Zurückdrängung ihres Machtbereichs waren auch die von der "Liberation"-Analyse befürworteten Mittel:

> "(To) prosecute relentlessly a forward and aggressive political strategy in all fields and by all means: military, economic, diplomatic, covert and propaganda." 45)

TFC redete also einem stark intensivierten Kalten Krieg gegen die Sowjetunion das Wort, wobei man sich der damit verbundenen "greater risks of general war" sehr wohl bewusst war.[45] Besonders wichtig war dabei die politisch-propagandistische Offensive, die sich nach dem Grundsatz richtete,

> "(to) miss no opportunities to confuse or unbalance our enemy nor any to discredit him: within his own borders, in the eye of our public and in satellite and in international circles." 47)

Die antisowjetische Propaganda musste gemäss TFC wesentlich intensiviert werden, um dem amerikanischen Volk ständig vor Augen zu halten, dass die Machthaber im Kreml seine eigentlichen politischen Feinde seien. Angesagt war eine ideologische Gegenoffensive, um die Bürger im Westen quasi gegen kommunistische Ideologie zu immunisieren. Die russischen Konzentrationslager, die Beschneidung der persönlichen Freiheiten, die ungleiche Machtverteilung resp. die Privilegierung einer dünnen Oberschicht müssten mit Nachdruck öffentlich an den Pranger gestellt werden. Militärische Aufrüstung sollte zum einen die politische Initiative unterstützen und ihr mehr Druck verleihen, aber ebenso ermöglichen,

> "(to) carry out the military operations contemplated, and to be prepared to meet any risks of general war resulting therefrom." 48)

Indes fiel für TFC ebenso wie für die beiden anderen Analysen auch ein von den USA lancierter Angriffskrieg gegen die Sowjetunion kate-

---

45 Solarium-Schlussbericht; in: FRUS II/1, S.417

46 Ebenda, S.417

47 Ebenda, S.418

48 Ebenda, S.419

gorisch ausser Betracht. In bezug auf lokale Konflikte forderte TFC aber, den militärischen Druck auf den Gegner eher noch zu intensivieren, keinesfalls aber zu reduzieren. Aktueller Bezug dazu war natürlich der Koreakrieg, wo die "Liberation"-Gruppe im Falle eines Scheiterns der Waffenstillstandsverhandlungen genau jenen Kurs vorschlug, den die Administration befürwortete: Der Krieg sollte mittels Luft- und Seeoperationen unter Atomwaffeneinsatz intensiviert und auf China ausgedehnt werden. Ansonsten spielten die Atomwaffen in der "Liberation"-Strategie bei weitem nicht jene zentrale Rolle wie im Abschreckungskonzept von TFB, von Androhung massiver Vergeltung war nirgends die Rede. Ebenfalls nicht explizit zur Sprache kam die Frage, wie die Vereinigten Staaten künftig auf periphere resp. lokale Kriege mit Beteiligung kommunistischer Staaten reagieren sollten. Auch wurde die Problematik kommunistischer Infiltration praktisch nicht diskutiert, wohl auch deshalb nicht, weil TFC eine offensive Strategie befürwortete und sich deshalb in erster Linie mit der Frage befasste, wie die sowjetische Herrschaft in den kommunistischen Ländern gebrochen werden konnte. Aufgrund des allgemeinen, von TFC empfohlenen Kurses ist jedoch anzunehmen, dass die "Liberation"-Gruppe bei neuerlichen direkten oder indirekten militärischen Offensiven der Kommunisten sehr harte politische und militärische Massnahmen vorgeschlagen hätte, insbesondere auch den offenen Einsatz von Truppen und CIA-Operationen. TFC schlug denn auch vor, die mobilen Einsatztruppen wesentlich auszubauen.

Ueber die erwartete sowjetische Reaktionen auf ihre Offensivstrategie liessen sich die Autoren von TFC nie aus. Auch die Kostenfrage war für sie nur von untergeordneter Bedeutung. Gemäss TFC war für die kommenden zwei Jahre mit rund 60 Milliarden Dollar zu rechnen, wobei nicht genau ersichtlich ist, ob damit 60 Milliarden pro Jahr oder pro zwei Jahre gemeint waren. (60 Mrd. wären um 50% über den aktuellen Verteidigungsausgaben, 30 Mrd. um 25% darunter gewesen.) Grundsätzlich hielt TFC aber fest, dass finanziellen Aspekten in der aussen- und sicherheitspolitischen Planung nur eine zweitrangige Bedeutung zukomme.

6.4. Antizipierte europäische Reaktionen

Dieser Aspekt ist unter anderem ein Indiz dafür, wie die drei Alternativen des Projektes "Solarium" im Spannungsfeld zwischen Internationalismus und Isolationismus einzuordnen sind. Weitaus am stärksten Europa-orientiert resp. internationalistisch ausgerichtet war dabei TFA, die "Containment"-Gruppe um George Kennan. Nirgendwo sonst wurde dem politischen Zusammenhalt der atlantischen Allianz eine derart wichtige Funktion in der US-Aussen-und Sicherheitspolitik zugeschrieben. Nach Kennans Lesart konnte jede in Washington entwickelte Strategie nur dann erfolgreich sein, wenn sie - zumindest in ihrer generellen Ausrichtung - bei den europäischen Alliierten auf Zustimmung stiess. Es ist bezeichnend für die Sicht von TFA, dass der McCarthyismus als geradezu kontraproduktiver Einflussfaktor für eine effiziente "Containment"-Politik kritisiert wurde, weil er die Allianz einer starken politischen Belastung aussetzte. Um den atlantischen Zusammenhalt zu kitten, forderte TFA eine Liberalisierung des Handels, um dadurch die wirtschaftlichen Beziehungen zwischen Europa und Amerika zu intensivieren. TFA forderte dafür von den Nato-Partnern, mehr Geld für die eigene Verteidigung aufzubringen.

TFB hielt gleich eingangs ihrer Evalutation fest, die vorgeschlagene Abschreckungsstrategie sei "in final analysis unilateral."[49] TFB fand es zwar wichtig, sich die Unterstützung der Alliierten für diesen Kurs zu sichern und den amerikanischen Standpunkt auch in der UNO zu erklären, aber "with the understanding that it is a subject neither to the veto of our allies or of the UN."[50] Ein Widerspruch zu diesem Unilateralismus ergab sich jedoch in der Formulierung, dass eine sowjetische Aggression nur dann zu massiver Vergeltung führe, wenn sie "would be clearly recognized as such by the President and the people of the U.S. as well as the free world as whole."[51] Wie ein solcher Konsens gebildet werden sollte, darüber schwieg sich der Bericht aus. Die Abschreckungsstrategen nahmen trotz ihres in letzter Konsequenz unilateralistischen Vorgehens an, ihr Konzept werde auf Zustimmung bei den Alliierten stossen, weil es

> "...will make clear that the U.S. does not hire others to fight wars for it, and will provide a firmer basis with other free world countries." 52)

---

49 Solarium-Schlussbericht; in: FRUS II/1, S.412

50 Ebenda, S.416

51 Ebenda, S.412

52 Ebenda, S.414

TFB's militärstrategischer Unilateralismus ist indessen nicht mit politischem Isolationismus zu verwechseln, sondern - in seiner konkreten Implementierung - geradezu Internationalismus in Reinkultur. Denn es sollte ja nicht nur die "Fortress America" verteidigt, sondern die Linie viel weiter, in Europa und Asien, gezogen werden; eine Strategie, die die Sicherheit dieser Länder demonstrativ mit jener der Vereinigten Staaten verknüpfte. Diese Koppelung der Sicherheit war gemäss TFB in der Tat eine Notwendigkeit, um die Glaubwürdigkeit der nuklearen Drohung zu unterstreichen. Je klarer, so die These, dieses amerikanische "commitment" war - ein Wort, vor dem Isolationisten immer zurückschreckten -, um so glaubhafter war die Drohung und in der Konsequenz die abschreckende Wirkung.

TFC war die einzige Gruppe, die eindeutig Schwierigkeiten mit den Alliierten als Folge ihrer Politik antizipierte: "Alternative 'C' would strain our system of alliances."[53] Den Grund sah man darin, dass namentlich die Europäer "would undoubtedly oppose such an aggressive policy."[54] Diese atlantische Verstimmung wurde von TFC aber bis zu einem gewissen Grad in Kauf genommen, und es wurde betont, die Vereinigten Staaten sollten sich nicht mehr so stark wegen allfälliger Kritik aus England und Frankreich in ihren Aktionen zurückhalten, insbesondere dann nicht, wenn sie ausserhalb des Nato-Gebietes lagen (Korea!). Die "Liberation"-Strategie trug zwar wie TFB unilateralistische Züge, war aber letztlich trotzdem internationalistisch orientiert. TFC befürwortete eine militärische Stärkung der Nato und ebenso eine Erhöhung der Auslandhilfe. Die Unterstützung der Europäer für die "Liberation"-Politik sollte zwar nicht durch vorgängige Absprache gesichert werden, doch würde ein rascher Erfolg dieser Strategie in der Vorstellung von TFC die zweifelnden Europäer hinterher überzeugen. Nötig dazu sei ein "climate of victory",

> "which will encourage the free world and attract doubting nations to our side. (The policy of dynamic political warfare) exploits the principle that nothing succeeds like success." 55)

Insgesamt lässt sich also festhalten, dass in keiner der drei "Solarium"-Analysen eindeutig isolationistische Tendenzen (z.B. die Forderung nach

---

53 Solarium-Schlussbericht; in: FRUS II/1, S.423

54 Ebenda, S.418

55 Ebenda, S.418

einem Abbau der vertraglich gesicherten Verteidigungsbündnisse der USA in Europa und Asien) erkennbar wurden. In ihrer Grundausrichtung waren alle Evaluationen internationalistisch, wobei TFB und TFC den Alliierten faktisch wesentlich weniger Mitspracherecht zuzugestehen bereit waren als TFA.

6.5. Fazit: Guter Ansatz - betrübliches Resultat

Die Regierung Eisenhower hat mit dem "Project Solarium" eine durchaus sinnvolle Initiative in Gang gesetzt. Es hat wohl noch keiner Administration geschadet, Sinn und Zweck der US-Aussenpolitik zu Beginn ihrer Amtszeit zu überdenken, resp. (wie hier) überdenken zu lassen. Zumal dann nicht, wenn die politischen Porgramme, wie anfangs 1953, noch mit viel wahlkampfrhetorischem Ballast befrachtet waren. Es konnte nur nützlich sein, nach geschlagener (Wahlkampf-)Schlacht die realistischen Zielsetzungen nüchtern von taktisch begründeten Versprechen und Behauptungen abzugrenzen. So begrüssenswert die Initiative als solche war, so dilettantisch gerieten teilweise die im Rahmen von "Solarium" ausgearbeiteten Konzepte.

In dieser Hinsicht tat sich ganz besonders die "Drawing-the-Line"-Gruppe unter Luftwaffengeneral James McCormack hervor. Dieses Konzept, ohne Zweifel eine Frucht von Dulles' "Life"-Artikel, entsprang wohl zu einem nicht unerheblichen Teil dem persönlichen Ehrgeiz McCormacks, seiner Waffengattung Gewicht und Ehre zu verschaffen, indem ihr künftig die tragende Rolle bei der Verteidigung der "freien Welt" zukommen sollte. Unverständlich, dass sich McCormacks Gruppe nicht einmal ansatzmässig Gedanken darüber gemacht hat, ob diese "Alles-oder-Nichts"-Strategie der Androhung massiver Vergeltung auch glaubwürdig war, insbesondere was die Verhältnismässigkeit betraf: ein Atomkrieg in Europa als Reaktion auf eine lokal begrenzte Aggression in Asien? Bei der Forderung nach globalem "Containment" wurde von TFB auch nie die Frage nach vitalen nationalen Interessen im Sinne von Morgenthau gestellt. Ebenso wich man einer klaren Analyse der Problematik kommunistischer Infiltration und von Bürgerkriegen mit kommunistischer Beteiligung aus; nicht zuletzt wegen des scheinbar geradezu blinden Vertrauens in die abschreckende Wirkung mit der nuklearen Drohung, denn nur so konnte TFB zur reichlich seltsam und realitätsfern anmutenden Ueberzeugung gelangen, "local wars" seien künftig schlicht und einfach "ruled out" als ob sich alle Welt zwingend an die "Spielregeln" von Washingtons Militärplanern zu halten gehabt hätte. Auch die von TFB antizipierte Einschätzung der europäischen Reaktion auf diesen Kurs zeugt doch weniger von politischem Vorstellungsvermögen als von einer völlig isolierten Betrachtungsweise der Verteidigungsexperten. TFB legte ein Konzept vor, das die Verabsolutierung von Dulles' Ideen in "Life" darstellte - Nuklearwaffen als Allheilmittel für die aussenpolitischen und finanziellen Probleme der Vereinigten Staaten. Dabei kam TFB nicht über eine militärstrategische Gedankenübung in einem politischen Vakuum hinaus.

Die "Liberation"-Gruppe holte da schon etwas weiter aus. Die TFC-Analyse war zweifellos - ebenso wie TFB - ein Produkt der aktuellen innenpolitischen Strömungen in den Vereinigten Staaten. Dem McCarthyismus und Dulles' Wahlkampfideen wurde vollauf Rechnung getragen. Was TFC-Chef Admiral Conolly und seine Mitarbeiter vorlegten, war ein mehr oder weniger getreues Abbild der Vorstellungen des in den USA tonangebenden rabiat antikommunistischen Rechtskonservatismus, der mit harter Hand gegen die "Commies" vorgehen wollte - im Inland wie im Ausland. Diffuse und wenig reflektierte Bedrohungsgefühle gegenüber dem Phänomen "Kommunismus" verleiteten TFC zu einer völlig militaristischen aussenpolitischen "Konzeption", die überdies mit einem hohen Kriegsrisiko sowie der Gefahr der politischen Entfremdung innerhalb oder gar der eigentlichen Spaltung der westlichen Allianz verbunden war.

Demgegenüber legte die "Containment"-Gruppe eine weit ausgewogenere und differenziertere Analyse vor. TFA war die einzige Arbeit, die nicht die prinzipielle Handschrift Dulles' trug, sondern jene des Realisten George Kennan. Der erfahrene Russlandexperte vermochte sich nie für eine offensiv ausgerichtete Zielsetzung der US-Aussenpolitik zu erwärmen; schon gar nicht unter Einschluss massiver militärischer Drohungen, aber eben so wenig in Form eines moralischen Kreuzzuges. Kennan setzte weit mehr als die anderen Studiengruppen auf den Nationalismus der Ostblockstaaten und Chinas, als möglichen Weg zur Abkoppelung von der Sowjetunion, wobei "Nationalismus" für ihn dann nicht bedeutete, dass nun in Osteuropa Musterdemokratien nach westlichem Verständnis entstehen sollten. Dazu war Kennans historisches Bewusstsein um die nationalen Identitäten und die politische Kultur jener Länder viel zu ausgeprägt. Kennan verstand den Ost-West-Konflikt schon früh in erster Linie als einer der Interessen und weniger der Ideologien. Dementsprechend musste sich die amerikanische Russlandpolitik eher nach dem Ziel der Interessenwahrung (v.a. Verhinderung eines sowjetischen Angriffes auf Westeuropa) als einer (moralisch oder wie auch immer) begründeten ideologischen Offensive gegen den Kommunismus ausrichten.[56] TFA war in der Tat eine "up to date" gebrachte Darstellung der "Containment"-Politik, wie sie ihr ursprünglicher Autor verstand. Doch damit lag die Analyse nicht im Trend der Zeit wie TFB und TFC. Die "Containment"-Version bot keine spektakuläre und mit Reizwörtern gespickte publikumswirksame Strategie an, die insbesondere auch eine Abgrenzung von der Trumanschen Aussenpolitik ermöglicht hätte. Ein weiterer Nachteil bestand darin, dass sich TFA um eine präzise Stellungnahme zur künftigen Rolle der Atomwaffen in der Aussen- und Sicherheitspolitik effektiv drückte. Insofern war TFA keine nützliche Entscheidungshilfe für jenen Bereich, den die Administration als eines ihrer Hauptinteressen im Rahmen des "Project Solarium" bezeichnet hatte.

---

56 Zu Kennans Verständnis des "nationalen Interesses" vgl. Gaddis (1982), S.27 ff.

7. DIE NEUE RICHTLINIE: NSC 162/2

Die drei "Solariums"-Alternativen wurden vom NSC am 16. Juli 1953 diskutiert, nachdem die Leiter der Gruppen nochmals ihre wichtigsten Argumente resümiert hatten.[1] Eisenhower wies daraufhin den NSC-Planungsstab an, die "Solarium"-Schlussberichte unter Berücksichtigung der Diskussion der drei Alternativen im NSC zu einer "Review of Basic National Security Policy" zu überarbeiten.[2] Der Planungsstab legte dem Sicherheitsrat am 7. Oktober 1953 die erste Fassung, NSC 162, zur Beurteilung vor. Die revidierte Version dieses später als "New Look" bezeichneten Grundsatzpapiers, NSC 162/2, wurde vom Präsidenten am 30. Oktober 1953 unterzeichnet und galt somit fortan als formelle Richtlinie für alle jene Departemente in der Administration, die mit der Implementierung der Aussen- und Sicherheitspolitik befasst waren.[3]

7.1. Perzeption der Sowjetunion

NSC 162/2 begann, wie schon jeweils die drei "Solarium"-Berichte, mit einer Analyse der "Soviet Threat to the United States". Im wesentlichen hielt sich NSC 162/2 an die Fassung von TFA; allerdings war der Einfluss des Aussenministeriums deutlich spürbar, denn teilweise flossen Formulierungen ein, die Dulles bei früheren Gelegenheiten bisweilen fast wörtlich verwendet hatte (siehe unten). Aufgrund der entsprechenden NSC-Gesprächsmemoranda kann man schliessen, dass die Einschätzung der Sowjetunion, wie sie in NSC 162/2 zum Ausdruck kam, offenbar von allen Mitgliedern der Administration geteilt wurde. Jedenfalls wurde keiner der Paragraphen, die in diesem Abschnitt aufgelistet waren, von jemandem im Sicherheitsrat zur Diskussion oder gar in Frage gestellt. Auch hier herrschte also, wie schon bei "Solarium", weitgehend Einigkeit.

---

1 Bedauernswerterweise ist das entsprechende NSC-Gesprächsmemorandum laut FRUS II/1, S.394, nicht auffindbar.

2 Im Planungsstab waren Vertreter des DOD, DOS, JCS, CIA sowie je ein Repräsentant der drei TF's vertreten.

3 NSC 162 in: FRUS II/1, S.489 ff.; NSC 162/2 in: FRUS II/1, S.577 ff.

Die Bedrohung der Vereinigten Staaten resultierte laut NSC 162/2 aus einer Kombination von aggressiver kommunistischer Ideologie, der sowjetischen Militärmacht sowie ihrem starken Einfluss auf die internationalen kommunistischen Bewegungen. Die neuen Führer im Kreml hätten die Nachfolgewirren Stalins recht gut überstanden, das kommunistische Regime werde sich auch in den folgenden Jahren an der Macht halten können. Das primäre Ziel der sowjetischen Führung war nach NSC 162/2 die Konsolidierung der eigenen Machtposition und in zweiter Linie "the eventual domination of the non-communist world."[4] Ein von der UdSSR bewusst lancierter Eroberungskrieg gegen die Vereinigten Staaten und/ oder Westeuropa zur Erreichung ihrer politischen Ziele wurde von der Analyse jedoch als nicht in Betracht zu ziehende Möglichkeit ausgeschlossen. Begründet wurde dies mit den unsicheren Siegeschancen der Sowjets, dem kürzlichen Führungswechsel, der Unruhe in den "Satellitenstaaten" und dem grossen Respekt vor dem amerikanischen Nuklearpotential.

Zur sowjetischen "Friedensoffensive" wurde ausgeführt, diese habe nichts an den grundsätzlichen aussenpolitischen Zielen der Sowjetunion geändert. Die Strategie der UdSSR - eine typische Formulierung von Dulles - sei schon immer flexibel gewesen, "allowing for retreats and delays as well as advances."[5] In diesem Sinne dienten die jüngsten aussenpolitischen Schritte seit Stalins Tod möglicherweise vor allem dazu, den westlichen Staaten ein falsches Gefühl der Hoffnung zu vermitteln und sie politisch gegeneinander auszuspielen. NSC 162/2 betonte hingegen auch, es sei denkbar, dass die sowjetische Führung aus innenpolitischen oder anderen Gründen zu gewissen limitierten Uebereinkünften mit dem Westen bereit sei oder gar einen Abbau der internationalen Spannung und Abrüstung wünschen könnte. Ein solcher Wandel der sowjetischen Aussenpolitik, der sich bislang allerdings nirgends abgezeichnet habe, konnte gemäss dem NSC-Dokument aus dem Erlahmen des revolutionären Eifers der Kommunisten, aus einer verstärkten Bürokratisierung der sowjetischen Politik sowie aus vermehrt artikulierten Forderungen der Bevölkerung nach mehr Konsumgütern resultieren. Dies, in Kombination mit einem militärisch starken und politisch geeinten Westen, vermöge die UdSSR eventuell zu einer Verhandlungsbereitschaft zu bewegen. Die

---

4 NSC 162/2, 30. Oktober 1953; in: FRUS II/1, S.579

5 Ebenda, S.579

Sowjetunion, so die Einschätzung von NSC 162/2, werde künftig noch vermehrt auf "political warfare" setzen, um Einfluss und Macht in den Ländern der "freien Welt" zu gewinnen:[6]

> "The USSR will continue to rely heavily on tactics of division and subversion to weaken the free world alliances and will to resist the Soviet power. Using both the fear of atomic power and the hope of peace, such political warfare will seek to exploit differences among members of the free world, neutralist attitudes, and anti-colonial and nationalist sentiments in underdevelopped areas. For these purposes, communist parties and other elements will be used to manipulate opinion and control governments wherever possible. This aspect of the Soviet power is likely to continue and grow in intensity." 7)

In bemerkenswerter Weise wurden die diversen in der Dritten Welt registrierten antiwestlichen Strömungen nicht einfach als von den Sowjets provozierte und gesteuerte Expansionsversuche hingestellt, wie dies in den öffentlichen Verlautbarungen etwa von Dulles oftmals der Fall war. Ganz im Sinne der differenzierten Betrachtungsweise George Kennans und seiner "Solarium"-Studiengruppe hielt das NSC-Papier fest, die eigentlichen Wurzeln dieser Strömungen lägen in antikolonialen Gefühlen, wachsendem Nationalbewusstsein, der Forderung breiter Schichten nach raschem wirtschaftlichem und sozialem Fortschritt, der Ueberbevölkerung, dem Zusammenbruch alter sozialer Verhaltensmuster und nicht zuletzt in mit westlichen Auffassungen konfligierenden religiösen und weltanschaulichen Ueberzeugungen.

NSC 162/2 widmete sich wesentlich intensiver der Frage der aktuellen und künftigen militärischen Stärke der Sowjetunion und den daraus resultierenden Folgen für die Vereinigten Staaten, als dies die "Solarium"-Gruppen getan hatten. Im Zentrum der Aufmerksamkeit stand dabei das sowjetische Nuklearpotential, dies umso mehr, als die UdSSR am 12. August 1953 den erstmaligen erfolgreichen Test einer Wasserstoffbombe bekanntgegeben hatte. NSC 162/2 erwähnte die ständig wachsende sowjetische Atommacht, "which will be materially enhanced by hydrogen bombs."[8] Ohne eine genaue Zeitangabe zu machen, wurde auch bereits ein künftiges nukleares Patt zwischen den beiden Supermächten ange-

---

6 NSC 162/2, 30. Oktober 1953; in: FRUS II/1, S. 581

7 Ebenda, S.581

8 Ebenda, S.579

deutet, das Folgen für die Abschreckungswirkung haben würde:

> "When both the USSR and the United States reach a stage of atomic plenty and ample means of delivery, each will have the probable capacity to inflict critical damage on the other, but is not likely to be able to prevent major atomic retaliations." 9)

Vorderhand allerdings ging die Administration, wie dies in NSC 162/2 ebenso wie im kurz vorher verabschiedeten sog. "Edwards Report" über das sowjetische Militärpotential zum Ausdruck kam, von einer deutlichen nuklearen Ueberlegenheit der Vereinigten Staaten aus. Der "Edwards Report", offiziell NSC 140/1, war dem NSC am 18. Mai 1953 präsentiert und am 4. Juni in zustimmendem Sinne dort auch besprochen worden.[10] Auf eine kurze Formel gebracht, liesse sich die amerikanische Einschätzung des nuklearen Kräfteverhältnisses Mitte 1953 folgendermassen beschreiben: Die USA verfügten über eine gesicherte nukleare Erst- und Zweitschlagsfähigkeit, die UdSSR bislang nur über eine - jedoch rasch wachsende - Erstschlagfähigkeit. Die amerikanische Ueberlegenheit gründete gemäss NSC 162/2 auf drei Faktoren: Die USA verfügten über mehr einsetzbare Atomsprengköpfe, die Trägerflugzeuge hatten eine grössere Reichweite, und schliesslich konnten diese - dank der ausländischen Basen - nach Einsätzen in der Sowjetunion wieder auf westliches Gebiet zurückfliegen. Den sowjetischen Flugzeugen schrieb der militärische Geheimdienst der USA hingegen nur eine beschränkte Reichweite zu, so dass lediglich "one-way missions" möglich waren, weil keine Basen zur Verfügung standen. Sämtliche bei einem sowjetischen Luftangriff eingesetzten Flugzeuge gingen also verloren, weil sie nicht mehr in die UdSSR zurückkehren könnten. Nicht zuletzt deshalb wäre dann die UdSSR nach Auffassung der Administration einem nuklearen Vergeltungsschlag praktisch wehrlos ausgesetzt. Die Administration ging ja ihrerseits davon aus, zu einem solchen nuklearen Gegenschlag auch nach erfolgtem sowjetischen Angriff noch in der Lage zu sein, während sie ebendiese Zweitschlagfähigkeit der UdSSR absprach. Bei einem sowjetischen Atomangriff auf die Vereinigten Staaten rechnete der "Edwards Report" mit rund 25 Millionen Opfern, wovon die Hälfte sofort tot wäre. Ein Viertel der strategischen Bomberflotte SAC wäre zerstört. Der Report bemerkte weiter:

---

9 NSC 162/2; in: FRUS II/1, S.579

10 NSC 140/1; in: FRUS II/1, S.328-349

> "The potentially most serious consequence would be the psychological impact of a large-scale atomic attack. There would be moral and political problems of a magnitude which it is impossible to estimate, or even comprehend, on the basis of any presently available valid data." 11)

Die in reichlich euphemistischem Ton gehaltene Analyse kam dennoch zum Schluss, dass

> "...the over-all damage to the U.S. would not be such as to prevent the delivery of a powerful initial retaliatory atomic air attack, the continuation of the air-offensive, and the successful prosecution of war." 12)

Aufgrund dieser Evaluation des nuklearen Kräfteverhältnisses nahm die Administration an, dass, wie sich Luftwaffengeneral Idwal Edwards ausdrückte, jeder sowjetische Angriff auf die Vereinigten Staaten "would be an act of desperation and not an exercise of military judgement." Der Präsident, bemerkte das NSC-Gesprächsmemorandum, "expressed complete agreement."[13] Hingegen würde, betonte NSC 162/2, die Sowjetunion nicht durch die Furcht vor einem Krieg abgeschreckt "from taking the measures they consider necessary to counter Western actions which they view as a serious threat to their security."[14] An welche "Western actions" konkret gedacht wurde, ging aus dem Grundsatzpapier nicht hervor, doch war wohl in erster Linie eine militärische Befreiung der osteuropäischen "Satellitenstaaten" gemeint.

Wie schon TFA festgestellt hatte, war auch die Regierung Eisenhower der (in NSC 162/2 dargelegten) Ansicht, dass die "freie Welt" noch auf Jahre, im Grunde auf nicht absehbare Zeit mit der Bedrohung durch die kommunistischen Staaten rechnen musste. Ein direkter Krieg zwischen den beiden Blöcken wurde als unwahrscheinlich erachtet: man hatte sich, wie erwähnt, im Westen vielmehr auf "political warfare" einzurichten. Diese Einschätzung stimmte beispielsweise auch mit der von Dulles schon früher geäusserten Ansicht überein, wonach die sowjetischen Führer "in entire historical eras" planten.

---

11 Edwards-Report; in: FRUS II/1, S.334

12 Ebenda, S.334

13 Edwards und DDE, 148. NSC-M., 4. Juni 1953; in: FRUS II/1, S.369 f.

14 NSC 162/2; in: FRUS II/1, S.580 f.

7.2. Absage an "Liberation"

In seiner ersten Reaktion auf die Vorstellung der "Solarium"-Schlussberichte am 16. Juli 1953 reagierte Eisenhower laut Kennan

> "...strongly in favor of the alternative I was asked to present. The 'Solarium exercise' was quite decisive for further policy of the Eisenhower administration towards the Soviet Union, at least in the negative sense of precluding the two lines of policy that were rejected." 15)

Offensive Tendenzen in der amerikanischen Russlandpolitik - "Liberation" und "Roll Back" mit militärischen Mitteln - wurde also eine deutliche Absage erteilt; einerseits, weil eine solche Strategie als zu risikoreich, andererseits aber auch als zu wenig nutzbringend taxiert wurde:

> "The detachment of any major European satellite from the Soviet bloc does not now appear feasible except by Soviet acquiesence or by war. Such a detachment would not decisively affect the Soviet military capability..." 16)

NSC 174, das von der Administration am 11. Dezember 1953 genehmigte Grundsatzpapier zur US-Politik gegenüber den osteuropäischen Ländern, schätzte, dass "Liberation" mit militärischen Mitteln "would in all probability start a global war." Es wurde klar und deutlich festgehalten, dass

> "A deliberate policy of attempting to liberate the satellite peoples by military force, which would probably mean war with the USSR and most probably would be unacceptable to the American people and condemned by world opinion, cannot be given serious attention." 17)

NSC 162/2 bekräftigte ebenso unmissverständlich, dass "the policy of the United States...is not to dictate the internal political and economic organization of the USSR."[18]

---

15 Brief von Kennan an den Verf., 4. Januar 1985. Kennan, der eben erst von JFD verabschiedet worden war, schildert diesen Augenblick in seinen Memoiren nicht ohne Genuss: "At my feet, in the first row, sat Foster Dulles, silent and humble but outwardly respectful, and allowed himself to be instructed. If he then, in March, had triumphed by disembarassing himself of my person, I...had my little revenge by saddling him, inescapably, with my policy." In: Kennan (1972), S.182

16 NSC 162/2; in: FRUS II/1, S.580

17 NSC 174, 11. Dezember 1953; in: DD (1981), Nr. 486 A, S.22

18 NSC 162/2; in: FRUS II/1, S.595

Es wurde aber gleich ausdrücklich angefügt, dass dieser Grundsatz nicht für die Richtlinien der Informations- und Propagandapolitik galt, sondern nur für die interne Sprachregelung, namentlich beim diplomatischen Dienst. Der NSC-Planungsstab hatte in NSC 162/1 ursprünglich noch vorgesehen, auch öffentlich bekanntzugeben, dass die Administration bereit sei, das politische System der Sowjetunion zu anerkennen, sofern diese auf die Domination anderer Länder verzichte. Faktisch hiess das, dass sich die UdSSR aus allen "Satellitenstaaten" hätte zurückziehen müssen, damit die USA deren kommunistisches Gesellschaftssystem offiziell anerkannt hätten. Ein solcher Rückzug war zwar aus der Sicht der Eisenhower-Regierung extrem unwahrscheinlich, und dennoch ging die in NSC 162/1 verwendete Formulierung Dulles, C.D. Jackson und Eisenhower bereits zu weit. Nach deren Auffassung hätte ein solches Statement die kommunistischen Machthaber in der UdSSR gestützt.[19] Mit der Weigerung, die faktische amerikanische Akzeptanz der aktuellen Verhältnisse in der Sowjetunion auch öffentlich einzugestehen, hielt sich die Administration eine Tür offen, weiterhin harsche antikommunistische Rhetorik zu gebrauchen. George Kennan meint denn auch:

> "I suspect there were a number of people in the Eisenhower administration, including Mr. Dulles, who would liked to have pursued the "liberation"-policy at least in the rhetorical sense, with an eye to the reactions of the hard-liners in the Senate." 20)

Wie bereits angedeutet, entschied sich die Administration in der grundsätzlichen Ausrichtung ihrer Aussen- und Sicherheitspolitik für "Containment". Andrew Goodpaster, ein Vertreter von TFC, meinte zum Ausgang der NSC Diskussion über die "Solarium"-Studien:

> "The general outcome of the study was, roughly speaking, containment, but they were attracted by the activist proposals and never really dropped them. It was a serious containment, not containment in the sense of containing if you could, but really making an effort to stand and hold the positions that had been established." 21)

---

19 NSC 161/1 ist nicht in FRUS enthalten. Die entsprechende Diskussion über diesen Punkt fand am 168. NSC-M., 29. Oktober 1953, statt, in: FRUS II/1, S.568 f.

20 Brief von Kennan an den Verf., 4. Januar 1985

21 Goodpaster-OH (1966), S.5

Goodpaster tönte damit ein quasi definitorisches Problem an - was bedeutete "Containment" konkret? Die Eindämmung kommunistischer Expansion konnte ja sowohl mit sehr unterschiedlichen Methoden als auch an geographisch verschiedenen Orten erfolgen. Insofern standen die Auseinandersetzungen um die künftige amerikanische Sicherheitspolitik erst am Anfang, nachdem sich die Administration prinzipiell für eine defensive und auf die Erhaltung des Status Quo ausgerichtete Politik im Sinne von "Containment" und gegen eine offensive und auf die Veränderung des Status Quo zugunsten der "free world" orientierte Politik im Sinne von "Liberation" ausgesprochen hatte.

7.3. Oekonomische Gesichtspunkte

Der Ausgangspunkt bei den Diskussionen der Regierung Eisenhower über eine "new basic national security policy" blieb während des ganzen Jahres 1953 immer der selbe: Die "Containment"-Version der neuen republikanischen Administration musste billiger und effizienter sein als jene Trumans. Nach dem im Wahlkampf geprägten Slogan sollte ein "New Look" mehr Sicherheit zu geringeren Kosten bieten.[22] Eisenhower und insbesondere auch Taft hatten immer wieder hervorgehoben, dass jede politisch-militärische Planung immer auch die ökonomische Kapazität der Vereinigten Staaten berücksichtigen musste. Die gesamte "New-Look"-Debatte, die die Administration Eisenhower im Gefolge von "Solarium" führte, bewegte sich im Spannungsfeld zwischen den militärischen Erfordernissen auf der einen und der wirtschaftlichen Verkraftbarkeit auf der anderen Seite. Vorab fällt einmal auf, dass die Administration dem Zusammenhang zwischen politisch-strategischer Planung und dem ökonomischen Potential der USA wesentlich mehr Aufmerksamkeit schenkte als die drei "Solarium"-Gruppen. Sie hatten zwar vom Sicherheitsrat

---

22 Der Name "The New Look" geht sehr wahrscheinlich auf eine Aeusserung Wilsons vor einem Ausschuss des Repräsentantenhauses am 11. Mai 1953 zurück, wo er ausführte: "During the summer and fall of 1953 it is planned to take a new look at the entire defense picture." In: DFR (1953), S.57.
Ursprünglich wurde mit dem "New Look" also lediglich die Ueberprüfung an sich gemeint, doch von JFD's Rede im Januar 1954 an (vgl. Kap. 8.1) wurde mit diesem Namen auch der Inhalt der neuen Sicherheitspolitik identifiziert.

den Auftrag erhalten, den finanziellen Aspekt in der aussen- und sicherheitspolitischen Planung gebührend zu berücksichtigen, doch figurierte dieser in den Schlussberichten gleichwohl nur mit deutlich untergeordneter Bedeutung. TFA und insbesondere TFC hatten ja überdies Konzepte vorgelegt, die nach deren Einschätzung nur mit einer Erhöhung der Militärausgaben oder mindestens einer Beibehaltung der momentanen Ausgabenhöhe realisierbar waren. Und auch TFB befürwortete eine Strategie, die mit einer Konsolidierung der Aufwendungen bei rund 40 Mrd. Dollar rechnete. Diese Prognosen standen im Widerspruch zu den Zielen der Regierung, die sie mit der grundlegenden Ueberprüfung ihrer Aussen- und Sicherheitspolitik verbunden hatte.

Drei Gründe waren dafür verantwortlich, dass die Administration ein derart starkes Gewicht auf wirtschaftliche Faktoren bei der Festlegung ihres aussen- und sicherheitspolitischen Kurses legte.

1. Die Einschätzung, dass die von der Sowjetunion ausgehende Gefahr für die Vereinigten Staaten noch auf unbestimmte Zeit anhalten werde.
2. Innerparteilicher Druck auf die Administration, das Budgetdefizit zu eliminieren und die Bundessteuern zu senken.
3. Die Ueberzeugung insbesondere Eisenhowers, die Sowjetunion wolle die USA in einem kostspieligen Rüstungswettlauf in den wirtschaftlichen Ruin treiben.

7.3.1. "The Long Haul"

Zum ersten Faktor: Schon bald nach ihrem Amtsantritt prägte die Eisenhower-Regierung einen neuen Begriff im Zusammenhang mit der Planung ihrer "national security policy": "The Long Haul" resp. "The Long Pull". Aufgetaucht war der Ausdruck erstmals an einer Pressekonferenz Eisenhowers am 30. April 1953. Der Präsident meinte damit, die Vereinigten Staaten müssten eine ökonomisch langfristig verkraftbare Aussen- und Sicherheitspolitik betreiben, weil ein Ende der sowjetischen Gefahr nicht abzusehen sei. Am 19. Mai führte Eisenhower in einer Radio-Ansprache aus:

> "The defense must, first of all, be one which we can bear for a long and indefinite periode of time. The truth is that our

danger cannot be fixed or confined to one specific instant. We live in an age of peril." 23)

Der Präsident erklärte, es gelte nicht mehr, die amerikanischen Streitkräfte auf ein bestimmtes Jahr ("Year of Crisis") hin maximal aufzurüsten, sondern diese müssten auf einem "force level" gehalten werden, das auch auf Jahre hinaus volkswirtschaftlich verkraftbar sei. Eisenhower sprach damit indirekt die militärstrategische Planung der Truman-Administration an, wie sie in NSC 68, dem eigentlichen "Vorgänger" von NSC 162/2, zum Ausdruck gebracht wurde. NSC 68, am 25. April 1950 von Truman gebilligt, bezeichnete das Jahr 1954 als "Year of Crisis", in dem die US-Streitkräfte maximal militärisch gerüstet sein sollten, weil die UdSSR bis zu diesem Datum über genügend Nuklearwaffen verfügen würden, um die Vereinigten Staaten weitgehend zu zerstören. Bislang, so argumentierte NSC 68, habe die Sowjetunion nur deshalb noch keinen Krieg mit dem Westen provoziert, weil ihr ein Sieg noch zu ungewiss erschienen sei.[24]

7.3.2. Fiskalkonservatismus der GOP

Zum zweiten (und vergleichsweise wichtigeren) Faktor: Eisenhower registrierte einen starken, vom rechten Flügel seiner eigenen Partei ausgehenden Druck, die Bundesausgaben zu kürzen, um dann das Budget ausgleichen und anschliessend die Steuern reduzieren zu können. Es schien Eisenhower unumgänglich, diesen Forderungen zumindest teilweise Rechnung zu tragen, um bei der GOP Rückhalt für die Durchsetzung seiner Programme im Kongress zu gewinnen. Senator Taft sowie sein Vertrauensmann im Kabinett, Finanzminister George Humphrey, waren die beiden Exponenten jenes fiskalischen Konservatismus, der insbesondere beim rechten Flügel der GOP, der "Alten Garde", über zahlreiche Anhänger verfügte. Die Fiskalkonservativen fühlten sich durch die Wirtschaftspolitik der Demokraten ganz besonders herausgefordert. Hatte eine permanente Verschuldung der öffentlichen Hand den bisherigen, stark von Keynes' Lehre beeinflussten Amtsinhabern nie besonderen Anlass zur Beunruhigung gegeben, so galten die Budgetdefizite der letzten 20 Jahre

---

23 DDE, 19. Mai 1953; in: PP (1953), S.307

24 Zu NSC 68 vgl. Gaddis (1982), S.96 f.

den Republikanern als das Symbol schlechthin für eine ungesunde Volkswirtschaft. Unausgeglichene Staatshaushalte, Inflation und hohe Steuern waren für Taft und Humphrey die grossen Uebel. Nebst der Tatsache, dass die GOP sozialstaatlichen Ideen - Stichwort: "New Deal" - alles andere als positiv gegenüberstand, hingen die Fiskalkonservativen auch der These an, dass Staatsinterventionismus - und als Ausdruck davon, hohe Steuern - die unternehmerische Initiative lähmten.[25] Dass solche "Laissez faire"-ähnliche Theorien in der Administration Eisenhower auf gute Resonanz stiessen, konnte angesichts deren engen Beziehungen zum "Big Business" auch kaum erstaunen.[26]

Taft hatte seinerzeit dem Präsidentschaftskandidaten Eisenhower die offizielle Unterstützung unter anderem erst zugesagt, nachdem ihm Eisenhower versprochen hatte, dass er als "Chief Executive" unverzüglich massive Budgetkürzungen vornehmen werde. Eisenhower hielt diesen Schritt an sich durchaus für sinnvoll, und zwar auch Kürzungen im Verteidigungsbudget, das im von Truman eingebrachten Ausgabenplan für das Fiskaljahr 1954 (FY 54) über 60 Prozent für sich beanspruchte.[27] Die Frage war nur, wo und wieviel genau eingespart werden sollte, und da hielt er Tafts Ansprüche nach einer Reduktion der Verteidigungsausgaben und der Auslandhilfe ("Mutual Security") für weit überzogen. Am 30. April 1953 legte der Präsident den führenden Kongressmitgliedern einen im Vergleich zu Trumans Budgetvorschlag um rund 8.5 Milliarden Dollar reduzierten Ausgabenplan für das FY 54 vor. Der Grossteil der Kürzungen sollte zu Lasten der "National Security" gehen: Der Verteidigungsetat

---

25 Vgl. Halle (1969), S.276 f.; Bowie (1984), S.69

26 DDE verfügte - selbst als Berufssoldat - über recht gute Beziehungen zu Handel und Industrie insb. an der Ostküste; vgl. dazu Bernstein (1971), S.3225, und Lyon (1973), S.373-376, 405-410. JFD war lange Jahre als Jurist für international aktive Firmen tätig und galt laut Hoopes (1973), S.41, als ein führender Anwalt in der Wall Street. Wilson war vor seiner Ernennung als Verteidigungsminister Chef von "General Motors" und sorgte anlässlich seines Bestätigungshearings im Kongress mit dem Ausspruch gleich für ein Bonmot, wonach alles, was gut für "GM" sei, auch gut für Amerika sei. Finanzminister Humphrey war vorher als Grossindustrieller in Ohio tätig. DDE's Kabinett wurde bisweilen als Regierung bestehend aus "eight millionaires and a plumber" bezeichnet, wobei mit dem Klempner Arbeitsminister Ray Donovan, ein ehemaliger Gewerkschafter, gemeint war.

Der unternehmerfreundliche Kurs der Administration wirkte sich beispielsweise bei der 1954 erfolgten Steuerrevision aus, als die Einkommenssteuern gesenkt und die Abschreibungssätze erhöht wurden. Zudem wurde es den Firmen erleichtert, Verluste von der Steuer abzusetzen.

27 FY 1954 dauerte vom 30. Juni 1953 bis am 29. Juni 1954

wurde um 5 und die Auslandhilfe um 1.8 Milliarden gekürzt. Diese Abstriche reichten Taft aber offenkundig nicht aus, wie eine Tagebuchnotiz Eisenhowers aufzeigt:

> "In spite of the apparent satisfaction of most of those present, Senator Taft broke out in a violent objection to everything that had been done. He accused the Security Council of merely adopting the Truman strategy. (...) He not once mentioned the security either at home or among our allies. He simply wanted expenditures reduced, regardless." 28)

Das war ein deutlicher Wink an die Regierung. Eisenhower vermochte sich immerhin noch durch den Umstand zu rechtfertigen, dass das Budget für das FY 54 im Prinzip noch von Truman stammte und er in der kurzen Zeit seit der Amtsübernahme lediglich noch einige Retouchen anzubringen vermochte. Doch war dem Kabinett natürlich klar, dass diese Ausrede bei den Budgetberatungen für das FY 55 nicht mehr möglich sein würde und die Revision der Aussen- und Sicherheitspolitik unter vorwiegend ökonomischen Gesichtspunkten zügig an die Hand genommen werden musste.

Nach Tafts scharfer Kritik ging Eisenhower auch bei FY 54 nochmals über die Bücher und strich weitere 2.5 Milliarden, so dass sein Budget schliesslich um insgesamt 11.1 Milliarden geringer gegenüber Trumans Vorschlag ausfiel. Die Schelte von Robert Taft führte dazu, dass Eisenhower die im Vergleich zu Truman ohnehin schon um 1.8 auf insgesamt 5.8 Milliarden reduzierte Auslandhilfe auf 5.5 Milliarden senkte. Trumans budgetiertes Defizit hatte noch 9.9 Milliarden betragen, Eisenhower veranschlagte nach den erfolgten Kürzungen noch 3.3 Milliarden. Der Kongress nahm seinerseits nochmals geringfügige Kürzungen beim bereits revidierten Budget vor, insbesondere beim Verteidigungsetat, und unterstrich damit den rigorosen Sparwillen der republikanischen Mehrheit auf dem Kapitol.

7.3.3. Bankrott durch aufgezwungene Aufrüstung?

Schliesslich hat noch ein dritter Faktor zur starken Sensibilisierung der Administration für eine ökonomische effiziente Sicherheitspolitik beige-

---

28 DDE, 1. Mai 1953; in: Ferrell (1981), S.235

tragen. Diverse Mitglieder des Kabinetts - insbesondere Eisenhower, teilweise auch Dulles, Humphrey und Dodge - waren überzeugt, dass die Sowjetunion die Vereinigten Staaten in den wirtschaftlichen Ruin treiben wollte, indem sie die USA in einen kostspieligen Rüstungswettlauf verwickelte. Ein ungebremstes Wachstum der Rüstungsausgaben war aus dieser Sicht demnach selbst eine Gefahr für die nationale Sicherheit. Humphrey etwa meinte:

> "There would be no defense but disaster in a military program that scorned the resources and problems of our economy - erecting majestic defenses and battlements for the protection of a country that was bankrupt and a people who were impoverished. We know that a sick American economy would fulfil the Communist dream of conquest just as surely as disaster on the battlefield." 29)

Und Eisenhower selber führte Mitte Mai 1953 in einer Rede aus:

> "It has been coldly calculated by the Soviet leaders, for by their military threat they have hoped to force upon America and the free world an unbearable security burden leading to economic disaster. They have plainly said that the free people cannot preserve their way of live and at the same time provide enormous military establishments. Communist guns, in this sense, have been aiming at an economic target no less than a military target." 30)

Wenn Humphrey Reduktionen im Etat des Pentagon forderte, nahm er das oben zitierte Argument allerdings nur selten, und wenn, dann wohl eher aus opportunistischen Gründen zu Hilfe. Denn wahrscheinlich rechnete sich der Finanzminister bessere Resonanz bei Eisenhower aus, wenn er dessen primäres Argument für Kürzungen anführte. Humphrey ging es im Grunde jedoch weit mehr um rein innen- resp. wirtschaftspolitische Ueberlegungen mit dem hauptsächlichen Ziel, die Steuerlast des "Big Business" zu reduzieren. Der Präsident hingegen hegte in der Tat ernsthafte Sorgen wegen der (angeblichen) Absicht der Sowjets, die Vereinigten Staaten in einen ruinösen Rüstungswettlauf zu verwickeln. In dieser Auffassung wurde Eisenhower auch von Marx' und Lenins Voraussage beeinflusst, wonach die kapitalistischen Staaten letztlich an seinen inneren ökonomischen Widersprüchen zugrunde gingen. Am 2. Juli 1953 setzte

---

29 Humphrey zit. nach Snyder (1962), S.433 f.

30 DDE, 19. Mai 1953; in: PP (1953), S.307

sich der ansonsten eher schreibfaule Eisenhower in seinem Tagebuch gleich auf mehreren Seiten mit dieser Prophezeiung auseinander und kam zum Schluss, dass der Westen einen solchen ökonomischen Kollaps durchaus vermeiden könne, sofern man eine "vernünftige" Politik betreibe. Und vernünftig hiess für ihn (unter anderem), sich von der UdSSR nicht immense Militärausgaben quasi aufzwingen zu lassen. Der totalitäre Staat Sowjetunion könne, so argumentierte Eisenhower am 31. März 1953 im NSC, seinen Bürgern viel grössere finanzielle Lasten als Folge des permanenten Rüstungswettlaufs aufbürden, als dies in einem demokratischen Land möglich sei. In buchstäblich jeder Debatte um den "New Look" betonte "Ike", "if we must live in a permanent state of mobilization our whole democratic way of life would be destroyed in the process."[31] Es könne letztlich nicht nur darum gehen, das physische Ueberleben der Vereinigten Staaten gegen die sowjetische Gefahr bestmöglich zu sichern, sondern es müsse auch der "American Way of Life" garantiert werden. Materielles Wohlergehen der Bevölkerung als Ausdruck einer gesunden und leistungsfähigen Volkswirtschaft war für Eisenhower eine zentrale Bedingung für politische Stabilität der westlichen Länder, wobei Stabilität für ihn gleichbedeutend mit Immunität gegen kommunistische Ideologie war.[32] Der Präsident erklärte im Sicherheitsrat:

> "The real problem (is) to devise methods of meeting the Soviet threat and of adopting controls, if necessary, that (will) not result in our transformation into a garrison state. The whole thing (is) a paradoxe." 33)

Gegenüber Dulles meinte Eisenhower einmal, eine effektive Abschreckung gegen das sowjetische Militärpotential sei sicher notwendig, aber:

> "...if the contest to maintain this relative position should have to continue indefinitely, the cost would either drive us to war - or into some form of dictatorial government. In such circumstances we would be forced to consider whether or not our duty to future generations did not require us to initiate war at the most propitious moment that we could designate." 34)

Den Gedanken eines Präventivkrieges wiesen sämtliche Miglieder der

---

31 DDE, 138. NSC-M., 25. März 1953; in: FRUS II/1, S.261

32 Zu dieser Auffassung DDE's vgl. Kap. 10.2.1., S.294

33 DDE, 163. NSC-M., 24. September 1953; in: FRUS II/1, S.469

34 DDE an JFD, 8. September 1953; in: DD (1981), Nr. 630 A

Administration ansonsten immer weit von sich. Dass Eisenhower dieses eine Mal nun doch davon sprach, untersteicht, welch grosse Bedeutung er ökonomischen Faktoren in der aussen- und sicherheitspolitischen Planung beimass.

7.3.4. Kompromiss in NSC 162/2

Obwohl sich grundsätzlich alle Minister und auch der Präsident einig waren, dass die in den letzten Jahren ständig gestiegenen Rüstungsausgaben reduziert werden mussten, weil sie eine Gefahr für die amerikanische Wirtschaft und indirekt den "American Way of Life" darstellten, entwickelte sich im Sicherheitsrat eine nahezu endlose Debatte darüber, wie dies nun seinen Niederschlag in NSC 162/2 finden sollte. Das dabei sichtbar gewordene Meinungsspektrum lässt sich in etwa folgendermassen skizzieren:

- Finanzminister George Humphrey und Budgetdirektor Joseph Dodge waren die Exponenten jener Richtung, die am stärksten für eine deutliche Reduktion der Verteidigungsausgaben zugunsten eines ausgeglichenen Finanzhaushalts und von Steuerreduktionen plädierten.
- Die "Joint Chiefs of Staff", Verteidigungsminister Wilson und MSA-Direktor Harold Stassen bildeten die stärkste Opposition gegen massive Kürzungen im Verteidigungsetat.[35]
- Eisenhower und Dulles nahmen eine differenzierte Haltung zwischen den beiden Polen ein, wobei der Präsident eher auf Humphreys Seite und Dulles tendenziell zu den Stabchefs neigte.

Auch nach Robert Tafts Tod am 31. Juli 1953 hielt der Druck der republikanischen Fiskalkonservativen auf die Administration unvermindert an. Finanzminister Humphrey und Budgetdirektor Dodge setzten sich im Kabinett mehr denn je für eine erhebliche Kürzung bei den Verteidigungsausgaben ein. Humphrey betonte immer wieder, dem FY 55 komme eine entscheidende Bedeutung zu. Wenn nun erneut keine erheblichen

---

35 Bis zum 15. August 1953 waren folgende, allesamt noch unter Truman eingesetzten Stabchefs im Amt: General Omar N. Bradley als Vorsitzender, General J. Lawton Collins als "Chief of the Army", General Hoyt S. Vandenberg als "Chief of the Air Force", Admiral William M. Fechteler als "Chief of the Navy".

Kürzungen erfolgten, werde die Regierung das in sie gesetzte Vertrauen verlieren. Man müsse dem Kongress und der Oeffentlichkeit endlich einmal den Unterschied zur Truman-Administration demonstrieren. Wenn hingegen der Eindruck entstehe, dass es gar keinen gebe, dann "the economy will go to hell and the Republican Party will lose the next election."[36] Nach einem von Humphreys zahlreichen Plädoyers für deutliche Abstriche im Verteidigungssektor zugunsten eines ausgeglichenen Budgets und von Steuerreduktionen erwiderte Dulles, er sei ein entschiedener Gegner der Auffassung, die gesamte amerikanische Aussen- und Sicherheitspolitik diesen beiden Zielen unterzuordnen:

> "We certainly can't throw the common defense system out of the window because we have to balance the budget. (...) In any case I cannot accept the argument that a completely balanced budget is essential under existing conditions. This is the argument of a doctrinaire." 37)

Der Aussenminister hielt den Sparaposteln überdies ein Argument entgegen, das sie, die sich um innenpolitische Unterstützung sorgten, zweifellos nicht ganz unberührt liess: "This view indeed has caused the Hoover blow up."[38]

Eisenhower versuchte, zwischen diesen Positionen zu vermitteln, einerseits also den JCS und Wilson die Bedeutung der ökonomischen Komponente in der sicherheitspolitischen Planung verständlich zu machen, andererseits Humphrey von der Notwendigkeit angemessener Verteidigungsausgaben zu überzeugen. Rückblickend schrieb der Präsident:

> "I, too, wanted reduced expenditures and balanced budgets, but I could not approve a plan to slash necessary defense spending just to contrast Republican economy with Democratic fiscal irresponsability." 39)

Schliesslich einigte man sich in NSC 162/2 auf die relativ unverbindliche und in ihrer Auslegung sehr dehnbare Kompromissformel:

---

36 Humphrey, 166. NSC-M., 13. Oktober 1953; in: FRUS II/1, S.547

37 JFD, 165. NSC-M., 7. Oktober 1953; in: FRUS II/1, S.517 f.

38 Ebenda, S.518

39 DDE zit nach Geiling (1973), S.104.
Am 8. September 1953 schrieb DDE an JFD: "There is currently much misunderstanding among us. Our people want tax relief; but they are not well informed as to what drastic tax reductions would mean to security." In: DD (1981), Nr. 630 A.

"Not only the world position of the United States, but the security of the whole free world, is dependent on the avoidance of recession and on the long-term expansion of the U.S. economy. Threats to its stability or growth, therefore, constitute a danger to the security of the United States. Expenditures for national security, in fact all federal, state and local government expenditures, must be carefully scrutinized with a view to measuring their impact on the national economy." 40)

Diese generelle Tendenz konnte im konkreten Fall natürlich sehr unterschiedlich ausgelegt werden. Allein, bezeichnend für den Stellenwert dieser Ueberlegungen ist die Tatsache, dass in einem Grundsatzpapier zur Sicherheitspolitik nicht weniger als 14 von 45 Paragraphen Aussagen über den Zusammenhang zwischen Militär und Volkswirtschaft enthielten. In einem Abschnitt hielt man es gar für nötig, festzuhalten, dass vom Januar 1954 an jährlich Steuerreduktionen von insgesamt rund 5 Milliarden Dollar erfolgten. (Damit gab Eisenhower dem Druck der Fiskalkonservativen in seiner Partei gegen seinen ursprünglichen erklärten Willen nach. Denn bislang hatte er darauf beharrt, dass eine Steuerreduktion erst nach erfolgtem Budgetausgleich möglich war.[41]

Die Gegenposition zu den "Sparexponenten" im Kabinett, Humphrey und Dodge, nahmen die Stabchefs ein. Die noch von Truman ernannten JCS sprachen sich in der ersten NSC-Sitzung unter Eisenhower, an der über Kürzungen im Verteidigungsbudget diskutiert wurde, kategorisch gegen solche Reduktionen aus, weil dies "grave military implications" für die nationale Sicherheit zur Folge hätte.[42] Von dieser Meinung wichen sie auch nicht ab, nachdem ihnen insbesondere Humphrey und auch, allerdings weniger deutlich, Eisenhower entgegengehalten hatten, die von ihnen, den JCS, geforderten Rüstungsprogramme würden die Vereinigten Staaten bald einmal in den Bankrott treiben. Die USA könnten und müssten sich, so konterten die Stabchefs diesen Vorwurf, Militärausgaben in jeder Höhe leisten, wenn dies die Gewährleistung der nationalen Sicherheit erforderte. Mit dieser auch in der Oeffentlichkeit vertretenen Auffassung stimmten die Stabchefs indessen mit den Demokraten überein, und deshalb waren sie auch seit geraumer Zeit scharfer Kritik insbesondere der "Alten Garde" in der GOP ausgesetzt. Robert Taft hatte während

40 NSC 162/2; in: FRUS II/1, S.588

41 Zur Steuerreduktion vgl. Anm. 26, S.175

42 Collins, 138. NSC-M., 25. März 1953; in: FRUS II/1, S.259

der Nominationsphase für den republikanischen Präsidentschaftskandidaten verschiedentlich erwähnt, dass er das Vertrauen in die Stabchefs verloren habe und als Präsident den JCS-Vorsitzenden Omar N. Bradley umgehend ersetzen würde. Armeegeneral Bradley seinerseits hatte Tafts Vorschlag kritisiert, die amerikanische Militärstrategie stärker auf die Luftwaffe und ausländische Basen zu konzentrieren. Bradley hatte vielmehr seine Ueberzeugung bekräftigt, dass Westeuropa mit Bodentruppen verteidigt werden müsse - und damit den scharfen Widerspruch des Senators ausgelöst.[43] Im April 1953 begannen diverse republikanische Senatoren unter Tafts Führung, die Ablösung der JCS zu fordern. Sobald die neuen Stabchefs designiert waren, sollten sie die wichtigsten Entscheide der noch im Amt weilenden Militärs einer genauen Ueberprüfung unterziehen. Dabei hoffte die "Alte Garde", dass "the Chiefs would come up with an entirely new grand concept of defense strategy."[44] Eisenhower kam nun der Umstand entgegen, dass die Amtszeit aller Stabchefs im Sommer 1953 auslief und auch nicht mehr verlängert werden konnte. Mit diesen turnusgemässen Rücktritten wurde ein grosses Hindernis bei der geplanten Reduktion der Verteidigungsausgaben aus dem Weg geräumt, ohne dass der Präsident auch nur einen Finger zu rühren und sich insbesondere auch nicht gegen eine (an sich übliche) Verlängerung der Dienstzeiten auszusprechen brauchte, was ihm zweifellos massive Kritik seitens der Demokraten eingetragen und die Fortsetzung einer überparteilichen Aussenpolitik erschwert hätte.[45] Am 12. Mai ernannte Eisenhower als neuen Vorsitzenden der Stabchefs prompt einen Anwärter, der vorwiegend vom Taft-Flügel ins Gespräch gebracht worden war: Admiral Arthur W. Radford, bis anhin Oberkommandierender der Pazifikflotte. Obwohl von Eisenhower immer wieder kategorisch in Abrede gestellt, wurde diese Wahl allseits - und nicht ohne Grund - als Sieg Tafts und der "Asia-First"-Gruppe in der Republikanischen Partei bewertet.[46] Radfords militärischer

---

43 Zu den Differenzen zwischen Taft und den JCS vgl. Snyder (1962), S.411

44 NYT, 22. April 1953, S.1

45 Angesichts der doch deutlichen Differenzen zwischen DDE und den alten JCS bezüglich einer ökonomisch orientierten Sicherheitspolitik kann DDE's Bemerkung in den Memoiren (1963), S.448, nur als höfliche diplomatische Zurückhaltung interpretiert werden, wonach "(the replacement of the JCS) implied no dissatisfaction, on my part, with any of the officers who had been serving in these important posts."

46 Vgl. NYT, 13. Mai 1953, S.1. Zur "Asia-First"-Gruppe vgl. Kap. 2.1. Die weiteren neuen JCS waren: "Chief of the Army" Matthew Ridgway, "Chief of the Navy" Admiral Robert Carney, "Chief of the Air Force" Nathan Twining.

Aufgabenbereich lag hauptsächlich im pazifisch-asiatischen Gebiet, und noch im Februar hatte der Admiral vor einem Kongressausschuss in Washington verlangt, Asien müsse stärkere Beachtung in der militärstrategischen Planung geschenkt werden. (Unter anderem hatte Radford eine Blockade der chinesischen Küste gefordert, um dadurch China zu einer Beendigung des Koreakrieges zu drängen.)

7.4. Die Rolle der Atomwaffen

Eisenhower nahm noch einen weiteren Rat der "Alten Garde" zu Herzen. Noch bevor die neuen JCS am 15. August ihre neuen Stellen angetreten hatten, wurden sie vom Präsidenten am 14. Juli beauftragt, "to take a completely new, fresh survey of our military capabilities in light of our global commitments", wobei er ausdrücklich auf die zu berücksichtigenden "economic limitations" hinwies.[47] Am 8. August, eine Woche vor ihrem offiziellen Amtsantritt legten die Stabchefs dem Verteidigungsminister einen solchen Report vor, und diese Vorschläge sollten einen ganz erheblichen Einfluss auf die Festlegung der Sicherheitspolitik in NSC 162/2 gewinnen.[48] Admiral Radford erläuterte am 25. August vor dem NSC, mit der von ihnen vorgeschlagenen Strategie liessen sich "substantial savings" im Verteidigungsbereich erzielen.[49] Im Verlauf der Diskussion im Sicherheitsrat kristallisierten sich bald einmal die beiden zentralen Punkte im Konzept der JCS heraus:

1. Die permanente Stationierung amerikanischer Truppen in Uebersee, namentlich in Westeuropa: Die JCS schlugen eine Reduktion der Truppen vor, ohne aber die Zahl der überseeischen Militärbasen zu reduzieren.
2. Die Rolle der Atomwaffen: Die Stabchefs wollten von der Administration die Zusicherung, Atomwaffen in jedem militärischen Konflikt einsetzen zu können, sofern dies unter militärstrategischen Gesichtspunkten als sinnvoll erschien.

Die grundsätzliche Argumentation der JCS war dabei die folgende: Die

---

47 Vgl. Ridgway (1956), S.267 und Jurika (1980), S.320

48 Der Report der JCS ist nicht in FRUS II enthalten.

49 Radford, 160. NSC-M., 27. August 1953; in: FRUS II/1, S.444

bisherige "Containment"-Politik stützte sich (unter anderem) auf die Stationierung konventionell ausgerüsteter amerikanischer Bodentruppen in Westeuropa (sowie, temporär, in Japan und Korea). Was Trumans Eindämmungspolitik so teuer werden liess, war das Konzept, einen sowjetischen und/oder chinesischen Angriff (zumindest in einer ersten Phase) mit einem konventionellen Krieg abzuwehren. Wer die aktuelle Höhe der Verteidigungsausgaben substanziell reduzieren wollte, musste folglich dieses Konzept ändern. Konkret: Die in Uebersee stationierten, in Unterhalt und Bewaffnungsart sehr teuren Truppen würden in die USA zurückgezogen und dort teils als mobile Eingreiftruppe in Reserve gehalten, teils gar ausgemustert. Wieviele Soldaten genau zurückbeordert werden sollten, gaben die JCS nicht an, sondern sprachen lediglich von einem "major redeployment", womit anscheinend der überwiegende Teil der fünf in Europa stationierten Divisionen gemeint war. Die Stabchefs hoben hervor, dass sie keinesfalls einen Abbau der überseeischen Basen befürworteten, sondern für die Aufrechterhaltung sämtlicher Stützpunkte plädierten.

Dieser Vorschlag war aus der Sicht der obersten Militärs nur unter der Bedingung möglich, dass künftig eine "Arbeitsteilung" zwischen den USA und den Allierten erfolgte: Die Europäer sollten mehr konventionell ausgerüstete Bodenstreitkräfte stellen, während die Vereinigten Staaten die - vergleichsweise billigen - Atomwaffen als Kompensation für die Truppenreduktion stärker in ihre militärische Planung einbezogen. Mit anderen Worten: Nuklearwaffen mussten fortan für den Einsatz zur Verfügung stehen, wann immer dies vom militärischen Standpunkt aus sinnvoll und notwendig erschien.

7.4.1. Atomwaffen als billigste "Containment"-Version

George Humphrey bezeichnete die JCS-Vorschläge angesichts der dort in Aussicht gestellten "substantial savings" als "terrific" und taxierte sie als "the most important thing that happened in this country since January 20."[50] Im Sicherheitsrat schlug der Finanzminister in seiner Begeisterung gar vor, die gesamte "Solarium"-Studie zu suspendieren und sich bei der Abfassung des NSC-Richtlinienpapiers nur noch auf

50 Humphrey, 27. August 1953; in: FRUS II/1, S.447

das JCS-Memorandum zu stützen. (Dulles war der einzige, der dies mit der Begründung ablehnte, "Solarium" enthalte viele wertvolle Hinweise und könne deshalb nicht einfach ad acta gelegt werden. An welche Hinweise er konkret dachte, erwähnte der Aussenminister nicht. Ueber den Vorschlag selbst wurde nicht mehr weiter gesprochen.) Humphrey verdeutlichte seine Ansicht, dass

> "...it is absolutely essential to settle this issue of the use of atomic weapons. Only their use on a broad scale could really change the program of the Defense Department and cut the costs of the military budget." 51)

Admiral Radford stimmte dieser Auffassung ausdrücklich zu und bekräftigte seinerseits:

> "...unless we can use these weapons in a blanket way, no possibility (exists) of significantly changing the present composition of our armed forces." 52)

Der NSC-Planungsausschuss hatte in der ursprünglichen, als Diskussionsgrundlage dienenden Fassung des neuen Richtlinienpapiers, NSC 162, noch festgehalten, dass "the U.S. should use special weapons whenever they are required by the national security."[53] Die Stabchefs befanden diese in der Tat schwammige Formulierung jedoch als, wie Radford meinte, "insufficient guide to enable them to effect any real change."[54] Dementsprechend war die Budgetplanung im Pentagon bis zu diesem Zeitpunkt noch unter der Prämisse erfolgt, dass, was in der Tat auch zutraf, "no clear decision on the use of atomic weapons" getroffen worden war.[55] Wilson präsentierte deshalb dem Sicherheitsrat am 13. Oktober einen Rüstungsetat von 42 Milliarden Dollar für FY 55, worauf Budgetdirektor Dodge gleich vorrechnete, unter solchen Umständen sei mit einem Budgetdefizit von 8.7 Milliarden Dollar zu rechnen. Diese düstere Prognose veranlasste Humphrey zur bissigen Bemerkung, Wilsons Anträge seien ja "no cut at all."[56]

Eisenhower hatte mit seinen Statements zum Atomwaffeneinsatz

---

51 Humphrey, 166. NSC-M., 13. Oktober 1953; in: FRUS II/1, S.547

52 Radford, ebenda, S.547

53 NSC 162, 30. September 1953; in: FRUS II/1, S.509

54 Radford, 166. NSC-M., 13. Oktober 1953; in: FRUS II/1, S.547

55 Wilson, ebenda, S.542

56 Humphrey, ebenda, S.543

bislang auch nicht die von den Stabchefs gewünschte Klarheit geschaffen. Der Präsident bekräftigte mehrmals, die Militärs könnten in einem "general war" auf den Einsatz jener Waffen zählen, aber: "They should not, however, plan to make use of these weapons in minor affairs."[57] Unter einem "general war" verstand er einen grossen (Welt-)Krieg mit direkter und totaler Involvierung der beiden Supermächte. Was sich der Präsident hingegen unter "minor affairs" vorstellte, wurde (dem Gesprächsmemorandum nach zu urteilen) allerdings nicht erörtert. Doch für die JCS war dies genau der springende Punkt: War ein Atomwaffeneinsatz künftig auch in einem begrenzten Krieg ohne direkte Beteiligung der USA und der UdSSR möglich oder nicht? Die Formulierung, auf die sich die Administration in NSC 162/2 schliesslich festlegte, wurde nun gegenüber der ersten Version erheblich geändert und bestätigte letztlich den JCS, was sie gefordert hatten, nämlich die autorisierte Zusage der politischen Autoritäten, Atomwaffen "in a blanket way" einsetzen zu können[58]:

> "In the event of hostilities, the United States will consider nuclear weapons to be as available for use as other munitions." 59)

Mit diesem quasi Blankoscheck für den Kriegsfall wurden Atomwaffen de facto auf die gleiche Stufe wie konventionelle Waffen gestellt. Ihr Anwendungsbereich wurde wohlgemerkt nicht spezifiziert; der Begriff "in the event of hostilities" umfasste einen lokal begrenzten Krieg wie in Korea oder Indochina ebenso wie einen "general war". Zudem implizierte der Passus, dass die Vereinigten Staaten auch als erster Staat Atomwaffen einzusetzen bereit waren, und zwar nicht bloss in einem das eigene Land involvierenden Verteidigungskrieg, sondern auch in einem Konflikttypus wie Korea. Der erwähnte Paragraph beinhaltete hingegen nicht, wie Unterstaatssekretär Smith am 3. Dezember klärend ausführte, einen vorgängigen Grundsatzentscheid, dass Atomwaffen in allen künftigen Konflikten auch faktisch immer eingesetzt würden. Der effektive Einsatz lag - wie bis anhin - im Ermessen des Präsidenten, der einen Entscheid

---

57 DDE, 165. NSC-M., 7. Oktober 1953; in: FRUS II/1, S.533

58 Unmittelbar nach der Annahme dieses Paragraphen erklärten sich Wilson und die JCS denn auch zu einer erheblichen Reduktion des Verteidigungsbudgets für FY 55 bereit. Vgl. dazu Kap. 8.2.1., S.218

59 NSC 162/2; in: FRUS II/1, S.593

immer von Fall zu Fall treffen musste.[60] Insofern war dieser Paragraph natürlich kein Blankoscheck für den Atomwaffeneinsatz.

Gleichwohl bedeutete der Beschluss der Administration eine wesentliche Aenderung im Vergleich zur Administration Truman, die auf Atomwaffen nur im Sinne eines "last resort", eines letzten Mittels zur Verteidigung gegen einen grossen sowjetischen Angriff auf Westeuropa und/oder die Vereinigten Staaten zurückzugreifen bereit waren.

7.4.2. Bedingungen für eine funktionierende Abschreckung

Die Bekräftigung des Willens allein, Nuklearwaffen in künftigen militärischen Auseinandersetzungen - von welchem Ausmass auch immer - überhaupt einzusetzen, war an sich noch keine wirkliche Strategie. Dieser Entscheid schuf im Grunde erst die Voraussetzung zu einem stärkeren Einbezug der Atomwaffen in die Sicherheitspolitik im Sinne einer nuklearen Droh- resp. Abschreckungspolitik. NSC 162/2 schrieb eine tendenzielle Verlagerung vom konventionellen zum nuklearen "Containment" fest:

> "The risk of Soviet aggression will be minimized by maintaining a strong security posture, with emphasis on adequate offensive retaliatory strength and defensive strength. This must be based on massive atomic capability, including necessary bases." 61)

Der stärkere Verlass auf die nukleare Abschreckung war indessen nicht allein auf den oben geschilderten Sparwillen in der Administration zurückzuführen. Eisenhower und Dulles waren überzeugt, dass sich eine solche nukleare Drohpolitik eben erst in einem lokal begrenzten Konflikt bewährt hatte: in Korea.[62] NSC 162/2 setzte sich nun aber wesentlich detaillierter mit der Frage der Wirksamkeit nuklearer Abschreckung auseinander als etwa TFB, die ja voll auf eine atomar abgestützte Eindämmungspolitik gesetzt hatte. Während bei TFB nirgends die Problematik der Glaubwürdigkeit der Androhung massiver (nuklearer) Vergeltung diskutiert worden war, zog NSC 162/2 das erst kürzlich wieder verbesserte

---

60 Smith an DDE, 3. Dezember 1953; in: FRUS II/1, S.608
61 Ebenda, S.591
62 Vgl. Kap. 5.2., S.135

sowjetische Nuklearpotential in Betracht und hielt dazu differenzierend fest:

> "Increasing Soviet atomic capability may tend to diminish the deterrent effect of U.S. atomic power against peripheral Soviet aggression. It may also sharpen the reaction of the USSR to what it considers provocative acts of the United States." 63)

Je grösser, so die Ueberlegung der NSC-Analyse, die von beiden Seiten unabwendbare Zerstörung in einem grossen Krieg war, um so unglaubwürdiger wurde die Androhung einer militärischen Eskalation bei einer lokal begrenzten sowjetischen Aggression, die zu einem für beide Seiten solch verheerenden Krieg führen konnte. Denn mit der Verwirklichung dieser Drohung würden sich die Vereinigten Staaten zwangsläufig und völlig unverhältnismässig selber bestrafen. Je unwahrscheinlicher also die Ausführung der Drohung, um so weniger glaubwürdig und folglich desto weniger abschreckend war sie. Vorderhand allerdings ging die Administration, wie bereits erläutert, noch von einer klaren nuklearen Ueberlegenheit der USA aus, die sie durch einen weiteren Ausbau der eigenen Atommacht möglichst lange zu erhalten versuchte. In NSC 162/2 wurde auch die grosse Bedeutung des Ausbaus der Kontinentalverteidigung und des Zivilschutzes herausgestrichen, dies zweifellos unter dem Eindruck der vor wenigen Wochen erfolgten Zündung der ersten sowjetischen Wasserstoffbombe.[64] Trotz der bereits absehbaren Verminderung der Wirksamkeit der atomaren Abschreckung nahm die Regierung Eisenhower gleichwohl weiterhin an, dass "Soviet fear of atomic reaction should still inhibit local aggression".[65] Die Frage, unter welchen Bedingungen diese Annahme

---

63 NSC 162/2; in: FRUS II/1, S.581

64 Zur Einschätzung der Folgen eines sowjetischen Atomangriffs auf die USA vgl. S.169. Auf die "Continental Defense" wird in dieser Arbeit nicht weiter eingegangen. Für einen Ueberblick der vorgeschlagenen Massnahmen zum Schutz des nordamerikanischen Kontinents vgl. NSC 159/4 vom 29. September 1953; in: FRUS II/1, S.477-489. Zur momentanen Verteidigungsfähigkeit der USA hält NSC 159/4 fest: "The present continental defense programs are now not adequate either to prevent, neutralize or seriously deter the military or covert attacks which the USSR is capable of launching, nor are they adequate to ensure the continuity of government, the continuity of production, or the protection of the industrial mobilization base and millions of citizens in our great and exposed metropolitan centers. This condition constitutes an unacceptable risk to our nation's survival."; in: FRUS II/1, S.478. Trotz dieser pessimistischen Einschätzung war die Administration aber überzeugt, dass ein sowjetischer Angriff ihre Fähigkeit zu massiver Vergeltung (Zweitschlagsfähigkeit) nicht essentiell gefährden konnte. Vgl. dazu S.169

65 NSC 162/2; in: FRUS II/1, S.581

zutraf, wurde explizit weder in den NSC-Sitzungen noch in NSC 162/2 selber diskutiert. Implizit wurde indessen ersichtlich, dass die Administration der vorgängigen Schaffung klarer Verhältnisse, dem eindeutigen amerikanischen Bekenntnis zu seinen internationalen "commitments", entscheidende Bedeutung beimass. NSC 162/2 führte in diesem Zusammenhang aus:

> "In specific situations where a warning appears desirable and feasable as an added deterrent, the United States should make clear to the USSR and Communist China, in general terms or with reference to specific areas as the situation requires, its intention to react with military force against any aggression by Soviet bloc armed forces." 66)

Wichtig erschien, die Sowjetunion im voraus zu warnen, dass sie im Falle einer Aggression mit dem militärischen Widerstand der USA zu rechnen hatte. Auf diese Weise sollten fatale Fehleinschätzungen der Kommunisten vermieden werden, was aus der Sicht der Regierung ebenfalls von grosser Bedeutung war, denn:

> "If either side should miscalculate the strength of the others reaction, ...local conflicts could grow into general war, even though neither seeks nor desires it. To avoid this, it will in general be desirable for the United States to make clear to the USSR the kind of actions which will be almost certain to lead to this result." 67)

Einer der geistigen Väter dieses Passus war zweifellos John Foster Dulles, der schon drei Jahre zuvor in seinem Buch "War or Peace" geschrieben hatte: "Big wars usually come about by mistake, not by design."[68] Als Paradebeispiel zur Erhärtung der These, dass eine unklar formulierte westliche Politik zu Fehleinschätzungen der Sowjetunion und ihrer Verbündeten und dies wiederum zu Aggression und Krieg führte, diente durchwegs Dean Achesons "Defense Perimeter"-Rede.[69] Am 2. September 1953 bekräftigte der Aussenminister einmal mehr, der Koreakrieg hätte durch eine rechtzeitige Offenlegung der allfälligen amerikanischen Reaktion auf einen kommunistischen Angriff sehr wahrscheinlich vermieden werden können. Und Dulles fügte hinzu:

---

66 NSC 162/2; in: FRUS II/1, S.593

67 Ebenda, S.581

68 JFD (1950), S.263

69 Vgl. dazu auch Kap. 5.2., S.135

> "The lesson is this: if events are likely which will lead us in fact to fight, let us make clear our intention in advance, then we probably shall not have to fight." 70)

Von dieser Einschätzung war es nur noch ein kleiner Schritt zur festen Ueberzeugung, dass eine öffentlich angekündigte, ungeschminkte Drohpolitik militärische Zurückhaltung der anderen Seite bewirkte.

Die eindeutigste Verpflichtung, die die Vereinigten Staaten eingehen konnten, war ein bi- oder multilateraler Sicherheitspakt. NSC 162/2 listete jene Länder auf, bei denen sich die USA vertraglich zu einer gemeinsamen Verteidigung verpflichtet hatten: alle Nato-, Anzus- und OAS-Staaten, die Bundesrepublik Deutschland, Berlin, Japan, die Philippinen und Südkorea. Zudem seien Indochina und Taiwan für die USA von dermassen grösster strategischer Bedeutung, dass ein Angriff auf sie

> "...would probably compel the United States to react with military force either locally at the point of attack or generelly against the military power of the aggressor." 71)

Im Klartext hiess das: Eine militärische Intervention konnte entweder direkt in Indochina erfolgen oder aber in China selber. Damit wurde ein Prinzip verankert, auf das Dulles später (im Januar 1954; vgl. Kap. 8.1.) mit der Formulierung "retaliation at places of our own choosing" rekurrierte. Die auf diesem Prinzip basierende Annahme war offensichtlich: Wenn China oder die Sowjetunion befürchten musste, dass ihr eigenes Land Ziel einer militärischen Vergeltung sein würde, resultierte eine grössere Abschreckungswirkung daraus.

7.4.3. Moderate Kritik am neuen Kurs

Die einzige, wenngleich auch recht moderate Kritik an der neuen Strategie kam von den beiden Stabchefs Ridgway und, etwas weniger prägnant, Carney. Dies erstaunt auf den ersten Blick, denn das Positionspapier der designierten JCS vom 8. August spielte ja eine wesentliche Rolle bei der Festsetzung des "New Look". Der JCS-Vorsitzende Radford wun-

---

70 JFD, 2. September 1953; in: JFD-P., Box 75

71 NSC 162/2; in: FRUS II/1, S.584. Indochina und Taiwan waren im Oktober 1953 nicht in Verteidigungsbündnissen mit den USA organisiert.

derte sich noch später über die Tatsache, dass sich die Stabchefs auf eine gemeinsame Position zu einigen vermocht hatten.[72] Grundsätzlich hatten Ridgway und Carney nichts gegen einen stärkeren Einbezug der Atomwaffen in die amerikanische Militärstrategie einzuwenden. Sie störten sich hingegen an der Feststellung, dass dabei "emphasis on the retaliatory striking power" liegen sollte. Aus deren Sicht implizierte diese Formulierung eine ungebührliche Vernachlässigung von Army und Navy, jener Waffengattungen also, die für eine Kriegführungsstrategie von eminenter Bedeutung waren. Eisenhower hingegen wollte das Gewicht auf eine Kriegverhinderungsstrategie mittels der (in erster Linie von der Air Force resp. dem "Strategic Air Command" garantierten) nuklearen Abschreckung legen. Der Präsident stellte im NSC klar:

> "After all, deterring war (is) even more important than winning a war. No deterrent to war (can) compare in importance with this retaliatory striking power. Why don't we therefore say what we mean to emphasize?" 73)

Die Differenzen zwischen Eisenhower und den Anhängern des "New Look" auf der einen sowie insbesondere General Ridgway auf der anderen Seite deuteten eine grundlegend verschiedene Auffassung darüber an, wie ein nächster grosser (Welt-)Krieg geführt werden würde. Darüber wurde später, 1955, auch in der Oeffentlichkeit heftig debattiert. Auf der einen Seite standen die Verfechter der (in einer geradezu widerlich euphemistischen Weise) sogenannten "immaculate war"-Theorie. Diese besagte, dass ein solcher Krieg entweder abgeschreckt oder auf beiden Seiten mit Atomwaffen geführt und - wegen der immensen Zerstörungen - nur wenige Stunden dauern würde. Aus dieser Sicht war der Krieg schon vorbei, noch ehe die konventionell ausgerüsteten Soldaten der Army und Navy überhaupt zum Einsatz gekommen waren. Insofern schien eine Aufrüstung dieser Truppen nicht sinnvoll. Die gegenteilige Auffassung vertrat

---

72 Radford vermerkte im Rückblick bissig, Ridgway habe dem Papier wohl deshalb zugestimmt, weil er bei der seinerzeitigen Sitzung der JCS längere Auseinandersetzungen habe vermeiden wollen, um baldmöglichst zu seiner jungen Braut ins Weekend fahren zu können; vgl. Radford (1980), S.321

Als DDE die JCS zu dieser "review" aufgefordert hatte, bestand er übrigens keineswegs auf einem gemeinsamen Positionspapier der Militärs, sondern wies ausdrücklich darauf hin, er wolle "a summarized statement of these officers' own views on these matters"; DDE zit. nach Radford (1980), S.320

73 DDE, 168. NSC-M., 29. Oktober 1953; in: FRUS II/1, S.572

vor allem Ridgway, dies unter anderem mit dem Argument, dass konventionelle Truppen immer noch notwendig waren, um einen nach Clausewitz'schem Verständnis "sinnvollen" Krieg - als Fortsetzung der Politik mit anderen Mitteln - erfolgreich führen zu können.[74]

7.5. Kollektive Sicherheit

NSC 162/2 beschränkte sich nicht einzig auf die nukleare Komponente als Haupttträger der amerikanischen "Containment"-Politik, sondern bezog noch diverse andere Instrumente zur Aussen- und Sicherheitspolitik mit ein. Insbesondere wurde der Grundsatz der kollektiven Sicherheit bekräftigt, deren einzelne Elemente allerdings einer kritischen Ueberprüfung unterzogen wurden.

7.5.1. Truppenstationierung in Uebersee

Von den im Herbst 1953 20 aktiven US-Divisionen war rund die Hälfte in Uebersee - Europa, Korea, Japan - stationiert. Im Sicherheitsrat bestritt eigentlich niemand die Auffassung, dass dieses US-Engagement im Ausland überdimensioniert ("over-extended") war. Eisenhower erklärte Finanzminister Humphrey, der aus finanziellen Gründen vehement für einen baldigen Abzug des grössten Teils der in Europa stationierten Divisionen eintrat, dass "the real issue (is) not the pros and contras of the redeployment but rather how fast it (can) be carried out."[75] Radford führte auch militärische Gesichtspunkte für eine Redimensionierung an. Durch das aktuelle Ausmass der überseeischen Truppenstationierungen würden die USA an einer flexiblen militärstrategischen Planung gehindert. Auch Dulles, der sich selbst zwar nur ein "embryonic military knowledge" attestierte, erklärte sich mit Radford einverstanden,[76] wies aber wiederholt und mit Nachdruck auf die politischen Konsequenzen eines

---

74 Vgl. Bell (1957), S.104 ff. Ridgway legte seine Position umfassend im Buch "Soldier", New York 1956, dar. Unterstützung fand Ridgway später auch bei Maxwell Taylor, The Uncertain Trumpet, New York 1959.

75 DDE, 168. NSC-M., 29. Oktober 1953; in: FRUS II/1, S.571

76 JFD, 165. NSC-M., 7. Oktober 1953; in: FRUS II/1, S.526

solchen Schrittes hin, so etwa in einem Memorandum an Eisenhower:

> "A U.S. shift of emphasis, reflected by new military dispositions and changed budgetary approaches in favor of increased continental defense and greater strategic mobility, would probably be interpeted abroad as final proof of an isolationist trend and the adoption of the 'Fortress America' concept." 77)

Im NSC prognostizierte der Aussenminister ebenfalls schwere negative allianzpolitische Konsequenzen: Ein Truppenrückzug könne "bring about the complete collapse of our coalition in Europe."[78] Ueberdies, so Dulles, könnte man im Westen aus einem Truppenrückzug den Fehlschluss leiten, die USA betrachteten die von der Sowjetunion ausgehende Gefahr als nicht mehr gravierend. Diese Befürchtungen wurden von Eisenhower voll geteilt. Er wies immer wieder darauf hin, dass die US-Truppen in Europa nicht bloss militärische, sondern auch eine politische Funktion zu erfüllen hatten. Ein abrupter Abzug der amerikanischen Soldaten würde die Verteidigungsmoral der Westeuropäer wahrscheinlich schwer beeinträchtigen. Diese Länder dürften jedoch unter keinen Umständen unter sowjetische Kontrolle fallen, weil sie von vitalem Interesse für die Vereinigten Staaten seien. Dennoch betonte der Präsident mehrmals, dass die USA zu keinem Zeitpunkt je die Absicht gehabt hätten, Bodentruppen permanent in Europa stationiert zu belassen. Es sei dies nur ein "temporary expedient", um die westeuropäischen Länder nach dem Krieg militärisch, ökonomisch und moralisch gegen die Bedrohung durch die Sowjetunion zu schützen.[79] In diesem Sinne, hielt Eisenhower fest, stellte der Vorschlag der JCS durchaus kein neues Konzept dar, sondern war nichts anderes als "the reaffirmation and clarification of what (I have) always understood."[80]

Die JCS waren in der Einschätzung der politischen Konsequenzen eines Truppenrückzuges unterschiedlicher Meinung. Ridgway, dessen Bereich eine solche Massnahme am stärksten tangieren würde, sagte voraus, dies würde in Europa zweifellos als Schritt in Richtung Isolationismus interpretiert, was "terrifying consequences" hätte.[81] Admiral Carney, unterstützt von Radford, entgegnete, die Europäer seien gar nicht auf eine permanente US-Truppenpräsenz bedacht, sondern nur auf Wirtschafts-

---

77 JFD an DDE, 6. September 1953; in: FRUS II/1, S.457

78 JFD, 165. NSC-M., 7. Oktober 1953; in: FRUS II/1, S.527

79 DDE an Cutler, 3. September 1953; in: FRUS II/1, S.456

80 DDE, ebenda, S.456

81 Ridgway, 160. NSC-M., 27. August 1953; in: FRUS II/1, S.454

und Waffenhilfe. Deshalb hätte der Abzug der Soldaten auch keine negativen Konsequenzen. Letztlich setzte sich aber Dulles mit seiner Beurteilung durch, wie der Passus in NSC 162/2 zeigt:

> "Under present conditions...any major withdrawal of U.S. forces from Europe or the Far East would be interpreted as a diminuition of U.S. interest in the defense of these areas and would seriously undermine the strength and cohesion of the coalition." 82)

Für wie brisant Dulles das Thema "Truppenstationierung" hielt, unterstreicht auch folgende Begebenheit: NSC 162, die ursprüngliche Fassung von NSC 162/2, hatte noch einen Paragraphen beinhaltet, die USA müssten in naher Zukunft entscheiden, den "bulk of our land, forces which are not required to guard overseas bases" in den "next few years" zurückzuziehen.[83] Laut Gesprächsmemorandum waren alle NSC-Mitglieder grundsätzlich mit diesem Passus einverstanden, doch auf Betreiben Dulles' "it was thought best to omit (the) paragraph...for reasons of prudence and to avoid a leak."[84] Der Aussenminister befürchtete "terrible repercussions", wenn die europäischen Alliierten durch eine Indiskretion von diesen Absichten erfahren würden.[85] (Der Aussenminister war auch bereits mehrmals in Pressekonferenzen auf einen Truppenrückzug hin angesprochen worden, hatte allfällige Pläne der Administration aber immer strikte in Abrede gestellt.)

Die Administration war sich also, wie oben gezeigt, durchaus bewusst, dass ein "New Look" (Ausbau der Kontinentalverteidigung, stärkerer Verlass auf die Luftwaffe und insbesondere die atomare Abschrekkung, teilweiser Truppenrückzug aus Europa) von den europäischen Alliierten sehr wahrscheinlich tendenziell als Isolationismus aufgefasst würde, auch wenn faktisch in Washington niemand ernsthaft die atlantische Sicherheitsgemeinschaft in Frage stellte. Dulles wurde im Kabinett zwar immer wieder aufgefordert, er müsse den Alliierten über diplomatische Kanäle langsam und behutsam zu verstehen geben, dass ein Truppenrückzug eben nicht als Schritt in Richtung "Fortress America" gedeutet werden dürfe. Doch der Aussenminister hatte da seine Zweifel über den Erfolg solcher Aufklärung, weil er sich darüber im klaren war, welch eminent symbolische Bedeutung der amerikanischen Truppenpräsenz in Europa

---

82 NSC 162/2; in: FRUS II/1, S.593

83 NSC 162; in: FRUS II/1, S.509

84 165. NSC-M., 7. Oktober 1953; in: FRUS II/1, S.527

85 JFD, ebenda, S.527

zugeschrieben wurde:

> "I doubt that any eloquence or reasoning on our part would prevent disintegration and deterioration of our position, with our growing isolation through the reaction of our present allies." 86)

7.5.2. Die Bedeutung der Basen

Kollektive Sicherheit, daran liess NSC 162/2 kein Zweifel, war für die Aussen- und Sicherheitspolitik der Vereinigten Staaten weiterhin eine "conditio sine qua non":

> "The United States needs to have aligned on its side in the world struggle, in peace and in war, the armed forces and economic resources and materials of the major highly-industrialized non-communist states. Progressive loss to the Soviet bloc of these countries would so isolate the United States and alter the world balance as to endanger the capacity of the United States to win in the event of general war or to maintain an adequate defense without undermining its fundamental institutions." 87)

Von grösster Wichtigkeit für die USA waren die Militärbasen auf dem eurasischen Kontinent, von denen aus die Sowjetunion durch amerikanische Flugzeuge direkt bedroht werden konnte. Mit dem im "New Look" vorgesehenen "shift of emphasis" von den konventionellen Landstreitkräften zur (atomar ausgerüsteten) Luftwaffe gewannen diese Militärstützpunkte eine noch grössere Bedeutung, was sich auch in NSC 162/2 manifestierte:

> "The effective use of U.S. strategic air power against the USSR will require overseas bases on foreign territory for some years to come. Such bases will continue indefinitely to be an important additional element of U.S. strategic air capability and to be an essential to the conduct of the military operations on the Eurasian continent in case of general war." 88)

Die überseeischen Basen bildeten für das SAC einen grossen Vorteil, über den die Sowjetunion nicht verfügte. Das strategische (atomare) Potential der Vereinigten Staaten wurde durch die überseeischen Basen beträchtliche erhöht, denn ohne diese Landemöglichkeit wäre die Trans-

---

86 JFD an DDE, 6. September 1953; in: FRUS II/1, S.457 f.

87 NSC 162/2; in: FRUS II/1, S.583

88 Ebenda, S.583. Vgl. dazu auch Kap. 7.1., S.165 ff.

portkapazität für Atom- und konventionelle Bomben deutlich geringer ausgefallen, weil nurmehr Langstreckenbomber von den USA aus einsetzbar gewesen wären. Das grosse Problem im Zusammenhang mit den Basen bestand für die Administration allerdings darin, dass die Benutzungsrechte im Herbst 1953 offenbar noch nicht geklärt waren. General Ridgway sagte zwar, Churchill und Adenauer hätten ihm kürzlich "in great confidence" eine solche Benutzung zugesagt, doch wurde diese Haltung von keinem anderen NSC-Mitglied bestätigt.[89] Eisenhower wies Dulles und Wilson an, den Standpunkt der Europäer vorsichtig zu eruieren.[90] Vorläufig untersagte er öffentliche Statements zu dieser Frage, denn es erschien ihm als "very undesirable to knock the coalition over the head by precipitate action on this issue."[91] Auch dies ein deutlicher Hinweis auf das geschärfte Bewusstsein der Administration hinsichtlich der allianzpolitschen Konsequenzen des "New Look".

Nicht minder brisant war die Frage der Mitbestimmung der Alliierten im Fall eines Atomwaffeneinsatzes von ihren Basen aus. Auch dieses Problem war offenbar noch nicht restlos geklärt. NSC 162/2 hielt dazu fest:

> "Where the consent of an ally is required for the use of these weapons from U.S. bases on the territory of such ally, the United States should promptly obtain the advance consent of such ally for such use. The United States should also seek, as and when feasable, the understanding and approval of this policy by free nations." 92)

Ob mit der Formulierung "should" ein Vetorecht der Alliierten oder lediglich ein - letztlich unverbindliches - Konsultationsrecht zu verstehen war, wurde im Sicherheitsrat nie explizit diskutiert. Es ist jedoch anzunehmen, dass es sich faktisch um ersteres handelte, denn Eisenhower legte wiederholt grossen Wert auf den Hinweis, dass "securing this approval and understanding should precede the use of these special weapons."[93] Und auch NSC 162/2 betonte ebenfalls:

---

89 Ridgway, 165. NSC-M., 7. Oktober 1953; in: FRUS II/1, S.534

90 Eine Dokumentation dieser Verhandlungen wird in FRUS VI erscheinen. Zum Zeitpunkt der Abfassung dieser Arbeit war FRUS VI noch nicht publiziert. Zum Basenausbau vgl. Kap. 8.2.3., S.225 f. und Dok. Nr. 7 auf S.326

91 DDE, 165. NSC-M., 7. Oktober 1953; in: FRUS II/1, S.534

92 NSC 162/2; in: FRUS II/1, S.593

93 DDE, 165. NSC-M., 7. Oktober 1953; in: FRUS II/1, S.532

> "U.S. strategy, including the use of atomic weapons, therefore, can be successfully carried out only if our essential allies are convinced that it is conceived and will be implemented for the purpose of mutual security and the defense against the Soviet threat." 94)

Doch wurde andererseits auch festgehalten, dies "does not imply the necessity to meet all desires of our allies."[95] Was konkret damit gemeint war, gab NSC 162/2 nicht an. Möglicherweise bezog sich der Hinweis auf eine geographische Differenzierung, die auch später immer wieder vorgenommen wurde. Den Europäern sollte ein Mitspracherecht gewährt werden, sofern es sich um Konflikte handelte, die ihre Region direkt betrafen, während die Administration deren Konsultationsanspruch in asiatischen Fragen höchstens bedingt und keinesfalls verbindlich zu erfüllen bereit war.

Ganz abgesehen von der Problematik der Basenbenutzung antizipierte man in Washington eine negative Reaktion in Europa auf die amerikanische Entschlossenheit zu einer verstärkten nuklearen Drohpolitik. Dulles etwa vermutete: "Domestic opinion (will), of course, be delighted with this new concept. The difficulties (will) come overseas."[96] Was den Aussenminister im ersten Fall optimistisch stimmte, war wohl der Gedanke an die republikanische Rechte, die eine billigere und/oder eine härtere "Containment"-Politik forderte. In bezug auf die Europäer befürchtete Dulles wie bereits während der Erörterung der Koreapolitik, dass in Europa keine allgemeine Akzeptanz in der Oeffentlichkeit für einen amerikanischen Nukleareinsatz vorhanden war. Erneut bekräftigte der Aussenminister, dass "somehow or other we must manage to remove the taboo from the use of these weapons."[97] Auch Radford bedauerte dieses von Dulles angesprochene Tabu:

> "...we (have) been spending vast sums on the manufacture of these weapons and at the same time we (are) holding back on their use because of our concern for public opinion. It (is) high time that we clarify our position on the use of such weapons." 98)

Doch genau in diesem Punkt hegte Eisenhower allergrösste Bedenken:

---

94 NSC 162/2; in: FRUS II/1, S.583

95 Ebenda, S.584. Vgl. dazu auch Kap. 8.2.2. und 8.2.3.

96 JFD, 160. NSC-M., 27. August 1953; in: FRUS II/1, S.450

97 JFD 165. NSC-M., 7. Oktober 1953; in: FRUS II/1, S.533

98 Radford, 160. NSC-M., 27. August 1953; in: FRUS II/1, S.447

"Nothing would upset the whole world as an announcement at this time by the U.S. of a decision to use these weapons."[99] Der Präsident hatte guten Grund zu dieser Annahme, denn die Administration war sich sehr wohl im klaren darüber, dass ihr harter Kurs gegenüber der Sowjetunion bereits vor Ankündigung des "New Look" ohnehin schon mit grosser Skepsis in Europa verfolgt wurde. NSC 162/2 führte dazu aus:

> "...allied opinion, especially in Europe, has become less willing to follow U.S. leadership. Many Europeans fear that American policies, particularly in the Far East, may involve Europe in general war, or will indefinitely prolong cold-war tensions. Many consider U.S. attitudes towards the Soviets as too rigid and unyielding and, at the same time, as unstable, holding risks ranging from preventive war and 'liberation' to withdrawal into isolation." 100)

Vor dem Hintergrund dieser Analyse konnte denn der Beschluss kaum erstaunen, bis auf weiteres nichts in der Oeffentlichkeit über den Inhalt des "New Look" verlauten zu lassen, ohne dass der NSC nochmals darüber beraten hatte.

7.5.3. Absehbarer Abbau der "Mutual Security"

Obwohl in NSC 162/2 ein klares Bekenntnis zur kollektiven Sicherheit mit Europa abgelegt wurde, fanden sich im neuen Grundlagenpapier auch einige deutliche Hinweise darauf, dass künftig mit reduzierter Wirtschaftshilfe der Vereinigten Staaten zu rechnen war:

> "The United States should be able for the forseeable future to provide military aid...in more limited amounts...to our essential allies. It should be possible in the near future...generally to eliminate most grant economic aid, if coupled with appropriate U.S. economic and trade policies." 101)

Dieser Forderung lag einmal mehr der Sparwille der Regierung Eisenhower zugrunde. Man hoffte, mehr Eigenleistung der Europäer im Verteidigungsbereich würde die USA vor allem finanziell entlasten. Insbesondere Finanzminister Humphrey forderte eine deutliche Kürzung der "Mutual Security". Für ihn - wie seinerzeit auch für Taft - war diese

99 DDE, 165. NSC-M., 7. Oktober 1953; in: FRUS II/1, S.532
100 NSC 162/2; in: FRUS II/1, S.586
101 Ebenda, S.584

Hilfe schlicht "give-away-money", ein Geschenk an die Europäer, das den USA nichts einbrachte.[102] Dieser Auffassung widersprachen Eisenhower und Dulles allerdings vehement. Der Präsident rechtfertigte sich gegenüber dem Finanzminister: "Actually we (are) buying security with these funds."[103] Und auch der Aussenminister warnte vor einer substantiellen Kürzung der Auslandhilfe, weil dies den falschen Anschein in der Sowjetunion erwecken würde, die USA seien nicht mehr so stark um die Sicherheit Westeuropas bekümmert.

In den Diskussionen über NSC 162/2 war man sich uneinig darüber, unter welchen Umständen mit einer substanziellen Reduktion der finanziellen Unterstützung an die Alliierten begonnen werden konnte. Humphrey und Dodge hatten eine unverzügliche und progressiv zunehmende Reduktion vorgeschlagen, während die übrigen Ministerien einen Passus befürworteten, wonach die Finanzhilfe erst reduziert werden konnte, wenn die europäischen Volkswirtschaften einen solchen Ausfall zu kompensieren vermochten. Eisenhower sprach sich dann allerdings klar gegen eine progressive und unbesehen des wirtschaftlichen Potentials der Alliierten vorzunehmende Reduktion aus und setzte sich für eine unverbindliche Formulierung ein, die zwar die grundsätzliche Absicht zur Reduktion bekundete, ohne dass aber bereits konkrete Schritte einzuleiten waren.[104]

7.6. Nicht-militärische Mittel zum "Containment"

Die nicht-militärischen Mittel zur Eindämmung kommunistischer Expansion waren - abgesehen von der vorhin behandelten Wirtschaftshilfe - in der Administration offenbar einigermassen unbestritten; jedenfalls wurden sie an den NSC-Sitzungen nie debattiert oder gar bestritten, sondern die entsprechenden Paragraphen meistens diskussionslos gemäss NSC 162/2 übernommen.

Der nuklearen Abschreckung wurde, wie bereits dargelegt, nur eine

---

102 Humphrey, 139. NSC-M., 8. April 1953; in: FRUS II/1, S.289. Zu Tafts Auffassung vgl. Kap. 2.1.1., S.21

103 DDE, ebenda, S.289. Zu DDE's Verständnis des Zusammenhangs zwischen Wirtschaftshilfe und innenpolitscher Stabilität resp. Abwehr kommunistischer Einflussversuche vgl. Kap. 10.2.1., S.294

104 Zur "Mutual Security" vgl. auch Kap. 8.2.1., S.218 ff.

beschränkte Wirkung attestiert - nach Auffassung der Administration funktionierte sie im Fall eines "general war" sowie eines "local war" (wie z.B. Korea). Um sowjetischer Expansion durch "political warfare" in den Ländern der "freien Welt" vorzubeugen, zog die Administration in erster Linie "Covert Actions" der CIA und Propaganda in Betracht.[105] Gemäss NSC 162/2 wurde vorgesehen:

> "a. Take overt and covert measures to discredit Soviet prestige and ideology as effective instruments of Soviet power, and to reduce the strength of communist parties and other pro-Soviet elements.
> b. Take all feasible diplomatic, political, economic and covert measures to counter any threat of a party or individuals directly or indirectly responsive to Soviet control to achieve dominant power in a free world country.
> c. Undertake selective, positive actions to eliminate Soviet-Communist control over any areas of the free world." 106)

Was hier genau unter "free world country" zu verstehen war, wurde nicht definiert. Normalerweise beinhaltete dieser Begriff die westlichen Länder ebenso wie die meisten Drittweltstaaten. Die Palette der möglichen Massnahmen war also sehr weit gefasst und bot einen entsprechend grossen Handlungsspielraum für den konkreten Fall. Was die antiwestlichen Strömungen in diversen Entwicklungsländern betraf, so führte NSC 162/2 noch gesondert aus, dass

> "Outside economic assistance alone cannot be counted on either to solve their basic problems or to win their cooperation and support. Constructive political and other measures will be required to create a sense of mutuality of interest with the free world to counter the communist appeals." 107)

Es war dies eine der sehr seltenen Stellen in NSC 162/2, wo von politischen und nicht militärischen Massnahmen im Rahmen der revidierten "Containment"-Strategie die Rede war. Bezeichnenderweise wurde nicht genauer erläutert, was die "constructive measures" beinhalten sollten, und es wurde insbesondere auch nicht an die erstaunlich differenzierte Analyse der antiwestlichen Strömungen in der Dritten Welt angeknüpft.[108]

---

105 CIA-Aktionen konnten notabene durchaus paramilitärischer Natur sein und dürften demnach strenggenommen nicht unter "nicht-militärische" Mittel subsummiert werden.

106 NSC 162/2; in: FRUS II/1, S.595

107 Ebenda, S.587

108 Zu dieser Analyse vgl. Kap. 8.1., S.207 ff.

Bezüglich der osteuropäischen Staaten wurden Massnahmen zur Schürung der politischen Instabilität ins Auge gefasst:

> "...the United States should take feasible political, economic, propaganda and covert measures designed to create and exploit troublesome problems for the USSR, impair Soviet relations with Communist China, complicate control in the satellites, and retard the growth of the military and economic potential of the Soviet bloc." 109)

Dieser Paragraph ist ein weiteres Beispiel dafür, wie gross der Interpretationsspielraum im Einzelfall durch die Festlegung solch genereller Richtlinien zur Aussen- und Sicherheitspolitik weiterhin war. Denn ob eine Massnahme als "feasible" galt oder nicht, hing weitgehend von der Interpretation der konkreten Situation ab. Gleichwohl wurde mit diesem Passus die grundsätzliche Absage an "Liberation"-Politik relativiert. Eine Fortsetzung der harten antikommunistischen Rhetorik - eben: "Liberation" im rhetorischen Sinn - liess sich durchaus mit diesen Richtlinien vereinbaren, obwohl ja "Liberation" im faktischen Sinn keineswegs das Ziel der amerikanischen Russlandpolitik darstellte, weil dies zu riskant erschien.[110]

7.7. Fazit: Innen- und Wirtschaftspolitik als Determinanten der Sicherheitspolitik

Die drei quasi idealtypischen Optionen, die der Administration von den Arbeitsgruppen des "Project Solarium" vorgelegt worden waren, wurden in NSC 162/2 zu einer Version verarbeitet, die den aktuellen innenpolitischen Strömungen in den Vereinigten Staaten gebührend Rechnung trug. Die Implementierung nur einer der drei Optionen hätte dies nicht vermocht. Die Strategie von TFA fiel ausser Betracht, weil sie einerseits zu teuer war und andererseits keine neue Aussen- und Sicherheitspolitik bot, mit der man sich gegenüber den republikanischen Kongress-

---

109 NSC 162/2; in: FRUS II/1, S.595

110 Zu den Richtlinien für die Propaganda der "United States Information Agency", der z.B. auch die "Voice of America" unterstand, vgl. den "Report of the President's Committee on International Information Activities." (sog. Jackson-Report), 30. Juni 1953; in: FRUS II/2. S.1795 ff. Der ca. 70seitige Jackson-Report listete die Propagandastrategie gegenüber den kommunistischen Staaten recht minutiös auf. Hier wird indessen nicht weiter darauf eingegangen.

mitgliedern und den Wählern glaubhaft gegenüber der zuvor so heftig kritisierten "Containment"-Politik unter Truman zu profilieren vermocht hätte. Dem Konzept von TFB haftete der Mangel an, dass die Administration dessen zentralem Konzept, der atomaren Abschreckung, nur beschränkte Wirkung attestierte. Und bei TFC schliesslich, der "Liberation"-Gruppe, erschienen das Kriegsrisiko zu hoch und die damit verbundenen allfälligen Vorteile zu gering. Die in NSC 162/2 festgelegte Mischung stiess demgegenüber zweifellos auf ein positives Echo in der Republikanischen Partei, denn einerseits vermochte sie wegen der nun möglichen Sparmassnahmen die Fiskalkonservativen zu befriedigen, andererseits war durch die intensivierte Drohpolitik und antikommunistische Propaganda mit einer guten Resonanz bei den McCarthyisten zu rechnen.

Die Zielsetzung in NSC 162/2 blieb im wesentlichen die selbe wie unter den Demokraten: eine weitgehend undifferenzierte, globale Eindämmungspolitik. Im gesamten Verlauf der "New Look"-Debatte war nirgends der Begriff des nationalen Interesses aufgetaucht, aufgrund dessen (wie auch immer definiert) eine Abstufung in der Bedeutung der einzelnen Länder und Regionen für die Vereinigten Staaten möglich gewesen wäre. In der neuen Richtlinie zur Aussen- und Sicherheitspolitik wurden denn explizit auch keine Staaten oder Gebiete bezeichnet, die nicht von vitalem Interesse für die USA waren. Zum einen wohl deshalb nicht, weil die (perzipierten) Folgen einer solchen Definition (resp. Abgrenzung), wie sie Acheson in seiner "Defense Perimeter"-Rede vorgenommen hatte, tief als negatives Schulbeispiel einer falschen Politik im Bewusstsein der republikanischen Aussenpolitiker verankert waren (Stichwort: Korea). Zum andern verbot sich eine explizite Einschränkung der Interessensgebiete allein schon deshalb, weil die amerikanische Aussenpolitik (nicht nur) aus der Sicht der Administration auch ideellen Ansprüchen Genüge zu leisten hatte. Der "Liberation"-Politik war zwar faktisch eine Absage erteilt worden, der ihr zugrundeliegende moralische Anspruch der Vereinigten Staaten insbesondere gegenüber allen nicht-demokratischen Staaten wurde hingegen gleichwohl aufrechterhalten, zumal von Dulles, aber auch - obwohl nicht ganz so rigid - von Eisenhower. Der diesen ideellen Prinzipien inhärente Anspruch auf universale Gültigkeit hätte einer interessenmässigen Ausklammerung einzelner Staaten oder Regionen zweifellos widersprochen.

Was sich im Vergleich zur Truman-Administration geändert hatte, war eine Neugewichtung der verfügbaren Mittel, mit der diese globale Eindämmungspolitik bewerkstelligt werden sollte:

- Die atomare Abschreckung bildete fortan das wichtigste Element in der Militärstrategie. Nuklearwaffen wurden seit NSC 162/2 nicht mehr nur als "last resort" betrachtet, einsetzbar als letztes Mittel in einem Verteidigungskrieg, sondern standen grundsätzlich auch in "local wars" zur Verfügung. (Anlehnung an TFB).[111]
- Das Prinzip der kollektiven Sicherheit wurde beibehalten: Während die Bedeutung der Militärallianzen und der überseeischen Basen als Folge des "New Look" noch wuchs, wurden die permanente Truppenstationierung im Ausland sowie teilweise die Auslandhilfeprogramme einer kritischen Prüfung unterzogen, allerdings ohne konkrete Beschlussfassung hinsichtlich eines künftigen Abbaus. (Anlehnung an TFA)
- Die psychologische Kriegsführung in Ost und West mittels Propaganda sollte ebenso wie "Covert Actions" der CIA intensiviert werden. (Anlehnung an TFC)

In NSC 162/2 wurde mit dem "New Look" eine Strategie verankert, die in zweifacher Hinsicht sehr stark vom Koreakrieg geprägt war. Zum einen wurde die Interpretation des Ausbruchs des Koreakrieges - fehlende klare Warnung des Westens an die UdSSR und China führte zum Krieg - recht eigentlich zu einem historischen Schlüsselereignis für die (Aussen-)Politiker in Washington. Die Lehre, die daraus gezogen wurde: Deutliche Abgrenzungen mussten geschaffen und Drohungen offen ausgesprochen werden, damit die Gegenseite nicht erneut durch falsche Antizipation der Reaktion einen Krieg provozierte. Die zweite wichtige Folgerung, die aus dem Koreakrieg gezogen wurde: China und die UdSSR lenkten ein, nachdem die USA mit einer Ausweitung des Krieges unter Einsatz von Atomwaffen auf chinesisches Gebiet gedroht hatten. Die Androhung massiver nuklearer Vergeltung galt somit als geeignetes Mittel, um die Sowjetunion und China vor weiterer Expansion abzuschrecken. Die Doktrin der "Massive Retaliation" war eine von Korea geprägte und auf die Verhinderung künftiger Expansion wie in Korea (reguläre Streitkräfte, klare Fronten) ausgerichtete Strategie.

---

111 Zum Vergleich von Trumans und DDE's Sicherheitspolitik resp. der Frage, wie neu der "New Look" wirklich war, vgl. Kap. 8.5., S.253 ff.

Solche Expansionsformen der Kommunisten wurden in NSC 162/2 allerdings als unwahrscheinlich erachtet, und zwar, so ist zu vermuten, nicht erst als Konsequenz der Adoption der neuen Strategie, sondern schon früher. Denn in Washington war man sich sehr wohl darüber im klaren, dass die Tatsache, dass sich der Westen der Expansion in Korea militärisch entschlossen widersetzt hatte, an sich schon eine erhebliche abschreckende Wirkung auf China und die Sowjetunion ausübte. Als in Zukunft wesentlich wahrscheinlichere Expansionsformen der Kommunisten wurden Subversion und verdeckte Parteinahme bei Bürgerkriegen (oder allgemein: politischer Instabilität) in Ländern der Dritten Welt eingestuft. Trotzdem kam in NSC 162/2 kaum zur Sprache, wie Expansionsversuchen mit solchen nicht- oder allenfalls verdeckt militärischen Mitteln begegnet werden sollte. Wirtschafts- und Waffenhilfe sowie Geheimdienstaktionen zur Stützung pro-westlicher Parteien waren ganz offensichtlich die einzigen Rezepte. Dass militärstrategische Ueberlegungen in einem Richtlinienpapier über die Sicherheitspolitik von grosser Bedeutung sind, versteht sich von selber. In NSC 162/2 wurde jedoch bestätigt, was schon ansatzweise während des "Project Solarium" zu erkennen war: Die Erörterungen beschränkten sich nahezu ausschliesslich auf die militärischen Möglichkeiten zur Eindämmung kommunistischer Expansion. Insofern war auch die neue Strategie unter Eisenhower ebenso wie die alte, quasi konventionelle "Containment"-Version Trumans rein reaktiv und letztlich nicht mehr als Symptombekämpfung. Die eigentlichen Gründe, weshalb die Sowjetunion und China insbesondere in Entwicklungsländern immer wieder Fuss zu fassen vermochten, wurden zwar - oft nur ansatzweise, bisweilen gar mit bemerkenswerter Klarheit - erkannt. Doch blieb der Versuch aus, daraus eine entsprechende politische (Gegen-) Strategie im Rahmen der neuen Aussen- und Sicherheitspolitik zu entwickeln. Eine Diskrepanz, die, wie im folgenden Kapitel zu zeigen sein wird, auch im Fall Vietnams eklatant zutage trat.

Es mutet im Rückblick in der Tat erstaunlich an, wie stark der innenpolitische Druck nach einer Reduktion insbesondere des Verteidigungsbudgets war, dies notabene in einer Zeit dauernder antikommunistischer Hetztiraden. Nicht auszudenken, wie scharf die Kritik der McCarthyisten ausgefallen wäre, wenn die Demokraten solch massive Budgetkürzungen im Verteidigungsbereich gefordert hätten. Dass McCarthy nie Einfluss auf die Strategiedebatte zu nehmen versuchte, lag wohl nicht zuletzt daran, dass er mit seinen Attacken grundsätzlich mehr auf Personen als auf Programme zielte. Selbstverständlich standen auch hinter dem "New Look" Persönlichkeiten, doch hätte McCarthy die gesamte republikanische Parteispitze - von Eisenhower über Dulles bis zu Taft und Knowland - aufs Korn nehmen müssen, und da war der Kommunistenjäger angesichts seiner Erfahrungen in der Bohlen-Debatte offensichtlich Realist genug, um die Aussichtslosigkeit einer solchen Kritik einzusehen.

Der "New Look" wurde überdies kurz nach dem Zeitpunkt beschlossen, als der erste erfolgreiche Test einer sowjetischen Wasserstoffbombe bekanntgeworden war. Dass in dieser Situation nicht einer kräftigen Aufstockung der Rüstungsausgaben das Wort geredet wurde, kann als deutliches Indiz für die geradezu magische Anziehungskraft gewertet werden, die die noch im Wahlkampf geprägte Formel "more security at less cost" auf die Regierung Eisenhower und die Republikanische Partei ausgeübt hat. Der Einfluss, den die innen- und wirtschaftspolitischen Vorstellungen der GOP auf die Festlegung der Aussen- und Sicherheitspolitik ausübte, war ausserordentlich stark, ja letztlich sogar entscheidend. Er wäre noch grösser gewesen, wenn der vorwiegend in der "Alten Garde" verbreitete Fiskalkonservatismus - im Kabinett durch Humphrey und Dodge vertreten - nicht auf einen gewissen Widerstand bei Eisenhower gestossen wäre. Anderseits konnte sich dieser Fiskalkonservatismus nur deshalb überhaupt so stark bemerkbar machen, weil Eisenhower ebenfalls für Sparmassnahmen im Verteidigungssektor eintrat, indes aus primär anderen Gründen als Humphrey. Der Präsident rechtfertigte die Ausgabenreduktionen mit dem Argument, dass eine durch Defizite, Inflation und hohe Steuern verursachte wirtschaftliche Depression in den USA der Sowjetunion politisch ausserordentlich zugute komme. Insofern liessen sich Wirtschafts- und Aussenpolitik für Eisenhower gar nicht getrennt betrachten. Solche Zusammenhänge erwähnte Humphrey demgegenüber kaum. Für ihn waren Rüstungsausgaben Staatsausgaben wie alle anderen auch, und diese galt es aus Prinzip so weit als möglich abzubauen. Für den Finanzminister waren florierende amerikanische Unternehmen zweifellos weit stärker Selbstzweck, ein Ziel an sich, während sie für Eisenhower vorab ein Mittel zum Zweck darstellten, nämlich die ökonomische und politische Basis, um erfolgreich weiterer kommunistischer Expansion entgegentreten zu können.

Im stärkeren Verlass auf die atomare Abschreckung glaubte die Administration das Instrument gefunden zu haben, um mehr Sicherheit zu geringeren Kosten zu erreichen. Doch auch nach der Verabschiedung von NSC 162/2 blieben in diesem Zusammenhang viele, mitunter zentrale Fragen ungeklärt. Schon im Herbst 1953 wusste die Administration, dass die Strategie der Androhung massiver Vergeltung höchstens drei oder vier Jahre wirksam sein würde, weil nachher deren wichtigste Prämisse, die deutliche nukleare Ueberlegenheit der USA, nicht mehr galt. Eine weitere wichtige Voraussetzung des "New Look" blieb vorderhand noch ungeklärt: das Benutzungsrecht der Militärbasen auf dem eurasischen Kontinent für den Einsatz von Nuklearwaffen gegen die Sowjetunion. Und schliesslich war sich die Regierung Eisenhower durchaus im klaren darüber, dass ihre Ansicht noch längst nicht Eingang ins öffentliche Bewusstsein - zumal in Europa - gefunden hatte, wonach Nuklearwaffen letztlich nichts anderes als konventionelle Waffen mit grösserer Sprengkraft waren. Dass tatsächlich eine Akzeptanz in den westlichen Demokratien darüber bestand, dass die Vereinigten Staaten Atomwaffen als erste und nicht zur eigenen Landesverteidigung einsetzen würden, daran zweifelten wahrscheinlich Eisenhower und Dulles ebenso wie Humphrey und Wilson. (In diesem Sinne bezeichnend dürfte auch der relativ euphemistische Sprachgebrauch der Administration im Zusammenhang mit Atomwaffen sein. Die Formulierung "atomic weapons" oder "nuclear weapons" wurde offensichtlich möglichst vermieden und durch den emotionsfreieren Begriff "new weapons" ersetzt.) Im Grunde stand somit die Androhung massiver Vergeltung bereits auf einem recht unsicheren Fundament, noch ehe die neue Doktrin überhaupt öffentlich bekanntgegeben worden war. Die Administration dürfte die diversen Fragezeichen, die mit dem "New Look" verbunden waren, durchaus realisiert haben. NSC 162/2 beschäftigte sich zwar hauptsächlich mit der nuklearen Abschreckung, doch diese war just bei jenen Expansionsformen der Kommunisten, die man künftig für die wahrscheinlichsten hielt - Subversion, verdeckte Beteiligung bei Bürgerkriegen etc. - nicht adaptierbar. Deshalb lässt sich der Eindruck nicht ganz von der Hand weisen, dass mitunter eher Wunschdenken als nüchterne Analyse der Ausarbeitung des "New Look" unterlag. Die magische Formel "more security at less cost" verleitete jedenfalls weniger zum kritischen Hinterfragen der Prämissen und Randbedingungen einer solchen Doktrin als vielmehr zu deren raschen Adoption, um sich damit innenpolitisch Luft zu verschaffen.

8. DIE IMPLEMENTIERUNG DES "NEW LOOK"

Mit der Unterzeichnung von NSC 162/2 hatte sich faktisch noch nichts an der amerikanischen Aussen- und Sicherheitspolitik geändert. Entscheidend war vielmehr, wie nun diese oftmals reichlich abstrakten und nicht selten sehr weiten Interpretationsspielraum gewährenden Richtlinien in der Realität umgesetzt wurden. Einer, der in dieser Beziehung bereits Erfahrungen gesammelt hatte, war George Kennan. Als eigentlicher "Architekt" der "Containment"-Politik hatte er in den Jahren nach 1947 die Erfahrung machen müssen, dass die Administration Truman diese Grundsätze nach eigenem und nicht nach Kennans Gutdünken im politischen Alltag umsetzte. "Mr. X" gab seinem Missfallen später mit der Bemerkung Ausdruck,

> "I had no confidence in the ability of men to define hypothetically in any useful way, by means of general and legal phraseology, future situations which no one could really imagine or envisage." 1)

Ob Kennan ein zweites Mal enttäuscht werden sollte, hing nun nicht zuletzt vom Aussenministerium ab, aus dessen Diensten er ein halbes Jahr zuvor entlassen worden war. Denn die konkrete Implementierung der beschlossenen Grundsätze oblag noch weniger als unter Truman Kennan selbst, sondern vielmehr Dulles.

8.1. Oeffentliche Bekanntgabe des "New Look"

Der erste Schritt bei der Implementierung des "New Look" war die öffentliche Bekanntgabe der wichtigsten Linien der neuen Strategie. Bislang war lediglich durchgesickert, dass die Administration seit dem Frühjahr 1953 mit einer umfassenden Revision der Aussen- und Sicherheitspolitik beschäftigt war. In NSC 162/2 hiess es ausdrücklich, dass namentlich bezüglich der Funktion der Atomwaffen keine öffentlichen Stellungnahmen abgegeben werden sollten "without further consideration of the National Security Council."[2] Dass die Quintessenz der "New Look" in

---

1 Kennan (1967), S.408

2 NSC 162/2; in: FRUS II/1, S.593

der einen oder andern Form öffentlich bekanngemacht werden musste, stand indessen ausser Frage, und zwar allein schon deshalb, weil die Doktrin der massiven Vergeltung ja gerade auf der öffentlichen Drohung an die Adresse der Sowjetunion beruhte. Die militärischen Drohgebärden hätten sich zwar - wie bereits im Falle Koreas - auch durch die diplomatischen Kanäle signalisieren lassen, doch war mit solch diskretem Säbelrasseln der Nachteil verbunden, dass damit der imagefördernde Effekt bei den republikanischen Hardlinern weit weniger wirksam ausgefallen wäre.

8.1.1. Dulles' "Massive Retaliation"-Rede

Es blieb schliesslich dem Aussenminister vorbehalten, in der Oeffentlichkeit erstmals ausführlich und detailliert zum "New Look" Stellung zu nehmen, nachdem sich Radford am 14. Dezember mit einigen vagen Andeutungen begnügt hatte. Dulles tat dies in einer Rede am 12. Januar 1954 vor dem "Council on Foreign Relations" in New York. Im NSC war der Entwurf zur Rede zwar nicht zur Sprache gekommen, er wurde aber dennoch von verschiedenen Ministern und Beratern ebenso wie vom Präsidenten vorgängig begutachtet und kommentiert. Eisenhower, Humphrey, Wilson, Robert Bowie und die beiden Assistenzsekretäre McCardle und Murphy beurteilten den Text übereinstimmend weitgehend positiv.[3] Foster Dulles gab den Beschluss der Regierung bekannt, "to place more reliance on deterrent power."[4] Lokale Verteidigung mit konventionellen Mitteln sei zwar immer noch wichtig, aber, so der Aussenminister, nicht ausreichend zur Verhinderung weiterer kommunistischer Expansion. Der eigentliche Kern von Dulles' Ausführungen lautete:

> "We keep locks on our doors, but we do not have an armed guard in every home. (...) The way to deter aggression is for the free community to be willing and able to respond vigorously at places and means of its own choosing. So long as our basic concepts were unclear, our military leaders could not be selective in builiding our military power. (...) The National Security Council had to take some basic policy decisions. (This) was to depend primarily upon a great capacity to retaliate, instantly, by means and at places of our choosing. Now the Department of Defense

---

3 Die Kommentare sind zu finden in: JFD-P., Box 87

4 JFD, 12. Januar 1954; in: DFR (1954), S.9

> and the Joint Chiefs of Staff can shape our military establishment to fit what is our policy, instead of having to try to be ready to meet the enemy's many choices. That permits a selection of means instead of a multiplication of means. As a result it is now possible to get more basic security at less cost." 5)

Es fällt auf, dass diese Schlüsselpassage wesentlich mehr Aehnlichkeit mit Dulles' "Life"-Artikel aus dem Jahr 1952 als mit irgendeiner Passage aus NSC 162/2 aufweist. Dies wurde verschiedentlich dahingehend interpretiert, es habe sich bei dieser Rede um Dulles' eigenwillige und vom Kabinett nicht gestützte Interpretation gehandelt. Halle schrieb gar - in völliger Verdrehung der Tatsachen -, Dulles habe die Rede "vom ersten bis zum letzten Satz selbst geschrieben", und deshalb sei sie "einzig als Ausdruck von Dulles' Charakter von Wichtigkeit.[6] Die Tatsache, dass diese Interpretation in der Literatur häufig anzutreffen ist, widerspiegelt die lange Zeit vorherrschende Auffassung, wonach Dulles die US-Aussenpolitik völlig dominiert und Eisenhower keinen massgeblichen Einfluss auf diesem Gebiet ausgeübt habe.

Diese Schlussfolgerung ist falsch, es trifft vielmehr das Gegenteil zu. Nicht nur wurde der Entwurf, wie bereits erwähnt, von mehreren Ministern und Beratern vorgängig gelesen und für gut befunden, sondern die zentralen Passagen wurden allesamt von Eisenhower selbst geschrieben. Der Präsident schrieb rund die Hälfte der Rede um - mehr als bei jedem anderen Dulles-Statement. Die meisten Korrekturen waren allerdings stilistischer Art. Beispielsweise stammt die Passage "...to depend primarily upon a great capacity to retaliate, instantly, by means and places of our choosing" vom Präsidenten. Im Wortlaut stimmte diese Formulierung zwar nicht mit NSC 162/2 überein, doch lag sie durchaus im Interpretationsspielraum des NSC-Richtlinienpapiers. Hingegen waren die Formulierungen in NSC 162/2 wesentlich vorsichtiger gehalten als die entsprechenden Passagen in der von Eisenhower regidierten Dulles-Rede.

Erstaunlicherweise fand Dulles' Rede auf dem Kapitol nicht gleich

---

5 JFD, 12. Januar 1954; in: DFR (1954), S.9 f.

6 Halle (1969), S.281. Aehnlich ist z.B. auch die Interpretation von Hoopes (1973), S.198. Der Eindruck von JFD's absoluter Dominanz in der Führung der Aussenpolitik entstand übrigens nicht zuletzt durch den Umstand, dass DDE die Journalisten während seiner wöchentlichen Pressekonferenz oftmals an JFD verwies, wenn es sich um aussenpolitische Fragen handelte.

auf Anhieb Resonanz. Eine Woche nach dem Auftritt des Aussenministers konstatierte James Reston in der "New York Times" immer noch "silence of Congress" und zog daraus den Schluss, dass dem Parlament offenbar jede antikommunistische Politik recht sei, wenn sie bloss genügend "though and inexpensive" sei.[7] Auf Eisenhowers Pressekonferenz am 13. Januar 1954 ging ein einziger Reporter und auch dieser eher beiläufig auf Dulles' Rede ein. Er bat den Präsidenten um eine Erläuterung, was "a great capacity to retaliate instantly, by means and places of our choosing" denn konkret bedeute. Der Präsident, von dem der Satz ja stammte, hielt das aber nicht für nötig: "No, I think no amplification of the statement is either necessary or wise."[8] Auch Radford hielt Dulles' Rede als "one of the clearest expositions of the subject ever put forth." [9]

Es ist später verschiedentlich behauptet worden, Eisenhower habe die in Dulles' (und ja eigentlich auch seiner) Rede aufgeworfenen Fragen bewusst ungeklärt gelassen, um damit die Sowjetunion quasi im Sinne einer Strategie der kalkulierten Mehrdeutigkeit im Ungewissen über die eigentlichen Absichten der Administration zu belassen. Diese Ungewissheit habe einen Teil der abschreckenden Wirkung der "Massive Retaliation" ausgemacht.[10] Diese These hat zweifellos etwas für sich, andererseits hatten Dulles und Eisenhower im Sicherheitsrat immer wieder darauf verwiesen, die Kommunisten dürften im Falle einer neuerlichen Expansion nicht im unklaren über die harte militärische Antwort der Vereinigten Staaten gelassen werden, denn eine verklausulierte Politik beinhalte das Risiko möglicherweise kriegsauslösender Missverständnisse (Korea!). In den folgenden Wochen und Monaten jedenfalls sah sich, wie zu zeigen sein wird, die Administration in Anbetracht der vielen Fragen und Ungewissheit, die vornehmlich im Westen auftauchten, doch zu einer gewissen Präzisierung der neuen Sicherheitspolitik genötigt.

---

7 Reston; in: NYT, 17. Januar 1954, IV, S.8

8 DDE, 13. Januar 1954; in: PP (1954), S.58

9 Radford (1980), S.327. Im Hinblick auf die späteren Reaktionen musste der JCS-Chef im nachhinein doch zugeben, dass die Rede "(made) a great impression on the American public, as well as our friends and enemies around the world...but not exactly as I thought and hoped."

10 Diese These wird z.B. bei Wells (1981), S.36, und Smoke (1984), S.73 f., vertreten.

8.1.2. Fragen und Präzisierungen

Ausgelöst wurden die heftigen Reaktionen in den Vereinigten Staaten und Europa erst rund zehn Tage nach Dulles' Rede, als Eisenhower am 21. Januar seinen Budgetentwurf für FY 55 im Kongress einbrachte und der ganz im Zeichen des "New Look" stand. Dass die neue Sicherheitspolitik hohe Wellen in der Oeffentlichkeit auf beiden Seiten des Atlantiks aufwerfen würde, hatte die Administration ja vorausgesehen.[11] Die US-Delegation hatte bereits während der Bermuda-Konferenz vom Dezember 1953 einen Eindruck von den Reaktionen in Europa erhalten, als man Churchill und Eden die wichtigsten Züge des "New Look" erklärte, worauf der Premier gemäss Dulles' Gesprächsmemorandum entgegnete:

> "...there (is) danger of our taking action which would be morally repellant to most of the world. It would be much better if there were an attack in any area which permitted of delay and possible localization if we did not instantly react with atomic weapons but waited for public opinion to develop, which it probably would do very quickly." 12)

In der heftigen öffentlichen Auseinandersetzung um den "New Look", die bis 1955 anhielt, kristallisierten sich bald einmal vier zentrale Fragen heraus:

1. Hegte die Administration die Absicht, als Antwort auf jeden, auch einen lokal begrenzten Krieg wie etwa Korea oder Indochina, einen atomaren Vergeltungsschlag gegen die Sowjetunion oder China zu lancieren?
2. Hatte die Drohung mit massiver (nuklearer) Vergeltung tatsächlich jene abschreckende Wirkung auf die Kommunisten, wie dies von der Administration behauptet wurde?
3. Welches Mitspracherecht wurde Kanada und den europäischen Alliierten in der Nato gewährt? Sollte der Entscheid zu einer "Massive Retaliation" allein in Washington oder erst nach Absprache und Zustimmung der Verbündeten fallen?
4. Implizierte die Formulierung "instant retaliation", dass der Präsident unverzüglich und ohne Absprache mit dem Kongress einen Atomschlag gegen die Sowjetunion oder ein anderes Land führen konnte?

---

11 Vgl. z.B. DDE in Kap. 7.5.2., Anm. 98

12 Churchill zit. nach JFD; in: FRUS V/2, S.1786

Die erste, oben angeführte Frage stand nach einem Statement Nixons noch stärker im Raume als bis anhin. Der Vizepräsident erklärte nämlich Mitte März 1954:

> "Rather than let the Communists nibble us to death all over the world in little wars, we would rely in the future primarily on our mobile retaliatory power which we could use in our discretion against the major source of aggression at times and places that we chose." 13)

Der Effekt dieser (und Dulles') Verlautbarung war, wie James Reston in der "New York Times" resümierte, dass man sich nun buchstäblich auf der ganzen Welt fragte, ob die Administration "in the event of another proxy or brushfire war in Korea, Indochina, Iran or anywhere else" Moskau oder Peking atomar einäschern wolle.[14] Bereits nach Dulles' Rede hatte der demokratische Senator Gore kritisiert, eine solche Strategie sei nichts weniger als "an invitation of a third world war."[15] Dulles' Vorgänger Acheson warf ähnliche Bedenken wie Churchill ein und sprach indirekt jenes Tabu in der Bevölkerung an, worüber sich Eisenhower und Dulles privat - nie öffentlich! - immer so beklagten:

> "...there is an initative which the United States and her allies cannot seize - the initiative in aggression. (...) It would violate the deepest moral convictions of the people...and of their profound attachment of peace and justice." 16)

Der frühere Aussenminister bezweifelte denn auch den Abschreckungswert der Doktrin: "Strategic atomic bombing is not our first but our last resort. So as a threat which we do not mean, the policy would not deter."[17] Auch ein anderer prominenter Demokrat, der ehemalige Indien-Botschafter Chester Bowles, machte erhebliche Zweifel an der Effektivität der "Massive Retaliation" geltend und führte insbesondere mit Blick auf die Situation in Asien aus:

> "If we place our principal reliance in Asia upon a method of retaliation which carries what are probably unacceptable risks, and at the same time reduce our capability for more limited

13 Nixon zit. nach NYT, 14. März 1954, S.1

14 Reston in NYT, 17. März 1954, S.26

15 Gore zit. nach Reichard (1978), S.56

16 Acheson in NYT-Magazine, 28. März 1954, S.79

17 Ebenda, S.79.

> responses, as the new policy seems to do, will we not in fact invite, rather than deter, local aggression in Asia?" 18)

Adlai Stevenson fragte sich, ob nun den Vereinigten Staaten nichts anderes übrig blieb als "the grim choice of inaction or thermonuclear war."[19]

Bowles sah mit der "Massive Retaliation" auch die Hoffnung auf Abrüstung in weite Ferne schwinden. Wenn man sich praktisch ausschliesslich auf Atomwaffen zur Erhaltung des Friedens stütze, "we may kill the dreams of atomic disarmament."[20]

Dean Acheson führte im weiteren die Bedenken der Alliierten als grossen Negativpunkt des "New Look" an:

> "...our allies would rightly believe that their very existence was being recklessly exposed to unnecessary risks; their consent to such a coalition policy could not be expected." 21)

Die Alliierten meldeten sich bald auch selber - und deutlich - zu Wort, beispielsweise der kanadische Aussenminister Lester Pearson, der die Administration in einer Rede am 15. März in Washington unmissverständlich auf ihre Konsultationspflichten aufmerksam machte. Es lag Pearson sehr daran, seine Interpretation der Formulierung "retaliate, instantly, by means and places of our own choosing" darzulegen. Dabei betonte er insbesondere:

> "The stakes are now higher than ever, and the necessity for co-operation and consultation greater than ever. It is essential that we work together in any new defense policy..." 22)

Sehr auf Mitbestimmung bedacht waren natürlich auch die Parlamentarier auf dem Kapitol. Stevenson, Lyndon Johnson und viele andere - nicht nur demokratische - Kongressabgeordnete sahen durch den "New Look" ihr Recht auf Kriegserklärung beschnitten. Dulles hatte ja ausdrücklich von "instant retaliation" gesprochen, und daraus liess sich sehr wohl

---

18 Bowles in NYT-Magazine, 28. Februar 1954, S.11.

19 Stevenson zit. nach NYT, 7. März 1954, S.62

20 Bowles in NYT-Magazine, 28. Februar 1954, S.11. Wie recht Bowles mit dieser Ansicht hatte, zeigte sich später bei der Diskussion um einen nuklearen Teststopp. Vgl. dazu Kap. 9.4., S.281 ff.

21 Acheson in NYT-Magazine, 28. März 1954, S.79

22 Pearson zit. nach NYT, 16. März 1954, S.8. Zur Abstimmung zwischen den USA und den Alliierten vgl. Kap. 8.2.2., S.221 ff.

ableiten, dass Atomwaffen ohne vorherige Konsultation des Kongresses eingesetzt werden konnten.

Mittlerweile organisierte Senator Knowland in seiner Funktion als Mehrheitsführer im Senat die Verteidigung auf dem Kapitol gegen die vehementen Attacken der Demokraten. Er führte im "New York Times-Magazine" aus, dass

> "We do not and would not rely solely on atomic weapons. (...) The doctrine of 'instant retaliation' is not a fundamental shift on the nations foreign policy. The doctrine is a departure from the policy of 'containment'. (...) No sane person would use elephant guns to hunt rabbits." 23)

Doch mit den Aussagen von Knowland allein liessen sich die Kritiker in Washington und in Uebersee noch keineswegs befriedigen. Der Aussenminister hatte schon am 5. Februar 1954 ein Angebot seines Freundes Hamilton Fish Armstrong, des Herausgebers der einflussreichen Zeitschrift "Foreign Affairs", erhalten, die diversen Unklarheiten in seiner Rede in einem präzisierenden Artikel endgültig auszuräumen. Armstrong deutete dabei an, dass "doubts remain in some minds as to your meaning", und er wurde gleich auch konkret:

> "The question is: who is to decide whether or not there is to be a 'response', in a particular case; who, if so, is to carry it out?" 24)

Dulles' Artikel, den er am Rande der Berliner Aussenministerkonferenz verfasste, erschien dann tatsächlich in der April-Nummer von "Foreign Affairs". Dabei ging es ihm vor allem darum, die Gemüter der Alliierten zu beruhigen, indem er gleich eingangs festhielt, dass das Prinzip der kollektiven Sicherheit nach wie vor der Grundstein der Verteidigung des Westens sei, und versicherte, lokale Verteidigung werde auch künftig immer wichtig bleiben. Viel war Dulles auch an der Korrektur des Eindrucks gelegen, der "New Look" sei eine "Alles-Oder-Nichts"-Strategie, dass also entweder mit einem Atomkrieg oder gar nicht auf eine kommunistische Expansion reagiert werden sollte. Der Aussenminister bekräftigte zwar erneut den zentralen Streitpunkt seiner Rede vom 12. Januar,

---

23 Knowland in: NYT-Magazine, 21. März 1954, IV, S.11

24 Armstrong an JFD, 5. Februar 1954; in: JFD-P., Box 78

dass das Schwergewicht der neuen Sicherheitspolitik auf der "(retaliation) with great force by mobile means at places of its own choice" lag.[25] Nun folgte jedoch eine Präzisierung im Vergleich zur Rede:

> "That does not mean...that if there is a Communist attack somewhere in Asia, atom of hydrogen bombs will necessarily be dropped on the great industrial centers of China or Russia." 26)

Auch Eisenhower sah sich angesichts der vielen Irritationen im Gefolge von Dulles' Rede vermehrt veranlasst, die Bedeutung des "New Look" zu präzisieren, nachdem er noch am 13. Januar 1954 erklärt hatte, Dulles' Rede habe lediglich ausgesprochen, "what, to my mind, is a fundamental truth and really doesn't take much decision."[27] Am 17. März versicherte der Präsident an seiner wöchentlichen Pressekonferenz, die Kongressführer würden im Falle militärischer Aktionen der USA selbstverständlich vorgängig konsultiert, vorausgesetzt, es handle sich nicht um einen nuklearen Ueberraschungsangriff, ein "nuclear Pearl Harbour", bei dem eine unverzügliche Reaktion der Administration absolut unumgänglich sei. Auch Dulles musste zweimal vor Senatsausschüssen versichern, der Präsident "should not act...without a declaration of war by the Congress."[28]

Die heftigen Reaktionen, die allein schon durch die Ankündigung des "New Look" provoziert wurden, erfuhren durch die Bekanntgabe der jüngsten amerikanischen Wasserstoffbombenversuche - der stärksten, die bisher je durchgeführt worden waren - noch zusätzlichen Auftrieb.[29] Eisenhower hielt es nun gar für notwendig, die Wogen in einer Fernsehansprache zu glätten:

> "We are concerned about the Atomic Age (...) Now, thc greater ... (this) apprehension, the greater is the need that we look at them clearly, face to face, without fear, like honest, straightforward Americans, so we do not develop the jitters or any kind of panic, that we do not fall prey to hysterical thinking." 30)

---

25 JFD in: "Foreign Affairs", No. XXXII (April 1954), S.357

26 Ebenda, S.358.

27 DDE, 13. Januar 1954; in: PP (1954), S.58

28 JFD, 19. März 1954; in: "Hearings before the Committee on Foreign Relations. United States Senate. 83d Congress, 2d Session. On Foreign Policy and its relation to Military Programs. April 14, 1954. Washington D.C. 1954.", S.16 f.

29 Vgl. dazu ausführlich Kap. 9.3., S.272

30 DDE, 5. April 1954; in: PP (1954), S.374

8.1.3. Kritik aus politologischer Sicht

Herbe Kritik musste sich die Administration auch von prominenter wissenschaftlicher Seite gefallen lassen. Hans J. Morgenthau wies in realistischer Klarsicht auf eine der zentralen Schwachstellen hin, die bereits in NSC 162/2 deutlich geworden und die von der Administration bewusst oder unbewusst - immer wieder umgangen worden war, nämlich: Die Doktrin der massiven Vergeltung war just bei jener Expansionsform der Kommunisten nicht adaptierbar, die in den kommenden Jahren als die wahrscheinlichste eingeschätzt wurde:

> "Yet the chances that (atomic bombs) will actually come to pass may well be small. For the immediate threat to the security of the West arises not from local aggression, Soviet inspired or otherwise, nor from atomic war deliberately embarked upon by the Soviet Union, but from the revolutionary fire which is sweeping through much of Asia, Africa, Western Europe and Latin America. Atomic retaliation can only be an answer to open military aggression. ...to drop atomic bombs on Moscow or Peking is no answer to the threat of Communist revolution in Italy or Indochina. The crucial problem of national and social revolutions, that Moscow did not create but which it exploits, Mr. Dulles fails to face." 31)

Was die Administration in ihrer internen Beschlussfassung des "New Look" weitgehend ausgeblendet hatte, nahm sich William W. Kaufmann, der Leiter des renommierten "Princeton Center for International Studies", vor: In einem tiefschürfenden Aufsatz mit dem Titel "The Requirements of Deterrence" analysierte er systematisch die Bedingungsfaktoren der (konventionellen und nuklearen) Abschreckung.[32] Kaufmann kam bald auf den für ihn zentralen Begriff der Glaubwürdigkeit einer Drohung ("credibility") zu sprechen. Diese musste in drei Bereichen gegeben sein, damit die Abschreckung erfolgversprechend erschien. Bei

- der militärischen Fähigkeit
- der Kostenrelation resp. Angemessenheit der Drohung
- den politischen Intentionen, d.h. dem Willen, die Gefahren auf sich zu nehmen, die mit dem Gebrauch des Abschreckungsinstruments verbunden waren.

---

31 Morgenthau in "New Republic", 29. März 1954, S.13

32 "The Requirements of Deterrence", Memorandum No. 7 of the Center for International Studies. 1954. Der Aufsatz erschien später im Buch "Military Policy and National Security", hg. von William Kaufmann, Princeton 1956. Eine detaillierte Erörterung von Kaufmanns Analyse liegt bei Geiling (1975), S.132-142, vor.

Kaufmann unterstrich, dass die Frage der Glaubwürdigkeit letztlich ein Perzeptionsproblem war, denn es galt ja die Sowjetunion und China von der Glaubwürdigkeit der Drohung zu überzeugen. Dass die Administration selber von dieser Glaubwürdigkeit überzeugt war, stellte zwar eine notwendige, aber noch keine hinreichende Bedingung für eine funktionierende Abschreckung dar.

Schrieb Kaufmann dem ersten Faktor, dem militärischen Potential, noch eine ausreichende Glaubwürdigkeit (aus sowjetischer Sicht) zu, so registrierte er erhebliche Defizite bei der zweiten und dritten Komponente. Aus der Sicht des Strategieexperten stand aufgrund des bisherigen Verhaltens der Vereinigten Staaten in aussenpolitischen Krisen fest, dass zwar mit einer militärischen Reaktion auf kommunistische Expansionsversuche zu rechnen war, aber nicht - wie etwa Korea deutlich gezeigt hatte - mit einer "Massive Retaliation". Massive nukleare Vergeltung war nach Kaufmann nur im Falle eines atomaren "Pearl Harbour" denkbar. Durch die heftige und sehr kontroverse inneramerikanische resp. allianzpolitische Auseinandersetzung um den "New Look" wurde nach Kaufmanns Auffassung auch ein ganz grosses Fragezeichen hinter die politische Glaubwürdigkeit der "Massive Retaliation" gesetzt. Denn die Sowjetunion und China konnten nun darauf spekulieren, dass die angedrohte militärische Vergeltung der USA durch innerwestliche Differenzen verhindert wurde. Mit anderen Worten: Der fehlende politische Konsens im Westen unterminierte die Glaubwürdigkeit der Drohung, weil die Realisierung der angedrohten militärischen Vergeltung unsicher schien. Kaufmanns Fazit fiel eindeutig aus: "...the minimum requirements of credibility have not been fulfilled by the doctrine of massive retaliation."[33]

Der Januar 1954 resp. Dulles' Rede wurde zum Signal für eine enorme Intensivierung der wissenschaftlichen Strategiedebatte. Morgenthau und Kaufmann hatten lediglich den Auftakt gemacht; ihnen folgten Bernard Brodie, Henry Kissinger, Robert Osgood, Klaus Knorr, Herman Kahn und viele andere. Dabei konzentrierte sich das Interesse dieser Theoretiker zunehmend auf die Problematik der Limitierung (resp. Limitierbarkeit) eines Nuklearkrieges, dies insbesondere als Folge der Weiterentwicklung taktischer Nuklearwaffen und deren Stationierung in Euro-

---

33 Kaufmann (1956), S.24

pa. In der Fülle der wissenschaftlichen Arbeiten zur Sicherheitspolitik und Nuklearstrategie befand sich keine einzige, die die Doktrin der "Massive Retaliation" stützte. Wohl nicht zuletzt deshalb stellt Schwarz fest, die Administration habe die Befunde der akademischen Strategieexperten weitgehend ignoriert. Schwarz meint zu Recht: "...es ist nicht zu bestreiten, dass die Administration Eisenhower, durch ihre politischen Versprechungen eingeengt, gerne über die Ergebnisse der neuesten Forschung und technischen Entwicklung hinwegsah und ebenso über den raschen Wandel im politischen Leitbild, solange diese Ergebnisse und Veränderungen nicht mit ihrer grundlegenden Doktrin des ausgeglichenen Budgets übereinstimmten und auch, in geringerem Grade, mit den Erfahrungen und Ansichten, die man im Zweiten Weltkrieg erarbeitet hatte. Die Gemeinde der Wissenschaft dagegen war naturgemäss, dank ihrer ganz anderen Beziehungen zur Welt der Forschung und Entdeckung, eher in der Lage, neu auftretende Erscheinungen unvoreingenommen und mit offenem Blick zu prüfen."[34]

8.2. Finanzielle und konzeptionelle Konsequenzen des "New Look"

Der "New Look" zeitigte recht schnell konkrete Auswirkungen auf die von Eisenhower in den nächsten Jahren vorgelegten Budgets, überdies auch auf die militärische Planung der Vereinigten Staaten und auch der Nato.

8.2.1. Neue Budgetprioritäten

Es wäre erstaunlich gewesen, wenn die von der Administration Eisenhower vorgelegten Budgets die neue Aussen- und Sicherheitspolitik nicht reflektiert hätten, denn eine Haupttriebfeder des "New Look" war ja, wie ausführlich dargelegt, der ausgeprägte Sparwille in der Regierung ebenso wie im Kongress. Die politische Stimmung habe an Deutlichkeit nichts

---

34 Vgl. dazu Kap. 8.2.2., S.221
Vgl. Geiling (1975), S.130, Anm. 156, und S.143-152; Schwarz (1965), S.148 und S. 158-209 zur Strategiedebatte, die an dieser Stelle nicht weiter erörtert wird.

zu wünschen übrig gelassen, schrieb Admiral Radford später, "that 'economy' would be the watchword on Capitol Hill when it came to military expenditures."[35] Stand die noch hastig durchgeführte Revision des FY 54-Budgets bereits recht deutlich im Zeichen dieses Sparwillens, so wurde der Entwurf für FY 55 nun völlig vom "New Look" geprägt. Die vom Präsidenten am 21. Januar 1954 vorgelegte "Budget Message" war das Resultat eines mehrmonatigen harten Ringens innerhalb der Administration. Eine erste Wegmarke hatte Finanzminister Humphrey gesetzt, der bereits Mitte Mai 1953 verkündete, ein ausgeglichenes Budget sei für FY 55 sehrwohl möglich, ohne wegen der notwendigen Kürzungen des Pentagonetats die nationale Sicherheit zu gefährden. Mit seinen Stellungnahmen in der Oeffentlichkeit setzte Humphrey die Administration unter erheblichen Erwartungsdruck. Die republikanischen Parlamentarier konnten sich fortan auf den Finanzminister berufen, wenn sie massiven Budgetkürzungen das Wort redeten.

Nach der Unterzeichnung von NSC 162/2 rückten Wilson und die JCS von ihrer früheren Forderung - 42 Milliarden Dollar - ab und einigten sich mit Humphrey auf 37.58 Milliarden Dollar für die Verteidigungsausgaben. Dies bedeutete einen Abstrich von rund 4.5 Milliarden. Humphrey hatte sich somit zwar durchgesetzt, doch gleichwohl sein grosses Ziel, ein ausgeglichenes Budget, nicht erreicht, denn für FY 55 wurde ein erneutes Defizit von 3.3 Milliarden prognostiziert. Die Administration hätte jedoch, wie Eisenhower in seiner Budgetbotschaft ausführte, ein Defizit für FY 55 vermeiden können, wenn sie auf die bereits vorgenommene Steuerreduktion, die Einnahmenausfälle von rund 5 Milliarden zur Folge hatten, verzichtet hätte.

Der Präsident legte dem Kongress folgenden Verteidigungsetat vor: (Zum Vergleich sind die entsprechenden Zahlen aus den Vorjahren angeführt.)

---

35 Radford (1980), S.318

Verteidigungs-ministerium	FY 50	FY 51	FY 52	FY 53	FY 54[b]	FY 55[c]
Army	3.98	7.47	15.64	16.24	14.20	10.20
Navy	4.10	5.58	10.16	11.87	11.30	10.49
Air Force	3.60	6.35	12.70	15.09	15.60	16.21
Total[a]	11.89	19.77	38.90	43.61	41.56	37.58
Gesamtaus-gaben	39.6	44.0	65.4	74.0	70.9	65.6

In Mrd. $
Quelle: "Annual Budget Message to the Congress: Fiscal Year 1955" 21. Januar 1954; in: PP (1954), S.82 und 120.
a Inkl. Verwaltungsausgaben
b Schätzung
c Budgetvoranschlag

Dieses Budget war in verschiedener Hinsicht bemerkenswert:

1. Die Militärausgaben sanken in absoluten Zahlen. In Relation zu den gesamten Staatsausgaben blieben sie allerdings nahezu konstant. Für FY 53 betrug der Anteil 58%, für FY 54 59%, und für FY 55 57%. Die Ausgabenreduktion hielt sich also in Grenzen, und der Rüstungsetat, der als Folge des Koreakrieges eine enorme Steigerung erfahren hatte (vgl. die Zahlen von FY 51 und FY 52), wurde keineswegs wesentlich reduziert, wie dies aufgrund der permanenten Budgetkürzungsappelle der Fiskalkonservativen eigentlich zu erwarten gewesen wäre.
2. Indessen wurden die finanziellen Anteile der einzelnen Waffengattungen erheblich umgeschichtet. Die Air Force wurde nicht bloss von den Kürzungen ausgenommen, sondern ihr Etat wurde gar auf ein Rekordniveau aufgestockt. Während die Ausgaben für die Luftwaffe in FY 52 und FY 53 noch 12 resp. 17 Prozent am gesamten Verteidigungsbudget betrugen, belief sich ihr Anteil in FY 54 und FY 55 nun auf 20 resp. 22 Prozent. Der Etat der Army hingegen sollte laut FY 55 um nicht weniger als einen Viertel gegenüber

dem Vorjahr gekürzt werden. Genau in diesen Verschiebungen manifestierte sich nun der "New Look". Eisenhower betonte im Kongress ausdrücklich, diese neue Prioritätenordnung sei der Ausdruck eines "shift in emphasis to the full exploitation of airpower and modern weapons."[36]

Dieser "Shift" schlug sich noch in anderen Forderungen der Administration nieder:

- Die Gelder der "Atomic Energy Commission" (AEC), der zentralen Koordinationsstelle für die Produktion und Erforschung der Kernwaffen, sollte gemäss Budget erhöht werden. In FY 52 waren noch 1.67 Mrd. dafür vorgesehen, in FY 54 bereits 2.2 Mrd., und für FY 55 wurden nun 2.43 Milliarden veranschlagt.
- Eine Folge des verbesserten sowjetischen Nuklearpotentials und der damit verbundenen stärkeren direkten Bedrohung der Vereinigten Staaten war die kräftige Aufstockung der Finanzmittel für die "Continental Defense". In FY 53 belief sich dieser Anteil noch auf 2.51 Mrd. Dollar. Ein Jahr später waren es bereits 3.01 Milliarden, und für FY 55 wurden 3.70 Milliarden Dollar gefordert.

Der Kongress genehmigte Eisenhowers FY 55-Forderungen in weiten Teilen. Einige wenige Abstriche erfolgten zwar, doch der Trendwechsel wurde eindeutig bestätigt. Die Kritik wurde insbesondere von den Abgeordneten jener Wahlkreise geäussert, die von den "cuts" bei der Army betroffen waren, weil dort Zulieferbetriebe ansässig waren und/oder die Army eine Basis unterhielt.[37]

8.2.2. "New Look" auch bei der Nato

John Foster Dulles konfrontierte die Aussenminister der Nato-Staaten offiziell erstmals an deren Frühjahrstagung vom 23. und 24. April 1954 in Paris mit dem "New Look", den er nun mit der Verteidigungsstrategie der Allianz in Uebereinstimmung zu bringen versuchte. Sollte die Doktrin der "Massive Retaliation" auch in Europa greifen, war eine prinzipielle Zustimmung der Allianzpartner erforderlich. Ganz im Sinne von NSC

---

36 DDE, 21. Januar 1954; in: PP (1954), S.117

37 Vgl. dazu DDE (1963), S.451

162/2 vermied Dulles jeglichen Hinweis auf einen allfälligen amerikanischen Truppenrückzug und begründete die neue US-Strategie damit, die Nato vermöge wegen ihrer grossen Defizite in der konventionellen Bewaffnung die UdSSR nicht mehr ausreichend abzuschrecken oder bei einem Angriff zurückzuwerfen. Notwendig sei deshalb der Einbezug der Nuklearwaffen in die Planung: "In short, such weapons must be treated as in fact having become 'conventional'".[38] Dulles meinte in seinem Referat weiter:

> "...it should be our agreed policy, in case of (either general or local) war, to use atomic weapons as conventional weapons against the military assets of the enemy whenever and wherever it would be of advantage to do so". 39)

Der Aussenminister erkannte die eminente Bedeutung der Glaubwürdigkeit einer solchen Drohung mit atomarer Vergeltung und meinte denn auch zu seinem Amtskollegen:

> "The deterrent will be effective...only so long as the free world maintains its strength and its determination and courage to use that strength effectively. The possession of a will, if need arises, to use strength is as important as possession of strength." 40)

Die grosse Frage war indessen (wie schon in NSC 162/2 angetönt) jene der Konsultation: "The United States intends, of course, to consult with its Allies and to cooperate with them fully to this end", erklärte Dulles.[41] Unter gewissen (von ihm nicht näher definierten) Umständen sei hingegen eine solche Konsultation aus zeitlichen Gründen nicht möglich, weil unverzügliches Handeln unumgänglich wäre. (Wahrscheinlich dachte Dulles an einen nuklearen Ueberraschungsangriff der UdSSR.)

"You could have heard a pin drop as the Secretary talked", bemerkte Assistenzsekretär Livingston Merchant in einem Rapport - ein Hinweis auf die Brisanz des Themas. Die Kommentare der Aussenminister seien jedoch "sober and appreciative" ausgefallen.[42] Ganz so vorbehaltlos zustimmend, wie Merchants Einschätzung suggerierte, war die

---

38 JFD, 23. April 1954; in: FRUS V/1, S.512

39 Ebenda, S.512

40 Ebenda, S.512

41 Ebenda, S.512

42 Merchant an Smith, 24. April 1954; in: DD (1975), Nr. 198 A

Reaktion der Alliierten jedoch keineswegs. Eden beispielsweise sagte gleich nach Dulles' Rede lediglich, er begrüsse das "frank statement", das indessen noch einer intensiven weiteren Diskussion bedürfe.[43] Wie Dulles am 6. Mai im NSC berichtete, hatte ihm Eden unterdessen ein Memorandum geschickt, in dem er faktisch ein Veto Grossbritanniens zum Einsatz von amerikanischen Atomwaffen gefordert habe, wogegen er, Dulles, in Paris ausdrücklich nur von "consultation" gesprochen habe.[44]

Wie die weiteren Verhandlungen zwischen den Nato-Partnern verlaufen sind, lässt sich aufgrund der aktuellen Quellenlage nicht genau nachvollziehen.[45] Fest steht allerdings, dass sich die Nato-Militärs in den folgenden Monaten auf ein Richtlinienpapier - MC 48: "The Most Effective Pattern of Nato Military Strength in the Next Few Years" - geeinigt haben. MC 48 bekräftigte, dass der Ersteinsatz taktischer und strategischer Atomwaffen im Falle eines sowjetischen Angriffs auf Westeuropa prinzipiell möglich war. Die Aussenminister der Allianzstaaten stimmten dem Richtlinienpapier am 18. Dezember 1954 offiziell zu. Dies präjudizierte aber ebenso wenig wie NSC 162/2 einen Entscheid über den effektiven Einsatz im konkreten Krisenfall, und insbesondere erfolgte durch die Verabschiedung von MC 48 keine Delegation der Entscheidungskompetenz der einzelnen Regierungen an die Nato-Militärs. Was MC 48 den Generälen der Allianz (wie NSC 162/2 den JCS) ermöglichte, war, wie Dulles im NSC erläuterte, "to permit...to make plans on the assumption that if an all-out Soviet attack occurred, whether atomic or otherwise, the Nato response would be a defense employing atomic weapons."[46]

---

43 Eden zit. nach Hughes (US-Botschafter bei der Nato) an DOS, 24. April 1954; in: FRUS V/1, S.515

44 JFD, 195. NSC-M., 6. Mai 1954; in: FRUS II/2, S.1424

45 FRUS V deckt diese Verhandlungen leider sehr schlecht ab, vor allem auch was die Reaktion der Alliierten auf JFD's Rede betrifft. Ueberdies sind wichtige Nato-Dokumente wie etwa das unten erwähnte, in seinem Stellenwert mit NSC 162/2 vergleichbare Richtlinienpapier MC 48 bislang noch nicht deklassifiziert worden.

46 JFD, 299. NSC-M., 21. Dezember 1954; in: FRUS V/1, S.561.
Ein berühmt-berüchtigtes Planspiel auf dieser Basis wurde 1955 unter dem bezeichnenden Namen "Carte Blanche" durchgeführt. Um einen sowjetischen Grossangriff auf Westeuropa zu stoppen, setzten die Nato-Militärstrategen nicht weniger als 335 taktische Atomwaffen ein, 268 davon gegen sowjetische Truppen auf westdeutschem Territorium! Das buchstäblich perverse Fazit dieser supponierten nuklearen Verteidigung: Der Angriff wäre abgeschlagen, die Bundesrepublik aber total zerstört und 5 Millionen Zivilisten und Soldaten getötet worden. Vgl. dazu Millet/Maslowski (1984), S.524.

Voraussetzung für einen stärkeren Einbezug des amerikanischen Nuklearpotentials in die Nato war eine Aenderung des US-Atomenergiegesetzes aus dem Jahre 1946, das dem Informationsaustausch der Vereinigten Staaten und ihren Alliierten bezüglich der Forschung, Entwicklung und Anwendung von Nuklearwaffen sehr enge Grenzen setzte. Eisenhower schlug dem Kongress am 17. Februar eine Anpassung des Gesetzes vor, die eine erweiterte diesbezügliche Zusammenarbeit mit den Nato-Verbündeten ermöglichte. Der Kongress stimmte dieser Regierungsvorlage am 18. August im wesentlichen zu.

Es ist hier nicht der Ort, um die Beweggründe der amerikanischen Allianzpartner für die Uebernahme des "New Look" ausführlich darzulegen. Einige Hinweise dazu sollen ausreichen.[47] Die Bedenken der Nato-Partner im Gefolge der Dulles-Rede vom 12. Januar hatte sich notabene nicht prinzipiell gegen einen stärkeren Einbezug der Nuklearwaffen in die amerikanische Sicherheitspolitik gerichtet, sondern lediglich gegen den aus der Rede hervorgegangenen (falschen!) Eindruck, die USA würden künftig jeden Konflikt in einen Nuklearkrieg eskalieren lassen, und zwar ohne Konsultation der Alliierten. Dulles stellte in Paris diese beiden entscheidenden Punkte richtig. Ueberdies war eine Grundidee des "New Look", der Ersatz von "conventional firepower" durch "nuclear firepower", in bezug auf Europa resp. die Nato keineswegs so neu. Jene massive konventionelle Aufrüstung, die aus der Sicht der Militärs zur Egalisierung des sowjetischen Potentials notwendig war, liess sich in Westeuropa aus innen- und wirtschaftspolitischen Gründen nicht durchsetzen. Bereits unter Truman wurde die mangelnde Abschreckungswirkung als Folge des geringen konventionellen Potentials durch die amerikanischen Nuklearwaffen kompensiert, obwohl dies nicht in einer spezifischen Doktrin, sondern lediglich in der generellen Verpflichtung der gemeinsamen Verteidigung im Fall eines sowjetischen Angriffs auf Westeuropa zum Ausdruck kam. Neu bei Eisenhower resp. beim "New Look" für die Nato war also, dass der Atomwaffeneinsatz - und zwar auch ein "first use" - in der militärischen Planung festgeschrieben wurde. Dies waren die Europäer zu akzeptieren bereit, weil sie mit MC 48 die Kontrolle über den Einsatz im konkreten Konfliktfall nicht aus der Hand gaben. MC 48 schuf also diesbezüglich (wie erwähnt) kein Präjudiz.

---

47 Vgl. dazu Osgood (1962), S.106 ff. und Geiling (1975), S.112 ff.

8.2.3. Nukleare Aufrüstung und Ausbau der Basen

Unmittelbar nach der Beschlussfassung des "New Look" wurde der Ausbau des taktischen und strategischen Nuklearpotentials (bei Waffen und Trägern) intensiviert. Am 20. Januar 1954 gab das Pentagon den Plan bekannt, innerhalb von fünf Monaten die Zahl der Luftwaffengeschwader von 108 auf 116 und bis im Juni 1957 auf 137 zu erhöhen. Ende November kündigte Wilson an, die Zahl der (zum Atomwaffeneinsatz vorgesehenen) B-52-Langstreckenbomber-Geschwader werde in den nächsten zwei bis drei Jahren von 7 auf 11 erhöht und damit das Potential des "Strategic Air Command" wesentlich ausgebaut. Kurz zuvor waren verschiedene Einheiten von B-36 und B-47 nach Grossbritannien, Holland und Marokko verlegt worden, von wo aus diese Flugzeuge die Sowjetunion erreichen konnten. Insgesamt wurde die SAC-Bomberflotte in den folgenden sechs Jahren von 1000 auf 2000 Langstreckenbomber rund verdoppelt.[48]

Ab Mitte Januar 1954 wurden auch die ersten taktischen Nuklearwaffen ("Matador", "Honest John") in die Bundesrepublik Deutschland verlegt. Damit stellte die Administration die Nato-Partner im Grunde vor vollendete Tatsachen. Die amerikanischen Truppen in Europa verfügten somit bereits über taktische Atomwaffen, noch ehe die Nato über den "New Look" beraten und abgestimmt hatte.

Auch die Zahl der Basen rund um die Sowjetunion und China wurde ab 1954 noch einmal wesentlich ausgebaut. Ein wichtiger neuer Stützpunkt wurde beispielsweise im holländischen Soesterberg im Herbst 1954 bezogen. Die Zahl der Basen des Strategic Air Command in den Vereinigten Staaten und in Uebersee wurde zwischen 1954 und 1960 um ein Drittel erhöht.[49]

In gewisser Hinsicht ebenfalls als Basen verfügbar waren jene Staaten, mit denen die USA Verteidigungspakte abgeschlossen hatte. Auch in diesem Bereich entwickelte die Administration Eisenhower, insbesondere natürlich ihr Aussenminister, grosse Aktivitäten im Gefolge von NSC

---

48 Zu diesem nuklearen Rüstungsschub, der sich ab 1955 auch in einer stark intensivierten Forschung und Entwicklung der ersten Interkontinentalraketen (ICBM) manifestierte, vgl. Kissinger (1957), S.101 ff., Geiling (1975), S.113, Smoke (1984), S.68 ff., Millet/Maslowski (1984), S.513 ff.

49 Gemäss Millet/Maslowski (1984), S.515, verfügten die USA 1954 über 37 inländische und 14 überseeische SAC-Basen. 1960 waren es 46 resp. 20 Stützpunkte. Vgl. Dok. Nr. 7 im Anhang, S.326

162/2. Bis zum Schluss ihrer Amtszeit baute die Administration Eisenhower das ohnehin bereits umfassende Paktsystem noch weiter aus, so dass es über 50 Staaten miteinbezog. Ende 1953 und 1954 wurden Sicherheitsabkommen mit Südkorea und Taiwan abgeschlossen, im Herbst 1954 die Seato und im Frühjahr 1955 der Bagdad-Pakt gegründet (wo die USA allerdings nicht formelles Mitglied waren). Praktisch gleichzeitig erfolgte auch - als Kompensation für die gescheiterte EVG - die Aufnahme der Bundesrepublik in die Nato.[50]

8.2.4. Truppenreduktionen

Am 9. Dezember 1953 legten die Stabchefs einen vom NSC acht Tage später grundsätzlich gebilligten Plan vor, demzufolge die Gesamtzahl der Streitkräfte von derzeit 3.45 Millionen bis Mitte 1957 auf 2.815 Millionen Mann reduziert werden sollte. Unter diesen Umständen war es nach Auffassung der JCS möglich, die jährlichen Militärausgaben unter 33 Mrd. Dollar zu halten. Am 20. Dezember gab Verteidigungsminister Wilson auf einer Pressekonferenz den Reduktionsplan bekannt:

Truppenstärke	Dez. 1953	Juni 1955	Juni 1957
Army	1'500'000	1'281'000	1'000'000
Navy	775'000	670'000	650'000
Air Force	945'000	970'000	975'000
Marine Corps	230'000	207'000	190'000
Total	3'450'000	3'128'000	2'815'000

Quelle: JCS an Wilson, 9. Dezember 1953; in: DD (1981), Nr. 51 A

50 Zur Problematik der unterschiedlichen Perzeptionen dieses Basengürtels und des Paktsystems vgl. Kap. 11., S.312 f.

Auch hier widerspiegelt sich die gleiche Tendenz wie bei der Umverteilung der Gelder: Von der insgesamt geplanten Reduktion um 635'000 Mann entfiel der weitaus grösste Teil - 500'000 Mann - auf die Army. Der Personal- (und Flugzeug-) Bestand der Air Force hingegen sollte gar noch erhöht werden, während laut JCS-Plan die Army von 20 auf 14 Kampfdivisionen abgebaut werden sollte.

Obwohl der Truppenreduktionsplan offziell von allen JCS gebilligt worden war, meldete insbesondere der Stabchef der Army, Matthew Ridgway wiederholt öffentlich Kritik an den einschneidenden Kürzungen in "seinem" Bereich an. Während der NSC-Sitzung vom 16. Dezember soll der General laut Radford allerdings die ganze Zeit geschwiegen und nicht offen gegen die Akzeptierung des Plans protestiert haben. (Das dürfte nicht zuletzt auf den Umstand zurückzuführen sein, dass Ridgway gegenüber dem ehemaligen und sehr erfolgreichen Army-General Eisenhower einen sehr schweren Stand hatte, wenn spezifische militärstrategische Konzepte diskutiert wurden. So kam es denn auch, dass die beiden Stabchefs in den Kongresshearings zu FY 55 zumindest indirekt widersprüchliche Statements abgaben. Ridgway gab beispielsweise vor einem Ausschuss des Repräsentantenhauses zu Protokoll, dass

> "(the Army's missions and commitments) are of particular concern, since we are steadily reducing Army forces - a reduction through which are capabilities will be lessened while our responsabilities for meeting the continuing enemy threat remains unchanged." 51)

Radford vertrat demgegenüber die Auffassung, dass die Bodentruppen "safely reduced" werden konnten.[52] Ridgway beharrte indessen auf seinem Standpunkt, und dies war wohl auch der Grund, weshalb ihn Eisenhower nach Ablauf der zweijährigen Amtszeit bereits wieder entliess, während er die übrigen Stabchefs für einen weiteren "term" auf ihren Posten beliess.[53]

Nach Wilsons Reduktionsplan, der am 21. Januar 1954 von Eisenhower bestätigt wurde, stand sofort die Frage im Raum, ob dies einen (teilweisen) US-Truppenabzug aus Europa bedeutete.[54]

---

51 Ridgway zit. nach CQA (1954), S.155

52 Radford, ebenda, S.155

53 Vgl. Radford (1980), S.329

54 Vgl. den Artikel von C.L. Sulzberger in der NYT, 3, Januar 1954, IV, S.3

Verschiedene Sprecher der Administration versicherten aber umgehend, dass dies nicht der Fall war. Wilson bestätigte am 9. Januar 1954 in einem Interview mit der "New York Times", dass selbst ein partieller Abzug der in Europa stationierten Truppen im Augenblick nicht zur Diskussion stehe. Diese Aussage entsprach auch dem im Sicherheitsrat festgelegten Kurs in der Stationierungsfrage. Nachdem sich die Nato ebenfalls für den "New Look" ausgesprochen hatte, äusserte Wilson die Ansicht, unter diesen Umständen könne man "in the near future" zwei Divisionen aus Europa in die Vereinigten Staaten zurückbeordern.[55] Auch dieser Schritt war, obwohl (aus genannten Gründen) nicht explizit erwähnt, in NSC 162/2 vorgesehen. Eisenhower sprach sich aber gegen einen Rückzug zu diesem Zeitpunkt aus, weil Europa weder ökonomisch noch politisch bereits wieder ausreichend stark sei.

Ein effektiver Truppenabzug erfolgte hingegen aus Korea. Das dortige Vorgehen stellte aus der Sicht der Administration ein geradezu exemplarischer Fall für eine erfolgreiche Implementierung des "New Look" dar. Nach dem Abschluss des Waffenstillstandes Ende Juli 1953 blieben die acht US-Divisionen vorerst noch in Südkorea stationiert. Als die Administration im Spätherbst die Situation auf der Halbinsel für ausreichend stabilisiert hielt, kündigte Eisenhower am 26. Dezember 1953 den Rückzug von zwei Divisionen an. (Im August 1954 wurden vier weitere Divisionen zurückgezogen.) Im gleichen Zug stiess er öffentlich die Drohung aus, der Bruch des Waffenstillstandes hätte

> "...consequences...so grave, that, in all probability it would not be possible to confine hostilities within the frontiers of Korea." 56)

Eisenhower drohte damit indirekt eine Ausweitung des Krieges auf China an. Es war dies die konkrete Umsetzung des Prinzips, das Dulles zwei Wochen später als "retaliation by places...of our own choosing" umschrieb. Demonstrativ verwies Eisenhower darauf, dass die US-Luftwaffe über "greater mobility and greater striking force than ever before" verfüge.[57] Gegenüber Senatoren unterstrich der Präsident ebenfalls seine Entschlossenheit zu resolutem Vorgehen, als er im vertraulichen Gespräch laut

---

55 Wilson, Cabinet Meeting, 3. November 1953; in: FRUS V/1, S.533

56 DDE, 26. Dezember 1953; in: PP (1953), S.860

57 Ebenda, S.860

Hagerty sagte: "Ike told them if the Reds renew in Korea we would 'hit them with everything we got', including industrial plants in Manchuria."[58] Um diese massive Drohung im Fall eines kommunistischen Angriffs glaubwürdiger erscheinen zu lassen, hatten die USA bereits im August 1953 einen bilateralen Sicherheitspakt mit Südkorea abgeschlossen, der am 24. Januar 1954 vom Senat auch praktisch oppositionslos gebilligt wurde. Dieser Pakt stand ganz im Einvernehmen mit dem in NSC 162/2 festgehaltenen Grundsatz, dass die abschreckende Wirkung des amerikanischen Militärpotentials besonders gross erschien, wenn klare politische Verpflichtungen bestanden, die eine allfällige Fehleinschätzung des Gegeners reduzierten.

Aehnliche Bestrebungen der Administration wie in Korea waren auch in Japan im Gange. Dort wurde das Parlament von Washington unter erheblichen Druck gesetzt, neue Truppen auszuheben, um dadurch eine Reduzierung des US-Kontingentes auf der Insel in die Wege leiten zu können. Regierung und Parlamentsmehrheit beschlossen denn auch 1954 und 1955 einen Ausbau der Armee, allerdings nicht in dem von den Vereinigten Staaten geforderten Masse, so dass vorderhand kein substanzieller amerikanischer Truppenabbau erfolgte.

8.3. Die "Massive Retaliation" auf dem Prüfstand: Indochina

In der Erörterung der konkreten Auswirkung des "New Look" galt das Interesse vorwiegend der aktuellen Lage in Indochina. Seit Ende 1953 hatten sich die Berichte gehäuft, wonach die dort stationierten französischen Truppen in zunehmende Bedrängnis der Vietminh-Verbände unter der Führung Ho Chi Minhs gerieten.[59] Die Frage lag auf der Hand, ob Indochina zum ersten Anwendungsfall der Doktrin der "massiven Vergeltung" würde.

---

58 Hagerty, 5. Januar 1954; in: Ferrell (1983), S.3

59 Ende 1953 kontrollierte der Vietminh den grössten Teil von Tonkin (im Norden Vietnams) mit Ausnahme des Deltas des Roten Flusses und des isolierten Aussenpostens Dien Bien Phu. Hinzu kam ein grosser Teil von Annan (im Zentrum Vietnams) und vereinzelte Gebiete von Kotschinchina (im Süden Vietnams). Von den beiden kleineren Staaten Indochinas wurde Laos vom Vietminh im April und Dezember 1953 zweimal angegriffen, Kambodscha hingegen nicht. In Laos und Kambodscha waren lokale und vom Vietminh unterstützte Widerstandsbewegungen aktiv. Vgl. dazu - allerdings etwas verwirrlich - Bell (1957), S.12-73; Herring (1979).

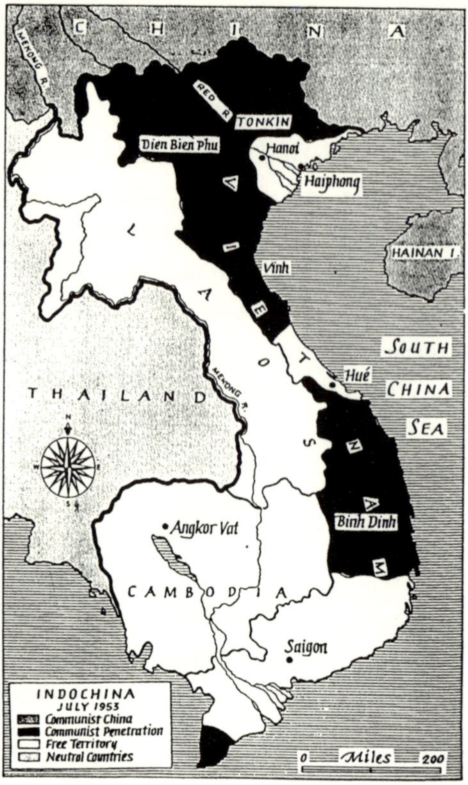

Aus: DDE (1963), S.334

8.3.1. Interessendefinition im Zeichen der Dominotheorie

Für die Regierung Eisenhower stand ausser Zweifel, dass der Vietminh seine Direktiven aus China und letztlich aus der Sowjetunion erhielt. In einer (wie immer vom Präsidenten vorgängig genehmigten) Rede Ende März 1954 bezeichnete Dulles beispielsweise Ho Chi Minhs Truppen als Teil einer imperialistischen kommunistischen Bewegung in Asien, "taking its orders from Peiping and Moscow."[60]

Indochina war schon in NSC 162/2 als Gebiet von solch grosser strategischer Bedeutung für die Vereinigten Staaten bezeichnet worden, dass ein Angriff auf dieses Land "probably would compel the U.S. to react with military force".[61] Diese Einschätzung änderte sich in den

60 JFD, 29. März 1954; in: JFD-P., Box 81

folgenden Monaten nicht; der Stellenwert Indochinas wurde von der Administration vielmehr noch weit stärker unterstrichen, indem schwerwiegende Folgen im Fall eines kommunistischen Sieges antizipiert wurden. Eisenhower erklärte am 25. März 1954 im NSC, dass eine Niederlage in Indochina "would produce a chain reaction which would result in the fall of all of Southeast Asia to the Communists."[62] Hier war bereits der Grundgedanke der berühmten "Domino"-Theorie enthalten, die der Präsident zehn Tage später an einer Pressekonferenz formulierte:

> "You have a row of dominoes set up, you knock over the first one and what will happen to the last one is the certainty that it will go over very quickly." 63)

Drei Tage zuvor hatte Eisenhower in einem Brief an "Dear Winston" (Churchill) geschrieben, bei einem Verlust Indochinas wären Thailand, Burma und Indonesien die nächsten Dominosteine, die ins chinesisch-sowjetische Lager kippen würden. Malaya, Australien und Neuseeland wären somit in ihrer Sicherheit dirket bedroht, und auch Japan geriete unter erheblichen politischen und wirtschaftlichen Druck. "This we cannot afford", schrieb "Ike".[64] Für den Präsidenten stand in Indochina die Glaubwürdigkeit der Verteidigungsbereitschaft der westlichen Welt auf dem Spiel. Doch nicht nur dies: Es ging ihm auch um die Erhaltung jener südostasiatischen Länder als Rohstofflieferanten (Rohgummi, Zinn, Wolfram), wie Eisenhower an der erwähnten Pressekonferenz betonte. Und schliesslich dürfe die "freie Welt" eine (nach China) erneute Unterwerfung von Millionen Menschen der kommunistischen Diktatur aus moralischen Gründen nicht zulassen.

---

61 NSC 162/2; in: FRUS II/1, S.496

62 DDE, 190. NSC-M., 25. März 1954; in: FRUS XIII/1, S.1162 f.

63 DDE, 7. April 1954; in: PP (1954), S.383
Grosser (1982) weist darauf hin, dass der Grundgedanke der "Domino"-Theorie bereits vom französischen Staatspräsidenten Vincent Auriol am 6. Mai 1952 formuliert worden ist, als dieser gegenüber Foster Dulles (!), damals noch aussenpolitischer Experte der GOP, erklärte: "Wir sind der Stützpfeiler der Verteidigung des Westens in Südostasien; wenn dieser Pfeiler zusammenbricht, werden Singapur, Malaysia und Indien bald zur Beute Mao Tse-tungs. Das haben Sie (JFD, der Verf.) sehr gut begriffen, und ich danke Ihnen dafür." Auriol zit. nach Grosser (1982), S.186. Es ist also denkbar, dass DDE den Vergleich mit den fallenden Dominosteinen von JFD übernommen hat.

64 DDE an Churchill, 4. April 1954; in: FRUS XIII/1, S.1239

Die entscheidende Frage war nun: Wie sollten die Vereinigten Staaten auf diese Bedrohung reagieren? Grundsätzlich standen aus der Sicht der Administration zwei Möglichkeiten offen:

- Eine Verstärkung der Waffen- und Finanzhilfe an Frankreich.
- Eine direkte militärische Intervention der Vereinigten Staaten, die entweder uni- oder multilateral erfolgen konnte.

Prinzipiell erachtete es die Administration als die beste Lösung, wenn sie den Franzosen weiterhin Finanz- und Militärhilfe gewährte, während diese die Truppen stellten - insgesamt standen 550'000 Mann unter französischem Kommando -, mit denen ein militärischer Sieg gegen den Vietminh angestrebt werden sollte.[65] Eine solche Lösung war für die Vereinigten Staaten am einfachsten, billigsten und - vorausgesetzt, die französischen Truppen waren zu einer Verteidigung gegen den Vietminh fähig - am effizientesten. Diese "Containment"-Variante entsprach zudem auch dem in NSC 162/2 gefassten Grundsatz, wonach die konventionellen Landstreitkräfte der Verbündeten eine grössere Rolle in der U.S.-"Containment"-Politik spielen sollten als bis anhin.

Je bedrohlicher nun aber die militärische Situation Frankreichs in Washington eingestuft wurde, umso mehr gewann im Nationalen Sicherheitsrat die Ueberzeugung an Boden, dass Finanz- und Waffenhilfe allein einen kommunistischen Sieg nicht zu verhindern vermochte. Hinzu kam die - durchaus nicht grundlose - Befürchtung der Administration, dass die französische Regierung Laniel bemüht war, diesen Kolonialkrieg in Südostasien möglichst schnell zu beenden. Seit dem Herbst 1953 war der innenpolitische Rückhalt, den Laniel zu einer entschlossenen Weiterführung des Krieges benötigte, erheblich zusammengeschrumpft, wie zahlreiche Vorstösse in der Nationalversammlung belegten.[66] Das Misstrauen in Washington wurde zusätzlich genährt durch die im Februar 1954 in Berlin beschlossene Genfer Indochina-Konferenz, die eine politische Lösung

---

65 Vom für FY 54 bewilligten "Mutual Security"-Programm waren 400 Mio. $ zur Unterstützung Frankreichs in Indochina bestimmt. Im September 1953 wurde noch ein Nachtragskredit von 385 Mio $ bewilligt, was auch den Willen und die Entschlossenheit im Kongress unterstrich, Frankreich im "Kampf gegen die kommunistische Expansion in Südostasien" zu unterstützen. 1954 trugen die USA über 70% der französischen Kriegsausgaben.

Faktisch kämpfte in Indochina nur ein geringer Anteil Franzosen. Der Grossteil bestand aus einheimischen vietnamesischen Soldaten, Fremdenlegionären und Kolonialtruppen aus Marokko, Algerien und Senegal.

66 Vgl. Grosser (1982), S.188 f.

des Konflikts in Südostasien bringen sollte. Der stellvertretende Delegationschef in Berlin, Unterstaatssekretär Walter B. Smith, drückte im NSC seine Sorge aus, dass die Sowjetunion sehr darum bemüht gewesen sei, Frankreich von einer Fortsetzung des Widerstandes abzuhalten. Und dies war, so Smith, "unfortunately precisely what the French in Paris (want) to do."[67]

War die Administration bis Ende Januar 1954 noch einigermassen zuversichtlich im Hinblick auf einen Sieg der "Union Française", so verdüsterte sich diese Hoffnung seither zusehends.[68] Im Februar bahnte sich eine Belagerungsschlacht des 300 Kilometer westlich von Hanoi gelegenen französischen Aussenpostens Dien Bien Phu an. In der zweiten Märzwoche kamen die rund 15'000, vorwiegend französischen Elitesoldaten ein erstes Mal unter schweren Beschuss des Vietminh. Von diesem Moment an wurde das Krisengebiet Indochina zum wichtigsten Thema an den wöchentlichen Sitzungen des Nationalen Sicherheitsrates. Am 18. März 1954 berichtete CIA-Chef Allen Dulles im NSC, dass die Chancen nach seiner Einschätzung fünfzig zu fünfzig standen, ob die französischen Truppen dem Druck des Vietminh standzuhalten vermochten. Eine Woche später meinte auch Admiral Radford, er sei "gravely fearful", ob der Widerstand Frankreichs ausreiche.[69]

Der Zeitpunkt zu einem Ueberdenken der amerikanischen Rolle im Indochinakonflikt war offensichtlich gekommen. In der NSC-Sitzung vom 25. März 1954 wurde erstmals explizit ein US-Militäreinsatz diskutiert. Schon damals und bis zum vorläufigen Ende der Indochinakrise mit dem Abschluss der Genfer Konferenz am 21. Juli stand für Eisenhower eines fest: Der Einsatz von Landstreitkräften kam nicht in Frage. Als Verteidigungsminister Wilson am 6. Februar 1954 die Entsendung von 200 amerikanischen Flugzeugmechanikern angekündigt hatte, provozierte er im Kongress und in den Medien umgehend die Frage, ob dies nun der Beginn amerikanischer Truppenstationierungen in Vietnam war. Eisenhower dementierte dies an seiner nächsten Pressekonferenz entschieden:

---

67 Smith, 184. NSC-M., 11. Februar 1954; in: FRUS XIII/1, S.1037

68 Zur Krise um Dien Bien Phu vgl. George (1980), S.191-208; Scribner (1980), S.17-20; Billings-Yun (1982); Prados (1983). Die erste Arbeit, die in diesem Bereich auf wirklich umfassendes Quellenmaterial zurückgreifen konnte, stammt von Herring/Immerman (1984).

69 Radford an DDE, 24. März 1954; in: FRUS XIII/1, S.1159

"No one could be more bitterly opposed to ever getting involved in a hot war in that region than I am; (...) I say I cannot conceive of any greater tragedy for America than to get heavily involved now in an all-out war in any of those regions, particularly with large units." 70)

Weshalb diese Weigerung, Bodentruppen einzusetzen? Eisenhower führte immer wieder an, die Vereinigten Staaten könnten es sich aus rein militärischen Gesichtspunkten nicht leisten, an jedem Konfliktort auf der Welt Landstreitkräfte einzusetzen, weil dies zu einer enormen Zersplitterung der Kräfte führe. Während der Diskussion des "New Look" im letzten Herbst hatten ja bereits die Vereinigten Stabchefs verschiedentlich von der "overextension" des militärischen Engagements der USA gesprochen. Ein zweiter Grund: Man hielt die Verhältnisse in Indochina für einen Einsatz der amerikanischen Infanterie nicht für geeignet. Wie Eisenhower bei späterer Gelegenheit in weiser Voraussicht auf die kommende Entwicklung schrieb:

"The jungles of Indochina...would have swallowed up division after division of the United States troops, who, unaccustomed to this kind of warfare, would have sustained heavy casualties." 71)

Ein dritter und sehr wichtiger Faktor: Die Stimmung im Kongress war - unter Republikanern ebenso wie unter Demokraten - sehr kritisch gegenüber einer neuerlichen Truppenentsendung nach Asien. Es war noch kein Jahr her, seit die letzten US-Soldaten in Korea gefallen waren. Harte antikommunistische Rhetorik war auf dem "Capitol Hill" zwar nach wie vor dominant, doch gab es kaum einen führenden Parlamentarier, der sich für ein volles amerikanisches Engagement - inklusive die Entsendung grosser Landstreitkräfte - stark gemacht hätte. "No more Koreas" war die eindeutige Devise im Kongress, wie dies auch Dulles in einem Memorandum nach einer Sitzung mit den wichtigsten Abgeordneten vermerkt hatte: "The feeling was unanimous that we want no more Koreas with the U.S. furnishing 90% of the manpower."[72]

---

70 DDE, 10. Februar 1954; in: PP (1954), S.250 und S.253

71 DDE zit. nach Ambrose (1984), S.176

72 JFD, 5. April 1954; in: FRUS XIII/1, S.1224

8.3.2. Militärische Intervention unter Bedingungen

Ende März 1954 - die Situation in Dien Bien Phu schien nahezu hoffnungslos - fädelte Dulles mit Zustimmung von Eisenhower die Strategie der "Massive Retaliation" in die amerikanische Indochinapolitik ein. Der "New Look" sollte seinen ersten Test bestehen. Am 29. März sprach der Aussenminister eine relativ verhüllte, im Gefolge seiner Rede vom 12. Januar aber dennoch sehr aufmerksam registrierte Drohung aus:

> "...the imposition on Southeast Asia of the political system of Communist Russia and its Chinese Communist ally, by whatever means, would be a grave threat to the whole free community. The United States feels that the possibility should not be passively accepted but should be met by united action. This might involve serious risks. But these risks are far less than those that will face us a few years from now if we dare not be resolutely today." 73)

Mit der Formulierung "by whatever means" trug Dulles der Einsicht Rechnung, dass sich in den letzten Wochen die Position der französischen Truppen eben auch ohne offene Intervention Chinas erheblich verschlechtert hatte. Die in Washington bislang akzeptierte Prämisse, wonach Indochina nur durch einen direkten Truppeneinsatz Chinas in die Hände des Vietminh fallen konnte, erwies sich immer offensichtlicher als falsch. Deshalb verfehlten auch die bereits mehrmals ausgesprochenen amerikanischen Drohungen, eine chinesische Intervention würde (nie genau definierte) schwere Konsequenzen haben, im Grunde ihr Ziel. Der kleine, aber bedeutungsvolle Nebensatz "by whatever means" implizierte nun, dass ein offener Truppeneinsatz Chinas nicht mehr Vorbedingung für eine militärische Reaktion der Vereinigten Staaten war, sondern bereits die verdeckte Militärhilfe an den Vietminh unter den Geltungsbereich der Drohung fiel. Mit anderen Worten: Eine amerikanische (resp. multilaterale) Intervention war bereits unter den gegebenen Umständen möglich.

Prompt gelangten der französische Premier Laniel und Aussenminister Bidault am 4. April mit der Frage an die Administration, ob die USA zu einem (unilateralen) Luftwaffeneinsatz zur Rettung von Dien Bien Phu bereit seien. Denn, wie Dulles in einem Memorandum an Eisen-

---

73 JFD, 29. März 1954; in: JFD-P., Box 81

hower den französischen Standpunkt rapportierte, "nothing could save the situation except perhaps 'massive' air intervention which the US would have to supply."[74] Bidault fügte hinzu, der Fall von Dien Bien Phu würde den Widerstandswillen Frankreichs mit grösster Wahrscheinlichkeit endgültig brechen. Ein Rückzug aus Indochina wäre dann absehbar, weil diese Niederlage eine enorme negative psychologische Auswirkung auf die Verteidigungsmoral hätte, zumal ja in Dien Bien Phu die eigentlichen Elitetruppen "aufgerieben" wurden.

Die Administration lehnte diesen (zwar bewusst dramatisierten, aber keineswegs die effektive Stimmung verzeichnenden) Appell aus Paris ebenso wie eine weitere, gleichlautende Bitte am 23. April ab. Dulles' Drohung vom 29. März entpuppte sich damit - zumindest bis zu diesem Zeitpunkt - als Bluff, und dies vor allem aus zwei Gründen:

- Die Mehrheit der Stabchefs hielt eine solche Intervention aus militärischen Gründen nicht für sinnvoll.
- Die Administration war nur unter ganz bestimmten Randbedingungen zu einem direkten Eingriff bereit.

Unmittelbar nach Dulles' Rede machte Admiral Radford bei den JCS eine Umfrage, ob sie der Meinung waren, dass die USA Frankreich ein Angebot für einen Luftwaffeneinsatz in Dien Bien Phu unterbreiten sollten. General Ridgway, Admiral Carney und General Shepard vom Marine Corps waren alle dagegen. Letzterer hielt unmissverständlich fest, dass eine "air intervention would be an unprofitable adventure."[75] Auch Ridgway und Carney waren überzeugt, dass eine erfolgreiche militärische Aktion nicht allein durch den Einsatz der Air Force, sondern nur mit Hilfe von Bodentruppen durchzuführen war. Kam hinzu, dass mit einer Befreiung von Dien Bien Phu allein das Blatt in ganz Indochina kaum zu wenden war. Während sich Luftwaffengeneral Twining unter gewissen Umständen zu einer Aktion der Air Force bereit erklärte, war Radford - schon immer der Hauptverfechter des "New Look" bei den JCS - der einzige, der sich vorbehaltlos für ein entsprechendes Angebot an Frankreich aussprach (resp. der Administration die Unterbreitung des Angebotes empfahl).[76] Obwohl Radford nur Twining, und auch ihn nur teilweise hinter sich wusste, liess er von Mitarbeitern im Pentagon einen Plan zu einem amerikanischen "air strike" ausarbeiten: "Operation

---

74 JFD an DDE; in: FRUS XIII/1, S.1361

75 Shepard an die JCS, 2. April 1954; in: FRUS XIII/1, S.1223

76 Radford übermittelte die Meinung der JCS bereits am 31. März 1954 in einem Memorandum an Wilson.

Vulture" (dt.: Geier). Die Autoren der Studie kamen zum Schluss, dass drei taktische Atomwaffen - "properly employed" - ausreichen würden "to clean up the Vietminh in the Dien Bien Phu area."[77] Radford liess Dulles zwar diese Einschätzung zukommen, doch kam es mit dem Aussenminister nie zu einer Aussprache über die "Operation Vulture". In der Tat gelangte diese nie über die erste Planungsphase im Pentagon hinaus, im NSC wurde der Radford-Plan nie diskutiert.[78]

Der zweite Faktor, der zur Ablehnung der französischen Vorstösse führte: Die Administration war nur unter bestimmten Bedingungen zu einer Intervention bereit. Die entscheidende Voraussetzung war, dass die USA nur multilateral, hingegen prinzipiell nicht unilateral militärisch einzugreifen bereit war. Das energische Festhalten an einer "united action" hatte mehrere Gründe. Einmal betonte insbesondere der Präsident mit Nachdruck, ein amerikanischer Alleingang hätte zur Folge, dass die USA überall als Kolonialmacht abgestempelt würden, in Asien und von der UdSSR ohnehin, aber auch in Grossbritannien. Als eines der grössten Handicaps der Franzosen bezeichnete Eisenhower, dass diese keine Unterstützung der einheimischen Bevölkerung und der ihrem Kommando unterstehenden vietnamesischen Truppen genossen, weil dieser Kampf in Indochina eindeutig als Kolonialkrieg und nicht als Abwehrschlacht gegen ein weiteres Vordringen der Kommunisten betrachtet werde. "No unilateral intervention by the US, overtly, (is) tolerable", hielt der Präsident an einer Kabinettssitzung anfangs Mai fest, "because it would place a colonial stigma on the US".[79] Schlugen die USA auf eigene Faust in Indochina los, hatten

---

77 Dies war die Formulierung von Douglas MacArthur II, einem von JFD's Beratern, an den sich Radford bezügl. der "Operation Vulture" gewandt hatte. MacArthur II, 7. April 1954; in: FRUS XIII/1, S.1271.

78 Die faktisch geringe Relevanz der "Operation Vulture" bestätigt in seinen Memoiren auch Nixon (1978), S.150. Insbesondere in älteren Arbeiten wie Devillers/ Lacouture (1969), Roberts (1954), aber auch bei Grosser (1982) wird die effektive Bedeutung der "Operation Vulture" deutlich überschätzt. Auch in der revisionistischen Literatur wird der reale Einfluss eines Teils der Militärs resp. deren Forderungen nach einer militärischen Intervention oftmals übertrieben, so etwa bei Horowitz (1969), S.133. Prados (1983) vermag zwar den Druck auf DDE zu einer Intervention deutlich besser zu dokumentieren als die übrigen Autoren, doch überschätzt auch er die Gefahr einer Intervention.

79 DDE, 5. Mai 1954; in: FRUS XIII/2, S.1468
DDE betonte dieses Argument auch in seinen Memoiren (1963), S.337, stark. So führte er aus: "Delay or equivocation in implementing complete independence could only serve to bolster the Communist claim that this was in reality a war to preserve colonialism". Ewald (1981), S.119, schreibt dieser Motivation DDE's ebenfalls grossen Stellenwert zu.

sie aus der Sicht Eisenhowers mit dem gleichen Widerstand der einheimischen Bevölkerung zu rechnen wie jetzt die französischen Besatzer. Dulles teilte diese Ansicht. Bereits am 4. Februar 1954 hatte er im NSC ausgeführt, dass

> "The most disheartening feature of the news from Indochina... (is) the evidence that...most of the people of Vietnam obviously consider that this (is) a French colonial war." 80)

Um einer möglichen Beschuldigung als Kolonialisten zuvorzukommen, forderte man in Washington die französische Regierung wiederholt auf, den drei assoziierten Staaten Vietnam, Laos und Kambodscha die volle Unabhängigkeit zu gewähren, was in Paris jedoch (vorläufig) abgelehnt wurde. Aus dem gleichen Grund verlangte Eisenhower, dass eine gemeinsame militärische Aktion nur erfolgen konnte, wenn die noch zu bildenden Regierungen von Vietnam, Laos und Kambodscha von sich aus darum ersuchten.

Eisenhower stellte sich immer auf den Standpunkt, dass ein Militäreinsatz in Südostasien nur nach vorgängiger Genehmigung durch den Kongress möglich war. Die Kritik, die die GOP seinerzeit an Truman wegen dessen mangelnder Abstimmung der Koreapolitik mit dem Kongress geübt hatte, war dem Präsidenten noch in guter Erinnerung.[81] Wie sich Dulles an einer Sitzung mit den führenden Kongressabgeordneten überzeugen konnte, war deren wichtigste Bedingung für eine Intervention der Luftwaffe die Kooperation der Alliierten, namentlich Grossbritanniens. Senator Knowland erklärte laut Dulles' Memorandum, dass die Administration erst mit Unterstützung auf dem Kapitol rechnen könne, wenn die "commitments of a political and material nature of our allies" vorlägen.[82] Dulles antwortete Knowland, dass er bereits mit dem bri-

---

80 JFD, 183. NSC-M., 4. Februar 1954; in: FRUS XIII/1, S.1014
DDE (1963), S.337 meinte in diesem Zusammenhang: "...it was almost impossible to make the average Vietnamese peasant realize that the French, under whose rule his people had lived for some eighty years, were really fighting in cause of freedom, while the Vietminh, people of their own ethnic origins, were on the side of slavery."Vgl. dazu die Bemerkung von Halle, Kap. 6, Anm. 24

81 Vgl. Divine (1981). DDE war bereits anlässlich der "Massive Retaliation"-Debatte sehr auf die Feststellung bedacht, dass diese Doktrin die Rechte des Kongresses in keiner Art und Weise schmälere.

82 JFD-Memo., 5. April 1954; in: FRUS XIII/1, S.1224
Die Behauptung bei Bell (1957), S.27, wonach JFD die Kongressführer um Zustimmung für eine unilaterale amerikanische Militäraktion in Indochina gebeten habe, ist aufgrund der FRUS-Dokumentation nicht belegbar. Diese Behauptung reflektiert eine in den 50er und 60er Jahren oft (z.B. von Roberts (1954), Fall (1967), S.297) vertretene Auffassung, wonach ein resoluter und martia-

tischen Botschafter darüber gesprochen habe. Der Aussenminister verschwieg dabei allerdings, was ihm Sir Roger Makins im Auftrag seiner Regierung ausgerichtet hatte, nämlich:

> "Great Britain has given no consideration to active military participation either in company with the French or in some broader group." 83)

Die strikte Weigerung der wichtigsten Allianzpartner, sich an einer gemeinsamen Aktion zu beteiligen, war der entscheidende Hinderungsgrund für die Administration, in Indochina militärisch einzugreifen, weil einerseits das westliche Bündnis einer ausserordentlich starken Belastungsprobe ausgesetzt worden wäre, und andererseits dadurch die Zustimmung des Kongresses sehr unwahrscheinlich erschien. Vizepräsident Nixon stellte in diesem Zusammenhang an einer NSC-Sitzung einmal bedauernd fest, dass Grossbritannien die amerikanische Asienpolitik faktisch blockierte. Was in NSC 162/2 noch einigermassen vage als Konsultationsmöglichkeit der Alliierten umschrieben worden war, stellte sich nun im konkreten Fall Indochina doch mehr oder weniger deutlich als Vetorecht der Verbündeten heraus. Man war in Washington nicht zu einer "Massive Retaliation" bereit ohne Zustimmung des bedeutendsten Allianzpartners.

Insbesondere Dulles unternahm in einer hektischen diplomatischen Aktivität alle möglichen Schritte, um doch noch in nützlicher Frist - der Fall von Dien Bien Phu schien nur noch eine Frage von Tagen - eine interventionswillige Koalition auf die Beine zu stellen. Für eine solche hatte Eisenhower in etwa den Rahmen umrissen, als er im Sicherheitsrat Australien, Neuseeland (die ANZUS-Paktstaaten), die Philippinen, Grossbritannien und Frankreich als Koalitionspartner der Vereinigten Staaten bezeichnete. Am 2. April legte Dulles den Entwurf einer "Joint Congressional Resolution" vor, mit dem sich Eisenhower sofort einverstanden erklärte. Der zentrale Passus der Resolution lautete:

> "...the United States is prepared, in pursuance of a decision or recommendation of the United Nations, or by united action with other free nations...to restrain and retaliate against such armed attack." 84)

---

lischer Dulles den passiven Eisenhower fast in einen Krieg in Indochina gestürzt habe. Eine These, die zwar falsch ist, aber aufgrund von JFD's rhetorischem Säbelrasseln in der Oeffentlichkeit durchaus plausibel war.

83 Memo. of Conversation; 2. April 1954; in: FRUS XIII/1, S.1216

84 Der Entwurf ist zu finden in: FRUS XIII/1, S.1212

Bei einer Annahme der Resolution würde der Präsident vom Kongress zum Einsatz des Militärs autorisiert, sofern Eisenhower dies als im Interesse der Vereinigten Staaten liegend betrachtete. Der Dulles-Entwurf sah indessen ausdrücklich eine Beschränkung auf die Luftwaffe und die Marine vor, während die Entsendung von Landstreitkräften nicht in Betracht gezogen wurde. Dulles führte gegenüber dem britischen Botschafter aus, dass China wahrscheinlich vor einer verstärkten Unterstützung des Vietminh zurückschrecken würde, wenn die westliche Koalition mit einer "disastrous retaliation on our part by sea and air" öffentlich drohte. Dulles schien überzeugt, dass

> "If so, Southeast Asia (can) be saved from communism and probably a world wide conflict avoided. In any case...we (feel) the risk is justified." 85)

Dulles' Versuch, eine solche vom amerikanischen Kongress und den wichtigsten Verbündeten unterstützte Droh-Resolution zustande zu bringen, entsprach in der Tat exakt der Strategie, die er bereits im "Life"-Artikel von 1952 entwickelt und in der "Massive Retaliation"-Rede von anfangs 1954 im Grunde bekräftigt hatte. Für den Aussenminister war dieses öffentliche Bekenntnis eine wichtige Komponente der Doktrin, denn davon hing aus seiner Sicht der Abschreckungswert der amerikanischen Drohpolitik entscheidend ab.

Makins meldete die US-Pläne nach London, wo man sich aber eindeutig gegen die britische Beteiligung an einer militärischen Aktion und somit auch gegen die Androhung einer solchen aussprach. Im wesentlichen bestimmten drei Gründe diese ablehnende Haltung:

- In London glaubte man ebenso wie die Mehrheit im amerikanischen Generalstab nicht an den Erfolg eines "air strike" allein, um Dien Bien Phu retten zu können.
- Ueberdies wurde die Eskalation einer solchen Intervention in einen grossen Konflikt, möglicherweise gar einen Weltkrieg, befürchtet.
- Schliesslich glaubte man, dass ein westlicher Luftangriff auf Dien Bien Phu die Möglichkeit einer politischen Lösung des Konfliktes, die an der Genfer Konferenz angestrebt werden sollte, schmälerte.[86]

---

85 Memo. of Conversation; 2. April 1954; in: FRUS XIII/1, S.1217

86 Diese Punkte wurden von Eden während einer Unterhausrede am 23. Juni 1954 erwähnt. Vgl. dazu Bell (1957), S.35

Aussenminister Eden hegte eine - von Churchill vollauf geteilte - beträchtliche Skepsis gegenüber der in Washington geforderten westlichen Drohpolitik. Insbesondere bezweifelte er Dulles' Annahme, die Interventionsdrohung würde China zur Einstellung der militärischen Unterstützung des Vietminh bewegen. Eden beurteilte die Abschreckungswirkung differenzierter als Dulles:

> "There is a distinction between warning China that some specific further action will entail retaliation, which might be an effective deterrent,...and calling upon her to desist from action in which she is already engaged." 87)

Sollte es tatsächlich zu einer "Retaliation" gegen China kommen, befürchtete Eden eine Ausweitung des Krieges, weil Mao unter diesen Umständen die UdSSR aufgrund des bestehenden Freundschaftsabkommens wahrscheinlich um militärischen Beistand angehen würde.

Die britische Regierung liess sich auch nicht umstimmen, als Eisenhower Churchill in einem geradezu dramatischen Appell die Zustimmung zu einer gemeinsamen militärischen Aktion (resp. zu deren Androhung) abzuringen versuchte, indem "Ike" an das historische Bewusstsein des Premiers appellierte:

> "...we failed to halt Hirohito, Mussolini and Hitler by not acting in unity and in time. That marked the beginning of stark tragedy and desperate peril. May it not be that our nations have learned something from that lesson?" 88)

Churchill war jedoch, wie er gegenüber Admiral Radford versicherte, nur im Fall von Malaya bereit, eine militärische Aktion Grossbritanniens in Betracht zu ziehen. Der JCS-Vorsitzende berichtete auch, wie ihm der Premier "at length" die Gefahren des sowjetischen Atompotentials für sein Land erläutert und dies als Faktor, "which required the utmost caution in dealing with the situation in the Far East", geschildert habe.[89] Dulles bestätigte die grosse Skepsis der Briten eine Woche später an einer Sitzung vom 5. Mai im Weissen Haus, als er laut Gesprächsmemorandum zu Eisenhower sagte, "the British, and particularly Churchill, (are) scared to death by the specter of nuclear bombs in the hands of

---

87 Eden (1960), S.93 f. (Eden zitiert hier ein Memorandum, das er anfangs April 1954 verfasst hat.)

88 DDE an Churchill, 4. April 1954; in: FRUS XIII/1, S.1240

89 Churchill zit. nach Radford, 194. NSC-M., 29. April 1954; in: FRUS XIII/2, S.1437

the Russians."[90] Wie man in Washington zur Kenntnis nehmen musste, begann sich also in Grossbritannien bereits abzuzeichnen, was NSC 162/2 für die kommenden Jahre prognostiziert hatte, nämlich eine Erosion der Glaubwürdigkeit der "Massive Retaliation" angesichts des stets verbesserten sowjetischen Nuklearpotentials.

Am 7. Mai - in Genf wurde seit zehn Tagen über eine politische Lösung des Indochinakonfliktes verhandelt - fiel Dien Bien Phu. Frankreich verlor 15'000 seiner besten Soldaten, der Vietminh buchte einen zumal psychologisch sehr bedeutsamen Sieg - und dies alles ohne dass die USA uni- oder multilateral eingegriffen hatten. Die französischen Truppen konzentrierten sich fortan auf die Verteidigung des Tonkin-Deltas, allerdings - eine Folge von Dien Bien Phu - mit spürbar erlahmendem Willen. Beispielsweise desertierte ein ganzes Batallion vietnamesischer Soldaten, und dies bewog Eisenhower zur Feststellung, es sei in der Tat "heartbreaking that the native population (shows) no inclination to be saved from communist aggression."[91] Der schwere Rückschlag Frankreichs veranlasste die Administration zu einem Kurswechsel, der - auf den ersten Blick wenigstens - dramatisch erschien. Nach vorgängiger Abklärung mit dem Präsidenten übermittelte Dulles an den US-Botschafter in Paris, Dillon, die amerikanischen Bedingungen, unter denen Eisenhower bereit war, den Kongress um die Autorisierung einer militärischen Intervention zu ersuchen. (Der bereits erwähnte Entwurf von Dulles wurde im Kongress gar nie vorgelegt, weil ja Grossbritannien die Zustimmung zu einer "united action" verweigert hatte, was wiederum die Vorbedingung der Kongressführer für die Annahme einer "Joint Resolution" gewesen war.) Dillon wurde beauftragt, Premier Laniel folgende Bedingungen mündlich mitzuteilen:

1. Eine US-Intervention müsste von Frankreich und den drei assoziierten Staaten formell verlangt werden.
2. Solche Aufforderungen zu einer gemeinsamen Intervention müssten auch an Thailand, die Philippinen, Australien, Neuseeland und Grossbritannien gerichtet werden. Neu an der US-Haltung war, dass man lediglich auf der sofortigen Zustimmung Thailands und der Philippinen bestand, aber nicht auf

90 Memo. of Conference, 5. Mai 1954; in: FRUS XIII/2, S.1467
91 DDE, 196. NSC-M., 8. Mai 1954; in: FRUS XIII/2, S.1505

ten. In Washington war nun bereits akzeptabel, wenn die Briten eine amerikanische Intervention hinnahmen ("UK would...be acquiescent"). Mit dieser Kursänderung wollte sich die Administration aus dem Dilemma befreien, dass ihre Indochinapolitik bislang einem faktischen Veto Grossbritanniens unterlag.

3. Frankreich musste den assoziierten Staaten die vollständige Unabhängigkeit gewähren.
4. Die französischen Truppen durften nicht zurückgezogen werden, solange die amerikanische Intervention (wiederum, wie Eisenhower ausdrücklich hinzufügte, "principally air and sea") im Gang war.[92]

Diese neuen Bedingungen stellten, wie gesagt, nur auf den ersten Blick einen markanten Kurswechsel dar. In Washington dürfte man sich von vornherein bewusst gewesen sein, dass diese Bedingungen von der französischen Regierung nie erfüllt würden. Schon beim ersten Punkt waren grösste Schwierigkeiten unschwer vorauszusehen, denn Eisenhower und Dulles forderten von der Regierung Laniel eine explizite Unterstützung ihres Kurses in der Nationalversammlung, just von jenem Gremium also, über dessen enorme Differenzen in der Indochinapolitik die Zeitungen täglich und ausführlich berichteten. Und dass man in Paris bislang nicht mit einer völligen Unabhängigkeit von Vietnam, Laos und Kambodscha einverstanden war, hatte die Administration schon verschiedentlich erfahren müssen. Im Grunde allerdings waren Eisenhower und Dulles wohl nicht mehr zu einer Intervention bereit, selbst wenn Frankreich alle Forderungen zu erfüllen bereit war, weil sie befürchteten, dass es der Regierung Laniel nicht mehr um eine engagierte Fortsetzung des Widerstandes gegen den Vietminh ging mit dem Ziel, die Kommunisten militärisch zu besiegen. In Washington nahm man vielmehr an, wie Dulles am 13. Mai im NSC erklärte, dass Frankreich durch eine allfällige Zusicherung der USA zu einer Intervention seine Verhandlungsposition in Genf stärken wollte. Und das französische Ziel in Genf, darüber bestanden in der Administration keine Zweifel, war ein möglichst baldiges Ende der Kämpfe sowie ein Truppenrückzug. Dies wiederum stand in deutlichem Gegensatz insbesondere zu Dulles' Vorstellungen, der in einer solchen Verhandlungslösung nichts weniger als einen Sieg des Vietminh und letztlich Chinas und der Sowjetunion erblickte. Eine Teilung Vietnams, wie

92 JFD an Dillon, 11. Mai 1954; in: FRUS XIII/2, S.1534

sie beispielsweise auch von Eden und Botschafter Makins als für Grossbritannien akzeptable Lösung verschiedentlich erwähnt wurde, hatte aus Dulles' Sicht kaum etwas mit dem erklärten Bemühen zu tun, jegliches weitere Vordringen der kommunistischen Kräfte unter allen Umständen zu verhindern.

Infolge des Regierungswechels in Frankreich von Laniel zum neuen Premier Pierre Mendès-France wuchs die Abneigung der USA gegen eine Intervention nochmals erheblich, weil der neue Premier ein erklärter Gegner der Fortsetzung des Krieges war und bei seinem Amtsantritt gleich das Versprechen abgab, zurückzutreten, falls er nicht innerhalb eines Monats die Beendigung der Kämpfe in Indochina ausgehandelt hätte. Wie Dulles gegenüber Dillon bestätigte, hatte man in Washington nun erst recht das Gefühl, dass eine Zusage der USA zu einer Intervention der neuen Regierung lediglich als Verhandlungstrumpf in Genf willkommen war. Am 17. Juni stellte Dulles im NSC resigniert fest:

> "...the French (are) desperately anxious to get themselves out of Indochina that it (is) probably the best to let them quit." 93)

Obwohl man sich in Washington keinen Illusionen über die grossen Schwierigkeiten hingab, die einer alliierten Intervention entgegenstanden, schmiedete die Administration dennoch intensiv Pläne für eine allfällige militärische Aktion. Die Richtlinien des "New Look" offenbarten sich darin unverkennbar. In einem Memorandum vom 20. Mai an Dulles und Wilson listeten die Stabchefs die wichtigsten Leitlinien ihrer Planung auf, darunter:

- Wenn immer möglich keine Entsendung von Landstreitkräften nach Indochina.
- "Atomic weapons will be used whenever it is to our military advantage."[94]

Eisenhower war jedoch einigermassen skeptisch, was einen Atomwaffeneinsatz in Indochina, zumindest in der Region Dien Bien Phu, betraf. Cutler notierte sich in einem Gesprächsmemorandum, der Präsident und Nixon seien der einhelligen Meinung, "that it was very unlikely that a 'new weapon' could effectively be used in the jungles around Dien Bien Phu."[95] Völlig anders war hingegen die Sachlage, wenn von einer

93 JFD, 202. NSC-M., 17. Juni 1954; in: FRUS XIII/2, S.1717

94 JCS an Wilson und JFD, 20. Mai 1954; in: FRUS XIII/2, S.1602

95 Cutler an W.B. Smith, 30. April 1954; in: FRUS II/2, S.1437

eindeutig identifizierbaren chinesischen Intervention ausgegangen wurde. Die Meinungen, ob China Truppen entsenden werde, waren in der Administration geteilt, doch hielt dies die Mehrheit für unwahrscheinlich.[96] Sollte sie trotzdem erfolgen, so war man in Washington offenbar zu einem äusserst entschlossenen Vorgehen bereit. Am 2. Juni wurde im Kabinett darüber diskutiert, wie auf eine "unprovoked aggression by Communist China in Southeast Asia" reagiert werden sollte. Cutler hielt im Memorandum fest, dass

> "Congress would be asked immediately to declare that a state of war existed with Communist China, and the United States should then launch large-scale air and naval attacks on ports, airfields, and other military targets in mainland China, using as militarily appropriate 'new weapons', in the expectation that some other nations would join us in opposing such aggression." 97)

Eisenhower bestätigte in seinen Memoiren, wenn eine chinesische Partizipation in Indochina klar identifiziert worden wäre, "then we could scarcely avoid...considering the necessity of striking at the head instead of the tail of the snake, Red China itself."[98]

Ob die Unterstützung (in welcher Form?) anderer (welcher?) Staaten eine unabdingbare Voraussetzung für ein solches amerikanisches Vorgehen war, geht aus dem Cutler-Papier nicht hervor.

Wie sich die Administration bei einer chinesischen Intervention effektiv verhalten hätte, muss offen bleiben. Maos Truppen hielten sich bekanntlich zurück. Vielmehr einigte man sich in Genf auf eine Verhandlungslösung. Ein Waffenstillstand beendete die Kämpfe, Vietnam wurde beim 17. Breitengrad provisorisch geteilt. Im Juli 1956 sollten Wahlen abgehalten werden als Grundlage für eine Wiedervereinigung von Süd- und Nordvietnam. Zudem wurde die Unabhängigkeit von Laos und Kambodscha unter internationaler Schirmherrschaft bekräftigt. Dieses Konferenzergebnis bedeutete für die amerikanische Indochinapolitik, namentlich auch für Dulles selbst, gemessen an ihren eigenen Zielen, eine schwere Niederlage. In einem Memorandum an Eisenhower malte er schon ein Schreckbild von ganz

---

96 Vgl. dazu "Special National Intelligence Estimate 10-4-54" vom 15. Juni 1954. Dort wurde ausgeführt, eine Voraussage, ob China direkt intervenieren würde, sei schwierig. Ein Eingriff würde wahrscheinlich nur dann erfolgen, wenn der Vietminh in höchster militärischer Bedrängnis wäre. In: FRUS XIII/2, S.1704

97 Cutler an JFD, 2. Juni 1954; in: FRUS XIII/2, S.1658

98 DDE (1963), S.354

Südostasien unter der Herrschaft der Kommunisten an die Wand.[99] Der Aussenminister und der Präsident waren offensichtlich bemüht, in Indochina ein Exempel der Strategie der massiven Vergeltung zu statuieren. Zwar hat China nicht direkt auf seiten des Vietminh in die Kämpfe eingegriffen - ob dies eine Folge der amerikanischen Drohpolitik war, wie dies Dulles später behauptete, ist eine andere Frage.[100] Doch auch die Zurückhaltung Chinas änderte nichts an der Tatsache, dass Dulles und Eisenhower zentrale Ziele ihrer Indochinapolitik nicht erreicht hatten. Es war ihnen nicht gelungen,

- die Etablierung eines kommunistischen Regimes in Nordvietnam zu verhindern,
- Grossbritannien zu einer gemeinsamen militärischen Aktion zu bewegen,
- Frankreich zu einer Fortsetzung des Krieges zu ermuntern und
- vom Kongress die Ermächtigung für eine militärische Intervention zu erhalten.

8.4. Die Lehren aus dem ersten Test

> "...paradoxically, our atomic power must bear a large share of the blame for our losing the cold war. The communists have correctly estimated our fear to use it in local aggressions, while our allies have been frightened out of their wits that we would use it. In other words, in the cold war, the threat of the use of atomic power has deterred our allies but not our enemies." 101)

---

99 Anfangs Juli schrieb JFD in einem undatierten Memorandum an DDE (in: FRUS XIII/2, S.1774): "We should be clear in our minds that the kind of settlement we can expect will inevitably lead to early communization of all Indochina. (...) Such an outcome (of the conference) will dangerously increase Communist appetite for further expansion; dangerously decrease the will and capacity of the remaining free states of Southeast Asia to resist such expansion...and will lead to defeatism in and recrimination among the U.S. and its allies, particularly France and United Kingdom."

100 JFD sagte in einem berühmten Interview mit Shepley in "Life", 16. Januar 1956: "Nobody is able to prove mathematically that it was the policy of deterrence which brought the Korean War to an end and kept the Chinese from sending their Red Armies into Indochina...I think it is a pretty fair chance that it has."

Die Problematik der amerikanischen Perzeption des Verhaltens Chinas und der Sowjetunion ist im Fall Indochina ganz ähnlich wie ein Jahr zuvor beim Abschluss des Waffenstillstandes in Korea; vgl. dazu Kap. 5.2., S.138

101 JCS-Memo., 15. September 1954; in: DD (1980), Nr. 59 A

Diese resignierte Feststellung der Vereinigten Stabchefs ein halbes Jahr nach der öffentlichen Ankündigung des "New Look" ist bezeichnend für die relative Ratlosigkeit, die in Washingtons Regierungskreisen nach den Erfolgen des Vietminh vorherrschte. Ein Statement von Vizepräsident Nixon drückte den regelrechten Katzenjammer in der Administration ebenfalls aus, als er laut Gesprächsmemorandum resignierend feststellte:

> "...it seemed (to the Vice President that) the U.S. watched and hesitated, and didn't know what policy to choose; whereas our enemy knew his policy and proceeded to carry it out." 102)

Dass die Administration die Ziele ihrer Indochinapolitik eindeutig verfehlt hatte, wurde von keinem Minister ernsthaft in Frage gestellt, auch wenn beispielsweise Chinas militärische Zurückhaltung in der Oeffentlichkeit bisweilen als grosser Erfolg der amerikanischen Diplomatie hingestellt wurde.[103] Im privaten Kreis hingegen war eine weitgehende Konsternation festzustellen. Dulles etwa zog an der NSC-Sitzung vom 24. Juni 1954 ein ernüchterndes Fazit des Versuchs, die kommunistische Expansion in Indochina mit der neuen Strategie der "Massive Retaliation" zu bremsen. Zum x-ten Mal seit 1950 wiederholte der Staatssekretär, die Sowjets hätten es seit jeher vermieden, ihre aussenpolitischen Ziele durch Krieg zu erreichen und benützten stattdessen vielmehr Subversion, Bürgerkriege und ähnlich "verdeckte" Methoden zur Expansion. Dagegen verfügten die USA bislang über "no adequate answer".[104] Dulles vollzog damit - scheinbar - jene Einsicht nach, die Morgenthau schon drei Monate zuvor dargelegt hatte.[105] Sicher sei nur, so Dulles, dass sich die amerikanische Reaktion auf diese Expansionsformen nicht allein auf militärische Ueberlegungen beschränken könne.

Gleichwohl bekräftigte Dulles nur sechs Wochen später seine Ueberzeugung, die amerikanische Nuklearmacht sei "the principal factor restraining local communist aggression".[106] Seine alte Ueberzeugung wurde selbst durch den Beweis des Gegenteils in Indochina offensichtlich nicht erschüttert, denn China hatte notabene nicht einmal die militärische Hilfe an den Vietminh eingestellt. Eisenhower entgegnete Dulles mit dem Einwand:

---

102 Nixon, 204. NSC-M., 24. Juni 1954; in: FRUS II/1, S.697

103 Zum Beispiel von JFD in einem Interview mit "Life", 16. Januar 1956. Vgl. Anm. 100

104 JFD, 204. NSC-M., 24. Juni 1954; in: FRUS II/1, S.694

105 Vgl. Anm. 31

106 JFD, 209. NSC-M., 5. August 1954; in: FRUS II/1, S.708

> "...the theory of retaliation fails down unless we can identify the aggressor. In many cases aggression consists of subversion or civil war rather than overt attack. In such cases it is difficult for us to know whom to retaliate against." 107)

Zumindest ansatzweise erkannten der Aussenminister und der Präsident, dass die Doktrin der "massiven Vergeltung" ein halbes Jahr nach ihrer Ankündigung politisch bereits erheblich angeschlagen war, denn abgesehen davon, dass sie sich als nicht effektive "Containment"-Strategie in Indochina erwiesen hatte, verschärfte sie überdies die bereits bestehenden Spannungen mit den Allianzpartnern. Dulles konstatierte im NSC, dass die Regierungen und die Oeffentlichkeit in Europa im Gefolge des "New Look" in eine Richtung tendierten, die ihm zweifellos grosse Sorgen bereitete:

> "In light of this our 'though' policy (is) becoming increasingly unpopular throughout the free world, whereas the British 'soft policy' (is) gaining prestige and acceptance both in Europe and Asia." 108)

Die Vereinigten Stabchefs waren damit allerdings gar nicht einverstanden. In einem Memorandum an den NSC forderten sie, die USA müssten die Sowjetunion noch weit stärker als bis anhin durch eine klare und unmissverständliche Drohung mit einem atomaren Angriff auf ihr Territorium vor jeglicher Expansion abschrecken. Dies um so mehr, als die JCS für die Zeit ab 1956 ein nukleares Patt zwischen den beiden Grossmächten antizipierten und die Vereinigten Staaten ihre atomare Ueberlegenheit folglich nicht mehr zu politischen Druckversuchen ausnutzen konnten. Foster Dulles jedoch gab sich - im Bewusstsein um den fehlgeschlagenen Versuch einer konzentrierten Indochinapolitik im Sinne der JCS - gar nicht überzeugt von einem solchen Kurs. Unter diesen Umständen, folgerte er, "very few allies would follow us." Der Aussenminister schien die kontraproduktive Wirkung seines ohnehin schon harten Kurses zu realisieren, als er resümierte:

> "The tide is clearly running against us in the channel of this though policy. If we continue it we shall lose many of our

---

107 DDE, 209. NSC-M., 5. August 1954; in: FRUS II/1, S.708

108 JFD, 204. NSC-M., 24. Juni 1954; in: FRUS II/1, S.694
Mit der 'soft policy' sprach JFD die britische Haltung bezügl. eines Gipfeltreffens (vgl. Kap. 4.3.), der Indochinapolitik (vgl. Kap. 8.3.) und der Haltung im Ost-West-Handel (vgl. Kap. 10.2.2.) an.

allies. (...) The talk of atomic attack (tends) to create 'peace-at-any-price-people' and might lead to an increase of appeasement sentiment in various countries. The Russians are smarter on that question because they never talk about using atomic weapons." 109)

Diese Einsicht hinderte Dulles auch in den folgenden Jahren nicht an zahlreichen martialischen Reden und Verbalattacken, deren Folgen er falsch einschätzte. Ein berühmtes Beispiel, das sehr viel Aufregung verursachte, war sein (bereits erwähntes) Interview mit "Life" am 16. Januar 1956, in dem er ausführte:

"Some say we were brought to the verge of war [in Korea, Indochina und Formosa; d.Verf.]. Of course we were brought to the verge of war. The ability to get to the verge without getting into the war is the necessary art. If you cannot master it, you inevitably get into war. If you try to run away from it, if you are scared to go to the brink, you are lost."

Aufgrund dieser Passage wurde Dulles' Diplomatie später oft als "Policy of Brinkmanship" bezeichnet.[110] Der Chef des DOS-Planungsstabes, Bowie, meint im Rückblick in bezug auf Dulles' öffentliche Statements, dieser habe mit seinen Auftritten möglichst viel Aufmerksamkeit erregen wollen, und deshalb habe er den Eindruck "of a mind of simplification in black an white" hinterlassen.[111] Dass Dulles privat differenzierter argumentierte, trifft - obschon nicht immer - zu. Doch blieb er sehr oft bei differenzierten Einsichten stehen, ohne daraus Konsequenzen für sein praktisches Handeln zu ziehen. Auch Eisenhower hatte in den letzten Monaten erkannt, dass Atomwaffen in der amerikanischen und mehr noch in der britischen Oeffentlichkeit just mit jenem Tabu behaftet waren, das er und Dulles immer beklagten, weil es den von der Administration erhofften breiten Konsens zur nuklearen Drohung erheblich untergrub. Der Präsident stellte mit Bedauern fest, dass "...it is frustrating not to have plans to use nuclear weapons generally accepted."[112] Wilson musste ebenfalls konzedieren, diese Akzeptanz lasse sich offensichtlich nicht von einem Tag auf den anderen erreichen.

Anders als der Aussenminister sah sich der Verteidigungsminister angesichts der herrschenden Unsicherheit und Ratlosigkeit veranlasst,

109 JFD, 204. NSC-M., 24. Juni 1954; in: FRUS II/1, S.694, und 209. NSC-M., 5. August 1954; in: FRUS II/1, S.707

110 JFD in "Life", 16. Januar 1956

111 Bowie-OH (1964), S.8

112 DDE, 209. NSC-M., 5. August 1954; in: FRUS II/1, S.707

eine Grundsatzfrage aufzuwerfen, die im NSC - zumindest den Gesprächsprotokollen nach zu urteilen - seit dem Antsantritt der Regierung Eisenhower vor eineinhalb Jahren höchstens marginal explizit diskutiert worden war:

> "We must find out why Communism (is) being so widely accepted. What (is) the real motivation of the nations which accept Communism?" 111)

Eisenhowers Antwort ist ein Indiz dafür, weshalb Wilsons Frage bislang nie zur Sprache kam. Die Antwort war für den Präsidenten anscheinend so offenkundig, dass sich eine ausgiebige Diskussion darüber seines Erachtens fast nicht lohnte:

> "You (don't) have to look very hard to find out the motivations which lead so many areas of the world to accept Communism. In many underdevelopped areas the motivation (is) all too plain." 112)

Damit spielte der Präsident wohl auf Faktoren an, wie sie auch schon Dulles in seinem Buch "War or Peace" vor vier Jahren erwähnt hatte. Die Sowjets, so hatte Dulles geschrieben, übten auf all jene Menschen einen "tremendous appeal" aus, "who feel oppressed and cheated by the existing order."[113] Dieser Faktor - grundlegende sozioökonomische Ungleichheiten als eigentlicher Nährboden für kommunistische Expansionsversuche - wurde aber aus der Erörterung der "Containment"-Politik im NSC nahezu ausgeklammert, obwohl Eisenhower und Dulles diese Zusammenhänge mindestens partiell erkannten. Bezeichnend für die kurzfristig orientierte und auf militärische Massnahmen konzentrierte "Containment"-Politik der Regierung Eisenhower ist eine Antwort Dulles' auf die Frage des Präsidenten, wie die USA auf eine kommunistische Machtübernahme in Indonesien reagieren müssten. Der Aussenminister, der eben noch bekräftigt hatte, die "Containment"-Politik dürfe sich nicht in "purely military terms" erschöpfen, meinte, man müsste in diesem Fall eine Seeblockade verhängen und die nicht-kommunistischen Kräfte des Landes bei einer Konterrevolution unterstützen.[114]

---

111 Wilson, 204. NSC-M., 24. Juni 1954; in: FRUS II/1, S.697.

112 DDE, ebenda, S.697

113 Vgl. Kap. 2.1.3., Anm. 37, S.33

114 DDE und JFD in der NSC-Sitzung vom 5. August 1954; in: FRUS II/1, S.708

Wesentlich aktueller als die Lage in Indonesien waren zu diesem Zeitpunkt die Ereignisse in Guatemala. Dort war vor rund einem Monat, im Juni 1954, die Regierung Arbenz unter massgeblicher Beteiligung der CIA gestürzt worden.[115] Der amerikanische Eingriff in Mittelamerika stand dabei völlig in Einklang mit den Richtlinien in NSC 162/2, die unter anderem eine Intensivierung der "covert actions" zur Abwehr kommunistischer Bewegungen vorsahen.

Bemerkenswert - und für Dulles' Sicht dieses Konfliktes aufschlussreich - ist ein Statement, das der Aussenminister am 8. März 1954 in Caracas vor der Presse abgab:

> "Let us not forget that in the early part of the last century the first danger to the liberties and independence...for the new republics stemmed from the despotic alliance forged by the Czar of Russia. Sometimes, it seems, we recall that threat only in terms of colonialism. Actually, the threat that was deemed most grave was the desire of the Czarist Russia and its allies to extend their despotic political system to this hemisphere." 116)

Suggerierte hier Dulles erst zwischen den Zeilen eine kontinuierliche russische Bedrohung Südamerikas seit Zar Alexander bis zu Stalins Nachfolgern, so wurde er eine Woche später noch expliziter:

> "It seems to me...that the threat which steems from international communism is a repetition in this century of precisely the kind of danger against which President Monroe had made his famous declaration 130 years ago." 117)

Nach dem Sturz von Jacobo Arbenz erklärte der Aussenminister am 30. Juni in einer Fernsehansprache:

> "Events in Guatemala...expose...the evil purpose of the Kremlin to destroy the inter-American system...This intrusion of Soviet despotism was, of course, a direct challenge to our Monroe Doctrine, the first and most fundamental of our foreign policies." 118)

---

115 Auf die Situation in Guatemala wird hier nur am Rande eingegangen. Ausführliche Schilderungen finden sich in Cook (1981); Steven Schlesinger, Stephen Kinzer: Bitter Fruit. The Untold Story of the American Coup in Guatemala, New York, 1982; Richard Immerman: The CIA in Guatemala, New York, 1982.

116 JFD, 8. März 1954; in: JFD-P., Box 87

117 JFD, 16. März 1954; in: JFD-P., Box 79

118 JFD, 30. Juni 1954; in: JFD-P., Box 79

Mit dieser recht eigenwilligen Interpretation der Monroe-Doktrin war Dulles der (vorläufig) letzte amerikanische Aussenminister, der sich offiziell auf diese Doktrin berief.[119] Dulles erkannte in Guatemala nicht etwa einen Fall, wo sich jene zur Wehr setzten, "who feel oppressed or cheated by the existing order", wie dies beispielsweise aufgrund des 1951 erlassenen Agrarreformgesetztes zu vermuten war. Für den Aussenminister war dies vielmehr erneut eine von Moskau aus gesteuerte Bewegung mit dem Ziel der kommunistischen Weltrevolution.

Die Erfahrungen aus den Ereignissen in Indochina flossen auch in NSC 5422/2 ein, ein vom Sicherheitsrat am 7. August 1954 genehmigten Dokument, das die "Guidelines under NSC 162/2" festhielt und sich in der Prioritätensetzung doch wesentlich von NSC 162/2 unterschied. So wurde Bürgerkriegen und Subversionen weit grössere Aufmerksamkeit geschenkt als noch zehn Monate zuvor. Darin lag laut NSC 5422/2 gar "the immediate and most serious threat" für die Vereinigten Staaten.[120] Das neue Richtlinienpapier präsentierte ein ganzes Bündel von Massnahmen gegen solche Expansionsformen, ohne indessen eine Gewichtung der einzelnen Vorschläge vorzunehmen. Diese zielten überdies in divergierende Richtungen, so dass mit NSC 5422/2 ein Massnahmenkatalog verabschiedet wurde, der in seiner Implementierung - je nach Auslegung - die unterschiedlichsten Konsequenzen in der Praxis zeitigen konnte. Beispielsweise wurde eine Reihe von Massnahmen vorgeschlagen, die in der Tat von der (bereits in NSC 162/2 ansatzweise geleisteten) Analyse der eigentlichen Konfliktursachen in der Dritten Welt auszugehen schien:

> "...to develop and carry out cooperative programs, not necessarily overtly anti-communist, designed to advance the political and economic strength of underdeveloped areas (...) which are the most likely targets for Communist expansion." 121)

---

119 Vgl. Smith (1984), S.126

120 NSC 5422/2, 7. August 1954; in: FRUS II/2, S.718

121 Ebenda, S.719 und 721
In den folgenden Jahren wurde aber weder ein nennenswertes Programm in diesem Sinn lanciert, noch erfolgte etwa eine deutliche Verlagerung innerhalb der "Mutual Security" von der Militär- zur Wirtschaftshilfe. Vgl. dazu Angermann (1978), S.317 f. Ganz abgesehen davon trug ein Ausbau der Wirtschaftshilfe nicht einfach unbesehen der Art und Weise bereits zu einer effektiven Verbesserung der sozioökonomischen Lage breiter Schichten in diesen Ländern bei; zumal dann nicht, wenn mit den "cooperative programs" in erster Linie eine Erhöhung der privaten Direktinvestitionen gemeint war, wie dies DDE vor allem in den

Gleichzeitig wurde aber auch festgelegt, bei Bürgerkriegen künftig "be prepared, with maximum free world support, to take military actions in support of friendly free world governments or forces."[122] Ueberdies wurde beschlossen,

> "to take all feasible political, economic and covert measures to counter the threat of groups or forces responsive to comunist control to achieve dominant power in a free world country." 123)

Und wo der Administration eine entschlossene Eindämmung kommunistischer Expansion besonders dringlich erschien, sollte der Widerstand der Verbündeten "not inhibit the U.S. from taking action, including the use of nuclear weapons."[124] Dies galt in erster Linie für Asien, wo die Administration offenbar nicht mehr wie im Indochinakonflikt gewillt war, den europäischen Alliierten (namentlich Grossbritannien) ein so grosses Mitspracherecht zu gewähren, dass es faktisch einem Vetorecht bei der US-Aussenpolitik gleichkam.

8.5. Fazit: Ernüchterung

Die Frage, wie adäquat die Implementierung von NSC 162/2 in der politischen Praxis war, ist für die Beurteilung der faktischen Aussen- und Sicherheitspolitik der Administration zwar nicht von zentraler Relevanz, aber gleichwohl nicht gänzlich uninteressant, denn immerhin hat die Administration erheblich Zeit und Engagement in die Abfassung dieses Grundsatzpapiers investiert.

Nicht zufällig wurde der "New Look" später meistens mit der Doktrin der "Massive Retaliation" gleichgesetzt. Zweifellos dominierten die militärischen Elemente der "Containment"-Politik bereits in NSC 162/2; bei der konkreten Umsetzung, die in erster Linie Dulles oblag,

---

kommenden Jahren immer wieder gemäss seinem Motto "Trade and Aid" forderte. Es muss indessen betont werden, dass DDE zweifellos mehr staatliche Entwicklungsprogramme lanciert hätte, wenn ihm nicht die GOP im Kongress, die eher dem Slogan "Trade, not Aid" anhing, die Gefolgschaft dafür verweigert hätte. Vgl. dazu Kaufman (1982), S.103 ff. und Ambrose (1984), S.379 ff.

122 NSC 5422/2; in: FRUS II/2, S.719

123 Ebenda, S.719

124 Ebenda, S.721

wurden die ohnehin schon spärlichen politischen Elemente nun fast völlig unter den Tisch gekehrt. Beispielsweise wurde in NSC 162/2 angedeutet, die US-Aussenpolitik müsse eine Abkoppelung Chinas von der Sowjetunion anstreben - eine Forderung, die von Kennans "Solarium"Gruppe übernommen worden war. Die Indochinapolitik der Administration war hingegen eher dazu angetan, einen chinesisch-sowjetischen Schulterschluss - als Folge der Drohpolitik des gemeinsamen Feindes Amerika zu bewirken. Als konstruktive politische Initiative gegenüber der Sowjetunion - auch dies ein (wenngleich marginales) Ziel von NSC 162/2 - lässt sich einzig "Atoms for Peace" bezeichnen, ein (im folgenden Kapitel behandelter) Vorschlag, der bezeichnenderweise von Eisenhower und nicht von Dulles stammte und, nicht minder typisch, völlig isoliert im politisch frostigen Klima stand. Insgesamt lässt sich also bei der Implementierung von NSC 162/2 ein Defizit in dem Sinne ausmachen, dass die politischen Faktoren der Strategie unter- und die militärischen überbetont wurden.

Wie neu war das militärstrategische Konzept des "New Look"? Oder anders gefragt: Wo lagen die Unterschiede zur Administration Truman? Die Ansichten dazu liegen weit auseinander und reichen von der zeitgenössischen Einschätzung, Dulles' Rede seien "words which will influence the history of tomorrow", bis zur rückblickenden Ueberzeugung, die "Massive Retaliation" sei nichts als "an image phrase" gewesen.[125] Sinnvollerweise gilt es bei der Beantwortung dieser Frage zwischen der Idee der Doktrin an sich und den Konsequenzen ihrer Implementierung zu unterscheiden. Wirklich neu war der Grundgedanke, den Dulles im Januar 1954 verkündete, nicht. Taft hegte schon 1950 ähnliche Ideen, und 1951 wurden solche Konzepte in britischen Regierungskreisen diskutiert, dann allerdings wieder verworfen.[126] Das heisst keineswegs, die Doktrin der "massiven Vergeltung" habe bereits unter Truman gegolten - wenn nicht explizit, so zumindest implizit, wie etwa Kissinger behauptete.[127] Träfe

---

125 Die erste Auffassung vertrat der Strategieexperte der NYT, Hanson W. Baldwin in der NYT, 4. April 1954, IV, S.4. Gegenteiliger Ansicht ist Wells (1981), S.52, der hinzufügt: "Massive Retaliation is one of those odd phrases in the lexicon of strategic discourse that is more symbol than reality." Auch Halle (1969), S.283 findet: "Der Wirklichkeit kommt man wohl am nächsten, wenn man die "Massive Retaliation" eher als Phrase denn als Politik bewertet." Schwarz (1965), S.139, teilt demgegenüber Baldwins Meinung und nennt die "Massive Retaliation" "eine neue strategische Doktrin...von grösster Tragweite."

126 Vgl. dazu Snyder (1962), S.388 f.

127 Kissinger (1957), S.31

dessen Auffassung zu, hätte Truman zweifellos nicht etwa MacArthur auf dem Höhepunkt des Koreakrieges entlassen dürfen, sondern ihm vielmehr den Befehl zu einem atomaren Angriff auf chinesisches Territorium erteilen müssen. Dass sich Truman aber für einen konventionellen und überdies strikte auf Korea beschränkten Krieg entschied, manifestiert den Unterschied zur "Massive Retaliation" mit aller Deutlichkeit. Denn der Koreakrieg galt für die Administration Eisenhower als geradezu beispielhafte Aggressionsform, die eine massive militärische Vergeltung "by means and places of our choosing" provozieren würde. Die Differenz zwischen Truman und Eisenhower lässt sich mit dem von Gaddis verwendeten Begriff der Symmetrie resp. Asymmetrie verdeutlichen.[128] Die Sicherheitspolitik der Demokraten wurde vom Grundsatz der Symmetrie geleitet, d.h. der militärische Widerstand erfolgte an jenem geographischen Ort, wo die Aggression erfolgt war, und mit jenen militärischen Mitteln, die die Aggressoren gewählt hatten. Diese "Containment"-Form kann deshalb als symmetrisch bezeichnet werden. (Anschauungsbeispiel: Trumans Strategie in Korea.) Konträr dazu, also asymmetrisch, war die neue, von Dulles (resp. Eisenhower) verwendete Formel "retaliation by means and at places of our choosing". Sie fühlten sich - wenigstens in der Theorie - mit ihrer neuen "Containment"-Version weder an Ort noch an Konfliktform (insbesondere ob konventionell oder nuklear geführt) gebunden. Analog zu diesem Prinzip der (A-)Symmetrie die nuklearen Einsatzdoktrinen der beiden Administrationen, wobei man bei Truman nicht wirklich von einer Doktrin sprechen kann, weil eine klare Strategie nie ausgearbeitet und niedergelegt worden ist.[129] Die Regierung Truman war gewillt, Atomwaffen als letztes Mittel zur eigenen Verteidigung einzusetzen: die totale Waffe für den totalen Krieg. Truman drohte nie öffentlich und willentlich mit dem Einsatz von Atomwaffen, um dadurch allfällige kommunistische Expansionsversuche abzuschrecken. Hingegen benutzte er das amerikanische Nuklearpotential stillschweigend zur strategischen Abschreckung, nicht aber zur Abschreckung lokaler Aggressionen.[130] Anders die Administration Eisenhower: Für sie waren Nuklearwaffen nicht mehr ein "last resort", sondern - quasi konventio-

---

128 Vgl. Gaddis (1982), S.147

129 Gaddis (1982), S.148, hält fest: "The Truman Administration had never worked out a clear strategy for deriving political benefits from its possession of nuclear weapons.

130 Vgl. Gaddis (1982), S.148

nalisiert - einsetzbar wann und wo immer dies militärisch vorteilhaft erschien. Entsprechend versuchte sie ihr Nuklearpotential auch in regionalen Konflikten als Abschreckungsinstrument einzusetzen.

Zweifellos war die Differenz zwischen der konventionellen und der nuklearen "Containment"-Version in der Theorie grösser als in der Praxis. Als die Situation in Indochina kritisch wurde, liessen zwar Dulles und Eisenhower die Säbel kräftig rasseln - doch gleichwohl mussten die Truppen der "freien Welt" (aus der Optik der Administration) schliesslich eine empfindliche Niederlage einstecken und abziehen, ohne dass eine nukleare Vergeltung erfolgt war. Die grosse Skepsis Grossbritanniens zwang die Administration zu "Containment à la Truman". Daraus zu schliessen, die Doktrin der "massiven Vergeltung" sei nichts als ein Sammelsurium scharfmacherischer Reizvokabeln, ein grosser Bluff ohne reale Konsequenzen gewesen, wäre indessen falsch.[131] Der "New Look" hatte - direkte und indirekte - Auswirkungen, obwohl in den kommenden Jahren nie eine "massive Vergeltung" (ob konventionell oder nuklear) erfolgte:

- Die nukleare Aufrüstung wurde als Folge der neuen Doktrin deutlich intensiviert, und zwar sowohl im strategischen als auch im taktischen Bereich (Nato),
- die Rüstungsausgaben wurden in den folgenden Jahren einigermassen stabilisiert, (vgl. Dok. Nr. 8 im Anhang auf S.327)
- es erfolgte ein Abbau des gesamten Truppenbestandes um rund 20 Prozent bis Ende der fünfziger Jahre,
- der Basengürtel rund um die Sowjetunion und China wurde ausgebaut.

Trotz dieser Konsequenzen war die Doktrin der "massiven Vergeltung" nach ihrem ersten fehlgeschlagenen Test in Indochina bereits weitgehend gescheitert. Schon sehr bald nach der Dulles-Rede anfangs Januar musste die Administration die Erfahrung machen, dass mit dem notwendigen Konsens über den Einsatz von Atomwaffen nicht zu rechnen war. Dulles und Eisenhower liessen mit dieser Rede ihr mangelndes Sensorium für den stark negativen Symbolgehalt erkennen, der den Atomwaffen weiterhin anhaftete. In der Administration wurde mitunter dermassen erschreckend unbelastet über Atomwaffen und deren Einsatz diskutiert, als ob es

---

131 Vgl. die Auffassungen von Halle (1969) und Wells (1981) in Anm. 125

ein "Hiroshima", ein reales nukleares Inferno nie gegeben hätte. Der Präsident und der Staatssekretär taten so, als ob das Tabu des uneingeschränkten Atomwaffeneinsatzes, über das sie sich im Sicherheitsrat immer beklagten, nicht mehr bestanden hätte. Die Rede musste fast zwangsläufig den - an sich falschen - Eindruck erwecken, die Vereinigten Staaten wollten nun jeden auch noch so begrenzten Konflikt zu einem Nuklearkrieg eskalieren. Dadurch wurde mehr Verwirrung im Westen als Abschreckung des Ostens erreicht. Hoopes formuliert in diesem Zusammenhang pointiert:

> "(Dulles' speech) was written as a stearn warning to the Kremlin; unfortunately, the rest of the world was listening in. (...) The tactical advocate had loosed a verbal rocket at the Kremlin, but the side effects spread psychological devastation in 100 other capitals." 132)

Die mitunter mühsamen Richtigstellungen der folgenden Wochen und Monate trugen auch nicht eben zum Bild einer kohärenten und gut abgestimmten westlichen Sicherheitspolitik bei. Immerhin verlief dann der Abstimmungsprozess im Rahmen der Nato besser. Bezüglich Westeuropa bedeutete die "Massive Retaliation" ja auch keine fundamentale Neuerung, weil die amerikanischen Atomwaffen faktisch schon seit Beginn des Kalten Krieges zum europäischen Abschreckungsinstrumentarium gehörten. Die Allianzpartner stimmten dem "New Look" für die Nato zu, weil sie einen möglichen Konflikt entscheidend kontrollieren konnten (resp. glaubten kontrollieren zu können). Insbesondere bestand auch eine weit geringere Eskalationsgefahr als beispielsweise in Asien. In Europa mit seinen politisch klar definierten Grenzen waren keine "Buschkriege" und Rebellenaufstände zu erwarten, die dann eskalieren konnten; letztlich wurde eine einzige Alternative der Konfliktform antizipiert: ein totaler Krieg unter Einsatz aller verfügbaren Waffen oder eben ein Kalter Krieg. Und dass Atomwaffen in einem Konflikt eingesetzt würden, war 1954 in Europa längst keine neue Idee mehr. Bezüglich Europa wies also die "Massive Retaliation" einen weit weniger ausgeprägten (wenn nicht gar keinen) asymmetrischen Charakter als hinsichtlich Asien auf.

Die Ereignisse in Indochina nötigten die Administration zu einer weiteren Einsicht: Eine rein militärisch orientierte "Containment"-Politik vermochte kommunistische Expansion (gerade in der Dritten Welt) nicht zu verhindern, insbesondere dann nicht, wenn keine chinesischen oder

---

132 Hoopes (1973), S.199 f.

sowjetischen Truppen direkt in den Konflikt involviert waren. Eisenhower und Dulles waren sich auch der tieferliegenden Ursachen dieser Konflikte bewusst, im Fall Indochina beispielsweise der europäischen Kolonialherrschaft, die man in Washington als schwere politische Hypothek Frankreichs zu erkennen schien. Dies hatte zwar zur Weigerung der Vereinigten Staaten beigetragen, dort zu intervenieren, doch mündete die Erkenntnis dieser und anderer sozioökonomisch bedingter Konfliktursachen nicht in die Formulierung einer entsprechenden politischen Strategie ein, die mehr als Symptombekämpfung gewesen wäre. Mit Blick auf Dulles erfasste dessen Biograph Pruessen diesen Umstand mit der treffenden Formulierung, der Staatssekretär habe "intellectual brinkmanship" praktiziert: "He went to the edge of understanding of some of the most profound problems of the 20th century world and then stopped."[133] In den nächsten Jahren wurde diese Diskrepanz mit dem Aufkommen der Bewegung der Blockfreien noch akzentuiert und manifestierte sich bei Dulles etwa in dessen Unverständnis gegenüber dem indischen Neutralismus Nehrus oder dem arabischen Nationalismus Nassers.

Ueber die Gründe, weshalb der Aussenminister und der Präsident in der Analyse der weltweiten Expansion kommunistischer - oder besser: antiwestlicher - Bewegungen auf halbem Weg stehenblieben, lässt sich nur mutmassen. Eisenhower und Dulles dürften sich einigermassen darüber im klaren gewesen sein, dass eine konsequent ursachenorientierte "Containment"-Strategie in der Dritten Welt - also dort, wo künftig kommunistische Expansionsversuche am ehesten vermutet wurden - dermassen radikale Massnahmen erfordert hätte, die sie weder durchsetzen konnten noch wollten. Ganz abgesehen davon wäre ein differenzierteres aussen- und sicherheitspolitisches Programm in dieser von einer bipolaren Optik geprägten Zeit des Kalten Krieges nicht oder nur schwer vertretbar gewesen, zumal in den Vereinigten Staaten selber. Denn der rüde Antikommunismus war nach McCarthys Entmachtung im Herbst 1954 nicht einfach verschwunden, sondern es wurde ihm lediglich die nach innen gerichtete Spitze gebrochen, d.h. die innepolitischen Hetzkampagnen gegen vermeintliche Kommunisten abgeschwächt, während die amerikanische Aussenpolitik weiterhin stark von hartem Antikommunismus beeinflusst wurde.

---

133 Pruessen (1982), S.508. Zum Begriff "Brinkmanship", den Pruessen hier in abgewandeltem Zusammenhang benutzte, vgl. S.249

9. "ATOMS FOR PEACE"

Kontakte der beiden Grossmächte in der Frage der konventionellen und nuklearen (Ab-)Rüstung hatten seit der Lancierung des Baruch-Planes im Juni 1946 immer wieder stattgefunden, zumeist im Rahmen des "Disarmament Committee" der Vereinten Nationen. Abrüstungsabkommen waren bislang allerdings keine zustande gekommen.[1] Am 8. Dezember 1953 unternahm Präsident Eisenhower einen neuen Anlauf, als er der UNO-Generalversammlung in New York einen Plan vorlegte, der nicht in erster Linie einen direkten Weg zur Abrüstung, sondern eine Möglichkeit zur Vertrauensbildung als Vorstufe zur Abrüstung präsentierte. Kern des Vorschlags, der zwar zeitlich parallel, aber dennoch unabhängig von der Revision der Sicherheitspolitik ausgearbeitet wurde, war die Schaffung eines internationalen Atompools unter Aufsicht der Vereinten Nationen. Die Atommächte sollten nach Eisenhowers Vorstellung einen Teil ihres spaltbaren Materials (Uran, Plutonium) an diesen Pool abtreten. Dieses Material würde dann für friedliche Zwecke - insbesondere zur Energieproduktion - und nicht mehr zur Herstellung von Nuklearwaffen verwendet. Daher rührt der von den Medien kreierte und alsbald in den allgemeinen Sprachgebrauch eingebürgerte Titel der Rede: "Atoms for Peace".

Nachdem die Sowjetunion grundsätzlich Gesprächsbereitschaft signalisiert hatte, wurden vertrauliche amerikanisch-sowjetische Gespräche zur Sondierung einer entsprechenden Uebereinkunft aufgenommen. Auf amerikanischer Seite wurden diese Verhandlungen phasenweise von der Frage in den Hintergrund gedrängt, ob sich die Administration einem vom indischen Premierminister Nehru angeregten weltweiten Moratorium von Atomwaffentests anschliessen sollte. Eine Einigung mit der UdSSR in der Frage des Atompools kam schliesslich ebensowenig zustande wie die Bereitschaft in Washington, sich einem allfälligen nuklearen Teststopp anzuschliessen. Verlauf und Ausgang dieser Diskussionen werfen ein Licht auf die Schwierigkeiten, die Rüstungskontrolle und Abrüstung bis heute immer wieder erschwert und - meistens - verhindert haben.

---

1 Dokumentiert in: "Department of State: Documents on Disarmament, 1945-1959. 2 Vols. Washington 1960."

9.1. Die Idee: "A Policy of Candor"

Der Ursprung von Eisenhowers Absicht, seine - durchaus echte - Besorgnis um das nukleare Wettrüsten zwischen den beiden Supermächten ins Zentrum einer aussenpolitischen Rede zu rücken, liegt in einer umfassenden Studie über "Armaments and American Policy", die im April 1952 vom damaligen Aussenminister Dean Acheson angefordert worden ist.[2] Die vier Autoren - unter ihnen Robert Oppenheimer als Vorsitzender sowie der jetzige CIA-Direktor und Bruder des Aussenminsters, Allen Dulles listeten in ihrem Mitte Januar 1953 vorgelegten Report fünf Empfehlungen auf:

- Einen Ausbau der "Continental Defense"
- Eine verbesserte Abstimmung der amerikanischen Nuklearpolitik mit den europäischen Alliierten.
- Die Verlagerung der Rüstungskontrollverhandlungen vom "Disarmament Committee" der UNO auf die bilaterale Ebene.
- Eine verstärkte direkte Kommunikation mit der Sowjetunion, um besseren Aufschluss über deren Perzeptionen und Intentionen zu erhalten.
- Eine offenere Informationspolitik ("A Policy of Candor") bezüglich des atomaren Wettrüstens.

Im Zusammenhang mit der vierten Empfehlung wurde explizit auf die mit Stalins Tod verbundene Möglichkeit eines politischen Kurswechsels in der Sowjetunion hingewiesen.[3] Wichtig im Zusammenhang mit "Atoms for Peace" war aber vor allem der letzte Punkt. Der Report führte aus, die Administration Truman habe die amerikanische Oeffentlichkeit bislang überhaupt nicht oder nur unzureichend über die enorme nukleare Aufrüstung beider Seiten aufgeklärt, die in den letzten Jahren in Gang

---

2 Die Studie trägt den Titel "Armaments and American Policy", Januar 1953 (undatiert); in: FRUS II/2, S.1056-1091

3 Der Report führte u.a. aus: "An obvious reason for a constant effort to keep open the channels of communication is that it may permit us to detect any changes in the attitude of the Soviet Union toward the conflict with the West. It is possible, for example that in the period of the succession to Stalin there may be such a change. It is also possible that the arms race itself may tend to modify Soviet thinking; a new attitude may develop as growing armaments on both sides bring us to a time when the two Powers have 'enough' power to strike each other truly staggering blows."; in: FRUS II/2, S.1086. - Wie in Kap. 4 gezeigt, intensivierte die Administration ihre Kommunikation mit der neuen sowjetischen Führung nach Stalins Tod keineswegs.

gekommen sei und voraussichtlich auch anhalten werde. Es liege nicht im Interesse der Vereinigten Staaten, die eigene Bevölkerung ebenso wie die Sowjetunion im unklaren über die Stärke des amerikanischen Nuklearpotentials zu lassen. Nur eine informierte Oeffentlichkeit sei auch bereit, die amerikanische Aussen- und Sicherheitspolitik zu unterstützen. Die Bevölkerung müsse auch darüber ins Bild gesetzt werden, dass die UdSSR "...may fairly soon have enough (weapons) to threaten the whole destruction of our society."[4] An dieser Bedrohung ändere auch das ständig wachsende US-Atompotential nichts. Nicht zuletzt der Kongress müsse in dieser Hinsicht aufgeklärt werden, damit er die notwendigen vermehrten Anstrengungen zur "Continental Defense" auch unterstütze.

Oppenheimer setzte sich auch öffentlich für eine "Policy of Candor" ein, beispielsweise in einem Aufsatz in "Foreign Affairs". Dort veranschaulichte er das sich abzeichnende nukleare Patt resp. die "mutual assured destruction" mit einem Vergleich, der auch später, etwa von Louis Halle, immer wieder herangezogen wurde. Die Supermächte waren nach Oppenheimer

> "...two scorpions in a bottle, each capable of killing the other, but only at the risk of his own life." 5)

Der berühmte Atomphysiker vertrat auf Einladung Cutlers seinen Standpunkt am 27. Mai 1953 auch im Nationalen Sicherheitsrat. Eisenhower meinte, er gehe grundsätzlich mit Oppenheimer einig, hege jedoch gewisse Bedenken wegen der Geheimhaltung. Als der Oppenheimer-Report am 25. Februar zum ersten Mal im NSC zur Sprache gekommen war, hatten der Präsident und auch Wilson noch beteuert, sie hielten nichts von einer "Policy of Candor", denn diese würde bloss Panik und Hysterie in der Bevölkerung verbreiten. Weshalb dieser Sinneswandel drei Monate später? Sehr wahrscheinlich gelangte Eisenhower in der Zwischenzeit zur Ueberzeugung, dass eine aktivere Informationspolitik über die Nuklearrüstung den Absichten der Administration bei der Ueberprüfung ihrer Sicherheitspolitik entgegenkam. Eine vom NSC angeforderte Studie über die "Policy of Candor" kam zum Schluss, dass die Administration die öffentliche Meinung über Atomwaffen kanalisieren müsse und sie nicht - wie unter Truman - weitgehend ohne offizielle Steuerungsversuche quasi

---

4 in: FRUS II/2, S.1080
5 Oppenheimer (1953), S.529

frei treiben lassen dürfe, denn bei letzterem seien Ignoranz, Defaitismus und moralische Ablehnung der Bevölkerung gegenüber Atomwaffen zu erwarten. Eine neue Oeffentlichkeitsarbeit müsse demgegenüber in den Vordergrund stellen, dass

> "No physical phenomenon is inherently good or bad in itself. Atomic weapons must be considered as a part of our total weapons system, so that the question of morality will relate only to the way in which this or any other weapon is used. This will give us greater freedom of action with respect to all elements of our military strength." 6)

Der letzte Satz deutet an, in welche Richtung die öffentliche Meinung gelenkt werden sollte: hin zu einer grösseren Akzeptanz der Nuklearwaffen als einsatzfähigem Teil des amerikanischen Militärpotentials. Das wurde auch deutlich, als sich Eisenhower und Dulles während der Erörterung der Koreapolitik mehrmals darüber beklagten, die Atomwaffen seien in der Bevölkerung mit einem Tabu belegt, das die erforderliche Drohpolitik erheblich erschwere.[7]

Eisenhower beauftragte daraufhin C.D. Jackson, seinen persönlichen Berater in Ost-West-Fragen, eine Rede über das nukleare Wettrüsten zu schreiben, die vorläufig den Decknamen "Operation Candor" trug. Jackson legte dem Präsidenten in den folgenden Monaten unzählige Entwürfe vor. Sie waren für Eisenhower aber allesamt aus dem gleichen Grund unakzeptabel: Die Formulierungen waren zu hart, die Folgen eines Nuklearkrieges wurden zu drastisch beschrieben. Deshalb erschien die Grundtendenz der Entwürfe zu negativ.[8] Faktisch präsentierte Jackson dem Präsidenten gar nicht den Entwurf einer Rede, sondern ein "public information program to acquaint the American people with the realities of this 'age of peril'".[9] Der Berater legte nämlich den Plan für eine gross angelegte Informationskampagne vor, die dem Bürger mittels Reden, Werbung in den Medien, Büchern und Broschüren ins Bewusstsein "hämmern" sollte, dass,

> "...we face a tough, capable and fanatic foe, that its goal is world communism, that the enemy will use any means to achieve that goal, and that it considers the United States its direct opponent and number one target." 10)

---

6 NSC 151, 8. Mai 1953; in: FRUS II/2, S.1153

7 Vgl. Kap. 5.1., S.131

8 Vgl. Brown (1968), S.90; Ambrose (1984), S.133

9 "Operation Candor" an DDE, 8. Juli 1953; zit. nach Brenyan (1971), S.188

10 Ebenda, S.189

Eisenhower betonte gegenüber Jackson, dass "we don't want to scare the country to death".[11] Eine Rede, die bloss die katastrophalen Folgen eines Atomkrieges beschrieb, führte aus Eisenhowers Sicht zu jenem Defaitismus in der Oeffentlichkeit, den er ja gerade vermeiden wollte. Auch Jackson musste zugeben, dass sämtliche seiner Entwürfe nichts anderes enthielten als die Beschreibung einer

> "...mortal Soviet attack followed by mortal U.S. counterattack - in other words, bang-bang, no hope, no way out at the end." 12)

Eisenhower war durchaus der Meinung, dass die Bevölkerung für die Gefahren des Atomzeitalters sensibilisiert werden musste, zumal ja die Sowjetunion im August 1953 ihre erste Wasserstoffbombe erfolgreich gezündet hatte. Doch selbst dies war für ihn kein Grund, Jacksons "Age of Peril"-Kampagne zuzustimmen. (Vgl. Dok. Nr. 9 im Anhang S.328) Denn in der Administration glaubte niemand daran, die Sowjetunion wolle einen nuklearen Angriffskrieg gegen den Westen lancieren, wie dies Jacksons Formulierungen zu suggerieren schienen. Zudem befürchtete Eisenhower, eine solche Kampagne könnte eine Ueberreaktion des Kongresses zur Folge haben, der dann ungerechtfertigt eine massive Erhöhung der Verteidigungsausgaben fordern würde.[13]

Anfangs Oktober legte Eisenhower die Jackson-Vorschläge definitiv ad acta. Er zog nun nebst seinem Berater auch Admiral Lewis Strauss, den Vorsitzenden der Atomenergiekommission (AEC), Dulles, W.B. Smith und Radford zu Rate und forderte von diesen, sie müssten endlich eine Rede mit einem positiveren Grundtenor schreiben; eine Rede also, die nicht nur die atomaren Gefahren an die Wand malte, sondern den Menschen auch Hoffnung vermittelte. Die neue Rede sollte einerseits an "The Chance for Peace" anknüpfen, andererseits der sowjetischen "Friedensoffensive" entgegengestellt werden. Die Beratergruppe kam überein, dass eine neue Initiative Eisenhowers nach drei Gesichtspunkten ausgerichtet sein musste:

1. Sie sollte "new and fresh, and acceptable to the Russians" sein, "if they possess a shread of reasonableness or desire."
2. Die "defense posture" durfte nicht beeinträchtigt werden.
3. Falls die Sowjets einen Vorschlag der Vereinigten Staaten ablehnen würden, musste es "(be) clear to the people of the world that we

---

11 DDE zit. nach Ambrose (1984), S.133

12 Jackson-Memorandum, 30. September 1953; in: FRUS II/2, S.1526 f.. Jacksons Entwürfe wurden in der Administration denn auch die "Bang-Bang-Papers" genannt.

13 Vgl. Ambrose (1984), S.133

must all prepare for the worst, and that the moral blame for the armaments race, and possibly war, is clearly on the Russians." 14)

Einen konkreten Vorschlag hatte die Gruppe aber nicht unterbreitet. Dieser kam von Eisenhower selber, nämlich: die Gründung eines internationalen Atompools unter UNO-Aufsicht. Die Atommächte sollten diesem Pool spaltbares Material (Uranium, Plutonium) abtreten, und dieses sollte dann zu friedlichen Zwecken, namentlich zur Energieproduktion, verwendet werden. Eisenhower merkte in seinen Memoiren nicht ohne Stolz an, er sei als erster (anfangs September in den Ferien in Augusta) auf diese Idee gestossen. Sie bot aus der Sicht des Präsidenten eigentlich nur Vorteile:

1. Der Vorschlag enthielt ein Element der Hoffnung: Die Atomspaltung würde fortan zum Wohle der Menschen eingesetzt und nicht zum Zwecke der Zerstörung: 'Konstruktion statt Destruktion' war der zündende Gedanke. Dieses Element der Hoffnung war für Eisenhower deshalb so wichtig, weil seines Erachtens die USA vor der Weltöffentlichkeit, "which is in a rather hysterical condition about the atomic bomb", nicht nur als unerbittlich harte militärische Supermacht dastehen durften.[15] Er hielt eine harte Politik der Drohung (wie zum Beispiel in Korea) für notwendig, aber nicht für ausreichend:

   > "On the other hand we have to appear before the world as we really are - struggling for peace, not showing belligerence and truculence, but rather our will for peace." 16)

   Politische Imagepflege zur Sicherung der Unterstützung seines Kurses durch die Oeffentlichkeit in den Vereinigten Staaten und in Uebersee war Eisenhower ein stetes Anliegen.

2. Die Frage der Inspektionen an Ort zur Verifikation eines Abkommens, für die Sowjets bis anhin immer ein Stein des Anstosses bei solchen Verhandlungen, wurde hier umgangen. Die Chance zur Akzeptanz seines Plans durch die UdSSR erschien Eisenhower deshalb weit besser als bei einem Vorschlag, der Verifikation an Ort erfordert hätte. Der Präsident schrieb seinem Freund Swede Hazlett, mit "Atoms for Peace" habe er versucht,

---

14 Jackson an DDE, 2. Oktober 1953; in: FRUS II/2, S.1225

15 DDE, 4. Dezember 1953; in: FRUS V/2, S.1751

16 Ebenda, S.1752

> "(to) escape the impasse of action created by the Russian intransingence in the matter of mutual or neutral inspection. 17)

3. Falls die UdSSR Eisenhowers Vorhaben zustimmten und einen Teil ihres spaltbaren Materials dem internationalen Pool übergeben würden, könnten die Vereinigten Staaten ihren Vorsprung auf dem Gebiet der Nuklearrüstung dennoch behaupten. Der Präsident notierte in sein Tagebuch:

   > "Best of all, the United States could unquestionably afford to reduce its atomic stockpile by two or three times the amount that the Russians might contribute...and still improve our relative position in the cold war and even in the event of the outbreak of war." 18)

4. Lehnten die Sowjets ab, konnte man ihnen die Schuld dafür und indirekt die Konsequenzen des Rüstungswettlaufes anlasten. Stimmte man in Moskau zu, liessen sich die USA und insbesondere Eisenhower als Initiant und Wegbereiter zu einer friedlicheren Welt präsentieren. Wie die Gespräche auch ausgehen würden, so antizipierte Eisenhower, die Vereinigten Staaten würden zumindest einen politisch-propagandistischen Punktesieg verbuchen.

Der Eisenhower-Plan sollte nicht einen neuen Weg zur Abrüstung aufzeigen, sondern war als vertrauensbildende Massnahme gedacht, die möglicherweise echte Abrüstungsschritte einleiten konnte. Am 10. Dezember schrieb der Präsident in sein Tagebuch:

> "If we are successful in getting even the tiniest of starts... gradually this kind of talk might expand into something broader". 19)

Am 19. März 1954 erklärte Eisenhower dem britischen Premier in einem Brief nochmals seinen Plan:

> "As you are well aware, the plan was designed primarily as a means of opening the door of world-wide discussions...rather than as a substantive foundation of an international plan for the control or elimination of nuclear weapons." 20)

---

17 DDE an Hazlett, 24. Dezember 1953; in: FRUS II/2, S.1309
18 DDE, 10. Oktober 1953; zit. nach Ambrose (1984), S.134
19 DDE, 4. Dezember 1953; in: Ferrell (1981), S.261
20 DDE an Churchill, 19. März 1954; in: JFD-P., Subject Series, Box 3.

Wie ernst war der "Atoms for Peace"-Vorschlag gemeint? Oder anders gefragt: War der Plan lediglich als ein Propagandamanöver, bei dem man in Washington ohnehin nie glaubte, dass er für die Sowjetunion akzeptabel war? Zumindest Eisenhower hoffte zweifellos, dass die Sowjetunion der Gründung eines Atompool zustimmen würde. Die bislang üblichen Divergenzen über die Frage der Verifikation würde diesmal nicht auftauchen. Der Tatsache, dass das sowjetische Nuklearpotential (an Waffen ebenso wie an spaltbarem Material) dem amerikanischen deutlich unterlegen war, wollte Eisenhower ebenfalls Rechnung tragen. Während des Treffens mit dem britischen und französischen Regierungschef auf den Bermudainseln erwähnte Eisenhower gegenüber Chruchill und Laniel, die bis zu diesem Zeitpunkt noch nicht zum Plan konsultiert worden waren, die USA könnten anfangs rund 1000, die UdSSR 200 und Grossbritannien 40 Kilogramm spaltbares Material an die Atomenergieagentur abtreten. Schliesslich gab Eisenhower die Direktive, dass allfällige Verhandlungen in bilateralem Rahmen und vertraulich geführt werden sollten, um eine blosse Propagandaschlacht zu verhindern. Bohlen wurde angewiesen, Molotow vorgängig von der Aufrichtigkeit der amerikanischen Initiative zu überzeugen. Der Botschafter rapportierte daraufhin, er habe den sowjetischen Aussenminster über die "great importance which my Government attaches to the speech" ins Bild gesetzt.[21]

Eine andere Frage ist es freilich, wie sich die übrigen Kabinettsmitglieder zur Initiative des Präsidenten stellten. Die Quellenlage lässt darauf schliessen, dass zumindest AEC-Chef Lewis Strauss spezifische und Aussenminister Dulles grundsätzliche Bedenken gegenüber "Atoms for Peace" anmeldeten.[22] Strauss schrieb dem Präsidenten, dieser Vorschlag "...might have value for propaganda purposes. It has doubtful value as a practical move."[23] Als Begründung führte er an, dass der Geheimdienst nicht genau wisse, wie gross der amerikanische Vorsprung gegenüber dem sowjetischen Vorrat an spaltbarem Material sei. Ueberdies sei der Vorsprung an sich ein grosser Pluspunkt gegenüber der UdSSR. Trotzdem empfahl aber Strauss, die Idee eines Atompools auszuarbeiten. Rückblickend merkte er allerdings kritisch an, "Atoms for Peace" hätte die Vereinigten Staaten mit Sicherheit nicht bevorteilt, "but certainly

---

21 Bohlen an JFD, 7. Dezember 1953; in: DD (1979), Nr.89

22 FRUS II gibt kaum Aufschluss über die interne Meinungsbildung zu "Atoms for Peace", weil dieser Vorschlag sonderbarerweise nie im NSC diskutiert worden ist. Auch die Dulles-Papers sind diesbezüglich nicht sehr aufschlussreich.

23 Strauss an DDE, 17. September 1953; in: FRUS II/2, S.1219

would have relieved the Soviets of trouble in their espionage activities."[24]

John Foster Dulles' Kritik war grundsätzlicher Natur. Er blieb wie immer skeptisch gegenüber amerikanischen Verhandlungsangeboten an die Sowjetunion, weil er befürchtete, dies könne die Einheit des Westens schwächen.[25] Sherman Adams, der Stabschef des Weissen Hauses, meinte später:

> "An idealistic venture like the Atoms-for-Peace proposal was hardly the sort of thing that would fire the imagination of a man like Dulles...He gave it his tacit approval, but he had some doubts about it." 26)

Am 23. Oktober empfahl der Aussenminister in einem Brief an Eisenhower, die USA sollten keine seriösen Gespräche mit der Sowjetunion vereinbaren, solange die Europäische Verteidigungsgemeinschaft nicht von allen beteiligten Parlamenten ratifiziert sei:

> "If U.S.-Soviet discussions were started or impending before then - (1) their pendency would almost surely arrest any positive action on EDC or possible alternatives. (2) The Soviets would concentrate on breaking up Western defense arrangements rather than on trying to reach a constructive settlement." 27)

Die Argumentation des Aussenministers war immer dieselbe: Verhandlungen, wenn überhaupt, nur aus einer Position der Stärke und Geschlossenheit, und die musste erst einmal erreicht werden. Dulles erkenne durchaus "a fair chance of some settlement with the Russians if we have a firm foundation in Western Europe - but not before."[28] Freilich, bei Dulles ist zu vermuten, dass er diesem Plan auch nach einer EVG-Ratifizierung nicht zugestimmt hätte. In dieser Situation wäre er fast mit Sicherheit der erste gewesen, der die entschlossene Ausnützung dieser relativen Position der Stärke gefordert hätte - aber zweifellos nicht mit Vorschlägen wie einem gemeinsamen Atompool.

---

24 Strauss (1962), S.356

25 Zu dieser Grundhaltung JFD's vgl. Holsti (1970), S.148 f.

26 Adams (1961), S.112

27 JFD an DDE, 23. Oktober 1953; in: JFD-P., Presidential Correspondence and Speeches Series, Box 1

28 Ebenda, Box 1

9.2. Die Rede und die Reaktionen

Unmittelbar nach der Rückkehr vom Bermuda-Treffen hielt Eisenhower am 8. Dezember 1953 seine "Atoms for Peace"-Rede vor der UNO-Generalversammlung - "my second major speech in the field of foreign relations", wie er ihren Stellenwert später einschätzte.[29] Während des Fluges nach New York brachte der Präsident noch diverse Korrekturen an, so dass "the work was done...only minutes before delivery of the speech." Die Idee selbst und auch ihre Umsetzung in der Rede waren Eisenhowers Eigenleistung, und er betonte denn auch gegenüber einem Freund, er habe zwar "a lot of excellent help" gehabt, "but I personally put on the text a tremendous lot of time."[30]

Die Rede umfasste im wesentlichen drei Teile. Der erste schilderte das seit dem Zweiten Weltkrieg immens gewachsene Zerstörungspotential der Atomwaffen und die ungeheuren Schäden als Folge eines Nuklearkrieges. Der folgende, zweite Abschnitt enthielt einen ominösen Hinweis auf den "New Look", den Aussenminister Dulles fünf Wochen später in der Oeffentlichkeit ankündigen sollte. Die "retaliation capabilities", so Eisenhower, seien so gewaltig, dass "an aggressor's land would be laid to waste."[31]

Diese beiden Teile reflektierten ganz die Prioritäten von Dulles und Strauss, für die - wäre es nach ihnen gegangen - die Rede hier wohl beendet gewesen wäre. Nicht so für Eisenhower:

> "To pause there would be to confirm the hopeless finality of a belief that two atomic colossi are doomed malevolently to eye each other indefinitely across a trembling world." 32)

Mit den beschwörenden, ja geradezu pathetischen Worten, es sei der grosse Wunsch seines Landes, "to help us move out of the dark chambers of horrors into the light", leitete Eisenhower schliesslich zum eigentlichen Plan über.[33] Dabei skizzierte er seine Vorstellung des internationalen Atompools nur sehr grob und verwies darauf, die Detailverhandlungen würden am besten in privaten und vertraulichen Gesprächen aufgenommen.

Die unmittelbare Reaktion der UNO-Delegierten auf die Rede Eisenhowers war offenbar geradezu enthusiastisch:

---

29 DDE (1963), S.251

30 DDE (1963), S.253; DDE an Hazlett, 10. Dezember 1953; in: FRUS II/2, S.1309

31 DDE, 8. Dezember 1953; in: PP (1953), S.817

32 Ebenda, S.817

33 Ebenda, S.817

> "Then thirty-five hundred delegates began to cheer - even the Russians joined in - in an outburst of enthusiasm unprecedented in U.N. history." 34)

Im Westen - in den USA ebenso wie in Westeuropa - wurde der amerikanische Vorstoss in der Tat durchwegs positiv aufgenommen. Im Kongress waren sich Demokraten und Republikaner in der Einschätzung von "Atoms for Peace" ebenfalls weitgehend einig. Der Vorschlag wurde begrüsst, wenngleich mehrheitlich Skepsis bei der Frage nach der sowjetischen Kooperationsbereitschaft geäussert wurde. Interessanterweise gaben auch die republikanischen Parlamentarier ein geschlossenes Bild ab. Die "New York Times" vermerkte denn auch eigens, dass

> "...there had not been, even from among those who usually most vehemently denounce any question of shooting atomic secrets, any Republican statement hostile to this proposal." 35)

McCarthy beispielsweise, der seine Dauerpolemik gegen die Administration in den letzten Monaten (etwa im Zusammenhang mit dem Ost-West-Handel, vgl. Kap. 10) nicht mehr hatte abbrechen lassen, fand den Atompool "an excellent suggestion (even) if only exposing false Soviet peace overtures."[36] Weshalb nun die Zurückhaltung der republikanischen Hardliner? Folgende Gründe dürften eine Rolle gespielt haben:

- Das hauptsächliche Augenmerk des rechten GOP-Flügels um Senator McCarthy konzentrierte sich zu jenem Zeitpunkt vor allem auf Robert Oppenheimer, den er als kommunistischen Sympathisanten denunzierte, sowie auf die Army, die er mit der ihm eigenen Verbissenheit nach angeblichen Kommunisten durchforstete.[37]

---

34 Ambrose (1984), S.149

35 NYT, 10. Dezember 1953, S.10

36 McCarthy zit. nach NYT, 14. Dezember 1953, S.6

37 Robert Oppenheimer wurde von einem AEC-Ausschuss am 13. April 1954 wegen angeblicher früherer Zugehörigkeit zu einem kommunistischen Sympathisantenkreis vom Zugang zu Atomgeheimnissen ausgeschlossen. Eine AEC-Ueberprüfungskommission unterzog Oppenheimer im folgenden einem "security check" und gab schliesslich am 29. Juli 1954 bekannt, der Atomphysiker habe "grundsätzliche Charakterfehler", konkret: er sei, zumindest früher, ein kommunistischer "fellow traveller" gewesen und müsse deshalb als Sicherheitsrisiko betrachtet werden.

Bei den Army-McCarthy-Hearings, die den Sturz des Senators im September 1954 einleiteten, ging es um einen Bericht der Army vom 11. März 1954, wonach McCarthy einen Rechtsberater der Army unter Druck gesetzt hatte. McCarthy verlangte von diesem, einen seiner Vertrauten vor einer militärischen Dienstleistung in Uebersee zu dispensieren und drohte dem Rechtsberater mit einer Hetzkampagne gegen die Army, falls er McCarthys Wunsch nicht nachkäme.

- Wie im folgenden gezeigt wird, führten die amerikanisch-sowjetischen Verhandlungen nicht unmittelbar zu greifbaren Ergebnissen, die möglicherweise das Misstrauen der GOP-Hardliner hätte wecken können. Die von der Administration vorderhand nur spärlich gemachten Angaben über den Verlauf der Verhandlungen liessen keine Kooperation mit den Sowjets erwarten, sondern deuteten harte Gegensätze zwischen den beiden Seiten an. Dies war das Resultat, das die meisten Parlamentarier von vornherein erwartet hatten.
- Schliesslich, und nicht zu unterschätzen, wurden im Kongress (ebenso wie in der Administration) die wachsenden Befürchtungen in der Oeffentlichkeit über die katastrophalen Folgen eines Nuklearkrieges sehr sorgfältig registriert. (Ueber die Ursachen dieser Befürchtungen vgl. Kap. 9.3.) Die "Atoms for Peace" sollten diese Besorgnis in der Oeffentlichkeit dämpfen, und diese Absicht wollte auch im Kongress niemand in Frage stellen. Ein (anonym zitiertes) Mitglied des "Joint Congressional Committee on Atomic Energy" brachte dies auf den Punkt, als er sagte:

> "...in this case the charge of 'appeasement' is not believed to be so strong with the people as the demand for peace. I believe that in a pressure contest between the concepts of 'appeasement' and of 'peace', the second one is going to win. That is why nobody much is talking 'appeasement' just now." 38)

Adlai Stevenson drückte die Stimmung bei den Demokraten aus, als er sagte, die Initiative sei lobenswert, auch wenn er nicht unbedingt damit rechne, dass man in Moskau positiv darauf reagiere. Aehnlich liessen sich die amerikanischen Medien vernehmen. Eisenhowers Pressesprecher Hagerty registrierte "nothing but favorable comments".[39] Die "New York Times" sprach von einer "dramatic speech" und "another milestone in the long attempt to foster peace".[40] Der "Diplomatic Correspondent" der Zeitung, Hanson W. Baldwin, erkannte eine der von der Administration intendierten Absicht, als er kommentierte:

> "(the speech) is bound to have major political and psychological effects, particularly upon some of the 'fence sitters' in the

38 Zit. nach NYT, 10. Dezember 1953, S.10

39 Hagerty zit. nach NYT, 10. Dezember 1953, S.10

40 NYT, 9. Dezember 1953, S.10

world who have tended to look upon the United States as an aggressor." 41)

Und auch ein weiteres Editorial der einflussreichen Ostküstenzeitung wurde im Weissen Haus und im "State Department" mit Genugtuung zur Kenntnis genommen:

"There is no doubt that both in the Cold War and in the diplomatic efforts to achieve peace the West has now seized the initiative. Soviet-Russia has been put on the defensive, politically and morally." 42)

Die "New York Times", in etwa auch repräsentativ für die Kommentare in Westeuropa, machte indessen wie schon die Parlamentarier ein deutliches Fragezeichen, ob sich die Sowjets auf "Atoms for Peace" einlassen würden. Baldwin meinte überdies, selbst wenn dies der Fall wäre, sei es fraglich, ob diese Initiative das Tempo des Rüstungswettlaufs zu drosseln vermöge.

Die Administration wertete die unmittelbaren, allesamt sehr positiv ausgefallenen Stellungnahmen in der westlichen Oeffentlichkeit und im Kongress bereits als Erfolg an sich. Die Rede hatte ihnen einen propagandistischen Punktesieg eingetragen, bevor die Verhandlungen überhaupt begonnen hatten. Ein gemeinsames Memorandum des Aussenministeriums und der CIA schätzte die Situation folgendermassen ein:

"The Soviets were placed on the defense, not by a direct U.S. propaganda attack...but by a bold U.S. move towards a goal cherished by U.S. allies as well as neutrals." 43)

Auch Präsidentenberater C.D. Jackson stellte mit Befriedigung fest, Eisenhowers Vorschläge seien "a direct challenge to the Soviets near monopoly of 'peace' propaganda."[44] Es war auch Jackson, der schon am Tag nach der Rede einer Arbeitsgruppe mit Vertretern der involvierten Ministerien den Auftrag erteilte, eine umfassende Informationskampagne zu lancieren,

---

41 NYT, 10. Dezember 1953, S.46

42 Ebenda, S.46

43 DOS- und CIA-Memorandum, 4. Februar 1953; in: DD (Retrospective), Nr. 956 C

44 Jackson an "Operations Coordinating Board", 9. Dezember 1953; in: FRUS II/2, S.1293

> "...to ensure that the resultant statements and actions in the public opinion field will be in support of the current U.S. national security policies." 45)

Daraufhin wurden Zehntausende von "Atoms for Peace"-Reden an Journalisten, diplomatische Vertretungen, aber auch etwa an Schulen geschickt, Filme und Werbespots produziert sowie Ausstellungen veranstaltet. Die "Voice of America" strahlte reihenweise "Atoms for Peace"-Programme nach Osteuropa aus, während sich die "United States Information Agency" (USIA) sehr intensiv um die öffentliche Meinung in Westeuropa kümmerte.[46]

9.3. Die Verhandlungen: Starre Fronten

Auch wenn die amerikanische Propagandamaschine sogleich auf Hochtouren zu laufen begann, bekräftigte man in Washington gleichzeitig, bilaterale und vertrauliche Gespräche seien die erfolgversprechendste Art von Verhandlungen, um einer reinen Propagandaschlacht vorzubeugen. Dulles schrieb dem sowjetischen Botschafter in Washington, Zarubin:

> Privacy (of the talks) will best serve practical results and that these talks should not be used for propaganda purposes by either side." 47)

Eisenhower glaubte, dass die Sowjetunion "would be impressed by working alone with the United States".[48] Am 21. Dezember 1953 folgte die erste offizielle Erklärung aus Moskau, die konkret auf den Plan einging. Sie signalisierte zwar grundsätzlich Gesprächsbereitschaft zu "Atoms for Peace", kritisierte den Vorschlag aber auch in mehrfacher Hinsicht, weil er auch weiterhin die Produktion von Atomwaffen zuliess und die Anwendung dieser Waffen nicht eingeschränkt resp. ganz verboten wurde. Damit wurde nach sowjetischer Auffassung auch die Gefahr eines Atom-

---

45 Jackson an "Operations Coordinating Board", 9. Dezember 1953; in: FRUS II/2, S.1293

46 Für Details zu dieser Kampagne vgl. "Progress Report of the Working Group of the Operations Coordinating Board", 30. April 1954; in: FRUS II/2, S.1405-1412. Zur Propagandastrategie im allgemeinen vgl. FRUS II/2, S.1655-1899

47 JFD an Zarubin, 11. Januar 1954; in: JFD-P., Subject Series, Box 3

48 DDE zit. nach JFD-Memorandum, 20. Januar 1954; in: JFD-P., The White House Memoranda Series, Box 1

krieges nicht reduziert. Die sowjetische Note betonte, man müsse die Atomwaffen generell verbieten, um die von ihnen ausgehenden Gefahren wirklich bannen zu können. Kernpunkt der Antwort aus Moskau war denn auch:

> "The Soviet Government...considers most important and urgent the problem to be the unconditional banning of atomic and hydrogen weapons, as well as of other types of weapons of mass destruction, with the simultaneous establishment of strict international control over this banning." 49)

Trotz dieser unübersehbaren Differenz der beiden Standpunkte wurde die Antwort aus Moskau in Washington erstaunlich positiv aufgenommen. Dulles etwa gab sich "hopeful", fügte dann aber doch hinzu, die UdSSR "seems not to have caught the spirit".[50] Senator Homer Ferguson, der Vorsitzende des "Senate Republican Policy Committee", traf mit seiner Feststellung die vorherrschende Meinung auf dem Kapitol: "The Soviets have opened an avenue that is worth exploring."[51] Im privaten Gespräch hielten die aussenpolitischen Experten der Regierung die sowjetische Antwort offenbar für einen geschickten Zug. Jackson schrieb Eisenhower, er habe "quite a few people in our Government" gehört, die die Note aus Moskau als "diabolically clever" und "dangerously smart" taxiert hätten.[52] Die sowjetische Antwort resp. die Forderung eines Atomwaffenverbots war keineswegs neu, sondern seit 1946 immer wieder an die Adresse der Vereinigten Staaten erhoben worden. Wenn die UdSSR "Atoms for Peace" kritisierte, weil dadurch weder das Wettrüsten noch ein Atomkrieg verhindert werden konnte, so war diese Antwort zwar faktisch richtig, aber insofern ungerecht, als der Eisenhower-Plan diese Ziele gar nicht anzustreben vorgab. Die sowjetische Argumentation war, und das machte sie in den Augen der Administration wohl so "dangerously smart", auch propagandistisch wirksam, weil sie den Schwarzen Peter in der Abrüstungspropaganda wieder nach Washington zurückschob. Denn würden die USA - wie immer bis anhin - ein Atomwaffenverbot ablehnen, so liessen sie sich in die Rolle jener Supermacht drängen, die offenbar der Verhinderung eines Atomkrieges im Wege stand. C.D. Jackson, der

---

49 Zit. nach Brenyan (1971), S.201

50 JFD zit. nach NYT, 22. Dezember 1953, S.1

51 Ferguson zit. nach NYT, 22. Dezember 1953, S.1

52 Jackson an DDE, 29. Dezember 1953; in: FRUS II/2, S.1317

diese sowjetische Argumentationslinie vorausgesehen hatte, warnte deshalb eindringlich:

> "We must not allow the peaceful image (which the Soviets) have attempted to superimpose on ours to become fixed in our peoples mind." 53)

Vier Faktoren spielten eine entscheidende Rolle, weshalb die USA einem Atomwaffenverbot nicht zuzustimmen bereit waren:

1. Ein Vertrag mit hehren Bekenntnissen allein bot keine ausreichende Sicherheit, dass Atomwaffen auch tatsächlich niemals eingesetzt wurden. Absolute Verifikation war die "conditio sine qua non" für jedes Rüstungsabkommen.
2. Ein solches Verbot hätte dem eben erst beschlossenen "New Look" quasi das Fundament entzogen.
3. Weil die Vereinigten Staaten in der Nuklearrüstung einen klaren Vorsprung aufwiesen, in der konventionellen Bewaffnung aber deutlich im Rückstand lagen, hätten sie mit einem Atomwaffenverbot mehr Vorteile aus der Hand geben müssen als die Sowjetunion.
4. Die Mehrheit der Kabinettsmitglieder lehnte eine Auftrennung in nukleare und konventionelle Abrüstung ab und befürwortete nur eine gleichzeitige und verifizierbare Abrüstung sämtlicher Waffentypen.

Die erste Begründung war gleichzeitig jene, die jeweils gegenüber den sowjetischen Delegationen angeführt wurde. Ein Bann von Atomwaffen verhindere weitere atomare Aufrüstung nicht und fusse überdies einzig auf einem Versprechen, das man im konkreten Fall dann halten oder eben auch nicht halten könne, betonte ein amerikanisches Memorandum an die sowjetische Regierung.[54]

Gleichzeitig mit der Uebermittlung des sowjetischen Memorandums vom 21. Dezember kommentierte Botschafter Bohlen, die Vorschläge seien für die UdSSR wahrscheinlich nicht akzeptabel, weil

> "...inhibition on retaliation effect use of atomic weapons would remove what is clearly one of the strongest deterrents to use conventional arms in local situations such as Chinese intervention in Indochina." 55)

---

53 Jackson an DDE, 29. Dezember 1953; in: FRUS II/2, S.1317

54 DOS an die sowjetische Botschaft in Washington, 9. Juli 1954; in: FRUS II/2, S.1473-1477

55 Bohlen an DOS, 21. Dezember 1953; in: FRUS II/2, S.1305

Foster Dulles meinte gegenüber dem britischen Botschafter Makins kurz und prägnant, die Konsequenz aber sehr wohl richtig einschätzend, ein Atomwaffenverbot "would create chaos in our defense planning", denn dem "New Look" wäre durch den Wegfall der Androhung massiver (nuklearer) Vergeltung die Substanz entzogen worden.[56]

Das dritte und vierte oben angeführte Argument hingen eng miteinander zusammen. Das Pentagon und die Stabschefs sprachen sich kategorisch gegen getrennte Verhandlungen über nukleare und konventionelle Abrüstung aus. Wilsons Stellvertreter Frank Nash befürchtete etwa, nukleare Abrüstung führe dazu, dass der sowjetischen konventionellen Bewaffnung noch grössere Bedeutung zukomme, und das wäre schlicht "defense suicide".[57] Eisenhower hielt die Frage, ob man im obigen Sinn getrennt oder einzeln über Abrüstung verhandeln konnte, für "largely academic". Denn in beiden Fällen sei entscheidend, dass Abrüstung nur mit einem "most rigid and complete system of inspection" denkbar sei, doch "this (is), we feel perfectly certain, (what) the Soviets would never allow."[58] Sollte indessen ein solch umfassendes Kontrollsystem zur Ueberprüfung von Abrüstungsmassnahmen vorliegen, war der Präsident auch zu unilateraler nuklearer Abrüstung bereit, und zwar (laut Dulles) "even if it left the USSR with a numerical predominance in ground forces."[59] Der Präsident begründete seine Haltung, mit der er in klarem Gegensatz zum Pentagon stand, mit dem Hinweis, die Vereinigten Staaten würden aufgrund ihres enormen und von der UdSSR unerreichbaren Wirtschaftspotentials jeden konventionellen Krieg gewinnen, selbst wenn die Sowjetunion anfänglich über ein grösseres konventionelles Potential verfüge. Die einzige Kriegsform, die den USA keine Möglichkeit zu einer effektiven Verteidigung liess, war nach Eisenhower ein nuklearer Ueberraschungsangriff der Sowjets, ein "nuclear Pearl Harbour". Gäbe es aber keine Atomwaffen mehr, so wäre auch die - für den alten General geradezu traumatische - Vorstellung amerikanischer Verteidigungsunfähigkeit obsolet. Mit diesem zunehmenden Bewusstsein um die eigene Wehrlosigkeit im Nuklearzeitalter tat sich Eisenhower sehr schwer. Bei seiner Begründung für nukleare Abrüstung erwähnte der Präsident hingegen ausdrücklich, dass "the matter of morality of the use of these weapons (is) of no significance."[60]

---

56 JFD-Memorandum, 7. Januar 1954; in: FRUS II/2, S.1333

57 Nash zit. nach Jackson-Memorandum an DDE, 29. Dezember 1953; in: FRUS II/2, S.1315

58 DDE an Jackson, 31. Dezember 1953; in: FRUS II/2, S.1322

59 DDE zit. nach JFD-Memorandum, 6. Januar 1954; in: FRUS II/2, S.1325

60 DDE, 203. NSC-M., 23. Juni 1954; in: FRUS II/2, S.1469

Die Administration beschloss auf die sowjetische Note vom 21. Dezember hin, bilaterale Kontakte für die Aufnahme konkreter Verhandlungen zu knüpfen. Sie war indessen von allem Anfang an nur über ihren eigenen Vorschlag ernsthaft zu verhandeln gewillt, nicht aber über die Forderung eines Verbots von Nuklearwaffen. Man war in Washington jedoch bereit, den sowjetischen Verhandlungsvorschlag als Gesprächsgrundlage zu akzeptieren, um nicht Gefahr zu laufen, dass die UdSSR ihre Verhandlungsbereitschaft widerrief unter dem Hinweis, die ablehnende amerikanische Haltung gegenüber einem Atomwaffenverbot offenbare, dass man in Washington gar nicht zu seriösen Diskussionen bereit sei.

Am 30. Januar 1954 machte Molotow während der Berliner Aussenministerkonferenz erneut den Vorschlag, die USA, England, Frankreich, China und die UdSSR sollten gemeinsam einen Vertrag zum vollständigen Bann von Atomwaffen unterzeichnen. Dulles lehnte umgehend ab mit der Begründung, dass die Vereinigten Staaten aus Prinzip nicht bereit seien, mit den Chinesen an einen Konferenztisch zu sitzen. (Die gesamte GOP und ebenso eine Reihe von Demokraten waren kategorisch gegen jegliche Verhandlungen mit China, weil dies aus ihrer Sicht auch die diplomatische Anerkennung der Volksrepublik implizierte.) Die Sowjetunion liess am 10. März ihre Forderung nach einer chinesischen Beteiligung fallen und stimmte bilateralen, geheimen Gesprächen zu. Eine Woche später händigte Dulles Zarubin ein detailliertes amerikanisches Memorandum aus, betitelt als eine "Outline of an International Atomic Energy Agency" (IAEA). Der Vorschlag listete Ziel und Zweck des Atompools auf und skizzierte auch, wie dieser im einzelnen funktionieren sollte. Die USA seien bereit, so hiess es, dem Pool "a substantial initial contribution" an spaltbarem Material zur Verfügung zu stellen. Die UdSSR hätten dann "an equivalent donation" beizusteuern.[61] Zahlen wurden keine genannt, und es blieb auch eine Präzisierung aus, was unter "equivalent" zu verstehen war. Weder in diesem Entwurf noch später in den Gesprächen mit den Sowjets wurde angedeutet, dass die USA offenbar bereit waren, fünfmal mehr Material als die UdSSR abzutreten, wie das Eisenhower auf Bermuda angetönt hatte.

Obwohl die ablehnende Haltung zum Atomwaffenverbot längstens

---

61 "Outline of an International Atomic Energy Agency", 17. März 1954; in: FRUS II/2, S.1374

feststand, wurde sie in der amerikanischen Note mit keinem Wort erwähnt. Genau darüber beschwerte sich Molotov in seiner am 27. April übermittelten Antwort. Er wiederholte die bereits bekannten Argumente gegen "Atoms for Peace" und pries mit den ebenfalls längst geläufigen Gründen das Atomwaffenverbot. Dulles seinerseits erklärte gegenüber dem sowjetischen Amtskollegen in einem Gespräch am 1. Mai (am Rande der Genfer Indochinakonferenz) einmal mehr, man habe den Sinn des Eisenhower-Plans in Moskau anscheinend falsch verstanden. Es gehe nicht um Abrüstung, sondern um Vertrauensbildung, aufgrund derer man vielleicht die umfassende Abrüstungsproblematik angehen könne. Molotov kehrte daraufhin den Spiess um. Aus sowjetischer Sicht diene das Atomwaffenverbot der Vertrauensbildung, und diese ermögliche eine friedliche Nutzung der Atomspaltung. Würden die USA einem bedingungslosen Einsatzverbot zustimmen, so Molotow, käme dem Atompool in der Folge eine wichtige Bedeutung zu, nicht aber vorher. Die 50minütige Unterredung brachte schliesslich nicht die geringste Annäherung der beiden Standpunkte.[62]

Faktisch waren damit die Verhandlungen bereits gelaufen resp. gescheitert. Die wenigen noch folgenden Noten enthielten auf beiden Seiten teils wörtliche Wiederholungen der gleichen altbekannten Argumente. Am 5. August deutete Eisenhower in seiner wöchentlichen Pressekonferenz erstmals öffentlich an, dass die Gespräche völlig blockiert waren, und Dulles doppelte am 10. August nach:

> "I am sorry to say that the private talk method does not seem to work any better than the public talk. I am afraid that the difficulties in dealing with the Soviets are...fundamental. The last Soviet note was 99 percent negative." 63)

Ende September 1954 beschlossen beide Seiten auf sowjetische Initiative hin, sämtliche in diesem Zusammenhang ausgetauschten diplomatischen Noten zu veröffentlichen. Hüben wie drüben erhoffte man sich von diesem Schritt, die Oeffentlichkeit würde daraus ersehen, dass die andere Seite für das Scheitern der Gespräche zu verantworten war.

Was die Sowjetunion zu ihrem Nein zum Atompool bewogen haben könnte, wurde in Washington nie ausführlich diskutiert. Als plausible Erklärung wurde eine Vermutung Bohlens, eingeschätzt: "Atoms for Peace"

---

62 Das Gesprächsmemorandum ist zu finden in: FRUS II/2, S.1413-1417

63 JFD, 10. August 1954; in: JFD-P., Box 78

werde aus sowjetischer Optik "probably regarded as means of maintaining superiority of US military stockpile".[64]

Die Idee der IAEA wurde von den USA aber nicht fallengelassen, nachdem offensichtlich geworden war, dass sich die Sowjetunion nicht daran beteiligen würde. Die Gründung der Agentur zog sich allerdings noch lange hin und wurde erst 1957 Tatsache. Die Fortführung der IAEA-Pläne nur mit westlicher Beteiligung hatte für die Administration in erster Linie psychologisch-propagandistische Gründe. Der Stigmatisierung der Nuklearwaffen und dem "Säbelrassler-Image" der Administration sollte entgegengewirkt werden. Die Atomagentur sollte in der Oeffentlichkeit ein Gegengewicht zum vorherrschenden Eindruck schaffen, wonach - in den Worten Eisenhowers - "everybody seems to think that we're skunks, sabber-ratters and warmongers". Es sei nun dringend nötig, "to gain some significant psychological advantage in the world."[65] Vor der Presse führte der Präsident etwas konsterniert aus:

> "Americans know that we are peaceful; they know that we have no desire to start the great cataclysm of war. (...) But the job of getting other people to believe that is terrific - we know that the Soviets are spending literally billions in different kinds of propaganda...I think we must be more imaginative in finding ways to combat it." 66)

Wundern konnte sich die Administration über ihr martialisches Image hingegen wahrlich nicht. Bereits drei Wochen nach der Lancierung war "Atoms for Peace" kein zentrales Thema mehr in den Medien, unter anderem deshalb, weil ja die Verhandlungen vertraulich geführt wurden und kein spektakulärer Durchbruch verzeichnet werden konnte. UN-Botschafter Henry Cabot Lodge beklagte sich denn auch bei Dulles, die USA hätten seit dem 8. Dezember wieder einen beträchtlichen Teil des Goodwills in der Oeffentlichkeit verloren, weil "there is no publicity whatever on the follow-up." Lodge war der Ansicht, dass

> "The fact that you and Zarubin are having talks makes no impact on the public mind. The thing that is making an impact on the public mind are the pleas from the Communist world". 67)

---

64 Bohlen an DOS, 21. Dezember 1953; in: FRUS II/2, S.1304
65 DDE, 195. NSC-M., 6. Mai 1954; in: FRUS II/2, S.1426
66 DDE, 4. August 1954; in: PP (1954), S.683 f.
67 Lodge an JFD, 14. April 1954; in: FRUS II/2, S.1385

Der Aussenminister antwortete Lodge, beiderseitiges Stillschweigen über die Verhandlungen sei nun einmal unabdingbar, wenn man Uebereinkünfte erzielen wolle. "I am sure we get (no results) if we work publicly."[68] Weit wichtiger für das Image der Administration in der Oeffentlichkeit war hingegen Dulles' harte "Massive Retaliation"-Rede vom 12. Januar 1954, die mit den darauffolgenden Reaktionen monatelang für Schlagzeilen sorgte. Zudem prägte die amerikanische Drohpolitik im Zusammenhang mit Indochina das Klima im Frühling 1954. Von grösster Bedeutung war schliesslich die Wasserstoffbomben-Testserie "Castle", welche die Atomenergiekommission vom 1. März bis am 14. Mai 1954 durchführen liess.[69] Enormes Aufsehen erheischte der erste Test der Serie mit dem Codenamen "Bravo". Am 1. März wurde die bislang grösste thermonukleare Bombe mit einem Sprengsatz von 15 Megatonnen TNT auf dem Bikini-Atoll zur Detonation gebracht.[70] Die Kernphysiker der AEC unterschätzten die Wirkung der Explosion offenbar ganz erheblich, denn Forschungsstationen im Umkreis von 40 Kilometern um den Detonationspunkt mussten infolge des radioaktiven Fallouts unverzüglich evakuiert werden. Stark in Mitleidenschaft gezogen wurde die 23köpfige Besatzung des Fischerbootes "Lucky Dragon", das sich während der Explosion innerhalb der Gefahrenzone aufgehalten hatte.[71] Einige der Fischer starben kurz darauf an den Folgen der enormen radioaktiven Verstrahlung, die man bei ihnen gemessen hatte. Die amerikanischen Medien berichteten in dicken Schlagzeilen über den Fall "Lucky Dragon", und noch grössere Aufregung entstand, nachdem in den USA und in Japan radioaktiv verseuchte Fische aus dem Testgebiet auf Fischmärkten entdeckt worden waren. Sämtliche grossen US-Magazine warteten wochenlang mit "Cover Stories" über die "H-Bomb" auf, wobei regelmässig die Frage aufgeworfen wurde, ob die Tests auf dem Bikini-Atoll ausser Kontrolle geraten waren.

---

68 JFD an Lodge, 20. April 1954; in: FRUS II/2, S.1387

69 Divine (1978), S.3-35, gibt eine ausgezeichnete Darstellung des technischen Verlaufs und insbesondere der politischen Folgen der "Castle"-Serie. Der Autor stützt sich hauptsächlich auf öffentlich zugängliche Quellen und ist insofern etwas limitiert. Doch gerade durch seine minutiöse Auswertung der Medienberichterstattung gibt Divine einen guten Einblick in die öffentliche Debatte, die ihrerseits einen erheblichen Einfluss auf die Administration ausübte.

70 Zum Vergleich: Die Sprengkraft der Hiroshima-Bombe war mit 13.5 Kilotonnen TNT über 1000 mal geringer!

71 AEC-Chef Strauss behauptete gegenüber DDE's Pressesprecher Hagerty im privaten Gespräch wiederholt, "Lucky Dragon" sei ein getarntes sowjetisches Spionageschiff gewesen. Weil er aber keine Beweise für diese Behauptung vorlegen konnte, gelangte Strauss damit nicht an die Oeffentlichkeit. Vgl. Divine (1978), S.11 f.

Genährt wurde dieses von der Atomenergiekommission sofort heftig dementierte Gerücht beispielsweise durch eine Vermutung Eisenhowers an der Pressekonferenz vom 24. März:

> "It is quite clear that this time something must have happened that we have never experienced before, and must have surprised and astonished the scientists." 72)

Die mit "Atoms for Peace" verbundene Absicht, der Kernspaltung das Image einer "friedlichen", konstruktiven und zum Wohle der Menschheit dienenden Technologie zu geben, wurde vollends durchkreuzt, als die "New York Times" am 1. April auf der Titelseite berichtete: "H-Bomb can wipe out any City". Die Schlagzeile, die weltweit grösstes Aufsehen erregte, war das Resultat einer Aussage von AEC-Chef Lewis Strauss, der tags zuvor an Eisenhowers Pressekonferenz erklärt hatte, eine Wasserstoffbombe könne jede Stadt auslöschen, auch beispielsweise "the metropolitan era of New York City".[73] (Vgl. Dok. Nr. 10 im Anhang, S.328) Strauss, der von der Administration eigens dazu aufgefordert worden war, zusammen mit Eisenhower die Bevölkerung davon zu überzeugen, dass die AEC die enorme Atomexplosion im Griff gehabt habe und die Tests auch notwendig gewesen seien, war sich offensichtlich nicht über die Brisanz seines Statements, das an sich absolut den Tatsachen entsprach, bewusst. Der Präsident meinte nach der Pressekonferenz zu Strauss: "Lewis, I wouldn't have answered that (question) that way."[74] Dieser Einschätzung hätte sich mit Sicherheit auch Dulles angeschlossen. Im Fall der nuklearen Testserie bewies er ein besseres Sensorium für die Reaktion der Alliierten und der öffentlichen Meinung als seinerzeit bei der "Massive Retaliation"-Rede. Noch am 29. März hatte der Aussenminister dem AEC-Chef telefoniert wegen der "tremendous repercussions which these (tests) have" und ihm den Ratschlag gegeben, dass "it would be a good thing if something could be said to moderate this wave of hysteria." Denn, so befürchtete Dulles:

> "(This hysteria) is driving our allies away from us. They think we are getting ready for a war of this kind. (...) It could lead to a policy of neutrality and appeasement. They might go into the Soviet-proposed agreement that we will each agree not to use (these weapons)." 75)

---

72 DDE, 24. März 1954; in: PP (1954), S.346

73 Strauss zit. nach NYT, 1. April 1954, S.1

74 DDE zit. nach Divine (1978), S.13

75 JFD-Memorandum, 29. März 1954; in: FRUS II/2, S.1380

Der Aussenminister antizipierte die Reaktion für einmal richtig: Insbesondere in Japan und in Grossbritannien fielen die Reaktionen auf die Testserie äusserst heftig aus.[76] Ende März brachte die britische Labour Party eine Resolution im Parlament ein, die von Churchill verlangte, einen Gipfel mit der sowjetischen Führung zu arrangieren, um einen sofortigen Teststopp aller Nuklearwaffen auszuhandeln. Erst nach langem Ringen fand der Premier in der eigenen Partei eine Mehrheit gegen die Resolution der Opposition, die notabene auch bei vielen Konservativen auf Sympathie gestossen war.

9.4. Nein zu einem Teststopp für Nuklearwaffen

Ein Vorstoss des indischen Premiers Nehru brachte die in den US-Medien ohnehin bereits diskutierte Frage eines Teststopps für Nuklearwaffen endgültig in Washington auf die Traktandenliste. Nehru forderte am 12. April das "Disarmament Committee" der UNO auf, ein "Standstill Agreement" anzustreben. Die Administration sah sich deshalb eilig zur Ausarbeitung der amerikanischen Position veranlasst, um Stellung beziehen zu können, falls eines der Mitglieder des "Disarmament Committee" dieses Thema offiziell zu besprechen gedachte.[77]

Die Ausgangslage: Am 15. Mai wurde im Nationalen Sicherheitsrat erstmals über einen Teststopp diskutiert. Eisenhower, Nixon und Dulles sprachen sich dafür aus, alle anderen NSC-Mitglieder waren dagegen. Fünf Wochen später stimmten alle gegen einen Teststopp. Wie kam dieser Meinungswandel zustande? Die Argumente, die die ursprünglichen Befürworter ins Feld führten, waren folgende:

- Insbesondere Eisenhower war der Meinung, dass der öffentliche Eindruck der Administration als aggressive und kriegsversessene Säbelrassler korrigiert werden musste, und dazu schien ihm der Vorschlag eines Moratoriums geeignet.[78] Ein Teststopp würde nicht zuletzt die erheblich belasteten Beziehungen zu den Alliierten,

---

76 Einen umfassenden Ueberblick der weltweiten Reaktionen auf die Testserie gibt die NYT, 4. April, IV, S.5

77 Dem Komitee gehörten die USA, Kanada, Grossbritannien, Frankreich und die UdSSR an.

78 Vgl. auch DDE's Statement auf S.278, Anm. 65

namentlich zu Grossbritannien, wieder verbessern.[79] (Die Regierung Churchill hatte sich nicht etwa deshalb gegen die oben erwähnte Labour-Resolution gestellt, weil sie grundsätzlich gegen einen Teststopp war, sondern, wie Eden gegenüber Dulles versicherte, sie vielmehr "strongly favored a moratorium".[80] Dulles stimmte Eisenhowers Einschätzung vorbehaltlos zu:

> "We are losing ground every day in England and in other allied nations because they are all insisting that we are so militaristic. Comparisons are now being made between ours and Hitler's military machine. (...) We (can't) sit here in Washington and develop bigger and bigger bombs without any regard for the impact of these developments on world opinion. In the long run, it isn't only the bombs that win the wars, but having public opinion on our side. In sum, the net advantage to us of a moratorium would be very great indeed." 81)

Der Präsident, der Vizepräsident und der Aussenminister waren vom propagandistischen Gewinn eines von den USA befürworteten Moratoriums auch dann - und möglicherweise erst recht - überzeugt, wenn die Sowjetunion ein von allen Atommächten unterzeichnetes Teststoppabkommen verletzen würde. In diesem Fall liess sich die sowjetische Intransingenz als Argument gegenüber all jenen (europäischen) Alliierten anführen, die auf eine Entspannung mit der kommunistischen Grossmacht drängten und die amerikanische Haltung als zu hart und unnachgiebig einstuften.

- Ein Moratorium würde - wenn es überhaupt einen Einfluss auf das Kräfteverhältnis zur Sowjetunion hätte - den amerikanischen Vorsprung auf diesem Gebiet sichern und nicht etwa verringern. Ein Teststopp zu diesem Zeitpunkt war für die Befürworter auch sinnvoller als beispielsweise in fünf Jahren, weil sich dannzumal der Abstand der beiden Potentiale voraussichtlich eindeutig verringert haben würde.

Die Gegner eines Moratoriums waren vor allem im Pentagon zu suchen. Sie machten geltend, dass jedes Testverbot zulasten der Vereinigten

---

79 Die Differenzen waren in der Tat sehr gross, etwa in der Frage eines Gipfels (vgl. Kap. 4.3.), der Indochinapolitik (vgl. Kap. 8.3.) oder des Ost-West-Handels (vgl. Kap. 10.2.2.)

80 JFD, 195. NSC-M., 6. Mai 1954; in: FRUS II/2, S.1425

81 JFD, ebenda, S.1428

Staaten ginge, weil die Sowjetunion das Abkommen hintergehen und so den Rückstand in der Nuklearrüstung aufholen würde. Technische Ueberwachungsmöglichkeiten wie etwa seismographische Messstationen waren nach Ansicht von Wilson und den Stabschefs nicht in dem Masse verfügbar, dass eine ausreichende Verifizierung eines Abkommens garantiert werden konnte. Aus diesem Grund glaubte das Pentagon auch nicht, dass trotz eines Moratoriums heimlich durchgeführte Tests der Sowjets entdeckt werden könnten. Dieser Auffassung widersprachen, wenigstens teilweise, Lewis Strauss und auch britische Experten. Strauss und die AEC-Techniker vertraten die Meinung, dass seismographische Messstationen Detonationen mit einer Sprengkraft von 100 Kilotonnen und mehr zu entdecken vermochten. Die Spezialisten der britischen Regierung waren laut Eden gar überzeugt, dass mit zwei Stationen in Skandinavien und in der Schweiz auch sowjetische Tests von "nur" 50 Kilotonnen Sprengkraft zuverlässig registriert werden konnten. Eden meinte gegenüber Dulles, ein Moratorium zu diesem Zeitpunkt sei zwar im Grunde "a disadvantage directly to UK", weil dadurch die britische Nuklearforschung behindert würde. Er sagte deshalb, die USA sollten im Falle eines Teststopps mehr Informationen über ihre eigene schon wesentlich fortgeschrittene Forschung an Grossbritannien zukommen lassen, soweit dies die Gesetzte erlaubten.[82] Strauss, seit seinem Auftritt am 31. März doch einigermassen sensibilisiert für die Wirkung von Atomtests auf die Oeffentlichkeit, bot eine Zwischenlösung an. Er schlug ein bis zum Januar 1956 befristetes Moratorium vor, sofern Tests bis zu 100 Kilotonnen Sprengkraft weiterhin erlaubt und die Vorbereitung von Versuchen mit stärkerer Ladung weiterhin gestattet waren.[83] Strauss' Kompromiss wurde dann allerdings nie in Betracht gezogen.

Entscheidend für den Meinungsumschwung hin zu einer einhelligen Ablehnung eines Moratoriums war eine Ueberlegung des ursprünglichen

---

82 Vgl. dazu JFD an DOS, 2. Mai 1954; in: FRUS II/2, S.1418 f.

83 Strauss' Begründung der Forderung, Nuklearwaffentests ab Januar 1956 wieder gänzlich ungehindert aufnehmen zu wollen, mutet in Anbetracht der heutigen Kenntnisse über die Folgen atomarer Explosionen in der Atmosphäre als geradezu wahnwitzig an. Der AEC-Chef führte aus, dass die Entwicklung neuer "small megaton weapons for defense against hostile aircraft" nötig sei. Gegnerische Flugzeuge sollten nach diesem Plan also mit Atombomben zerstört werden, die eine (mindestens) 70fache Sprengkraft der Hiroshimabombe aufwiesen! DDE fragte Strauss darauf, wie hoch die Bombe gezündet werden müsse, damit die darunterliegende (notabene: amerikanische) Stadt keinen Schaden nehme. Stauss meinte, 10 Meilen reichten aus, dass "the city would not be seriously damaged, even by the fall-out of the explosion"; NSC-M., 23. Juni 1954, in: FRUS II/2, S.1471

Befürworters Dulles, die die These in Frage stellte, wonach ein Teststopp den USA einen gewichtigen Propagandasieg einbringen würde. Im Verlauf der Diskussion, so der Aussenminister, habe er sich vielmehr vom Gegenteil überzeugt. Kurzfristig würde die öffentliche Meinung im Westen einen solchen Schritt der Administration zweifellos sehr begrüssen und das Image der Vereinigten Staaten entsprechend aufpoliert. Mittel- und langfristig hingegen sei der durchaus richtige Einwand abzusehen, dass ein Moratorium weder die Kernwaffenarsenale der beiden Supermächte reduzierte noch einen Atomkrieg sehr viel unwahrscheinlicher werden liess. Es wäre somit, so Dulles, eine Frage der Zeit, bis linke politische Parteien im Westen und auch die Sowjetunion von den USA verlangen würden, nach diesem unbedeutenden ersten doch einen wichtigeren zweiten Schritt zu unternehmen, nämlich einem totalen Atomwaffenverbot zuzustimmen. Dazu hingegen war die Administration (aus bereits genannten Gründen) nicht bereit. Folglich würden die USA einmal mehr in der Rolle des Verhinderers nuklearer Abrüstung erscheinen, und "this would more than offset the initial propaganda advantage."[84] Weitere Faktoren, mit denen die Ablehnung eines Teststopps begründet wurde, waren demgegenüber nur von untergeordneter Bedeutung, so etwa:

- Ein Ja zum Moratorium konnte fälschlicherweise implizieren, dass die USA die Nukleartests als illegitim und moralisch verwerflich einstuften.
- Man konnte zudem folgern, die USA hätten offensichtlich äusserem Druck nachgegeben und würden künftig als (zu) leicht beieinflussbar erscheinen.

Weil die Administration einen Teststopp ablehnte und antizipiert wurde, dass diese Haltung auf Kritik in der westlichen Oeffentlichkeit stossen würde, wies Dulles UNO-Botschafter Lodge am 19. Juli an, möglichst zu vermeiden, dass dieses Thema in der "Disarmament Commission" zur Sprache kam und deshalb die Vereinigten Staaten zu einer unpopulären Stellungnahme gezwungen hätte. (In der Tat wurde Nehrus Vorschlag in der UNO-Abrüstungskommission nicht traktandiert.)

---

84 JFD an NSC, 23. Juni 1954; in: FRUS II/2, S.1467

9.5. Fazit: Zaghaftes Kooperationssignal

Mit "Atoms for Peace" hat sich Eisenhower zweifellos einen raffinierten Vorschlag ausgedacht, bei dem er letztlich nur gewinnen, aber nicht verlieren konnte. Die Reaktion der sowjetischen Führung bestimmte indessen die Höhe des amerikanischen Gewinns. War man in Moskau einverstanden, so rechnete sich der Präsident gleich eine zweifache Dividende aus: den Nutzen des Abkommens an sich und den politischen Goodwill als Initiant des Plans. Eine ablehnende sowjetische Haltung erschien ihm insofern von Nutzen, als dass sie sich propagandistisch verwerten liess, indem man der Kremlführung den Schwarzen Peter in der Abrüstungsfrage zuschieben konnte. Eisenhower hegte, daran kann kein Zweifel bestehen, grosse Hoffnungen, dass die Sowjetunion seinen Plan akzeptieren würde, und er war entsprechend enttäuscht, als sie es nicht tat. "Atoms for Peace" war kein plumper Propagandatrick, der einzig auf eine Demonstration sowjetischer Widerspenstigkeit und Kooperationsunwilligkeit angelegt war. Es war auch kein geschickt ausgeheecktes Angebot, um mit einem scheinbar friedfertigen und auf guten Willen bauenden Plan auf etwas ganz anderes zu zielen, nämlich die Zementierung des amerikanischen Vorsprungs in der Nuklear(waffen)forschung. Weder führte dies Eisenhower im Schild noch nahm man im Pentagon an, dass dies mit "Atoms for Peace" erreicht worden wäre. Eisenhower wollte in der Tat einen - durchaus lobenswerten - Versuch zur gegenseitigen Vertrauensbildung unternehmen, aufgrund dessen sich vielleicht ein Weg zu echter Abrüstung anbahnen würde.

Die Problematik der ganzen Sache liegt nicht primär im Plan an sich, sondern in der Art und Weise, wie er präsentiert wurde. Eisenhower heckte den Vorschlag relativ isoliert von der Administration allein aus, und "Atoms for Peace" stand schliesslich noch isolierter in der politischen Landschaft - ein einsames Kooperationsangebot in einem Klima, das weit mehr durch finstere Drohungen mit dem Einsatz von Nuklearwaffen und rabiate antikommunistische Rhetorik als durch grosszügige Verhandlungsangebote geprägt wurde. Fünf Wochen nach Eisenhowers Auftritt vor der Generalversammlung der Vereinten Nationen folgte Dulles' martialische "Massive Retaliation"-Rede, noch bevor die amerikanisch-sowjetischen Gespräche überhaupt begonnen hatten. Dulles' überdrehte Rhetorik schürte das Misstrauen der anderen Supermacht einmal mehr kräftig und reduzierte damit die Erfolgschancen dieses zaghaften Ansatzes zur Vertrauensbildung allein schon deshalb ganz erheblich. "Atoms for Peace", dieses völlig isolierte Kooperationssignal, musste von den Sowjets fast zwangsläufig als taktischer Winkelzug der Regierung Eisenhower interpretiert werden. Wäre Dulles Politbüromitglied gewesen, er hätte hier wohl als erster eine raffinierte Falle des Gegners gewittert, bei der das gebotene Misstrauen gegenüber der Hinterlist der anderen Seite nur Ablehnung empfehlen konnte. Mit grösster Wahrscheinlichkeit erschien "Atoms for Peace" aus Moskauer Sicht denn auch als Versuch der Amerikaner, das sowjetische und ohnehin schon vergleichsweise geringere Nuklearpotential weitmöglichst zu beschneiden, während das amerikanische bestenfalls symbolisch reduziert worden wäre.[85]

Ist nun die kurze Abfolge von "Atoms for Peace" und der "Massive Retaliation"-Rede als Beispiel einer bewussten Strategie von Zuckerbrot und Peitsche oder aber einer schlecht koordinierten Aussenpolitik zu interpretieren? Ersteres war es nicht, weil die beiden Schritte in keinerlei Beziehung zueinander standen. Hingegen muss schon eher von einer schlecht abgestimmten Aussenpolitik gesprochen werden, denn Eisenhower war sich offensichtlich nicht darüber im klaren, dass das mit der "Massive Retaliation" geschaffene politische Klima der Realisierung seines Plans alles andere als förderlich war. Auch beim Aussenminister zeigte sich einmal mehr eine Diskrepanz zwischen seinen analytischen Fähigkeiten und dem konkreten politischen Verhalten. Dulles war sich der negativen Konsequenzen des martialischen Gehabes seiner Regierung ganz offensichtlich bewusst, doch zog er keine Schlüsse daraus, denn er dämpfte seine martialische Rhetorik und permanente Drohpolitik keineswegs. Die unkoordinierte Aussenpolitik hatte allerdings nichts mit einer allfälligen Obstruktionstaktik Dulles' zu tun; zumal schon deshalb nicht, weil bekanntlich zentrale Formulierungen der Rede von Eisenhower und nicht von Dulles stammten. Obwohl der Aussenminister nie viel von Verhandlungen mit den Sowjets hielt und dem Atompool insbesondere zu Beginn einigermassen skeptisch gegenüberstand, vertrat er Eisenhowers Standpunkt in den Gesprächen mit Molotow und Zarubin sehr loyal. Ueberdies merkte Dulles nach den skeptischen Kommentaren aus Moskau bald, dass der Plan auch aus seiner Optik durchaus nützlich war. Denn mit einem "Nein" aus Moskau bot sich dem Aussenminister eine neuerliche Möglichkeit,

---

85 In der Literatur zur poststalinistischen Aussenpolitik wird die ablehnende Haltung der UdSSR zu "Atoms for Peace" nirgends erörtert.

den (nach seiner Auffassung allzu) entspannungsfreundlichen Alliierten wie etwa Grossbritannien mit aller Deutlichkeit die Intransingenz der Kommunisten im Kreml vor Augen zu führen.

Zweifellos hat die Administration die starke Sensibilisierung weiter Teile der amerikanischen und überseeischen Oeffentlichkeit in Fragen der Nukleartests beträchtlich unterschätzt. Die nukleare Technologie von ihrem Stigma als Massenvernichtungsmittel zu befreien, indem mit "Atoms for Peace" ihr ziviler "Segen" propagiert wurde, ist nach den unzähligen Medienberichten im Frühjahr 1954 über die Zerstörungskraft und den radioaktiven Fallout der Wasserstoffbombe gründlich misslungen. Somit wurde ein ursprüngliches, von der "Operation Candor" herrührendes Ziel nicht erreicht.

In der Literatur wird "Atoms for Peace" bisweilen als d i e verpasste Chance für einen Entspannungsansatz im Kalten Krieg hingestellt. Ambrose etwa ist der Ansicht, dass

> "Eisenhowers proposal...was the most generous and the most serious offer on controlling the arms race ever made by an American President. (...) With only a bit of exaggeration, it can be said that...(it) was the best chance mankind has had in the nuclear age to slow and redirect the arms race." 86)

Wie realistisch ist diese Einschätzung? In gewisser Hinsicht waren die Hoffnungen auf ein Abkommen berechtigt und ist das klägliche Scheitern der Gespräche bedauerlich. Die Verifikation an Ort, von der Sowjetunion immer wieder als verkappter Spionageversuch zurückgewiesen, wäre in diesem Fall nicht notwendig gewesen. Zudem verfügte die Initiative über einen gewissen Rückhalt im Kongress. Der Atompool hatte indessen mit Abrüstung rein gar nichts zu tun, und es ist auch höchst fraglich, ob damit die Produktion der Nuklearwaffen tatsächlich verlangsamt worden wäre, wie dies Eisenhower und Dulles in der Annahme behaupteten, es stünde weniger spaltbares Material zur Bombenproduktion zur Verfügung. Denn das an den Pool abgetretene und somit für die militärische Nutzung fehlende Material hätte ja durch eine erhöhte Produktionsrate kompensiert werden können. Kurz: Der Atompool wäre ein äusserst bescheidener Schritt in Richtung Abrüstung gewesen. Doch gerade in seiner limitierten Wirkung lag im Grunde auch die Chance auf Akzeptanz. Beiderseitige allfällige Gewinne und Verluste wären wegen des begrenzten Einsatzes

86 Ambrose (1984), S.150

durchaus verkraftbar gewesen. Allein, dass der Plan in Moskau auf Ablehnung stiess, hatte sich die Administration nicht zuletzt wegen der von ihr inszenierten rhetorischen Wechselbäder weitgehend selber zuzuschreiben.

Die interne Diskussion, die die Administration über einen Atomteststopp führte, liess eine Problematik der Abrüstungsfrage erkennen, die bis heute aktuell geblieben ist: die Asymmetrie der Rüstungspotentiale und Doktrinen der beiden Grossmächte.[87] Einerseits verfügten die USA über einen deutlichen Vorsprung in der Nuklearrüstung gegenüber der Sowjetunion, andererseits spielten die Atomwaffen eine weit wichtigere Rolle in der amerikanischen als in der sowjetischen Sicherheitspolitik. Die Administration hatte die Asymmetrie bei den Doktrinen mit dem Beschluss des "New Look" eben erst wieder erheblich ausgeweitet. In der sowjetischen Strategie kam den konventionellen Waffen eine weit grössere respektive den Nuklearwaffen eine weit geringere Bedeutung zu. Ein Verzicht auf Atomwaffen, wie er von der Sowjetunion gefordert wurde, hätte wegen dieser Asymmetrien die jeweiligen Kosten und Nutzen für beide Seiten ungleich verteilt. Die Vereinigten Staaten hätten weit grössere Konzessionen eingehen müssen als ihre Gegenseite, denn sie hätten nicht nur den existierenden Vorsprung im Nukleararsenal aufgeben, sondern auch ihre neue sicherheitspolitische Doktrin fallenlassen müssen. Eisenhower scheint bereit gewesen zu sein, die atomare Rüstung zu eliminieren und damit der Sowjetunion einen grösseren "Nutzen" zuzugestehen. Den Vorteil für die amerikanische Seite erkannte er darin, dass die Gefahr eines atomaren Ueberraschungsangriffs, gegen den man sich praktisch nicht verteidigen konnte, gebannt worden wäre. Die sich abzeichnende Tatsache der "mutual assured destruction" zu akzeptieren, bereitete dem alten General erhebliche Mühe. Er wäre mit Sicherheit lieber ins vornukleare Zeitalter konventioneller Kriegsführung zurückgekehrt, als die Vereinigten Staaten noch keiner permanenten vitalen Bedrohung ausgesetzt waren. Eisenhowers Ansichten wurden hingegen im Pentagon keineswegs geteilt, und es wäre mehr als fraglich gewesen, ob der Präsident seine Vorstellungen gegen deren Widerstand durchgesetzt hätte. Absolute Voraussetzung für radikale atomare Abrüstung war nach einhelliger amerikanischer Auffassung ohnehin ein absolut sicheres Verifikationssystem, das vorderhand weit und breit nicht in Sicht war.

---

87 Grundlegend dazu ist: Thomas C. Schelling: The Strategy of Conflict, Cambridge Mass., 1960

10. OST-WEST-HANDEL: PARTIELLE OEFFNUNG

Der Ost-West-Handel hatte, um es gleich vorwegzunehmen, substanziell nur einen sehr geringen Anteil am gesamten Aussenhandel der Vereinigten Staaten und ihrer Verbündeten in Westeuropa. Das ganze Thema fand, gemessen an seiner doch geringen realen ökonomischen Bedeutung, gleichwohl eine hohe Beachtung. Der Handel mit den "Reds", wie die kommunistischen Länder oft pauschal bezeichnet wurden, weckte viele Emotionen, insbesondere deshalb, weil dies ein "Lieblingsthema" von Senator McCarthy und seinen Anhängern im rechtsextremen Flügel der Republikanischen Partei bildete. Anlass zu heftigem Disput gab dabei namentlich der Chinahandel der europäischen Alliierten, dem der anhaltende Koreakrieg eine besondere Brisanz verlieh.

Die Regierung Eisenhower unterzog auch die geltende Osthandelspolitik - wie schon die Aussen- und Sicherheitspolitik - gleich nach ihrem Amtsantritt einer umfassenden Ueberprüfung und Revision. Nebst der einlässlichen Erörterung der grundsätzlichen Fragen nach Ziel und Zweck des Ost-West-Handels konzentrierten sich die Diskussionen in der Administration vor allem darauf, eine mit den Europäern abgestimmte Handelspolitik zu erreichen, denn es waren in erster Linie sie, die wirtschaftliche Beziehungen zu den Ostblockländern unterhielten. Dabei bestand auf beiden Seiten des Atlantiks prinzipielle Einigkeit darüber, dass ein völlig uneingeschränkter Handel mit den kommunistischen Ländern - z.B. mit sogenannt kriegswichtigen Gütern - nicht in ihrem Interesse lag. Die grosse Streitfrage war freilich, wo hier die Grenze im konkreten Fall zu ziehen war.

10.1. Die Ausgangslage

10.1.1. Stellenwert des Ost-West-Handels

Dem Ost-West-Handel kam volumenmässig im Vergleich zum gesamten Aussenhandel auf beiden Seiten lediglich eine marginale Bedeutung zu, auch wenn die entsprechenden Anteile je nach Staat etwas differierten. Eine interdepartementale Studie der Administration schätzte den offiziellen

Handel zwischen Ost (ohne China) und West für 1952 auf rund 1,6 Milliarden Dollar, was nur einem Anteil von rund 1% des Bruttosozialprodukts aller osteuropäischen Länder resp. 0,25% desjenigen der westlichen Staaten entsprach. Der Handel zwischen den beiden Blöcken machte wertmässig ca. 2,5% des Aussenhandels aller westlichen Länder aus, während der entsprechende Wert für die Ostblockstaaten doch bei etwa 25% lag.[1] (Faktisch war dieser Anteil indessen nicht sehr bedeutend, weil diese Länder insgesamt ein geringes Aussenhandelsvolumen auswiesen.)

Gesamter wertmässiger Ost-West-Handel (ohne China). In Mio. $

	1950	1951	1952	1953
Westliche Exporte	1532	1685	1419	1286
Westliche Importe	1727	1879	1608	1518

Quelle: Hearings before the Committee on Foreign Relations. United States Senate. East-West-Trade. 83d Congress, 2d Session. 9. April 1954. Washington D.C. 1954

Handelsvolumen der OECD-Länder mit Osteuropa (ohne China)

Index: 1937=100	1937	1938	1949	1950	1951	1952	1953
Exporte nach Osteuropa	100	91	37	37	35	34	31
Importe aus Osteuropa	100	87	31	28	27	25	22

Quelle: Hearings before the Committee on Foreign Relations. United States Senate. East-West-Trade. 83d Congress, 2d Session. 9. April 1954. Washington D.C. 1954

Insgesamt waren die westlichen Exporte in den letzten Jahren immer etwas geringer als die Importe. Das Handelsvolumen der OECD-Länder nahm seit 1937 permanent ab. Nach 1951 wurde - als Folge des Koreakrieges - ein weiterer mengen- und wertmässiger Rückgang des Ost-West-Handels eingeleitet, der erst Mitte der fünfziger Jahre gestoppt resp. von einem Wiederanstieg des Handelsvolumens abgelöst wurde. Die Vereinigten Staaten und die Sowjetunion unterhielten nur marginale direkte Handelsbeziehungen zueinander, die noch deutlich geringer waren als

1 Alle diese Angaben stammen aus "National Intelligence Estimate (NIE) Nr. 59", 16. April 1953; in FRUS I/2, S.950 ff.

jene zwischen West- und Osteuropa. Die USA bezogen einige wenige Luxusartikel wie Kaviar, Vodka und Pelze im Wert von unter einer Million Dollar aus der UdSSR, während die Ausfuhr - vereinzelte agrarische Produkte und Rohstoffe - etwa 40 Millionen Dollar betrug.[2] Der Osthandel spielte für die Vereinigten Staaten insgesamt eine wesentlich geringere Rolle als für verschiedene europäische Länder. Schweden, Norwegen, Dänemark, Oesterreich und die Türkei wiesen dabei den grössten Anteil auf, der sich bei den Importen und den Exporten bei rund fünf Prozent des gesamten Aussenhandelsvolumens bewegte.

Nach Ausbruch des Koreakrieges verhängten die USA ein totales Handelsembargo über China und Nordkorea, das anfangs 1953 immer noch in Kraft war. Zu Beginn der fünfziger Jahre trieb vor allem Grossbritannien Handel mit China und hielt 1953 einen rund sechzigprozentigen Anteil am gesamten westlichen Chinahandel.[3]

Die bei Eisenhowers Amtsantritt gültige Ost-West-Handelspolitik der Vereinigten Staaten war durch die Regierungsrichtlinie NSC 194/2 und die sogenannte "Battle Act", ein vom Kongress im Jahre 1951 verabschiedetes Gesetz, bestimmt. Nach dieser vom republikanischen Kongressabgeordneten Lourie Battle eingebrachten Vorschrift wurde die gesamte amerikanische Auslandhilfe für diejenigen Alliierten unverzüglich gestrichen, die sogenannt "strategische Güter" (d.h. Güter, die die "warfighting capability" erhöhten) an kommunistische Länder lieferten. Im Gefolge der "Battle Act" verabschiedete der Kongress eine lange Liste von strategischen Gütern - vorab Waffen, Munition, hochwertige Technologie und Rohstoffe -, die unter dieses Gesetz fielen. Im internationalen Rahmen hatten sich die westlichen Länder in der sogenannten COCOM-Gruppe zusammengeschlossen, und dort war wiederum eine Liste von strategischen Gütern erstellt worden, die jedoch bei weitem nicht so umfassend war wie die in den USA geltenden unilateralen Vorschriften.[4] Die COCOM-Listen waren in drei Bereiche aufgeteilt. Liste I enthielt die eigentlich strategischen Produkte von zentraler Bedeutung für die

---

2 Angaben nach NSC 152, 25. Mai 1953; in: FRUS I/2, S.970

3 Angaben nach "East-West-Trade; Hearing, House of Foreign Affairs Committee, Subcommittee on Foreign Economic Policy, 83d Congress, 2d Session, 16. Februar 1954", S.17; und Stassen, 30. März 1953; in: DFR (1953), S.94

4 Der volle Name für COCOM, dem insgesamt 18 westliche Staaten angehörten, lautet: "Coordinating Committee of the Paris Consultative Group of Nations Working to Control the Export of Strategic Goods to Communist Countries."

Kriegswirtschaft. Anfangs 1953 waren 253 Güter in dieser Gruppe klassiert und unterlagen einem totalen Ausfuhrverbot. Liste II führte Güter von geringerer strategischer Wichtigkeit auf - insgesamt 80 an der Zahl -, deren Export quantitativ limitiert wurde. Liste III schliesslich enthielt noch jene 124 Güter, deren Ausfuhrmenge zur Kontrolle überwacht wurde, ohne dass der Export an sich verboten oder mengenmässig begrenzt limitiert war. Die Vereinigten Staaten hatten sämtliche diese 474 COCOM-Güter und zusätzliche 113 Güter einem totalen Exportverbot unterstellt. Zudem waren jedes Exportprodukt in ein kommunistisches Land ebenso wie sämtliche Importe lizenzpflichtig.

10.1.2. Die Administration unter Druck

Die Administration Eisenhower stand bezüglich ihrer Osthandelspolitik von zwei Seiten her unter massivem Druck. Dabei rückten nebst den direkten Handelsbeziehungen zur Sowjetunion vor allem auch jene der europäischen Alliierten mit China in den Vordergrund der Auseinandersetzungen. Der Chinahandel war natürlich deshalb von besonderer Brisanz, weil sich dieses Land nach wie vor im Kriegszustand mit den USA befand - in Korea. Der Druck kam aus den folgenden Richtungen:

- Vom rechten Flügel der GOP mit ihren Protagonisten McCarthy und Senator William Jenner. Sie forderten eine massive Reduktion des Ost-West-Handels, die faktisch ein totales Embargo bedeutete. Die beiden Senatoren verlangten insbesondere auch, die Administration müsse die Alliierten stärker als bis anhin unter Druck setzen, damit diese ihren Chinahandel einstellten.
- Von den europäischen Alliierten, namentlich von Grossbritannien, das einen möglichst liberalen Ost- und Chinahandel forderte.

Senator Knowland hatte am 13. Februar ganz im Sinne von McCarthy einmal mehr an einer Sitzung des SFRC gefordert, die Administration müsse die Briten dazu drängen, den Chinahandel endlich zu unterbinden. Dulles erklärte darauf, Churchill sei an sich bereit zu diesem Schritt, stehe jedoch unter "strong internal pressure", diesen Absatzmarkt für die britische Exportindustrie weiterhin offen zu halten.[5] Dennoch verein-

5 JFD, 13. Februar 1953; in: JFD-P., Box 75

barten Dulles und Aussenminister Eden am 7. März 1953, dass sämtliche britischen Schiffe fortan eine Lizenz für den Chinahandel benötigten. Ungeachtet dieser intensivierten staatlichen Kontrolle polemisierte McCarthy weiter scharf gegen den britischen Chinahandel, den er "blood trade" und "blood traffic" nannte.[6] Damit suggerierte der Senator, dass Grossbritannien indirekt am Tod amerikanischer Soldaten auf den Schlachtfeldern in Korea mitverantwortlich sei. McCarthy begnügte sich aber nicht nur mit verbalen Attacken. Am 29. März 1953 handelte er als Vorsitzender des "Permanent Subcommittee on Government Operations" ohne Rücksprache mit der Administration ein Abkommen mit griechischen Schiffseignern aus, dass diese ihre Flotten künftig nicht mehr für den Chinahandel zur Verfügung stellen würden. Die Regierung wertete McCarthys Schritt als ungerechtfertigten Eingriff in die Souveränität des Aussenministeriums, dem verfassungsmässig die ausschliessliche Kompetenz für solche Verhandlungen zustand. MSA-Direktor Stassen bemerkte in einem Brief an Senator McCellan:

> "(the agreement) confused the issue of responsability as to who is responsible in the U.S. Government for carrying out the laws passed by Congress to bring about effective controls over the trade with the Soviet bloc." 7)

McCarthy war da anderer Ansicht: "I feel if you keep a gun out of a Communist's hand it is accomplished something, even though you (Stassen) and Dulles did not accomplish it."[8]

Eisenhower und Dulles waren wie immer sehr vorsichtig gegenüber dem Senator und vermieden in ihren öffentlichen Stellungnahmen einmal mehr jegliche direkte Kritik an McCarthy. Dulles etwa erklärte nach einem Treffen mit dem Senator, dieser habe im nationalen Interesse gehandelt, obwohl dies der Aussenminister privat energisch bestritt. Eisenhower beschwichtigte am 2. April vor versammelter Presse: "I doubt this act can undermine the prestige and power that resides in the Government"[9], obwohl genau dies von seinem MSA-Minister auf dem Kapitol behauptet worden war. Eisenhower und Dulles wollten die europäischen Regierungen in diplomatischen Verhandlungen zur Einschränkung ihres

---

6 McCarthy zit. nach Stebbins (1955), S.63

7 Stassen an McCellan, 30. März 1953; in: "Hearings before the Senate Permanent Subcommittee on Investigations", 30./31. März 1953, S.38

8 McCarthy, 30. März 1953; ebenda, S.37

9 DDE, 2. April 1953; in: PP (1953), S.149

Chinahandels bewegen und dieses Feld keinesfalls McCarthys persönlicher Initiative überlassen.

10.2. Die neue Osthandelspolitik unter Eisenhower

10.2.1. NSC 152/2

Analog zur aussen- und sicherheitspolitischen Positionsbestimmung in "Solarium" und NSC 162/2 leitete die Administration auch im Bereich des Ost-West-Handels im März 1953 eine grundsätzliche Ueberprüfung der geltenden Richtlinien ein. Wiederum war Stalins Tod keine entscheidende Motivation zu diesem Schritt. Im Wahlkampf noch hatte der Ost-West-Handel überhaupt kein "issue" dargestellt, und auch in seiner Inauguralrede am 20. Januar 1953 wurde die Aussenhandelspolitik von Eisenhower nur am Rande gestreift. Der Präsident bekannte sich dabei explizit zum Prinzip des weltweiten, möglichst liberalen Freihandels, seinem fundamentalen wirtschaftspolitischen Credo: "We shall strive to foster everywhere, and to practice ourselves, policies that encourage productivity and profitable trade," wobei "everywhere" wohlgemerkt auch den Handel mit kommunistischen Staaten implizierte.[10] "Ikes" Credo stiess gerade in dieser Hinsicht auf erheblichen Widerstand innerhalb der "Alten Garde". Deren Vertreter, die oft aus dem Mittleren Westen und dem Westen stammten, nahmen vielfach die Interessen der dort ansässigen Binnenindustrie wahr, die weit stärker auf protektionistische Massnahmen zum Schutz vor ausländischer Konkurrenz als auf einen möglichst liberalen Welthandel bedacht war. Nachdem sich Repräsentanten der "Alten Garde" wieder einmal gegen einen Abbau von Handelsrestriktionen im Kongress stark gemacht hatten, notierte Eisenhower einigermassen frustriert in sein Tagebuch:

> "Daily I am impressed by the shortsightedness bordering upon the tragic stupidity of many who fancy themselves to be the greatest believers in and supporters of capitalism, but who blindly support measures and conditions that cannot fail in the long run to destroy any free economic system." 11)

10 DDE, 20. Januar 1953; in: PP (1953), S.6

11 DDE, 2. Juli 1953; in: Ferrell (1981), S.242

Am 18. März fand im NSC erstmals eine Diskussion über die Osthandelspolitik statt, in deren Verlauf die unterschiedlichen Meinungen innerhalb der Administration teils schon deutlich sichtbar wurden. Eisenhower stellte fest, dass es in diesem Bereich prinzipiell darum gehe, wer vom Handel letztlich mehr profitiere: der Osten oder der Westen? Mit den vorderhand noch gültigen Richtlinien, "(which placed)...such severe restrictions...on our allies", konnte er sich keinesfalls einverstanden erklären, und zwar aus verschiedenen Gründen.[12] Die Sorge um die wirtschaftliche Prosperität der europäischen Alliierten war Eisenhowers Hauptgrund gegen die Aufrechterhaltung oder gar eine Verschärfung der momentanen Handelsrestriktionen. Das NSC-Gesprächsmemorandum lässt diese Bedenken deutlich zum Ausdruck kommen:

> "The standard of living in most of the countries of Europe was, from (the President's) observation 'too damned low'. We cannot permit our national policies to lower that standard of living if we want to keep these nations on our side in the struggle with the Soviet Union. This was no theoretical matter to him, said the President; he had ample opportunity to observe the low standards in French towns and villages during his sojourn in Europe. The whole attempt to restrict trade to further detriment of these standards of living seemed to him foolish and impossible." 13)

Für Eisenhower war der materielle Wohlstand offensichtlich ein wesentliches Kriterium dafür, ob deren Bevölkerung für kommunistisches Gedankengut empfänglich war oder ob sie bereit war, sich mit den Vereinigten Staaten in die Abwehrfront gegen die Expansion kommunistischer Bewegungen zu reihen.[14] Eisenhowers Votum implizierte überdies, dass eine Restriktion des Osthandels den materiellen Wohlstand der westeuropäischen Länder spürbar beschnitt. Ein zweiter Grund Eisenhowers hing eng mit der gleichzeitig angelaufenen Revision der US-Sicherheitspolitik zusammen. Die Administration forderte von den europäischen Alliierten mehr finanzielle und personelle Eigenleistung im Verteidigungsbereich. Dies war nach Auffassung des Präsidenten den Allianzpartnern indessen nur zumutbar, wenn die Vereinigten Staaten die bestehenden Handelsrestriktionen (Osthandel ebenso wie Westhandel) möglichst weitgehend

---

12 DDE, 18. März 1953, 137. NSC-Sitzung; in: FRUS I/2, S.941

13 Ebenda, S.941.

14 Vgl. Kaufmann (1982), S.5. Bezüglich der MSA-Gelder, die DDE mit dem selben Argument gegenüber den Kritikern rechtfertigte, vgl. Kap. 7.5.3. und Anm. 121 in Kap. 8, S.252

lockerten, um dadurch den Europäern zusätzliche Einnahmequellen zu verschaffen.[15] Als weiteres Argument für eine Liberalisierung des Osthandels führte Eisenhower an, ein Handelsembargo treibe die "Satellitenstaaten" in noch grössere Abhängigkeit von der Sowjetunion. Gegenüber Wilson erklärte der Präsident:

> "The last thing you can do is to begin to do things that force all the peripheral countries - the Baltic States, Poland, CSSR, and the rest of them - to depend on Moscow for the rest of their lives. How are you going to keep them interested in you? If you trade with them, you have got something pulling their interest your way." 16)

Die Administration müsse vielmehr versuchen, "(to) try to detach the satellites from the USSR", und gerade die Osthandelspolitik "should be used in a broad and subtle way to weaken the Soviets."[17]

Die Mehrheit der Administration stellte sich hinter Eisenhowers Meinung, dass der Ost-West-Handel den Vereinigten Staaten alles in allem mehr Vor- als Nachteile bot und deshalb die bestehenden Restriktionen abgebaut werden sollten. Freilich bestanden auch die Befürworter einer Liberalisierung weiterhin auf der Unterscheidung nach strategischen und nichtstrategischen Gütern resp. einem strikten Embargo für erstere. Damit lag die Administration eindeutig auf der Linie der europäischen Verbündeten und stand im Widerspruch zu den Forderungen des rechten Flügels in der Republikanischen Partei. Für einen möglichst restriktiven Ost-West-Handel traten innerhalb der Administration Wilson, Radford als Repräsentant der JCS und pikanterweise, Handelsminister Sinclair Weeks ein. Ihre Begründung lag auf der Hand: die verstärkte Ausfuhr von Gütern in den Ostblock trage zu dessen Wirtschafts- und Militärpotential bei. Der Verteidigungsminister spitzte seine Kritik mit der Formulierung zu: "Well, I'm a little old-fashioned - I don't like selling fire arms to Indians."[18]

Obwohl die grundsätzlichen Positionen bereits bezogen waren, beauftragte der NSC seinen Planungsstab, das Für und Wider aller Optionen im Ost-West-Handel nochmals aufzulisten und dem Rat als Entscheidungsgrundlage vorzulegen. Diese Studie, NSC 152, wurde am 25. Mai 1953

---

15 Vgl. dazu NSC 162/2, Paragraph 12d; in: FRUS II/1, S.584

16 DDE zit. nach Greenstein (1982), S.109

17 DDE, 30. Juli 1953, 157. NSC-M.; in: FRUS I/2, S.1007

18 Wilson zit. nach Hughes (1963), S.76

präsentiert und erörterte vier grundsätzliche Ausrichtungen der Osthandelspolitik:

1. Die Beibehaltung der geltenden Politik.
2. Die völlige Aufhebung der Handelsrestriktionen.
3. Die Intensivierung der Handelsrestriktionen.
4. Die Beschränkung der Restriktionen auf jene Güter, die für die Kriegswirtschaft der kommunistischen Länder von grosser Bedeutung waren.

Die Administration folgte in der NSC-Sitzung vom 4. Juni prinzipiell der Argumentation der vierten Alternative, allerdings unter der Einschränkung, dass das totale amerikanische Handelsembargo gegen China und Nordkorea weiterhin bestehen blieb. Alternative 4 plädierte für eine Einengung des Begriffes "strategisch" auf Güter, die den kommunistischen Ländern direkt zur industriellen Herstellung von Kriegsmaterial dienen konnten. Näher präzisiert wurde diese enger gefasste Definition nicht, hingegen betont, man stimme einer Reduktion der COCOM-Listen zu, denn nach Einschätzung der vierten Alternative hatte diese Listenkürzung keinen signifikanten Einfluss auf das sowjetische Militärpotential.

Die Analyse antizipierte unterschiedliche politische Reaktionen im Falle einer solchen Strategie. Die Westeuropäer "would undoubtedly welcome such a change in the U.S. approach".[19] Dies wiederum werde wahrscheinlich deren Bereitschaft erhöhen, mehr Geld für die eigene Verteidigung auszugeben. Weil Westeuropa durch den intensivierten Handel wirtschaftlich gestärkt werde, so NSC 152, sei es für die Vereinigten Staaten auch allmählich möglich, ihre Wirtschafts- und Militärhilfe zu reduzieren. Für die USA sah die Studie im Falle dieser Handelsrestriktionen indessen eine weit schlechtere Resonanz voraus: "Congress and the general public would resist this apparent relaxation and intensify criticism of the program."[20] Es wurde hervorgehoben, dass vor allem eine Aufhebung der Handelsblockade gegen China auf massivsten parlamentarischen Widerstand stossen würde. Ein solcher Schritt stand für die Administration allerdings gar nie zur Diskussion. Dulles etwa meinte, das Embargo sei ein politisches Druckmittel für die Waffenstillstandsverhandlungen in Korea und wahrscheinlich einer der Gründe, weshalb die Kommunisten ein Ende des Krieges anstrebten. Diese Auffassung

---

19 NSC 152; in: FRUS I/2, S.980

20 Ebenda, S.980

setzte sich im Sicherheitsrat durch. Der Aussenminister betonte weiter, dass die Europäer auf dem Ost- resp. Chinahandel bestünden, "because they sorely needed dollars and food."[21] Bis jetzt habe man den Osthandel der Alliierten durch "the threat of cutting aid" kontrolliert, doch weil diese Hilfe im laufenden Jahr ohnehin gekürzt wurde, müssten die USA den Verbündeten auch eine Liberalisierung des Osthandels zugestehen. Auch hier folgte der NSC im wesentlichen Dulles' Erläuterungen.

Dem NSC-Sitzungsprotokoll nach zu urteilen, versuchten die Kritiker Wilson, Radford und Weeks zu diesem Zeitpunkt nicht, die Mehrheit der Administration umzustimmen und sie für eine der anderen Alternativen von NSC 152 zu erwärmen. Offenbar schien ihnen ein solcher Versuch angesichts der klaren Mehrheit für eine Handelsliberalisierung nicht sinnvoll. Bemerkenswert ist, dass Alternative 3, die eine markante Verschärfung der Restriktionen vorsah, nie in Betracht fiel, bei der ausdrücklich angemerkt wurde, sie entspreche der "attitude expressed by various members of Congress", womit zweifellos der rechte Flügel der GOP gemeint war.[22] Anscheinend wogen die allfälligen politischen Pluspunkte bei der republikanischen Rechten in diesem Fall für eine Mehrheit in der Administration die negativen Faktoren bei der Fortführung einer restriktiven Osthandelspolitik nicht auf.

Mit der grundsätzlichen Festlegung auf Alternative 4 wurden allerdings noch keine konkreten Beschlüsse gefasst. In einem zweiten Schritt musste vorerst einmal der Begriff "strategische Güter" diskutiert werden. Wilson forderte dabei die umfassendste, Eisenhower die restriktivste Auslegung. Die in NSC 152/2 verabschiedete Definition "commodities and services which contribute significantly to the war potential of the Soviet bloc" brachte noch keineswegs Klarheit.[23] Diese Umschreibung enthielt immer noch einen weiten Interpretationsspielraum, der vorderhand noch nicht konkret getestet wurde, weil mit der Verabschiedung von NSC 152/2 noch keine konkrete COCOM-Listenrevision erfolgte. Obwohl das NSC-Papier eine Woche nach Unterzeichnung des Waffenstillstandes in Korea von Eisenhower verabschiedet wurde, sah es keine Lockerung der Handelsblockade gegen China und Nordkorea vor.

Der Grundsatz der partiellen Liberalisierung des Ost-West-Handels

---

21 JFD, 4. Juni 1953, 148. NSC-M.; in: FRUS I/2, S.989
22 NSC 152; in: ebenda, S.978
23 NSC 152/2, 31. Juli 1953; in: ebenda, S.1010

wurde in NSC 152/2 aber dennoch beschlossen. Der Hauptgrund dafür war eindeutig die Rücksichtnahme auf Westeuropa, wie dies in NSC 152/2 betont wurde. Dieser wirtschaftspolitische Kurswechsel wurde jedoch nur zu einem sehr geringen Teil wenn überhaupt - auf Druck der amerikanischen Exportwirtschaft vollzogen, denn diese hatte laut NSC 152 "not shown much interest in direct trade with the Soviet bloc".[24] Die Studie empfahl, die Administration solle lediglich darauf bedacht sein, dass die amerikanische Exportwirtschaft den gleichen juristischen Bedingungen wie die europäischen Firmen unterstehe. NSC 152/2 registrierte zwei Monate später immerhin Signale, die ein verstärktes Interesse in den USA am Osthandel erkennen liessen. Doch wurden diese an den Sitzungen des Sicherheitsrates nie artikuliert. Dort war es ausgerechnet Handelsminister Weeks, zweifellos eine der primären Anlaufstellen für die Interessenartikulation der amerikanischen Exportwirtschaft, der sich notabene für die Beibehaltung der Handelsbeschränkungen aussprach unter dem Hinweis, dies gefährde die Sicherheit der Vereinigten Staaten. Weeks betonte ausdrücklich, "that of course the Department of Commerce has only one interest - that is the interest of defense."[25] Weeks pochte lediglich darauf, dass der einheimischen Exportindustrie die gleichen Ausfuhrerleichterungen wie den Europäern zugestanden werden müssten, wenn schon eine Lockerung der bestehenden Kontrollen nicht umgangen werden könne. Ansonsten war der Handelsminister in der Tat einer der härtesten Gegner einer Oeffnung des Ost-West-Handels, der immer wieder darauf verwies, ein solcher Schritt stärke nur das Militärpotential der Kommunisten.

10.2.2. Revision der COCOM-Listen

Bereits einen Monat nach der Unterzeichnung von NSC 152/2 hatte die Administration auch Gelegenheit, ihrer bis anhin noch nicht öffentlich bekanntgemachten Grundsatzerklärung auch Taten folgen zu lassen. Am 31. August, rund einen Monat nach Abschluss des Waffenstillstandsabkommens in Korea, meldete der US-Botschafter in London, Aldrich, dass Grossbritannien eine drastische Reduzierung der COCOM-Listen anstrebe

---

24 NSC 152; in: FRUS I/2, S.969

25 Weeks, 13. Mai 1954; 197. NSC-M.; in: ebenda, S.1162

und entsprechende Vorschläge an der COCOM-Sitzung vom 3. bis 6. November 1953 vorzubringen gedenke. Dies war dann auch tatsächlich der Fall, und es zeigte sich bald, dass man in London eine wesentlich umfassendere Liberalisierung des Ost-West-Handels im Auge hatte, als dies die USA im Rahmen ihrer neuen Richtlinien zu akzeptieren bereit waren. Die Briten hatten anfangs November zwar noch keine konkreten Vorschläge eingebracht, liessen aber durchblicken, dass sie eine fünfzigprozentige Reduktion der Liste I sowie die ersatzlose Streichung der Listen II und III anstrebten. In London war man aber bereit, weiterhin Restriktionen im Chinahandel in Kauf zu nehmen. Die schärfsten Differenzen zwischen Washington und London traten in der Frage zutage, welche Güter im konkreten Fall als strategisch einzustufen waren.

Die Administration war sich einig über die Gründe für den britischen Vorstoss. In den Worten von MSA-Direktor Stassen:

> "The British Government is confronted on the one hand with demands from the Laborites, who are 'soft' on Russia, and on the other hand from the conservative businessmen who for quite opposite reasons (are) anxious to extend trade with the Soviet bloc." 26)

Doch auch im Bewusstsein um Churchills schwierige Situation teilte Aldrich dem britischen Premier auf Anweisung des State Department mit, die Administration sei über die britische Haltung beunruhigt "and feels that so drastic a revision of the scope of the control system is not justified under present circumstances."[27]

Auf der US-Botschaft in London machte man sich allerdings keine Illusionen über die Ernsthaftigkeit der britischen Forderungen und übermittelte ans Aussenministerium, man müsse sich wohl "prepare...to make a real move toward narrowing of control lists if a multilateral agreement is to be achieved."[28]

Die massiven Forderungen Grossbritanniens brachte die Administration in einigermassen unerwartete Schwierigkeiten, war sie doch eben von einer rigiden Kontrolle des Ost-West-Handels abgerückt, um den europäischen Alliierten entgegenzukommen, und nun wurde ihr ein britischer Forderungskatalog präsentiert, der sich in der Tat weit von den amerika-

---

26 Stassen, 1. April 1954, 191. NSC-M.; in: FRUS I/2, S.1144

27 Aldrich an Churchill, 3. Dezember 1953; in: ebenda, S.1063

28 US-Botschaft in London an JFD, 24. Dezember 1953; in: ebenda, S.1068

nischen Vorstellungen unterschied. Zudem war die Polemik in den USA gegen den Ost-West-Handel weiterhin schrill. Senator Mundt forderte beispielsweise just zu jenem Zeitpunkt, die Administration solle den Alliierten ein Versprechen abverlangen, keinen Handel mehr mit den "Reds" zu treiben.[29] McCarthy forderte am 23. September und wieder am 24. November, sämtliche Wirtschaftshilfe an Grossbritannien einzustellen, sofern es sich nicht unverzüglich aus dem Chinahandel zurückziehe. Amerika wolle keinen Alliierten, "(who) licks the enemy's hand and furnishes him with the weapon of war."[30]

Doch auch der Druck aus Grossbritannien wuchs. Am 25. Februar 1954 trat Churchill quasi die Flucht nach vorn an und präsentierte die bislang nur auf diplomatischem Wege artikulierte Forderung nach einer Liberalisierung des Osthandels nun auch öffentlich im Unterhaus. Erst drei Wochen zuvor, am 4. Februar 1954, hatte der sowjetische Aussenhandelsminister Kabanow einer in Moskau weilenden Gruppe britischer Geschäftsleute eine Liste von Gütern im Wert von insgesamt 402 Millionen Pfund überreicht, die die Sowjetunion aus Grossbritannien zu beziehen wünschte. Der Grossteil dieser Güter waren Produkte der Schwerindustrie, so etwa Schiffe oder Bestandteile für Elektrizitätswerke.[31] Unter der geltenden COCOM-Regelung waren solche Ausfuhren bislang aber verboten, worauf die britischen Geschäftsleute auch mit Bedauern hinwiesen.

Diese Moskauer Gespräche, die im Westen viel Publizität erheischten, waren lediglich ein Beispiel für das seit Stalins Tod von der Sowjetunion wiederholt geäusserte Bedürfnis nach einem intensiveren Handel mit dem Westen. Bereits am 8. August 1953 hatte Malenkow in einer Rede betont, dass "we intend to pursue still more persistently a policy of developing trade between the Soviet Union and foreign countries."[32] Dulles stellte im NSC in diesem Zusammenhang fest, "(the) British, and particularly Churchill, (are) beguiled by the soft talk of the Russians to the effect that East-West-trade could greatly be developed."[33]

Das verstärkte sowjetische Interesse am Ost-West-Handel wurde in den Vereinigten Staaten ebenso wie in Grossbritannien und Frankreich

---

29 Zu Mundt, der ebenfalls einer der bekannten GOP-Hardliner im Senat mit guten Beziehungen zu McCarthy war, vgl. CQA (1953), S.248

30 McCarthy zit. nach NYT, 25. November 1953, S.26

31 Vgl. AdG (1954), 4360 A

32 Malenkow, 8. August 1953; in: DFR (1953), S.140

33 JFD, Memo of Conference, 5. Mai 1954; in: FRUS XIII/2, S.1467

übereinstimmend als Abweichung gegenüber deren bisherigen Handelspolitik bewertet. In der Einschätzung der Motive für diesen Kurswechsel waren sich aber namentlich die USA und Grossbritannien nicht einig, was auch in den COCOM-Verhandlungen zum Ausdruck kam. Der amerikanische COCOM-Delegationschef Gordon resümierte die britische Position dahingehend, dass

> "The U.K. does not feel that the recent changes in trading patterns and tactics by the Russians are to be viewed primarily as a tactic in the Cold War, but are rather inclined to view them primarily reflecting a Soviet desire for trade motivated by internal economic and political factors." 34)

Doch genau jenes Gefühl eines neuerlichen taktischen Schachzugs der Kommunisten hegte die Administration in Washington. Gordons Chef Harold Stassen sagte im NSC unwidersprochen, dass "the Soviets (are) obviously using east-west-trade as a means of dividing us from our allies."[35] Die amerikanische Delegation vertrat an den COCOM-Verhandlungen zudem die Meinung, die Sowjetunion wolle einen intensivierten Handel als politische Waffe benutzen und die westeuropäischen Länder in eine wirtschaftlich-politische Abhängigkeit bringen. Die britische Delegation hielt dem entgegen, dass die Sowjets bis anhin "little use of this power" gemacht hätten.[36] (Abgesehen davon wäre selbst ein ausgedehntes Ost-West-Handelsvolumen noch zu gering gewesen, um wirklich Abhängigkeit zu bewirken.)

Am 11. März 1954 wurden die britischen Forderungen erstmals im Sicherheitsrat zur Sprache gebracht. In einer ersten Stellungnahme trat Eisenhower für die Vorschläge aus London ein, weil ihm die kollektive Sicherheit durch eine Einschränkung der (Ost-)Handelsfreiheit des wichtigsten europäischen Alliierten gefährdet schien:

> "Actually, the President said, the issue came down to this: If you hope to preserve the free world as an effective unit against the Soviet bloc, you simply cannot stifle the trade of the free world." 37)

---

34 Gordon an JFD, 10. November 1953; in: FRUS I/2, S.1043

35 Stassen, 4. Juni 1953, 148. NSC-M.; in: ebenda, S.989

36 Gordon an JFD, 10. November 1953; in: ebenda, S.1046

37 DDE, 11. März 1954, 188. NSC-M.; in: FRUS I/2, S.1114

Dann allerdings folgte der Präsident dennoch den skeptischen Einwänden der meisten NSC-Mitglieder. Dulles etwa wies darauf hin, eine massive Oeffnung des Handels mit der UdSSR bedeute implizit auch eine Oeffnung gegenüber China, weil die Sowjetunion ohne Zweifel westliche Güter dorthin reexportiere. Der Chinahandel, so Dulles, musste aber weiterhin einem strikten Embargo unterliegen. Assistenzsekretär Smith führte zudem an, diese Handelsliberalisierung beraube den Westen eines Druckmittels in Verhandlungen mit den Sowjets. Radford betonte zusammen mit Wilson, dass sie gegen jegliche Liberalisierung des Osthandels seien, weil dadurch das militärische Potential der Sowjetunion gestärkt resp. jenes des Westens geschwächt würde. Schliesslich gaben Cutler und Nixon zu bedenken, die Befürwortung der Vorschläge Grossbritanniens könnten, nicht zuletzt wegen der "Battle Act", "well set off a new and very dangerous wave of isolationist sentiment in the Congress. That body might move to cut off all further U.S. assistance to Great Britain."[38]

Die scharfen Attacken der McCarthy-Kreise hatten offenbar doch Wirkung hinterlassen. Eisenhower blieb mit seinem Plädoyer für einen möglichst liberalen internationalen Handel jedenfalls allein auf weiter Flur. In einer späteren NSC-Sitzung beklagte er sich, die USA dürften die Europäer nicht einfach gängeln, Kooperation sei nicht nur in politisch-militärischer, sondern auch in ökonomischer Hinsicht notwendig:

> "There must continue to be such cooperation, said the President, or else each of the nations in the coalition would go to pot one by one. He had deteched very little support for such sentiment in the course of discussion at this Council meeting." 39)

Trotzdem schwenkte der Präsident auf die Linie seiner Minister ein, als er am 27. März 1954 an Churchill schrieb:

> "I appreciate the weight that must be given to the strong views on favor of decontrol that are held by the British public and by the British business community. I assume however, that you equally realize the weight of public and Congressional opinion in the United States and the problems arising out of the Battle Act. It would be most unfortunate if pressures in either of our countries produced reactions adversely affecting Anglo-American reactions." 40)

---

38 Nixon, ebenda, S.1115

39 DDE, 13. Mai 1954, 194. NSC-M.; in: ebenda, S.1163

40 DDE an Churchill, 19. März 1954; in: FRUS I/2, S.1119

Es sei nötig, so Eisenhower zu Churchill, "to narrow substantially" die aktuellen Embargolisten, "but I do not think we can scrap them altogether."[41]

Eisenhowers Vorstoss hatte Erfolg. Am 1. April vermeldete Stassen im NSC, dass die britische Regierung von ihren ursprünglichen Forderungen abgelassen habe und nun wie die USA lediglich für eine deutliche Reduktion der COCOM-Listen eintrat. Die Administration glaubte insbesondere deshalb an die aus ihrer Sicht positive Wirkung von Eisenhowers Schreiben, weil man in Washington davon ausging, die britische Position sei - wie schon die Gipfelinitiative - eine Marotte des alten Churchill, die im Kabinett keinen starken Rückhalt finde. Das "Economic Defense Advisory Committee" hatte in einer Studie über den britischen COCOM-Vorstoss beispielsweise geschrieben: "This proposal embodies to a large extent...Churchill's own thinking."[42]

Doch selbst nach der Aufgabe der britischen Maximalforderungen sollten sich die bis im Juli 1954 laufenden COCOM-Verhandlungen noch als ausserordentlich hart erweisen, ja es wurde buchstäblich um den strategischen Wert jedes "Items" gerungen. Ein Teilnehmer des US-Handelsministeriums stellte später ernüchtert fest: "The feeling that we were facting opponents rather than teammates persisted through all meetings which I attended."[43]

Bis am 1. Juli hatte man sich auf folgende Listenreduktion geeinigt: Liste I von 270 auf 185 "Items" (einzelne Güter), Liste II von 80 auf 28 "Items" und Liste III von 124 auf 55 "Items". Das war immerhin eine Reduktion um mehr als die Hälfte. Es bestanden aber weiterhin fundamentale Differenzen in rund 80 Fällen, wobei es vor allem um Kupfer, Nickel, Alteisen, Naturgummi, Eisenhbahnschienen, Handelsschiffe, Qualitätskugellager, Flugbenzin und Petroleum ging. Mit Ausnahme von Eisenhower betonten einmal mehr alle NSC-Mitglieder, es sei für die Sicherheit der Vereinigten Staaten von grösster Bedeutung, diese Güter auf der Embargoliste zu belassen. Die USA müssten jetzt, so meinten etwa Wilson, Weeks, Radford und Humphrey, "hold the line".[44] Der Präsident sah sich wiederum als einziger im NSC, der Verständnis für die

---

41 DDE an Churchill, 19. März 1954; in: FRUS I/2, S.1120

42 Memorandum des "Economic Defense Advisory Committee" an den NSC-PB, 9. März 1954; in: ebenda, S.1103

43 Hands an das DOC, 24. Mai 1954; in: ebenda, S.1184

44 Wilson, 1. Juli 1954, 205. NSC-M; in: FRUS I/2, S.1220

britischen Forderungen aufbrachte. Das Gesprächsprotokoll hielt fest:

> "The President went on to ask the members of the Council to try to place themselves in the position of the British, who were in desperate need of relief after years of struggle, if the United States pressed the British to a part where, in desperation, they determined to go alone in their trade with USSR or to a point, indeed, they might decide to quit the alliance with the United States and join India in a neutralist position." 45)

Doch selbst Eisenhowers drastische Schilderung der möglichen Konsequenzen des Festhaltens an einer restriktiven Osthandelspolitik vermochte kein NSC-Mitglied zu einer Meinungsänderung bewegen. Kein Minister befürwortete eine weitere Reduktion der COCOM-Listen. Sie traten alle für einen harten Kurs gegenüber Grossbritannien im Fall der restlichen 80 "Items" ein. Ihr Hauptargument war nebst sicherheitspolitischen Erwägungen, dass der Kongress umso negativer reagieren werde, je drastischer die Listenkürzung ausfalle. Eisenhower erkannte dies zwar an, doch meinte er lakonisch zu den NSC-Mitgliedern: "You are all wrong on the subject (of East-West-Trade)."[46] Doch einen einsamen Entscheid, von dem er wusste, dass praktisch niemand im Kabinett dahinterstand, wollte Eisenhower nicht fällen: "The President said that maybe he just had a soldier's abhorrence of issuing orders which he couldn't enforce."[47]

Deshalb plädierte er zusammen mit Dulles am 1. Juli 1954 für ein Moratorium der Verhandlungen von vier bis sechs Monaten über die 80 kontroversen "Items". Im Laufe der Verhandlungen Mitte und Ende Juli einigten sich die Delegationen aus Grossbritannien und den USA dann aber doch bis auf drei "Items". Dabei machten die Briten die hauptsächlichen Konzessionen, so dass Stassen dem NSC nicht ohne Stolz berichten konnte, dass "the items described as most vital to the United States from the security point of view...had remainded on the controlled lists."[48] Die endgültig revidierte Liste (mit Ausnahme der drei verbleibenden "Items") sah nun folgendermassen aus: Liste I wurde von 270 auf 167 "Items", Liste II von 80 auf 23 und Liste III von 124 auf 62 "Items" reduziert. Am 16. August 1954 traten die revidierten Listen in Kraft.[49]

---

45 DDE, 20. Mai 1954, 198. NSC-M.; in: FRUS I/2, S.1169
46 DDE, 1. Juli 1954, 205. NSC-M.; in: ebenda, S.1219.
47 Ebenda, S.1220
48 Stassen, 22. Juli 1954, 207. NSC-M.; in: FRUS I/2, S.1253
49 Beispiele für die Aufhebung von Embargos sind: gewisse Lokomotivtypen, Schie-

Der Administration war im Hinblick auf die voraussichtlichen Reaktionen im Kongress sehr daran gelegen, die revidierten COCOM-Listen möglichst unbemerkt und ohne öffentliches Aufsehen bekanntzugeben, denn es wurde erhebliche Kritik auf dem Kapitol befürchtet. Bezeichnend hierfür ist ein Vorschlag Eisenhowers, die neuen Listen stillschweigend und ohne offizielle Ankündigung in Kraft zu setzen, doch wurde diese Idee bald wieder verworfen. Auch Stassen befürchtete, die revidierten Listen "might be made the subject of demagogic speeches."[50] In der Tat war bereits in den Hearings des "Senate Foreign Relations Committee" im April 1954 für die Administration abzusehen, dass sie bestenfalls mit einer widerwilligen Tolerierung ihrer neuen Osthandelspolitik durch die Republikanische Partei rechnen konnte. Während die Demokraten recht positiv auf die gelockerten Handelsrestriktionen reagierten, äusserten die Vertreter der Regierungspartei unverhohlene Kritik, so etwa die Senatoren Hickenlooper und Ferguson. Ersterer stellte fest, dass die Sowjetunion in einem wirtschaftlichen Engpass stecke, und davon ausgehend meinte er:

> "We now propose to open up trade in consumer goods behind the Iron Curtain, which will probably relieve unrest and pressure there, (...) probably it would relieve the pressure on the Soviet Government so that they can devote more time to military adventures. It seems that might be the effect." 51)

Hinter der Kritik der beiden GOP-Senatoren standen tiefgreifende Meinungsverschiedenheiten mit Stassen über die Ziele der amerikanischen Russlandpolitik. Senator Ferguson, offensichtlich stark von Dulles' "Liberation"-Politik beeinflusst, meinte zum MSA-Direktor:

> "But, Governor, the downfall of communism behind the Iron Curtain will be caused by the dissatisfaction of the people in that system of slavery. We do not have in mind war or military aggression; therefore, our hope and our aim is that the people will rise in righteous wrath against the system of slavery where their standard of living is so low that they can no longer endure it; isn't that our hope?" 52)

---

nen, bestimmte Lastwagentypen, Tankwagen, kleine Traktoren, kleine Motoren und Generatoren, Dieselmaschinen, Dieselöl, Rohpetrol, gewisse Leichtmetalle und diverse Chemikalien.

49 Stassen, 12. August 1954, 210. NSC-M.; in: FRUS I/2, S.1337

50 Hickenlooper, 9. April 1954; in: "Hearings before the Committee on Foreign Relations. United States Senate. 83d Congress, 2d Session. Washington 1954", S.22.

52 Ferguson, 9. April 1954; in: ebenda, S.33 f.

Damit konnte sich Harold Stassen nicht einverstanden erklären:

> "No; it is that the dissatisfaction with their system causes such internal pressures that it moves their system in a direction of a peaceful system, and that is the process that we hope is now opening up before us." 53)

Ferguson blieb die resignierende Feststellung: "Governor (Stassen), I must say I cannot agree with you."[54] Interessant ist, dass in den NSC-Beratungen weder Fergusons Begründung in den Reihen der Gegner einer Handelsliberalisierung, noch Stassens Argument bei den Befürwortern einer solchen aufgetaucht ist. Auf der einen Seite wurden praktisch ausschliesslich sicherheitspolitische Bedenken ins Feld geführt, während niemand, auch nicht Dulles, glaubte, eine restriktive Handelspolitik schüre die politische Instabilität in den Ostblockstaaten. Auf der anderen Seite wurde Stassens Argument zwar einmal von Eisenhower hervorgebracht, doch hauptsächlich ging es den Befürwortern einer Intensivierung des Osthandels um die Rücksichtnahme auf den Bündnispartner Grossbritannien.

Dass die befürchteten heftigen negativen Reaktionen im Kongress auf die am 25. August 1954 bekanntgegebene Listenrevision schliesslich doch weitgehend ausblieben, hatte vor allem drei Gründe:

- Die Administration musste die Revision der COCOM-Listen nicht vom Kongress genehmigen lassen. Somit fehlte ein möglicher, ja wahrscheinlicher Anlass zu langwierigen und kontroversen Debatten auf dem Kapitol. (Die Anpassung der "Battle Act" erfolgte im Sinne der von der Administration angestrebten Rechtsgleichheit für die amerikanische und europäische Exportindustrie.)
- Die Restriktionen im Chinahandel blieben bestehen, und damit war der weitaus kontroverseste Punkt in der gesamten Ost-West-Handels-Problematik praktisch ausgeschaltet.
- Spektakuläre Nachfragen aus der Sowjetunion nach den nun für den Export freigegebenen amerikanischen Gütern blieben aus. Die Reaktionen in Moskau auf die Listenkürzungen fielen im allgemeinen kühl und zurückhaltend aus.[55] Eine sprunghaft ansteigende Nach-

---

53 Stassen, 9. April 1954; in: "Hearings before the Committee on Foreign Relations. United States Senate. 83d Congress, 2d Session. Washington 1954", S.34 f.

54 Ferguson, ebenda, S.34

55 Vgl. dazu NYT, 12. September 1954, S.9; NYT, 29. September 1954, S.40

frage nach ehemals als strategisch qualifizierten Gütern hätte indessen bei den misstrauischen Hardlinern im Kongress viel eher beissende Kritik provoziert. Stimmen wie jene des McCarthy-Vertrauten und GOP-Senators William Jenner waren selten, der in typisch polemischer Weise meinte, die Listenrevision "represents a tactical gain for the Communists as damaging to our prestige as our military retreat from the Yalu."[56]

McCarthy selber war im Herbst 1954 völlig mit den "Army-Hearings" beschäftigt, die seine Aufmerksamkeit nicht zuletzt deshalb total absorbierten und von der Veröffentlichung der revidierten Listen ablenkten, weil der Senator mittlerweile gemerkt hatte, dass er hier faktisch um sein politisches Ueberleben kämpfte.[57] (Am 5. August 1954 wurde im Senat erstmals ein Antrag auf offizielle Tadelung des Senators gestellt, was am 4. Dezember dann tatsächlich erfolgte und McCarthys Abstieg endgültig besiegelte.)

10.3. Fazit: Kompromiss zwischen "Alter Garde" und Alliierten

Würde man den Ost-West-Handel nur an seinem effektiven wirtschaftlichen Gewicht im Vergleich zum gesamten internationalen Handel messen, könnte man sich eine Erörterung dieses Themas im Rahmen dieser Arbeit zweifellos ersparen. Die Diskussionen um den "Trade with the Reds" warfen in der Tat aber weit höhere Wellen, als dem Osthandel aufgrund seines effektiven Stellenwertes an Aufmerksamkeit beizumessen gewesen wäre. Die permanente Polemik der republikanischen Hardliner gegen alles, was auch nur im entferntesten mit Kommunismus zu tun haben schien, bewirkte eine erhebliche Emotionalisierung des Themas. Man stritt faktisch um verschwindend kleine Prozentzahlen, die aber in diesem innenpolitischen Klima zu angeblich zentralen Grundsatzfragen hochstilisiert wurden. Es war die Symbolik und nicht die Substanz, die die Diskussion in der amerikanischen Oeffentlichkeit in Gang hielt.

Das Spannungsfeld, in dem sich die Debatten der Administration um den Ost-West-Handel abspielte, weist ganz ähnliche Pole auf wie

---

56 Jenner zit. nach NYT, 5. September 1954, S.15

57 Zu den "Army-McCarthy-Hearings" vgl. Kap. 9, Anm. 37, S.269

jenes im Fall der Aussen- und Sicherheitspolitik:

- Druck des rechten GOP-Flügels auf die Administration, eine harte Wirtschaftspolitik gegenüber der Sowjetunion und vor allem auch gegenüber China anzuschlagen. Im Klartext hiess das: ein völliges Embargo. Die einheimische Industrie zeigte kein Interesse am Handel mit kommunistischen Staaten, und jene Kreise zeigten auch kein Verständnis gegenüber europäischen Forderungen nach mehr Freizügigkeit im Osthandel.
- Druck der europäischen Alliierten, namentlich Grossbritanniens, die von den Vereinigten Staaten - zumal nach dem Ende des Koreakrieges - eine moderatere, liberalere Osthandelspolitik verlangten; einerseits, um der einheimischen Exportindustrie neue Absatzmärkte zu verschaffen; andererseits, um auf diese Weise einen gewissen politischen Spannungsabbau mit der Sowjetunion zu erreichen.

Die Administration suchte darin eine mittlere Position. Was zustande kam, war ein Kompromiss, der keine Seite vor den Kopf stiess: die Republikanische Partei nicht, deren Unterstützung man ja zur Durchsetzung der verschiedensten Programme im Kongress benötigte; Grossbritannien nicht, weil man an einem einigermassen guten Einvernehmen mit dem (nicht zuletzt in militärisch-strategischer Hinsicht) wichtigsten europäischen Bündnispartner interessiert war und die auf politischer Kooperation beruhende kollektive Sicherheit des Westens nicht noch stärker belasten wollte.[58]

Als am weitaus empfänglichsten für die britischen Forderungen, als "Internationalist" und rigoroser Verfechter des Prinzips der kollektiven Sicherheit gleichsam, hat sich Eisenhower erwiesen. Politischer Konsens unter den Alliierten als eine wichtige Voraussetzung für die kollektive Sicherheit des Westens hatte bei Eisenhower Priorität vor sicherheitspolitischen Bedenken und innenpolitischen Rücksichten. Mit grösster Wahrscheinlichkeit hätte der Präsident die COCOM-Listen noch stärker nach britischem Geschmack zusammengestrichen, wenn er dafür eine Mehrheit im Kabinett gefunden hätte. Doch mit seiner Prioritätenordnung stand Eisenhower unter seinen Ministern und Beratern buchstäblich allein auf weiter Flur. Dass er aber seine Meinung nicht gegen den erklärten Willen wichtiger Kabinetts- resp. NSC-Mitglieder durchdrückte, spricht eher

---

58 Das bilaterale Verhältnis war zu jenem Zeitpunkt ja bereits wegen der Gipfel- und der Indochinafrage belastet.

für seinen politischen Realitätssinn als gegen sein Durchsetzungsvermögen innerhalb der Administration.

Im Verlauf der NSC-Diskussionen wurden auch Vorstellungen verschiedener Minister offenbar, die aufgrund ihres Ressorts nicht unbedingt zu erwarten waren. Weeks etwa, der Handelsminister, sorgte sich explizit mehr um die Sicherheit des Landes, die er wegen der Listenreduktion gefährdet sah, als um einen möglichst liberalen internationalen Handel. Diese Position konnte er sich wohl nur deshalb erlauben, weil er nicht unter Druck der amerikanischen Exportindustrie stand, sondern wohl eher unter jenem der Binnenindustrie, die sich gegen die Konkurrenz von Importen aus West- und Osteuropa wehren wollte. Als Gegenstück zu Weeks liesse sich gleich der Präsident, "the General", anführen, dem der Freihandel und politische Rücksichtnahme auf Grossbritannien offensichtlich stärker am Herzen lagen als eine möglichst restriktive Osthandelspraxis aus militärischen Sicherheitsgründen. Demgegenüber hätten Radford und Wilson den ganzen Ost-West-Handel ohne Zweifel am liebsten unterbunden, um keinesfalls ein Sicherheitsrisiko für die Vereinigten Staaten einzugehen.

Eisenhower bewies im Verlauf dieser Verhandlungen auch ein ausgeprägtes Sensorium für den Einfluss der Wirtschaft - und als einer ihrer wichtigen Ausprägungen: des materiellen Lebensstandards der Menschen - auf die politische Stabilität eines Landes. Für ihn stand die Kausalkette fest, dass Handel Reichtum und dieser politische Stabilität schuf. Materielles Wohlergehen wiederum war für den Präsidenten einer der besten Garanten zur Abwehr von kommunistischer Ideologie. Für den Präsidenten galt auch die umgekehrte Kausalität: Kommunistische Parolen konnten seines Erachtens dort nicht oder nur schlecht Fuss fassen, wo ökonomische Prosperität materiellen Wohlstand sicherte. In dieser Auffassung unterschied sich Eisenhower auch recht deutlich von Dulles, der - öffentlich wie privat - weit mehr Gewicht auf die moralische Komponente des "geistigen Containment" legte: ein gemeinsames philosophisch-religiöses Fundament des Westens als politischer Kitt zur Festigung der Abwehrbereitschaft gegen kommunistische Expansionsversuche.

Die Einwilligung der Administration in die britischen Forderungen nach einer Liberalisierung des Osthandels brachte ihr im Kongress zwar eine gewisse Kritik der GOP-Hardliner, doch andererseits stellte diese handelspolitische Kurskorrektur auch einen ersten Schritt zur Befriedigung der Wünsche der Fiskalkonservativen innerhalb der Regierungspartei dar.

Denn wie mehrere NSC-Analysen betonten, sollte der intensivierte Osthandel der Europäer den Vereinigten Staaten zumindest mittelfristig erlauben, ihre Wirtschaftshilfe an jene Länder zu kürzen. Damit wurde das Budget wieder etwas entlastet. Auch die (finanzielle wie personelle) amerikanische Militärhilfe sollte ja, wie im "New Look" im Grundsatz beschlossen, reduziert werden, sobald die europäischen Alliierten wirtschaftlich in der Lage waren, diese Ausfälle zu kompensieren. Die Administration hatte also auch unter diesem Gesichtspunkt ein Interesse am Ausbau des Osthandels (und auch am Abbau des innerwestlichen Protektionismus), weil er die ökonomische Prosperität der Alliierten förderte.

Von Interesse sind auch die Interpretationsunterschiede zwischen den USA und Grossbritannien bezüglich des verstärkten sowjetischen Interesses am Ost-West-Handel. Hinter der Lesart in Washington, die von Dulles zu einem beträchtlichen Teil geprägt worden sein dürfte, stand einmal mehr das Bild der diabolisch schlauen und hinterlistigen Kremlführung, die jeden ihrer Schritte in erster Linie mit Blick auf das Ost-West-Verhältnis exakt evaluierte. Die Angebote aus Moskau dienten aus dieser Optik primär als Instrument zur Spaltung der westlichen Allianz. Dulles stimmte einer Lockerung der Restriktionen lediglich deshalb zu, weil er annahm, die britischen Forderungen liessen sich langfristig ohnehin nicht völlig ignorieren. Churchill hingegen erkannte im sowjetischen Bestreben nach einem intensivierten Handel ein weiteres Indiz für die Abkehr von der stalinistischen Aussenpolitik. Und diese Intensivierung wiederum hielt er für durchaus in beiderseitigem Interesse.

11. SCHLUSSBEMERKUNGEN

"Can America Manage Its Soviet Policy?", fragt Joseph Nye einleitend zu einem Resumé der amerikanisch-sowjetischen Beziehungen seit 1945.[1] In seiner Antwort nimmt er Bezug auf die drei fundamentalen Zielsetzungen, an denen sich die amerikanische Aussen- und Sicherheitspolitik der Nachkriegszeit immer orientiert hat:

1. die Verhinderung eines (Nuklear-)Krieges,
2. die Verhinderung der Ausdehnung sowjetischer Macht und Ideologie,
3. die Aenderung des aussen- und innenpolitischen Verhaltens und letztlich des Systems der Sowjetunion.[2]

Der Autor gelangt zum Schluss, dass das erste Ziel (offensichtlich) ganz, das zweite und dritte jedoch höchstens teilweise erreicht wurde. Insgesamt beurteilt er die amerikanische Russlandpolitik der letzten 40 Jahre als leidlich gut, obschon er im historischen Verlauf verschiedentlich Inkonsistenz und mangelnde Kohärenz konstatiert, deren Ursachen er - ganz im Sinne Tocquevilles - als primär systemisch bedingt einstuft. Aussenpolitische Planung und Implementierung im (spezifisch amerikanischen) demokratischen Prozess bringe eine Reihe besonderer Probleme mit sich. Nye nennt etwa die verfassungsmässig eingebauten "checks and balances" zwischen Exekutive und Legislative, die schwache Parteiendisziplin, den Einfluss verschiedenster "pressure groups" und der Medien sowie die bisweilen einschneidenden Wechsel nach Wahlen.[3]

Wie fällt Nyes Kriterien zufolge die diesbezügliche Bilanz der Administration Eisenhower aus? Auf den ersten Blick höchst positiv, denn das letztlich entscheidende Ziel hat diese Regierung mehr erreicht als jede andere seit 1945: Die Vereinigten Staaten wurden, von den letzten Gefechten in Korea einmal abgesehen, acht Jahre lang aus Kriegen herausgehalten - ein Nachkriegsrekord, den es vorab einmal zu würdigen gilt. Diese Tatsache trug ja nicht unwesentlich zum Eisenhower-Revisionismus bei. Fragt man sich indessen, ob die Administration auch zu einer Verringerung der Kriegsgefahr beigetragen hat, so sind hinter dieser an sich positiven ersten Teilbilanz doch einige Fragezeichen anzubringen.

---

1 Nye (1984), S.325
2 Ebenda, S.325
3 Ebenda, S.334

Zum einen barg die sogenannte "policy of brinkmanship" sehr hohe Gefahren in sich, beispielsweise im Fall Koreas. Selbstverständlich war es ein legitimes und sinnvolles Anliegen der Administration, diesen Krieg so rasch als möglich zu beenden. Das Risiko, das man in Washington einzugehen bereit war, um dieses Ziel zu erreichen, war allerdings völlig unverhältnismässig hoch. Die im Prinzip beschlossene Eskalation des Konfliktes unter Einsatz von Atomwaffen für den Fall, dass nicht umgehend ein Waffenstillstand nach amerikanischen Bedingungen abgeschlossen wurde, hätte sehr wohl katastrophale Folgen zeitigen können. Eine solche Eskalation hätte leicht ausser Kontrolle geraten und einen neuen Weltkrieg provozieren können, denn die vorgesehenen Einsatzziele für die amerikanischen Atomwaffen lagen lediglich rund 500 Kilometer von Wladiwostok entfernt. In Anbetracht dieser - von der Administration durchaus erkannten - militärischen Eskalationsgefahr samt den möglicherweise sehr gravierenden allianzpolitischen Folgen war die Risikobereitschaft zumal deshalb unverantwortlich, als sich der Krieg zu diesem Zeitpunkt faktisch nur mehr auf einige Scharmützel beschränkte. Dass es schliesslich nicht zu dieser höchst gravierenden Ausweitung des Krieges, sondern zum Waffenstillstand kam, ist nicht auf die Zurückhaltung der Administration, sondern auf das Einlenken Chinas und der neuen sowjetischen Führung zurückzuführen. Ob der Kurswechsel der Kommunisten eine Folge der amerikanischen Drohpolitik war, wie Eisenhower und insbesondere Dulles später immer wieder behaupteten und darin einen Beweis für den Erfolg einer Politik der Stärke wähnten, ist freilich eine andere Frage. Beweisbar ist diese These jedenfalls nicht, und überdies lassen sich durchaus Indizien anführen, die den Schluss nahelegen, dass primär innen- resp. blockpolitische Gründe die UdSSR und China zum Einlenken bewogen haben.

Wiederum positiv ins Gewicht fällt hingegen, dass sich die Administration ein Jahr später - in Vietnam - trotz militanter Rhetorik und "Massive Retaliation"-Doktrin bemerkenswerte Zurückhaltung auferlegte und in realistischer Einschätzung des innen- und allianzpolitischen Klimas eine unilaterale militärische Intervention nie ernsthaft in Betracht zog. Einsatzpläne der Militärs existierten zwar eine ganze Menge, doch war die Administration von einer Konfliktintensivierung unter Einsatz von Atomwaffen in Vietnam letztlich weiter entfernt als in Korea. Eine gemeinsame Aktion blieb für Eisenhower wie für Dulles zu jedem Zeitpunkt der Krise eine "conditio sine qua non" für eine Intervention. Im Gegensatz dazu schien die Administration in Korea zu einer unilateralen militärischen Eskalation ohne Rücksicht auf die Bedenken der Alliierten bereit. Im Rückblick erschreckend bleibt die Tatsache, mit welcher Leichtfertigkeit die Administration den Einsatz von Atomwaffen in Korea und Indochina doch immerhin plante. Die möglichen Konsequenzen einer aussenpolitischen Planung in solch simplizistischen Kategorien wie der Dominotheorie stimmt auch heute noch höchst nachdenklich. Ein Nuklearkrieg in Asien, vielleicht gar ein nuklear geführter Weltkrieg als Folge einer militärischen Ueberreaktion in Konflikten, bei denen - nüchtern betrachtet - weder für die Vereinigten Staaten noch für den Westen insgesamt wirklich vitale Interessen auf dem Spiel standen? Dass es auch in Indochina nicht zum Aeussersten gekommen ist, ist zu einem guten Teil das Verdienst anderer, in diesem Fall der Regierung Churchill, die sich strikte gegen eine alliierte Intervention ausgesprochen hatte.

Ein zweites Fragezeichen zur ersten Teilbilanz: Die Administration Eisenhower unternahm nie einen ernsthaften Versuch zur Abrüstung. Der Präsident bedauerte zwar die permanente Aufrüstung, doch tat er kaum etwas, um dieser Entwicklung Einhalt zu gebieten. Immerhin wurden die gesamten Verteidigungsausgaben um rund 20 Prozent gegenüber den Budgetplänen der Demokraten gesenkt und über die folgenden acht Jahre in bemerkenswerter Weise auf diesem Niveau stabilisiert. Doch ändert dieser Umstand nichts an der Tatsache, dass die Administration gleichzeitig ihr Nuklearpotential erheblich aufgestockt hat. Als Folge des Entscheides im Rahmen des "New Look", die Atomwaffen auf strategischer und taktischer Ebene als zentrales Element der neuen Sicherheitspolitik zu integrieren, wurde die atomare Rüstungsspirale - nicht zuletzt in Europa - kräftig nach oben gedreht. "Atoms for Peace" darf zwar in gewisser Hinsicht als Ansatz zur Rüstungskontrolle gelten, doch war Eisenhowers Initiative nicht Element einer konzertierten Strategie, sondern ein politisch völlig isolierter Vorschlag, der überdies der Sowjetunion mehr Konzessionen abverlangt hätte als den Vereinigten Staaten. Die Administration mochte sich auch nicht zur Unterbreitung eines nuklearen Teststopps entschliessen, obschon sie in diesem Bereich einen klaren Vorsprung auf die Sowjetunion aufwies. Selbst aus dieser eindeutigen militärischen und politischen Position der Stärke heraus war man in Washington nicht zu Verhandlungen bereit, letztlich wegen der Befürchtung, dieser Vorsprung könnte gefährdet werden. Ohne diese historische Erfahrung überbewerten zu wollen, so lässt sie doch erhebliche Zweifel an der bis heute beständig in Washington (und nicht nur dort) geäusserten

Ansicht aufkommen, Abrüstung sei erst und ausschliesslich aus einer Position der Stärke gegenüber der Sowjetunion verantwortbar resp. wünschbar. Zumindest solange der grundlegende politische Konflikt nicht entscheidend entschärft ist, dürfte der Behauptung des Rüstungsvorsprungs Priorität gegenüber Abrüstung eingeräumt werden.

Zur zweiten zentralen Zielsetzung, der Verhinderung der Ausdehnung sowjetischer Macht und Ideologie. Aller wahlkampfrhetorischen Distanzierungsbemühungen der Republikaner gegenüber der "Containment"-Politik der Vorgänger zum Trotz, blieben die aussenpolitischen Leitlinien der amerikanischen Nachkriegsaussenpolitik auch unter Eisenhower weitgehend unverändert. Die Eindämmungspolitik war im Grunde auch das einzig praktikable Ziel im Sinne eines Kompromisses zwischen "Appeasement" und "Liberation". Das eine Extrem vertrug sich nicht mit den aus dem Status als westlicher Führungsmacht resultierenden materiellen und ideellen Ansprüchen. Das andere Extremziel, "Liberation", fiel allein schon aufgrund des sowjetischen Militärpotentials, zumal des nuklearen, nicht in Betracht. Zu dieser Einsicht bedurfte es für die republikanische Administration auch gar nicht mehr des Beweises der Existenz der sowjetischen Wasserstoffbombe, wie die amerikanische Nicht-Reaktion auf die Aufstände in der DDR gezeigt hat. Auch in der GOP hat sich nie jemand der Illusion hingegeben, das markige Gerede von "Liberation" könne in der Tat mehr sein als rhetorische Scharfmacherei. Gleichwohl war dies aber nicht bloss ein hohler Wahlkampfslogan zum Stimmenfang, sondern wohl auch demonstrativer Ausdruck der Weigerung der neuen Regierungspartei, "Besitzstand" und Herrschaft der Sowjetunion resp. der KPdSU ebenso stillschweigend (und damit quasi offiziell) zu anerkennen wie die Administration Truman. (Faktisch freilich hatte dies die GOP schon längst getan.) Der von der Administration und insbesondere von Dulles aufrechterhaltene Anspruch auf "Befreiung der versklavten Völker" war sowohl eine Form des "Imperialismus des Idealismus" (Williams), als eben auch ein sehr bewusst eingesetztes Instrument zur Verunsicherung der neuen sowjetischen Führung. "Liberation" stiess indessen nicht nur schnell an aussen-, sondern auch an innenpolitische Grenzen. Wie die kläglich gescheiterte "Captive Peoples Resolution" gezeigt hat, waren die republikanischen Befreiungsparolen innenpolitisch nicht konsensfähig, weil sie auch Kritik an der aussenpolitischen Amtsführung Trumans implizierten, was die Demokraten natürlich nicht zu akzeptieren bereit waren.

Die "Containment"-Version der Administration Eisenhower wurde entscheidend durch deren Interpretation von Ausbruch und Beendigung des Koreakrieges geprägt. Dieser Konflikt stellte für die republikanische Aussenpolitikergeneration der fünfziger Jahre zweifellos ein historisches Schlüsselerlebnis zum Verständnis internationaler Politik dar. Aus Achesons "Defense Perimeter"-Rede wurde der Schluss gezogen, dass deutliche politische Abgrenzungen - wann immer möglich bi- oder multilaterale Sicherheitspakte - geschaffen und Drohungen quasi präventiv im Hinblick auf eine mögliche Aggression offen und unmissverständlich ausgesprochen werden mussten, um die Gegenseite nicht zu einer Fehleinschätzung zu verleiten, die einen Krieg provozieren konnte. Die zweite wichtige Folgerung: China und die Sowjetunion lenkten in Korea ein, nachdem die USA mit der Ausweitung des Krieges unter Einsatz von Atomwaffen auf chinesisches Territorium gedroht hatten. Entsprechend galt die Androhung massiver (nuklearer) Vergeltung als probates Mittel, um die UdSSR und China vor weiterer Expansion abzuschrecken.

Das Bedürfnis der Administration Eisenhower zur grundsätzlichen Ueberprüfung der US-Aussen- und Sicherheitspolitik hatte sehr viel mit innen- und wirtschaftspolitischen Faktoren, aber fast nichts mit aktuellem sowjetischen Verhalten zu tun. Einmal nötigte der wahltaktisch bedingte Zwang zur Abgrenzung gegenüber der "demokratischen" "Containment"-Politik die republikanischen Herausforderer zu markigen aussenpolitischen Parolen. Weit wichtiger aber war der ausgeprägte Fiskalkonservatismus innerhalb der "Alten Garde" - hauptsächlich vertreten durch Taft und Humphrey. Deren veritable Sparobsession setzte die Administration unter massiven Druck, einschneidende Abstriche im Verteidigungsetat vorzunehmen. Das entscheidende Ergebnis des "New Look" - die prinzipielle "Konventionalisierung" der vergleichsweise "billigen" Atomwaffen - kam bezeichnenderweise weit stärker auf Intervention des Finanzministers als etwa des Aussen-, des Verteidigungsministers oder des Präsidenten zustande. "More security at less cost" - Nuklearwaffen schienen es möglich zu machen. Der "New Look" reflektierte primär den erwähnten Fiskalkonservatismus und keineswegs die jüngsten politischen und militärischen Entwicklungen in der UdSSR, von Stalins Tod über die "Friedensoffensive" bis hin zum bereits klar erkennbaren, eindeutigen Trend zur nuklearen Parität als Folge des ständig verbesserten sowjetischen Atompotentials. Die von John Foster Dulles im Januar 1954 angekündigte Doktrin der "Massive Retalation" war letztlich eine Scheinlösung, die die Administration zwar von den Pressionen der Fiskalkonservativen weitgehend entlastete, hingegen als "Containment"-Form nicht praktikabel war, weil sie weder innen- noch allianzpolitisch konsensfähig war. Die "Konventionalisierung" der Nuklearwaffen war allenfalls in den Köpfen der Militärstrategen denkbar, aber nicht in der politischen Realität. Es dauerte kein halbes Jahr, bis man sich dieser sicherheitspolitischen Schimäre in Washington schmerzlich bewusst wurde: In Indochina hatte die neue Kriegsverhinderungsstrategie ganz offensichtlich versagt; die französischen Truppen mussten abziehen, der Vietminh übernahm die Macht im Norden des Landes. An diesem schweren Misserfolg änderte auch die Tatsache nicht das geringste, dass China - aus welchen Gründen auch immer - nicht offen auf der Seite des Vietminh interveniert hatte. Die "Massive Retaliation" war nicht zuletzt auch deshalb eine Scheinlösung, weil sie auf einer Aggressionsform beruhte ("Korea-like"), die die Administration selbst als die in den nächsten Jahren unwahrscheinlichste einstufte. In dieser Hinsicht bewirkte die Erfahrung in Vietnam ebenfalls eine (wenngleich nur beschränkte) Desillusionierung in Washington. In den auf diesen harten Rückschlag einsetzenden Diskussionen im Nationalen Sicherheitsrat schien die Einsicht vorhanden, dass sich Eindämmungspolitik nicht allein auf militärische Massnahmen reduzieren liess. Die tieferliegenden Ursachen für die Erfolge der Kommunisten insbesondere in der Dritten Welt wurden offenbar auch erkannt, zumindest ansatzweise, doch dieser Erkenntnis folgte keine Umsetzung in eine politische, ursachenorientierte Eindämmungsstrategie, die mehr als bloss militärische Symptombekämpfung war.

Zur dritten zentralen Zielsetzung, dem Versuch, mittels der eigenen Aussenpolitik Einfluss auf den aktuellen Kurs der Sowjetunion zu nehmen und eine grundlegende Aenderung des bestehenden Systems, letztlich dessen Ueberwindung, zu bewirken. Stalins Tod und die nachfolgende sowjetische "Friedensoffensive" lagen als möglicher Ansatzpunkt zur Einflussnahme auf der Hand. Im Gegensatz zu Churchill zeigte die Administration Eisenhower indessen kein ernsthaftes Interesse an einer unverzüglichen und gründlichen Auslotung der verschiedenen Initiativen der neuen Führung in Moskau. Eine wirklich profunde Diskussion über die neue Situation nach Stalins Tod fand ebensowenig statt wie eine echte Debatte über das sowjetisch-chinesische Verhältnis.

Die amerikanische Perzeption der "Friedensoffensive" - diese Verallgemeinerung ist in Anbetracht des höchstens in Nuancen differierenden Sowjetbildes der beiden Parteien durchaus statthaft - demonstriert mit exemplarischer Deutlichkeit das für Konfliktsituationen typische Wahrnehmungsmuster, wonach neue Signale nach alten, festgefügten Ueberzeugungen interpretiert und somit die bestehenden Feindbilder (zumindest tendenziell) permanent verifiziert werden.[4] Diesem geradezu kanonisierten Russlandbild zufolge, dem notabene auch das Gros der zeitgenössischen Sowjetologen beipflichtete resp. dieses selber tatkräftig tradierte, konnte die sowjetische Politik als Folge des bedingungslosen Glaubens ihrer Führer an die Prinzipien des Marxismus-Leninismus gar nicht anders betrieben werden als repressiv-totalitär nach innen und aggressiv-expansiv nach aussen.[5] Entsprechend wähnte man die sowjetische Aussenpolitik bestimmt von "ideologisch bedingtem Welteroberungsstreben, von der Externalisierung innenpolitschen Terrors und totaler Bürokratisierung und von einer spezifischen Mischung aus russischem Chauvinismus und bolschewistischer Militanz".[6] Die Administration, und namentlich Dulles, deutete die poststalinistische Entwicklung ganz im Zeichen der Kontinuität kommunistischer Herrschaft, während die Indizien eines innen- und aussenpolitischen Kurswechsels entweder minimalisiert oder als unausweichliches Nachgeben gegenüber der amerikanischen Politik der Stärke interpretiert wurden.[7]

Für Dulles, der innerhalb der Administration eine dominante, wenn auch keine monopolistische Stellung hinsichtlich der Interpretation sowjetischer Politik innehatte, stellten die konzilianten aussenpolitischen Signale

---

4 Zu den Perzeptionsmustern in (internationalen) Konfliktsituationen vgl. Holsti (1967), S.57-62, Steinbrunner (1974), S.71-109, Jervis (1982), S.24, Frei (1985), S.110-121

5 Wassmund (1974), S.4, dessen Ansicht von Cohen (1985), S.15 ff., geteilt wird, bemerkt mit Bezug auf die Sowjetologen, was freilich auch für die meisten zeitgenössischen Politiker zutrifft: "Nicht das tatsächliche politische Verhalten der Sowjetunion war als Grundlage der Beurteilung herangezogen worden, sondern was man gemäss ihrer ideologischen Phraseologie von ihr erwarten konnte; nicht die realistische Einschätzung einer Interessenlage und rationales Reagieren darauf diente als Kriterium der Analyse, sondern nicht im entsprechenden Zusammenhang gesehene Handlungen einer Herrschaftsclique oder eines Führers und was man ihr oder ihm schlimmstenfalls unterstellen könnte. Das Ergebnis war, dass man der sowjetischen Aussenpolitik in hohem Mass Lernfähigkeit, Selbstbeschränkung und flexibles Reaktionsvermögen absprach."

6 Wassmund (1974), S.4

7 Auch diese Interpretation - die Betonung des Dauernden und entsprechend die relative Vernachlässigung der Indizien des Wandels - ist, wie Jervis (1976), S.271 ff., festhält, ein typisches Perzeptionsmuster in Konfliktsituationen.

der Stalin-Nachfolger eine typische taktische Finte zur Unterminierung von Einheit und Abwehrbereitschaft des Westens dar und waren folglich nicht etwa eine Chance zur Entspannung mit dem Osten, sondern eine eminente politische Gefahr für den Westen. Die neue Führung unter Malenkow konnte sich kooperativ (z.B. Korea) oder konfrontativ (z.B. DDR-Aufstände) verhalten, die Interpretation des Aussenministers und der Mehrheit der Administration lief immer auf dasselbe hinaus: die Bestätigung des Bildes der aggresiv-expansiv orientierten Sowjetunion. Aus der Optik des Aussenministers war der Kalte Krieg ein "Nullsummenspiel", ein fundamentaler ideologischer und machtpolitischer Konflikt ohne gemeinsame Interessen von Ost und West, und deshalb musste des einen Gewinn zwangsläufig des anderen Verlust sein. Unter dieser Prämisse war es auch folgerichtig, dass Dulles gegenüber Stalins Nachfolger eine in der Tat kompromisslose Haltung verfocht und auf deren Kooperationsangebote mit Abschottung und Dialogverweigerung reagierte.

Und Eisenhower? Er war nicht ganz so stur wie sein Staatssekretär, nicht zuletzt deshalb, weil er den Ost-West-Konflikt weniger ideologisch definierte als Dulles und durchaus gewisse gemeinsame Interessen für gegeben hielt. Alle konzilianten Signale und Ansätze zu einem moderateren amerikanischen Kurs gingen auf Eisenhower zurück: "The Chance for Peace", "Atoms for Peace", die Liberalisierung des Osthandels; und möglicherweise wäre "Ike" gar zu einem nuklearen Teststoppangebot der USA bereit gewesen, sofern er im Nationalen Sicherheitsrat eine Mehrheit dafür gefunden hätte. Falsch wäre nun allerdings die Schlussfolgerung, Eisenhower sei ein geradezu verzweifelt um Entspannung und Abrüstung ringender, indes von den Falken im Kabinett desavouierter Präsident gewesen. Einerseits lockte auch den General das Image des Friedenspräsidenten, doch andererseits war er hinter den Kulissen massgeblich für den Gesamteindruck einer militaristischen US-Aussenpolitik - Stichwort: "Massive Retaliation" - mitverantwortlich, der nicht nur in der Sowjetunion, sondern auch bei den Alliierten vorherrschte. Eisenhower liess beispielsweise auch Dulles' rhetorische Wechselbäder zu, die jeweils unmittelbar auf seine konzilianten Signale folgten. Innenpolitisch war dies im Klima des rüden Antikommunismus der McCarthyisten zwar opportun; ebenso übrigens wie auch die Verweigerung eines Gipfels, der von den Rechtsradikalen in der GOP mit Sicherheit schnell als "Appeasement" und neues "Jalta" denunziert worden wäre. Doch der Preis für die "Ruhigstellung" der republikanischen hardliner waren bisweilen erhebliche Spannungen mit den Allianzpartnern. Namentlich die Beziehungen zu Grossbritannien wurden massiv belastet, so etwa durch die Differenzen bei der Gipfelfrage, der neuen Nukleardoktrin und der Teststoppfrage, bei der Indochinapolitik ebenso wie dem Osthandel.

Mit dem insgesamt kompromisslosen Abschottungskurs, der der politisch-militärischen Integration insbesondere Westeuropas absolute Priorität vor einem Entspannungsversuch mit der UdSSR einräumte, liess die Administration die Möglichkeit ungenutzt verstreichen, einen mässigenden Einfluss auf die poststalinistische Aussenpolitik zu nehmen. Vielmehr dürften der aggressive Moralismus und mehr noch die Konsequenzen des "New Look" - nukleare Aufrüstung (auch in Westeuropa!), forcierter Basenausbau und Paktabschlüsse - zu einer Verhärtung der sowjetischen Politik geführt haben. Diese neuen Elemente der republikanischen "Containment"-Version mussten fast zwangsläufig die ohnehin schon nicht geringen Bedrohungsvorstellungen und Einkreisungsängste der Sowjets verstärken und somit den Vertretern eines harten sowjetischen Kurses Argumente für Konfrontation und Aufrüstung liefern. Umgekehrt war die militaristische amerikanische Aussenpolitik im Gefolge von Stalins Tod kaum dazu angetan, die Position einer kooperationswilligen Fraktion in Moskau zu stärken. Auch in dieser Periode des beiderseitigen Generationenwechsels dürfte eine amerikanisch-sowjetische "Koalition der Dogmatiker" oder "Koalition der Falken" nicht unwesentlich dazu beigetragen haben, dass mögliche Ansätze zu einer Verbesserung der Beziehungen bereits im Keime erstickt wurden.[8] Der unverminderte Fortgang des Kalten Krieges vollzog sich so nach dem Prinzip der "self fulfilling prophecy".[9] "Liberation" und "Massive Retaliation", ihrerseits stark von Korea beeinflusst, führten in der UdSSR zur Feindbildbestätigung des "imperialistischen Amerika" und zu einer harten sowjetischen Linie wie etwa in der DDR, was wiederum in Washington das alte Sowjetbild bestätigte. Dies allerdings heisst keinesfalls, es werde hier ein "psychologischer Reduktionismus" betrieben,[10] d.h. der Konflikt resp. dessen Fortgang im wesentlichen als eine Folge permanenter gegenseitiger Fehleinschätzungen gedeutet. Uneingeschränkt von amerikanischer Fehleinschätzung der poststalinistischen Aussenpolitik zu sprechen, ist ohnehin einigermassen problematisch, denn dies impliziert, dass man die quasi objektiv

---

8 Vgl. dazu Loth (1981), S.337, und Cohen (1985), S.157

9 Vgl. Loth (1981), S.337

10 Dieser Vorwurf wird z.B. von Link (1984), S.3 erhoben.

richtige Einschätzung kennt, was allein schon aufgrund des weitgehend fehlenden Zugangs zu sowjetischen Quellen praktisch unmöglich ist. Unter der Voraussetzung hingegen, dass eine Seite im Grund eine Konfliktabschwächung wünscht, wirken sich diese die Feindbilder perpetuierenden Wahrnehmungsmuster hinderlich aus. Das dem Konflikt inhärente grosse Misstrauen gebietet, dass auch und gerade in Situationen des Wechsels von der denkbar schlechtesten Annahme "worst case thinking" ausgegangen wird und dem Gegner sicherheitshalber prinzipiell unlautere Motive unterstellt werden.

Nach Stalins Tod wurde eine Chance vertan. Die Administration Eisenhower unternahm keinen ernsthaften Versuch zur Abkehr von permanenter Konfrontation und Aufrüstung, obwohl oder gerade weil sie sich zu diesem Zeitpunkt in einer im Vergleich zur Sowjetunion politisch und militärisch starken Position befand. Die Alternative wäre natürlich nicht die endgültige Lösung des fundamentalen Konflikts gewesen, sondern dessen teilweise Entschärfung. Churchill ist beizupflichten, als er mit Blick auf die sture Haltung der Administration zu einem Gipfeltreffen meinte, es sei " a mistake to assume that nothing can be settled with the Soviet Union unless or until everything is settled."[11] Der britische Premier, oft als der erste "Kalte Krieger" von Format bezeichnet, realisierte weit früher als andere, dass gemeinsame Interessen zwischen Ost und West immer offensichtlicher wurden, je deutlicher die nukleare Parität erkennbar wurde. Auch dass unter diesen Voraussetzungen die Sicherheit der einen Seite mit jener der anderen vereinbar sein musste (und muss), war eine Einsicht, der Churchill sich früh bewusst wurde, wohl nicht zuletzt wegen der (im Vergleich zu den USA) relativ starken Verwundbarkeit Grossbritanniens durch sowjetische Atomraketen. In den Vereinigten Staaten hingegen stand dieser Erkenntnisprozess, der letztlich auch die Akzeptanz der Sowjetunion als legitimer und den USA statusmässig ebenbürtigen Grossmacht mit entsprechenden Interessen implizierte, zu Beginn der Administration Eisenhower noch ganz am Anfang und scheint bis heute noch nicht abgeschlossen.[12]

---

11 Vgl. Kap. 4, Anm. 71, S.105
12 Vgl. Cohen (1984), S.22

12. ANHANG

Dok. Nr. 1

Eine typische Karrikatur, die die öffentliche Meinung in bezug auf die Führung der amerikanischen Aussenpolitik reflektiert.
Aus: The Washington Post, 24. Mai 1954.

"You Sure Everything's All Right, Foster?"
5/24/1954

Dok. Nr. 2

Die Illustration in "Life" zu Dulles' Artikel "A Policy of Boldness": Eine der gängigen kritischen Karrikaturen zu Trumans "Containment"-Politik. Aus: Life, 16. Juni 1952, S.65.

Dok. Nr. 3

Der entscheidende Passus der "Captive Peoples Resolution" lautete:

> "Conclude with a declaration that the Senate and the House join with the President in declaring that the United States rejects any interpretations or applications of any international agreements or understandings, made during the course of World War II, which have been perverted to bring about the subjugation of free peoples, and further join in proclaiming the hope that the peoples, who have been subjected to the captivity of Soviet despotism, shall again enjoy the right of self-determination within a framework which will substain the peace; that they shall again have the right to choose the form of government under which they will live, and that sovereign rights of self-government shall be restored to them all in accordance with the pledge of the Atlantic Charter."

Quelle: "Letter to the President of the Senate and to the Speaker of the House of Representatives Transmitting a Proposed Resolution on Subjugated Peoples. 20. February 1953." In: PP (1953), S.57.

Dok. Nr. 4

Eisenhowers Mühe mit seiner eigenen Partei aus der Sicht des Karrikaturisten. Aus: The Washington Post, 24. Juni 1953.

"I'm Getting A Little Tired Of This Honeymoon"

Dok. Nr. 5

Hier wird Stalins Image in der amerikanischen Oeffentlichkeit mit aller Deutlichkeit aufgezeigt. Aus: The Washington Post, 5. März 1953.

"You Were Always A Great Friend Of Mine, Joseph"
3/5/1953

Dok. Nr. 6

Karrikatur zu den Aufständen in der DDR. Aus: "The Washington Post", 18. Juni 1953.

Dok. Nr. 7

AS 'NEW LOOK' PUTS PREMIUM ON RETALIATORY POWER—AIR FORCE BASES AROUND THE WORLD

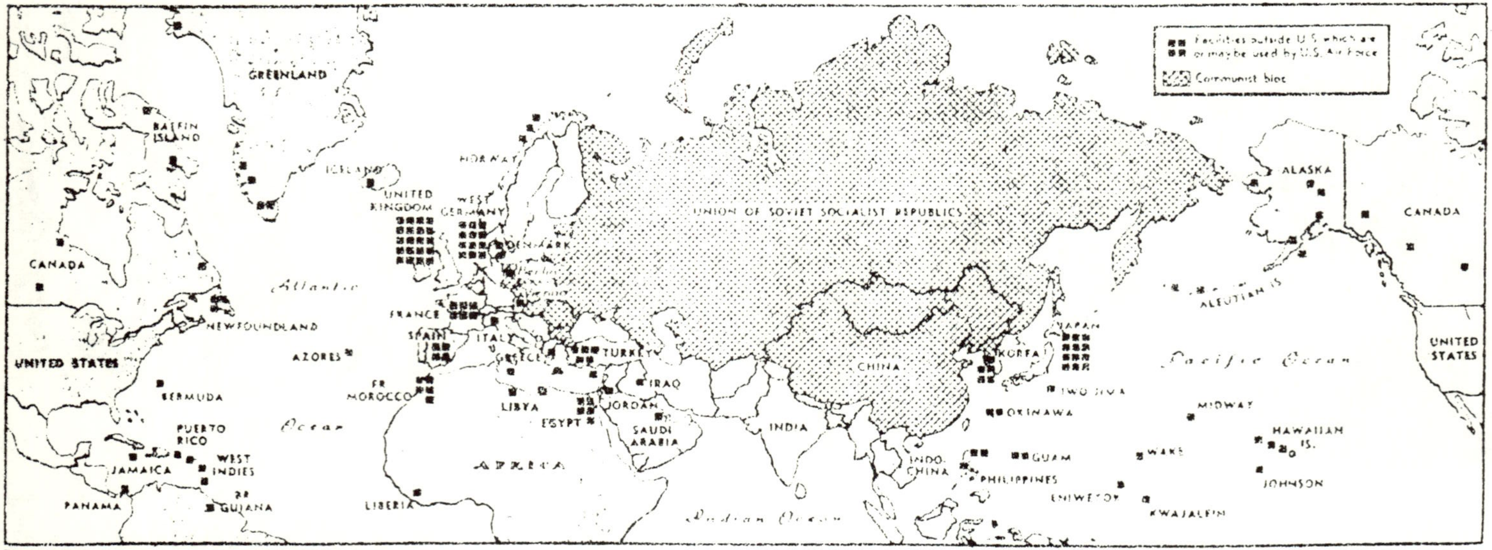

There are various arrangements governing United States use of the bases shown above. For instance, the Air Force would use the British bases in the Suez Canal Zone only in case of war. Some airfields shown are used only intermittently by American planes. Others are fully manned and operated by U. S. forces. Still others are operated by the country concerned but American planes have full use of the facilities. Altogether there are about 160 NATO air bases in Western Europe. The ones shown on the map are used by our Air Force as well as by NATO planes.

Aus: The New York Times, 24. Januar 1954, IV, S.3

Dok. Nr. 8

Fiskaljahr	Gesamt-ausgaben	Ausgaben für "National Security"	In Prozent der Gesamtausgaben
1945	95,2	81,6	85,7
1946	61,7	44,7	72,4
1947	36,9	13,1	35,5
1948	36,5	13,0	35,6
1949	40,6	13,1	32,2
1950	43,1	13,1	30,4
1951	45,8	22,5	49,1
1952	68,0	44,0	64,7
1953	76,8	50,4	65,6
1954	70,9	46,6	65,7
1955	68,5	40,2	58,7
1956	70,5	40,3	57,2
1957	76,7	42,8	55,8
1958	82,6	44,4	53,8
1959	92,1	46,6	50,6
1960	92,2	45,9	49,8
1961	97,8	47,4	48,5
1962	106,8	51,1	47,8
1963	111,3	52,3	47,0
1964	118,6	53,6	45,2
1965	118,4	49,6	41,9
1966	134,7	56,8	42,2

In Milliarden Dollar

Quelle: U.S. Bureau of the Census: Historical Statistics of the United States, Colonial Times to 1970, Washington 1975, S.224, 1116

Dok. Nr. 9

Eisenhowers Dilemma aus der Optik des Karrikaturisten. Aus: The Washington Post, 8. Oktober 1953.

"Think Maybe We'd Better Say Something About It?"
8/10/1953

Dok. Nr. 10

Diese Karrikatur aus der New York Times vom 4. April 1954 trägt die Bildunterschrift "This one is deadly, too."

13. BIBLIOGRAPHIE

13.1. Ungedruckte Quellen

- Dulles, John F.: The Papers of John Foster Dulles. 1952, 1953, 1954. Seeley G. Mudd Library, Princeton University.
  - Presidential Correspondence and Speeches Series
  - Subject Series
  - White House Memoranda Series
- The Dulles Oral History Project. Seeley G. Mudd Library, Princeton University.
  Interviews mit: Sherman Adams, Charles Bohlen, Robert Bowie, Robert Cutler, Andrew Goodpaster, George Kennan.
- Hughes, Emmet J.: The Emmet John Hughes Papers. Seeley G. Mudd Library, Princeton University.

13.2. Gedruckte Quellen

- Adams, Sherman: Firsthand Report. The Story of the Eisenhower Administration. New York 1961.
- Adenauer, Konrad: Erinnerungen, 1945-1953. Stuttgart 1965.
- Bohlen, Charles E.: Witness to History, 1929-1969. New York 1973.
- Brenyan, Robert L. und Lawrence H. Larson: The Eisenhower Administration 1953-1961. A Documentary History. 2 Volumes. New York 1971.
- Clark, Mark: From the Danube to the Yalu. New York 1954.
- Cutler, Robert: No Time for Rest. Bosten 1965.
- The Declassified Documents: Microfiche Collection, 1975-1981, Retrospective Collection, hg. von Annadel Wile et al., Washington o.J.

- The Declassified Documents: Microfiche Collection, 1982-1983, hg. von Richard D. Vollmar et al., Woodbridge, o.J.

- Department of State: Documents on Disarmament, 1945-1959. 2 Volumes. Washington 1960.

- Documents on American Foreign Relations: 1953, 1954, hg. von Peter V. Curl. New York 1954, 1955.

- Dulles, John F.: War or Peace. New York 1950.

- Dulles, John F.: A Policy of Boldness. In: Life, Nr. 12/52, 16. Juni 1952, S.64-75.

- Dulles, John F.: Policy for Peace and Security. In: Foreign Affairs, Vol. 32 (April 1954), S.353-364.

- Eden, Anthony: Full Circle. The Memoirs of Sir Anthony Eden. London 1960.

- Eisenhower, Dwight D.: The White House Years. Mandate for Change. New York 1963.

- Ferrell, Robert H. (Hg.): The Eisenhower Diaries. New York 1981.

- Ferrell, Robert H. (Hg.): The Diaries of James C. Hagerty. 1954-1955. New York 1983.

- Foreign Relations of the United States, 1952-1954: Hg: U.S. Department of State.
  - Vol. I, 2 Bände: General. Economical and Political Matters, hg. von William Z. Slany, Washington 1983.
  - Vol. II, 2 Bände: National Security Affairs, hg. von William Z. Slany, Washington 1984.
  - Vol. V, 2 Bände: Western European Security, hg. von William Z. Slany, Washington 1983.
  - Vol. XIII, 2 Bände: Indochina, hg. von John P. Glennon, Washington 1982.
  - Vol. XV, 2 Bände: Korea, hg. von John P. Glennon, Washington 1984.

- Hughes, Emmet J.: The Ordeal of Power: A Political Memoir of the Eisenhower Years. New York 1963.

- Kennan, George F.: Memoirs, 1925-1950. Boston 1967.

- Kennan, George F.: Memoirs 1950-1967. Boston 1972.

- Nixon, Richard M.: RN. The Memoirs of Richard Nixon. New York 1978.
- Oppenheimer, J. Robert: Atomic Weapons and American Foreign Policy. In: Foreign Affairs, Volume 31 (Juli 1953), S.525-539.
- Public Papers of the Presidents: Dwight D. Eisenhower. 1953, 1954. Washington 1960.
- Radford, Arthur W.: From Pearl Harbour to Vietnam. Hg. von Stephen J. Jurika. Stanford 1980.
- Ridgway, Matthew: Soldier. New York 1956.
- Strauss, Lewis: Men and Decisions. New York 1962.
- Taft, Robert A.: A Foreign Policy for Americans. New York 1951.
- Taylor, Maxwell: The Uncertain Trumpet. New York 1959.
- U.S. Congress: House of Representatives. House of Foreign Affairs Committee, Subcommittee on Foreign Economic Policy. 83^{d} Congress, 2^{d} Session, 9. April 1954. Washington 1954.
- U.S. Congress: Senate. Executive Sessions of the Senate Foreign Relations Committee. Historical Series. Volumes V, VI. Washington 1977.
- U.S. Congress: Senate. Hearings before the Committee on Foreign Relations. 83^{d} Congress, 2^{d} Session, 9. April 1954. Washington 1954.

13.3. Periodika

- Archiv der Gegenwart: 1952, 1953, 1954, hg. von Heinrich von Siegler. Essen, Wien, Zürich o.J.
- Congressional Quarterly Almanach: 1952, 1953, 1954. Washington, o.J.
- Foreign Affairs
- Le Monde
- Life

- The New York Times
- The Times
- Time

13.4. Darstellungen und Aufsätze

- Alexander, Charles C.: Holding the Line. The Eisenhower Era, 1952-1961. Bloomington 1975.
- Ambrose, Stephen E.: Rise to Globalism. American Foreign Policy, 1938-1976. Menaska 1976.
- Ambrose Stephen E.: Eisenhower. Volume One. Soldier, General of the Army, President Elect. 1890-1952. London 1983.
- Ambrose, Stephen E.: Eisenhower. Volume Two. The President. 1952-1969. London 1984.
- Angermann, Erich: Die Vereinigten Staaten von Amerika seit 1917. München 1978.
- Baring, Arnulf: Der 17. Juni. Köln 1965
- Beal, John Robinson: John Foster Dulles. A Biography. New York 1957.
- Behrens, Henning und Paul Noack: Theorien der Internationalen Politik. München 1984.
- Bell, Coral: Crisis in Indochina. In: Survey of International Affairs. 1954. S.12-73. London 1957.
- Bell, Coral: Negotiation from Strength. New York 1963.
- Berding, Andrew: Dulles on Diplomacy. Princeton 1965.
- Bernstein, Barton J.: Election of 1952. In: Arthur M. Schlesinger und Fred Israel (Hg.): History of American Presidential Elections 1789-1968. Volume I, S.3215-3337. New York 1971.
- Bernstein, Barton J.: Foreign Policy in the Eisenhower Administration. In: Foreign Service Journal, Volume 50, No. 5, 1973, S.17-38

- Bernstein, Barton J.: New Light on the Korean War. In: International History Review 3, April 1981, S.256-277.

- Billings-Yun, Melanie S.: Decision Against War. Eisenhower and Dien Bien Phu, 1954. Ph. D. diss. Harvard University 1982.

- von Borch, Herbert: Der General im Weissen Haus. In: Süddeutsche Zeitung, 15. Februar 1986, S.65.

- Bowie, Robert: The President and the Executive Branch. In: Joseph S. Nye (Hg.): The Making of America's Soviet Policy, S.63-94. New Haven 1984.

- Brown, Seyom: The Faces of Power. Constancy and Change in United States Foreign Policy from Truman to Johnson. New York 1968.

- Caldwell, Dan: American-Soviet Relations from 1947 to the Nixon-Kissinger Grand Design. Westport 1981.

- Campbell, Angus: The Voter Decides. Evanston 1954.

- Cohen, Stephen F.: Sovieticus. American Perceptions and Soviet Realities. New York 1984.

- Cohen, Stephen F.: Rethinking the Soviet Experience. Politics and History since 1917. New York 1985.

- Cook, Blanche W.: Dwight D. Eisenhower. Antimilitarist in the White House. St. Charles 1974.

- Cook, Blanche W.: The Declassified Eisenhower. New York 1981.

- De Santis, Vincent P.: Eisenhower Revisionism. In: Review of Politics, Vol. 38/2, 1976, S.190-207.

- Devillers, Philippe und Jean Lacouture: Vietnam: de la guerre française à la guerre américaine. Paris 1969.

- Divine, Robert A.: Foreign Policy and U.S. Presidential Elections. Volume II, 1952-1960. New York 1974.

- Divine, Robert A.: Blowing on the Wind: The Nuclear Test Ban Debate 1954-1960. New York 1978.

- Divine, Robert A.: Eisenhower and the Cold War. New York 1981.

- Doenecke, Justus D.: Not to the Swift. Lewisburg 1979.

- Donovan, Robert J.: Eisenhower. The Inside Story. New York 1956.

- Donovan, Robert J.: Ike: How Great A President? In: The New York Times Book Review, 9. September 1984, S.1.
- Drummond, Roscoe und Gaston Coblentz: Duel at the Brink. New York 1960.
- Ewald, William B.: Eisenhower The President. Crucial Days, 1951-1960. Prentice-Hall 1981.
- Fall, Bernard B.: Hell in a Very Small Place. The Siege of Dien Bien Phu. Philadelphia 1967.
- Fleming, Denna F.: The Cold War and Its Origins, 1917-1960. New York 1961.
- Ford, John W.: The McCarthy Years in the Department of State. In: Foreign Service Journal, Vol. 60, No. 4 (November 1980), S.12-16.
- Foschepoth, Joseph: Wie Adenauer Churchill austrickste. In: Die Zeit, 4. Mai 1984, S.32.
- Foschepoth, Joseph: Churchill, Adenauer und die Neutralisierung Deutschlands. In: Deutschland Archiv 17/2, 1984, S.1286-1301.
- Frei, Daniel: Feindbilder und Abrüstung. München 1985.
- Friedman, Edward C.: Nuclear Blackmail and the End of the Korean War. In: Modern China 1, 1975, S.75-91.
- Gaddis, John Lewis: Strategies of Containment. A Critical Appraisal of Postwar American National Security Policy. Oxford 1982.
- Gaddis, John L.: The Emerging Post-Revisionist Synthesis on the Origins of the Cold War. In: Diplomatic History, Vol. 7, No. 3 (Sommer 1983), S.171-190.
- Gallup, George: The Gallup Poll. Public Opinion 1935-1971. Volume Two 1949-1958. New York 1972.
- Geiling, Martin: Aussenpolitik und Nuklearstrategie. Eine Analyse des konzeptionellen Wandels der amerikanischen Sicherheitspolitik gegenüber der Sowjetunion 1945-1963. Köln 1975.
- George, Alexander L.: Presidential Decisionmaking in Foreign Policy. The Effective Use of Information and Advice. Boulder 1980.
- George, Alexander L.: Deterrence in American Foreign Policy. Theory and Practice. New York 1974.

- Gerson, Lewis L.: John Foster Dulles. In: Robert H. Ferrell (Hg.): The American Secretaries of State and Their Diplomacy. Volume XVII, S.68-140. Chicago 1967.
- Gopal, Sarvepalli: Jawaharlal Nehru. A Biography. Volume II. 1947-1956. London 1979.
- Graebner, Norman: The New Isolationism. New York 1956.
- Greenstein, Fred: Eisenhower as an Activist President. A Look at New Evidence. In: Political Science Quarterly, Volume XCIV (Winter 1979/1980), S.575-599.
- Greenstein, Fred: The Hidden-Hand Presidency. Eisenhower as a Leader. New York 1982.
- Grosser, Alfred: Das Bündnis. Die westeuropäischen Länder und die USA seit dem Krieg. München 1982.
- Guhin, Michael: John Foster Dulles. A Statesman and His Times. New York 1972.
- Halle, Louis J.: Der Kalte Krieg. Ursachen, Verlauf, Abschluss. Frankfurt 1969.
- Herring, George C.: America's Longest War: The United States and Vietnam, 1950-1975. New York 1979.
- Herring, George C. und Richard H. Immerman: Eisenhower, Dulles and Dien Bien Phu. The Day We Didn't Go to War. In: The Journal of American History, Vol. 71, (September 1984), S.343-363.
- Holsti, Ole R.: Cognitive Dynamics and Images of the Enemy: Dulles and Russia. In: David J. Finlay et al.: Enemies in Politics, S.25-96. Chicago 1967.
- Holsti, Ole R.: 'Operational Code' Approach to the Study of Political Leaders. John Foster Dulles' Philosophical and Instrumental Beliefs. In: Canadian Journal of Political Science, Volume III, No. 1 (March 1970), S.123-157.
- Holsti, Ole R.: Will the Real Dulles Please Stand Up. In: International Journal, Vol. 30, No. 1 (1974/1975), S.34-44.
- Hoopes, Townsend: The Devil and John Foster Dulles. Boston 1973.
- Horowitz, David: Kalter Krieg. Hintergründe der US-Aussenpolitik von Jalta bis Vietnam. Berlin 1969.

- Immerman, Richard: Eisenhower and Dulles. Who Made the Decisions? In: Political Psychology, Vol. I (Herbst 1979), S.3-20.

- Immerman, Richard: The CIA in Guatemala. New York 1982.

- Jervis, Robert: Perception and Misperception in International Politics. Princeton 1976.

- Jervis, Robert: Deterrence and Perception. In: International Security, Vol. 7 (1982), Nr. 3, S.3-28.

- Kaufman, Burton I.: Trade and Aid. Eisenhowers Economic Policy 1953-1961. New York 1982.

- Kaufman, Burton I.: The Korean War. The Challenges in Crisis, Credibility, and Command. New York 1986.

- Kaufmann, William W.: The Requirements of Deterrence. In: William W. Kaufmann (Hg.): Military Policy and National Security, S.12-38. Princeton 1956.

- Keefer, Edward C.: Dwight D. Eisenhower and the End of the Korean War. In: Diplomatic History 10, Sommer 1986.

- Kempton, Murray: The Underestimation of Dwight D. Eisenhower. In: Esquire, September 1967, S.108-125.

- Kennan, George F.: Die Supermächte auf Kollisionskurs. Verselbständigen sich die Gruselbilder, die sie voneinander entwerfen? In: Die Zeit, 28. August 1981, S.3.

- Kirk, Russell und James McClellan: The Political Principles of Robert A. Taft. New York 1967.

- Kissinger, Henry A.: Nuclear Weapons and Foreign Policy. New York 1957.

- Knapp, Manfred: Die Einstellung der USA gegenüber der Sowjetunion in der Periode des Kalten Krieges 1947-1969. In: Gottfried Niedhart (Hg.): Der Westen und die Sowjetunion, S.205-234. Paderborn 1983.

- Kolko, Gabriel und Joyce: The Limits of Power. The World and the United States Foreign Policy, 1945-1954. New York 1972.

- LaFeber, Walter: America, Russia, and the Cold War, 1945-1966. New York 1967.

- Link, Werner (Hg.): Die neueren Entwicklungen des Ost-West-Konflikts. Sonderheft der Zeitschrift für Politik. Köln 1984.

- Loth, Wilfried: Die Teilung der Welt, 1941-1955. München 1980.

- Loth, Wilfried: Der "Kalte Krieg" in der historischen Forschung. In: Gottfried Niedhart (Hg.): Der Westen und die Sowjetunion. Paderborn 1983. S.155-175.

- Lyon, Peter: Eisenhower. Portrait of the Hero. Boston 1974.

- McAuliffe, Mary S.: Commentary: Eisenhower, the President. In: Journal of American History, Nr. 68, Dezember 1981, S.623-625.

- McCoy, Donald R.: Trends in Viewing Herbert Hoover, Franklin D. Roosevelt, and Dwight D. Eisenhower. In: Midwest Quarterly 20, Winter 1979, S.117-136.

- McMahon, Robert J.: Eisenhower and Third World Nationalism. A Critique of the Revisionists. In: Political Science Quarterly, Vol. 101, Nr. 3, 1986, S.453-473.

- Meissner, Boris: Die Sowjetunion und die deutsche Frage. In: Osteuropa-Handbuch. Sowjetunion. Aussenpolitik I, 1917-1955, S.473-500. Köln 1972.

- Millett, Allan Reed und Peter Maslowski: For the Common Defense. A Military History of the United States of America. New York 1984.

- Moran, Lord: Winston Churchill. The Struggle for Survival 1940-1965. London 1966.

- Morgenthau, Hans J.: Will It Deter Aggression? In: New Republic, 29. März 1954, S.11-15.

- Morgenthau, Hans J.: John Foster Dulles. In: Norman Graebner (Hg.): An Uncertain Tradition. American Secretaries of State, S.289-308. New York 1961.

- Morrison, Donald: The Sublime Commander. In: Time, 3. Oktober 1983.

- Mosley, Leonard: Dulles. A Biography of Eleanor, Allen, and John Foster Dulles and their Family Network. London 1978.

- Niebuhr, Reinhold: The Republican Split on Foreign Policy. In: New Leader, Vol. 35, 12. Mai 1952, S.16-17.
- Niedhart, Gottfried (Hg.): Der Westen und die Sowjetunion. Paderborn 1983.
- Noack, Paul: Das Scheitern der Europäischen Verteidigungsgemeinschaft. Entscheidungsprozesse vor und nach dem 30. August 1954. Düsseldorf 1977.
- Nye, Joseph S.: Can America Manage Its Soviet Policy? In: Joseph S. Nye (Hg.): The Making of America's Soviet Policy, S.325-354. New Haven 1984.
- Osgood, Robert E.: NATO. The Entangling Alliance. Chicago 1962.
- Patterson, James D.: Mr. Republican. A Taft-Biography. Boston 1972.
- Parmet, Herbert S.: Eisenhower and the American Crusades. New York 1972.
- Prados, John: "The Sky Would Fall". Operation Vulture, The U.S. Bombing Mission, Indochina 1954. New York 1983.
- Pruessen, Ronald W.: John Foster Dulles. The Road to Power. New York 1982.
- Reeves, Thomas C.: McCarthyism. Interpretations Since Hofstadter. In: Wisconsin Magazine of History, Vol. 60, Nr. 1, 1976, S.42-54.
- Reeves, Thomas C.: The Life and Times of Joe McCarthy. New York 1982.
- Reichard, Gary W.: The Reaffirmation of Republicanism. Eisenhower and the 83d Congress. Knoxville 1975.
- Reichard, Gary W.: Division and Dissent. Democrats on Foreign Policy. In: Political Science Quarterly, Volume XCIII, Frühling 1978, S.51-72.
- Reichard, Gary W.: Eisenhower as a President. The Changing View. In: South Atlantic Quarterly, Vol. LXXVII, Sommer 1978, S.265-281.
- Richardson, Elmo: The Presidency of Dwigth D. Eisenhower. Lawrence 1979.

- Roberts, Chalmers M.: The Day We Didn't Go to War. In: Reporter, 11, 14. September 1954, S.31-35.

- Rosenau, James: The Nomination of "Chip" Bohlen. New Brunswick 1958.

- Rostow, Walt W.: Europe after Stalin. Eisenhowers Three Decisions of March 11. Austin 1982.

- Rovere, Richard: Affairs of State. The Eisenhower Years. New York 1956.

- Rovere, Richard: Eisenhower Revisted. A Political Genius? In: The New York Times Magazine, 7. Februar 1971, S.14 ff.

- Rupieper, Hermann-Josef: Die Berliner Aussenministerkonferenz von 1954. In: Vierteljahreshefte für Zeitgeschichte 34/1986, S.427-453.

- Saunders, Richard M.: Military Force in the Foreign Policy of the Eisenhower Presidency. In: Political Science Quarterly 100/1, Frühling 1985, S.98-116.

- Schelling, Thomas C.: The Strategy of Conflict. Cambridge, Mass. 1960.

- Schlesinger, Arthur M., Jr.: The Ike Age Revisted. In: Reviews in American History 11, März 1983, S.1-11.

- Schlesinger, Steven und Stephen Kinzer: Bitter Fruit. The Untold Story of the American Coup in Guatemala, New York 1982.

- Scribner, Charles R.: The Eisenhower and Johnson Administrations Decisionmaking on Vietnamese Intervention. A Study of Contrasts. Ph. D. diss. Santa Barbara 1980.

- Schwarz, Urs: Strategie Gestern, Heute, Morgen. Die Entwicklung des politisch-militärischen Denkens in Amerika. Düsseldorf 1965.

- Schweitzer, Carl-Christoph: Weltmacht USA. Kontinuität und Wandel ihrer Aussenpolitik nach 1945. München 1983.

- Shepley, James: How Dulles Averted War. In: Life, 16. Januar 1956, S.70 ff.

- Smith, Gaddis: The Legacy of the Monroe Doctrine. In: The New York Times Magazine, 9. September 1984, S.46 ff.

- Smoke, Richard: National Security and the Nuclear Dilemma. New York 1984.
- Snyder, Glenn H.: The "New Look" of 1953. In: Paul Y. Hammond, Warren R. Schilling, Glenn H. Snyder: Strategy, Politics, and Defense Budgets, S.382-454. New York 1962.
- Spanier, John W.: American Foreign Policy Since World War II. New York 1965.
- Spanier, John W.: Foreign Policy and the Democratic Dilemma. New York 1978.
- Stebbins, Richard: The United States in World Affairs, 1953. Washington 1955.
- Steinbrunner, John D.: The Cybernetic Theory of Decision. Princeton 1974.
- Steininger, Rolf: Ein vereintes, unabhängiges Deutschland? Winston Churchill, der Kalte Krieg und die deutsche Frage im Jahr 1953. In: Militärgeschichtliche Mitteilungen 2/1984, S.105-144.
- Sulzberger, Caspar L.: What's wrong with U.S. Foreign Policy? New York 1959.
- Survey of International Affairs, 1954. Hg. von Coral Bell. London 1957.
- Taylor, Maxwell: The Uncertain Trumpet. New York 1959.
- Thompson, Kenneth W. (Hg.): The Eisenhower Presidency. Eleven Intimate Perspectives of Dwight D. Eisenhower. New York 1984.
- Tucker, Robert C.: The Soviet Political Mind. Stalinism and Post-Stalin Change. London 1971.
- Ulam, Adam B.: Coexistence and Expansion. The History of Soviet Foreign Policy, 1917-1967. London 1968.
- Ulam, Adam B.: The Rivals. America and Russia since World War II. New York 1971.
- Wassmund, Hans: Kontinuität im Wandel. Bestimmungsfaktoren sowjetischer Deutschlandpolitik der Nach-Stalin-Zeit. Köln 1974.
- Wells, Samuel F.: The Origins of Massive Retaliation. In: Political Science Quarterly, Frühling 1981, Vol. 96, S.31-52.

- Wettig, Gerhard: Die sowjetische Deutschlandpolitik am Vorabend des 17. Juni. In: Ilse Spittmann und Karl Wilhelm Fricke (Hg.): 17. Juni 1953. Arbeiteraufstand in der DDR, S.56-69. Köln 1982.
- White, William S.: The Taft Story. New York 1954.
- Williams, William A.: The Tragedy of American Diplomacy. New York 1962.